TEORIA GERAL
DOS
DIREITOS
FUNDAMENTAIS

Diretora de Conteúdo e Operações Editoriais
JULIANA MAYUMI ONO

Gerente de Conteúdo
MILISA CRISTINE ROMERA

Editorial: Aline Marchesi da Silva, Diego Garcia Mendonça, Karolina de Albuquerque Araújo e Quenia Becker

Gerente de Conteúdo Tax: Vanessa Miranda de M. Pereira

Direitos Autorais: Viviane M. C. Carmezim

Assistente de Conteúdo Editorial: Juliana Menezes Drumond

Analista de Projetos: Camilla Dantara Ventura

Estagiários: Ana Amalia Strojnowski, Bárbara Baraldi e Bruna Mestriner

Produção Editorial
Coordenação
ANDRÉIA R. SCHNEIDER NUNES CARVALHAES

Especialistas Editoriais: Gabriele Lais Sant'Anna dos Santos e Maria Angélica Leite

Analista de Projetos: Larissa Gonçalves de Moura

Analistas de Operações Editoriais: Alana Fagundes Valério, Caroline Vieira, Danielle Castro de Morais, Mariana Plastino Andrade, Mayara Macioni Pinto, Patrícia Melhado Navarra e Vanessa Mafra

Analistas de Qualidade Editorial: Ana Paula Cavalcanti, Fernanda Lessa, Thaís Pereira e Victória Menezes Pereira

Designer Editorial: Lucas Kfouri

Estagiárias: Maria Carolina Ferreira, Sofia Mattos e Tainá Luz Carvalho

Capa: Brenno Stolagli Teixeira

Adaptação da Capa: Linotec

Líder de Inovações de Conteúdo para Print
CAMILLA FUREGATO DA SILVA

Visual Law: Cristiane D. Teixeira, Emanuel Silva e Camilla Sampaio

Equipe de Conteúdo Digital
Coordenação
MARCELLO ANTONIO MASTROROSA PEDRO

Analistas: Gabriel George Martins, Jonatan Souza, Maria Cristina Lopes Araujo e Rodrigo Araujo

Gerente de Operações e Produção Gráfica
MAURICIO ALVES MONTE

Analistas de Produção Gráfica: Aline Ferrarezi Regis e Jéssica Maria Ferreira Bueno

Assistente de Produção Gráfica: Ana Paula Evangelista

Dados Internacionais de Catalogação na Publicação (CIP)
(Câmara Brasileira do Livro, SP, Brasil)

Dimoulis, Dimitri

Teoria geral dos direitos fundamentais / Dimitri Dimoulis, Leonardo Martins. -- 8. ed. rev., atual. e ampl. -- São Paulo : Thomson Reuters Brasil, 2021.

Bibliografia.
ISBN 978-65-5614-827-4

1. Direitos fundamentais I. Martins, Leonardo. II. Título.

21-55942 CDU-342.7

Índices para catálogo sistemático:
1. Direitos fundamentais : Direito constitucional 342.7
Cibele Maria Dias - Bibliotecária - CRB-8/9427

Dimitri **Dimoulis** Leonardo **Martins**

Teoria Geral
dos
Direitos
Fundamentais

8ª edição
Revista, atualizada e ampliada

THOMSON REUTERS
REVISTA DOS
TRIBUNAIS™

TEORIA GERAL DOS DIREITOS FUNDAMENTAIS
Dimitri Dimoulis
Leonardo Martins

8ª edição revista, atualizada e ampliada

1ª edição: 2007; 2ª edição: 2009; 3ª edição: 2011; 4ª edição: 2012; 5ª edição: 2014; 6ª edição: 2018; 7ª edição: 2020.

© desta edição [2021]

THOMSON REUTERS BRASIL CONTEÚDO E TECNOLOGIA LTDA.

JULIANA MAYUMI ONO
Diretora Responsável

Av. Dr. Cardoso de Melo, 1855 – 13º andar – Vila Olímpia
CEP 04548-005, São Paulo, SP, Brasil

TODOS OS DIREITOS RESERVADOS. Proibida a reprodução total ou parcial, por qualquer meio ou processo, especialmente por sistemas gráficos, microfílmicos, fotográficos, reprográficos, fonográficos, videográficos. Vedada a memorização e/ou a recuperação total ou parcial, bem como a inclusão de qualquer parte desta obra em qualquer sistema de processamento de dados. Essas proibições aplicam-se também às características gráficas da obra e à sua editoração. A violação dos direitos autorais é punível como crime (art. 184 e parágrafos, do Código Penal), com pena de prisão e multa, conjuntamente com busca e apreensão e indenizações diversas (arts. 101 a 110 da Lei 9.610, de 19.02.1998, Lei dos Direitos Autorais).

Os autores gozam da mais ampla liberdade de opinião e de crítica, cabendo-lhes a responsabilidade das ideias e dos conceitos emitidos em seus trabalhos.

CENTRAL DE RELACIONAMENTO THOMSON REUTERS SELO REVISTA DOS TRIBUNAIS
(atendimento, em dias úteis, das 09h às 18h)
Tel. 0800-702-2433
e-mail de atendimento ao consumidor: sacrt@thomsonreuters.com
e-mail para submissão dos originais: aval.livro@thomsonreuters.com
Conheça mais sobre Thomson Reuters: www.thomsonreuters.com.br
Acesse o nosso *eComm*
www.livrariart.com.br

Impresso no Brasil [03-2021]
Universitário Texto
Fechamento desta edição [27.01.2021]

ISBN 978-65-5614-827-4

LISTA DE ABREVIATURAS

ACO – Ação Civil Originária
ADCT – Ato das Disposições Constitucionais Transitórias
ADIn – Ação Direta de Inconstitucionalidade
ADPF – Arguição de Descumprimento de Preceito Fundamental
AgRg no AI – Agravo Regimental no Agravo de Instrumento
AgRg no RE – Agravo Regimental no Recurso Extraordinário
AI – Agravo de Instrumento
BGH – Tribunal de Justiça Federal (Alemanha)
BVerfG – Tribunal Constitucional Federal (Alemanha)
BVerfGE – *Entscheidungen des Bundesverfassungsgerichts* – Decisões do Tribunal Constitucional Federal da Alemanha (coletânea oficial, citada, indicando, sucessivamente, o número do volume, a primeira página da decisão e as páginas efetivamente utilizadas)
BVerfGG – Lei do Tribunal Constitucional Federal (Alemanha)
CC – Código Civil (Brasil)
c.c. – Combinado com
CF – Constituição Federal (Brasil)
CIBio – Comissão Interna de Biossegurança
CP – Código Penal (Brasil)
CPP – Código de Processo Penal (Brasil)
Des. – Desembargador
DJ – *Diário da Justiça* (Brasil)
EC – Emenda Constitucional
EUA – Estados Unidos da América
GG – *Grundgesetz* – Constituição da República Federal da Alemanha
HC – *Habeas Corpus*
julg./j. – Julgado
MC – Medida Cautelar
Min. – Ministro
MS – Mandado de Segurança
OAB – Ordem dos Advogados do Brasil

OEA – Organização dos Estados Americanos
ONU – Organização das Nações Unidas
OTAN – Organização do Tratado do Atlântico Norte
RDA – República Democrática Alemã
RE – Recurso Extraordinário
RFA – República Federal da Alemanha
sc. – *Scilicet* – a saber, quer dizer
STF – Supremo Tribunal Federal (Brasil)
STJ – Superior Tribunal de Justiça (Brasil)
TCF – Tribunal Constitucional Federal (Alemanha)
TCP – Tribunal Constitucional de Portugal
TJ – Tribunal de Justiça (Brasil), seguido da abreviatura do respectivo Estado

APRESENTAÇÃO À 8ª EDIÇÃO

O Título II da Constituição da República Federativa do Brasil de 1988 trata "Dos Direitos e Garantias Fundamentais". O conteúdo desse título, que compreende os art. 5º a 17, *não* esgota, no entanto, a matéria constitucional em pauta. Encontramos direitos e garantias fundamentais também em outras partes da Constituição.

O princípio básico do direito constitucional, criado nas sociedades capitalistas dotadas de um regime liberal, corresponde à configuração e à garantia jurídica da liberdade individual e, mais concretamente, à busca da liberdade individual possível dentro do Estado de Direito.

A organização do Estado, a configuração e a distribuição de competências constituem a outra face desse princípio. Ao organizar o Estado, constituindo seus poderes, e articular as competências de seus órgãos com as relações entre Estados soberanos, a Constituição Federal *limita* tais atributos do Estado em face da liberdade individual. Ela garante alguns direitos fundamentais de maneira direta ou indireta, ao constituir e disciplinar os poderes estatais e os direitos das maiorias. Ambas as partes, garantias individuais, de um lado, parte organizacional, do outro, têm o escopo manifesto de concretizar o princípio aludido.

*****

O objeto geral da presente obra é os direitos e garantias fundamentais no ordenamento jurídico-constitucional brasileiro. Seu foco recai sobre os problemas gerais de interpretação e solução dos conflitos que assumam a feição de conflitos entre o Estado e o titular dos direitos fundamentais.

O objetivo da obra é fornecer tanto ao estudante quanto ao estudioso e ao pesquisador do direito constitucional um material básico para o entendimento dos problemas relacionados à interpretação dos direitos fundamentais.

Além disso, pretende-se oferecer aos intérpretes da Constituição, sobretudo aos integrantes do Poder Judiciário que são responsáveis, em última instância, pela concretização de tais direitos, *critérios metodológicos* para a solução de conflitos. Em suma: de um lado, busca-se a apresentação da ciência dos direitos fundamentais, de outro, a sua concretização mediante a verificação de sua positividade dentro do ordenamento jurídico.

Uma vez que o constitucionalismo como berço dos direitos fundamentais é uma característica essencial do mundo ocidental, a análise dos direitos fundamentais positivados pela Constituição Federal de 1988 não pode prescindir do *método comparativo*. Na segunda metade do século XX, os constitucionalistas alemães desenvolveram uma dogmática jurídica, por meio da qual os direitos fundamentais, antes tidos como meros programas políticos, tornaram-se judiciáveis, e a solução dos conflitos entre eles passou a ser tratada de maneira sistemática conforme critérios claros e racionais. Naquele país, a jurisprudência do Tribunal Constitucional Federal desempenhou um papel muito relevante.

Isso justifica as constantes referências ao direito constitucional alemão feitas na presente obra. Com isso, não expressamos preferência subjetiva por determinado país e idioma, mas reconhecemos o alto grau de sofisticação da dogmática jurídica alemã, sua consistência, além da possibilidade de aplicar muitas de suas soluções – sempre de maneira crítica e com as devidas adaptações – ao direito constitucional brasileiro.

*****

Os autores elaboraram esta obra desde 2001, paralelamente às suas atividades didáticas e de pesquisa, motivados pelo contato com estudantes de direito, desejosos de uma abordagem que fosse sistemática, sem se desvirtuar em superficialismos próprios de textos que perseguem o único escopo de preparação para concursos públicos.

O texto foi redigido em estrita colaboração após intensas e profícuas discussões, sendo ambos os autores responsáveis por todas as suas partes.

Para a composição da primeira edição do livro, Dimitri Dimoulis trabalhou com o texto no âmbito do projeto de pesquisa "Dogmática dos Direitos Fundamentais" e da atividade docente junto ao Curso de Mestrado em Direito da Universidade Metodista de Piracicaba – Unimep.

Por sua vez, Leonardo Martins valeu-se dos manuscritos em suas preleções de Direito Constitucional na Universidade Bandeirante de São Paulo – Uniban, e, a partir de 2005, no curso de graduação em direito da Universidade Federal do Mato Grosso do Sul – UFMS.

Agradecemos à editora Thomson Reuters/Revista dos Tribunais, assim como aos queridos colegas que, ao longo dos anos, mantêm conosco um constante diálogo e que nos oferecem generosamente sugestões e críticas: André Ramos Tavares, Ingo Wolfgang Sarlet, Lucas Catib de Laurentiis, Soraya Gasparetto Lunardi e Walter Claudius Rothenburg.

O trabalho de pesquisa foi facilitado na última década pela atuação dos autores nos cursos de Graduação e Pós-graduação em Direito da Escola de Direito de São Paulo da Fundação Getulio Vargas (FGV Direito SP) (Dimitri Dimoulis) e da Universidade Federal do Rio Grande do Norte (UFRN) (Leonardo Martins).

A oitava edição apresenta, tanto quanto possível, o estado da arte das pesquisas e da jurisprudência atualizado até novembro de 2020.

Os autores prosseguem contando com as críticas e sugestões de seus leitores.

           Dimitri Dimoulis   Leonardo Martins

SUMÁRIO

LISTA DE ABREVIATURAS 5

APRESENTAÇÃO À 8ª EDIÇÃO 7

PRIMEIRA PARTE
PARTE GERAL DOS ESTUDOS DOS DIREITOS FUNDAMENTAIS

1. DIREITOS FUNDAMENTAIS: POLITICIDADE, JURIDICIDADE E ANÁLISE METODOLOGICAMENTE RIGOROSA 17
   1.1. Política e direito 17
   1.2. Sistematização do estudo metodologicamente rigoroso da matéria relativa aos direitos fundamentais 23

2. ASPECTOS HISTÓRICOS DOS DIREITOS FUNDAMENTAIS E CONSTITUCIONALISMO 25
   2.1. Requisitos para o surgimento dos direitos fundamentais 25
   2.2. As declarações de direitos no final do século XVIII 26
   2.3. Contribuição do constitucionalismo germânico no século XIX para o conceito de direitos fundamentais 31
   2.4. A positivação dos direitos sociais e a questão das "gerações" dos direitos fundamentais 36
   2.5. Os direitos fundamentais no Brasil 40
      2.5.1. Desenvolvimento histórico-constitucional 40
      2.5.2. Crítica político-ideológica aos direitos fundamentais da Constituição Federal de 1988 e demanda teórica 42
   2.6. Internacionalização dos direitos fundamentais 44
      2.6.1. Relevância da internacionalização 44
      2.6.2. Relações entre direito nacional e direito internacional dos direitos fundamentais: pré e pós-inserção do §3º ao art. 5º CF pela EC 45/2004 47

3.	CONCEITO DE DIREITOS FUNDAMENTAIS	59
	3.1. Terminologia	59
	3.2. Definição	61
	3.3. Particularidades da matéria	67
4.	CATEGORIAS E FUNÇÕES DOS DIREITOS FUNDAMENTAIS	69
	4.1. Direitos de *status negativus* ou pretensão de resistência à intervenção estatal	70
	4.2. Direitos de *status positivus* ou sociais ou a prestações	72
	4.3. Direitos de *status activus* ou políticos ou de participação	73
	4.4. Crítica e defesa da tripartição	74
	4.5. Direitos coletivos	77
	4.6. Garantias de organização	79
	4.7. Deveres fundamentais	81
	4.8. Garantias fundamentais	92
5.	TITULARES DOS DIREITOS FUNDAMENTAIS	93
	5.1. Titularidade dos direitos de *status negativus* do art. 5º CF	94
	5.1.1. Igualdade perante a lei	94
	5.1.2. Demais direitos enunciados no caput do art. 5º CF	94
	5.1.3. Direitos enunciados nos incisos do art. 5º CF	96
	5.1.4. Direitos dos estrangeiros não residentes no País e relevância da exclusão de sua titularidade plena	98
	5.2. Titularidade dos direitos sociais	108
	5.3. Titularidade dos direitos políticos	113
	5.4. Titularidade dos direitos coletivos	114
	5.5. Titularidade das garantias fundamentais	116
	5.6. As pessoas jurídicas como titulares dos direitos fundamentais	117
	5.7. Da titularidade da pessoa jurídica de direito público	120
6.	INÍCIO E FIM DOS DIREITOS FUNDAMENTAIS	123
7.	EFEITOS VINCULANTES E EFEITO HORIZONTAL DOS DIREITOS FUNDAMENTAIS	129
	7.1. Aplicação imediata dos direitos fundamentais e a "reserva do possível"	129
	7.2. Destinatários ou sujeitos passivos das normas de direito fundamental	136
	7.3. Os particulares como destinatários das normas de direito fundamental (efeito horizontal)	138

	7.3.1.	Modus direto e indireto do efeito horizontal	140
	7.3.2.	A concepção da dogmática do efeito horizontal indireto pelo Tribunal Constitucional Federal alemão	143
	7.3.3.	Efeito horizontal na ordem constitucional brasileira................	147

8. AS DIMENSÕES SUBJETIVA E OBJETIVA DOS DIREITOS FUNDAMENTAIS 153
   8.1. Dimensão subjetiva 155
   8.2. Dimensão objetiva dos direitos fundamentais 155
   8.3. Deveres estatais de tutela? 158
        8.3.1. Teoria e fundamentação dogmática 158
        8.3.2. Configuração jurisprudencial do Tribunal Constitucional Federal alemão e dogmática brasileira.. 159
   8.4. O problema do parâmetro de aferição do cumprimento do dever estatal de tutela: dos limites de racionalidade da dogmática jurídica 165

9. LIMITES DOS DIREITOS FUNDAMENTAIS E SUAS COLISÕES................ 169
   9.1. Introdução.. 169
   9.2. Conceitos básicos instrumentais 172
        9.2.1. Área de regulamentação 174
        9.2.2. Área de proteção... 177
        9.2.3. Exercício do direito 179
        9.2.4. Intervenção na área de proteção do direito 183
                9.2.4.1. Conceito e desenvolvimento de seu papel dogmático. A dupla reflexividade dos conflitos entre direitos fundamentais.. 183
                9.2.4.2. Intervenções permitidas (justificação constitucional da intervenção na área de proteção de direito fundamental).. 191
                9.2.4.3. Intervenções proibidas (violação de direito fundamental).. 194
   9.3. Limites dos direitos fundamentais: justificação constitucional de intervenções estatais.. 194
        9.3.1. Concretização (conformação ou configuração) mediante lei 194
        9.3.2. Reserva legal... 197
        9.3.3. Direitos fundamentais sem reservas legais e direito constitucional de colisão... 209

>   9.3.4. Limites constitucionais gerais e abstratos em casos excepcionais... 211
>   9.3.5. Limites dos limites 213
> 9.4. Colisão e concorrência de direitos fundamentais................................ 215
>   9.4.1. Colisão 216
>   9.4.2. Concorrência 218

10. **O CRITÉRIO DA PROPORCIONALIDADE COMO MÉTODO PARA A JUSTIFICAÇÃO DE INTERVENÇÕES EM DIREITOS FUNDAMENTAIS E PARA SOLUÇÃO DE SUAS COLISÕES** 225
    10.1. Natureza da proporcionalidade entre princípio, regra e critério............ 225
    10.2. Determinações originais do conceito de proporcionalidade na dogmática alemã dos direitos fundamentais.. 228
    10.3. Recepção do conceito de proporcionalidade em Portugal e no Brasil..... 232
    10.4. Caráter decisório e fundamento constitucional do critério da proporcionalidade 238
    10.5. Diferenciação em razão do autor da intervenção estatal........................ 243
    10.6. Elementos constitutivos ou subcritérios da proporcionalidade 245
       10.6.1. Licitude do propósito perseguido.. 247
       10.6.2. Licitude do meio utilizado... 252
       10.6.3. Adequação do meio utilizado 255
       10.6.4. Necessidade do meio utilizado 264
    10.7. Críticas à proporcionalidade com ênfase nos problemas de racionalidade do subcritério da proporcionalidade *stricto sensu* 275
       10.7.1. Crítica à ponderação de valores (teoria axiológica dos direitos fundamentais)... 277
       10.7.2. Crítica à ponderação principiológica... 279
       10.7.3. Críticas políticas 282
       10.7.4. Crítica holística 283
       10.7.5. Conclusões.. 285
    10.8. Necessidade de fundamentação e autocontenção das decisões judiciais sobre ponderação 287

SEGUNDA PARTE
DOGMÁTICA APLICADA DOS DIREITOS FUNDAMENTAIS. INSTRUMENTÁRIO E EXEMPLOS JURISPRUDENCIAIS

11. **INTRODUÇÃO AO MÉTODO DE TRABALHO JURÍDICO APLICADO À TEORIA GERAL DOS DIREITOS FUNDAMENTAIS** 291

12. ROTEIROS PARA O CONTROLE DE CONSTITUCIONALIDADE MATERIAL EM FACE DE DIREITOS FUNDAMENTAIS 301

Exame de constitucionalidade de lei que restringe direitos *negativos* (*de resistência*) e *políticos* 302

Exame de constitucionalidade de medida administrativa ou judiciária que restringe direitos *negativos* (*de resistência*) e *políticos* 303

Exame de conformidade a direitos fundamentais de igualdade (direito geral de igualdade do art. 5º, *caput* CF e direitos especiais de igualdade como o do art. 5º, I CF) 304

Exame de constitucionalidade de omissões relativas a direitos prestacionais e sociais 306

13. EXEMPLO DE UMA MINUTA DE PARECER TÉCNICO-JURÍDICO CONSTITUCIONAL 307

13.1. Caso: "A polêmica camiseta" 307

13.2. Esboço de uma solução-modelo do caso "A polêmica camiseta" 308

    I. Área de proteção do art. 5º, IV CF 309

    II. Da intervenção estatal no direito fundamental de J. 311

    III. Justificação constitucional da intervenção estatal no direito fundamental de J. 313

    IV. Conclusão Geral 317

BIBLIOGRAFIA 319

Primeira Parte
Parte Geral dos Estudos dos Direitos Fundamentais

1

DIREITOS FUNDAMENTAIS: POLITICIDADE, JURIDICIDADE E ANÁLISE METODOLOGICAMENTE RIGOROSA

1.1. Política e direito

Os direitos fundamentais mantêm uma grande proximidade com a Política. Não se pode ignorar que foram impostos politicamente no meio de ferozes lutas, de revoluções, de guerras civis e de outros acontecimentos "de ruptura". A lista de pessoas que lutaram reivindicando direitos é muito extensa e a historiografia de qualquer país relata inúmeras mortes em nome da liberdade e da igualdade.

Em segundo lugar, os direitos fundamentais dão margem às mais apaixonadas discussões políticas nos dias de hoje. Referindo-se à atualidade jurídica brasileira, podemos pensar nos problemas submetidos à decisão do Supremo Tribunal Federal e discutidos tanto entre especialistas como em nível político. Pensemos nos seguintes temas:
- Racismo;[1]
- Aborto (autorização da interrupção da gestação em caso de anencefalia do feto em controle abstrato[2] e declaração incidental da inconstitucionalidade da criminalização da gestante e de quem a ajude[3]);
- Sigilo bancário;[4]
- Liberdade de expressão e acadêmica nas Universidades[5] e nas escolas (declarando inconstitucionais leis restritivas no âmbito do movimento político da "escola sem partido"[6]);

---

1. HC 82.424, rel. Min. Moreira Alves, *DJ* 19.03.2004, p. 17.
2. ADPF 54, rel. Min. Marco Aurélio, *DJe*, 79, 23.04.2012.
3. 1ª Turma, HC 124.306, rel. Min. Roberto Barroso, DJe 52, 17.03.2017.
4. ADI 2.386, 2.390, 2.397 e 2.859, rel. Min. Dias Toffoli, *DJe* 225, 21.10.2016.
5. ADPF 548, rel. Min. Cármen Lúcia, DJe 142, 08.06.2020.
6. ADPF 457, rel. Min. Alexandre de Moraes, DJe 137, 02.06.2020.

– União estável de pessoas do mesmo sexo[7] e criminalização da homofobia[8];
– Direitos dos presos;[9]

– Validade da Lei de Anistia de 1979;[10]

– Tutela dos direitos dos índios[11] e dos quilombolas[12];

– Ações afirmativas em razão da fragilidade social de certos grupos;[13]

– Direito de greve;[14]

– Biotecnologia;[15]

– Tutela ambiental;[16]

– Configuração infraconstitucional de uma ordem da comunicação social compatível com os art. 220 a 224 CF;[17]

– Infidelidade partidária.[18]

---

7. ADI 4.277, rel. Min. Carlos Britto, *DJe* 198, 14.10.2011. A respeito: Dimoulis e Lunardi (2013) e Martins (2014).
8. ADO 26, rel. Min. Celso de Mello, *DJe* 243, 05.10.2020.
9. HC 82.959, rel. Min. Marco Aurélio, *DJ* 01.09.2006, p. 18; HC 111.840, rel. Min. Dias Toffoli, *DJe* 249, 16.12.2013; Medida cautelar na ADPF 347, rel. Min. Marco Aurélio, *DJe* 31, 19.02.2016; RE 580.252, rel. Min. Gilmar Mendes, *DJe* 204, 11.09.2017; Medida cautelar na ADC 43, rel. Min. Marco Aurélio, *DJe* 43, 06.03.2018.
10. ADPF 153, rel. Min. Eros Grau, *DJe*, 06.08.2010, n. 145.
11. Pet 3.388, rel. Min. Carlos Britto, *DJe* 120, 30.06.2010; ACO 362, rel. Min. Marco Aurélio, DJe 225, 03.10.2017.
12. ADI 3.239, rel. Min. Rosa Weber, *DJe*, 01.02.2019.
13. ADPF 186, rel. Min. Ricardo Lewandowski, DJe 205, 17.10.2014; ADI 3.330, rel. Min. Carlos Britto, *DJe* 55, 22.03.2013; ADC 41, rel. Min. Roberto Barroso, DJe 87, 07.05.2018; ADI 5.617, rel. Edson Fachin, DJe 211, 03.10.2018.
14. MI 708, rel. Min. Gilmar Mendes, *DJe* 31.10.2008; RE 693456, rel. Min. Dias Toffoli, *DJe* 238, 19.10.2017.
15. ADI 3.510, rel. Min. Ayres Britto, *DJ* 28.05.2010, p. 134. Uma análise dessa decisão à luz do direito alemão pode ser encontrada em Martins (2014).
16. ADC 42, rel. Min. Luiz Fux, *DJe* 175, 13.08.2019.
17. ADPF 130, rel. Min. Carlos Britto, *DJe* 208, 05.11.2009. Cfr., a respeito, a revisão crítica de Martins (2009, p. 183–228) e Martins (2012, p. 239–277).
18. ADI 3.999 e 4.086, rel. Min. Joaquim Barbosa, *DJ* 17.04.2009, p. 99.

Nenhum desses temas é "técnico" em sentido estrito, como seria, por exemplo, no campo do direito processual civil, a decisão pelo procedimento sumário ou ordinário, ou, no campo do direito penal, a verificação da presença de culpa ou dolo do acusado. Sua solução não decorre puramente da interpretação "correta" de determinadas normas constitucionais. São temas de origem e de repercussão política, sendo que qualquer decisão do legislador ou do Poder Judiciário produz efeitos políticos. Sobretudo, há muitas controvérsias (jurídicas e políticas) sobre a autoridade que deve poder decidir de maneira definitiva a respeito dos recorrentes problemas de interpretação dos direitos fundamentais.[19]

Essa constatação vale praticamente para todos os casos de conflito em torno de direitos fundamentais.[20] Mas pode levar o leitor ao equívoco de acreditar que os direitos fundamentais não têm caráter normativo, que não se constituem em normas jurídicas vinculantes. A politicidade tornaria inútil a referência ao direito positivo. Essa tese que é difundida, também e principalmente na literatura jurídica brasileira, evidencia-se em duas posturas.

Em primeiro lugar, encontramos uma abordagem dos direitos fundamentais de cunho *retórico*, baseada na exaltação da "prevalência dos direitos humanos" e dos valores por eles expressos. Tais discursos são politicamente importantes em tempos de autoritarismo, mas perdem sua utilidade na medida em que um país consolida suas estruturas liberais e democráticas. Esse é o caso do Brasil desde a entrada em vigor da Constituição de 1988. Exposições que se limitem a celebrar a ideia dos direitos fundamentais, enumerando suas conquistas e as normas nacionais e internacionais que as positivaram, não oferecem solução a problema algum.[21]

Tal tipo de abordagem produz tão somente discursos políticos repetitivos e, afinal de contas, estéreis, pois não indica, de forma juridicamente fundamentada, quais direitos e por que prevalecem em cada caso concreto e quais as formas de sua implementação. Teoricamente, nada impede que um direito fundamental seja proclamado como absoluto e superior a todos os demais. Não obstante, o constituinte brasileiro, seguindo uma prática geral, não desejou criar direitos "superiores" ou "absolutos". Todos são proclamados no mesmo texto, havendo equivalência normativa. Nesse contexto, a tarefa da doutrina jurídica consiste em indicar o que exatamente, como e com que alcance deve ser juridicamente tutelado, partindo da tese da *relatividade* dos direitos fundamentais que foi oportunamente denominada "máxima da cedência recíproca".[22]

---

19. Cfr. Vieira (2006, p. 60).
20. Isso indica a leitura de coletâneas de jurisprudência constitucional. Sobre a jurisprudência do Supremo Tribunal Federal, cfr. Vieira (2017). Sobre a jurisprudência do Tribunal Constitucional Federal alemão, cfr. Martins (2005, 2016, 2018, 2019 e 2020).
21. Exemplo: Piovesan (2000).
22. Tavares (2020, p. 389–390), com referência a análises de Celso Ribeiro Bastos.

Em segundo lugar, encontramos uma postura que podemos denominar de *superficial ou supostamente democrática*. Aqui se fala do caráter "programático" dos direitos fundamentais que não passariam de um manifesto político.[23] Considera-se que é impossível satisfazer simultaneamente a todos os direitos proclamados pelo texto constitucional e aguarda-se a solução a ser dada pelo legislador ordinário.

Essa postura, que predominou na França por dois séculos e influenciou o pensamento constitucional mundial, continua presente no Brasil como indício de uma inércia intelectual histórica. Tais posicionamentos desprezam o valor jurídico do texto constitucional, apresentando-o como espécie de manifesto ou programa político (daí serem suas normas denominadas "programáticas"). Por intermédio deles, atribui-se relevância somente às normas infraconstitucionais que são caracterizadas por terem maior concretude.

Dessa forma, ignora-se a primazia ou supremacia constitucional cuja finalidade é, como restará ao cabo do presente trabalho amplamente analisado, estabelecer múltiplos e estritos limites ao legislador ordinário, "desconfiando" de seu poder que pode oprimir os indivíduos e os grupos minoritários. Dito de forma resumida, tais posturas decorrem da ausência de ocupação científica de muitos estudiosos e operadores do direito com os direitos fundamentais. Sua consequência é colocar os direitos fundamentais à disposição do legislador ordinário, vale dizer à sua "boa vontade política" que, segundo elas, como aludido, deve concretizá-los livremente, de modo a estabelecerem suas condições de exercício e demais limitações. Pode-se dizer, portanto, do ponto de vista estritamente dogmático, que tais posturas tornam ineficaz o vínculo do legislador aos direitos fundamentais.

Não é possível negar que toda e qualquer norma jurídica é de natureza política, podendo ser analisada por disciplinas não dogmáticas do direito como a sociologia ou política jurídica como produto, finalidade e meio da atividade política. Segundo tais disciplinas que se ocupam de um objeto científico empírico bastante relevante e digno de ser pesquisado, o direito "pertence à política" em todas as suas dimensões e elementos.[24] Mas se a politicidade dos direitos fundamentais não pode ser negada, de outro lado não se constitui em uma qualidade específica da matéria nem os torna menos jurídicos, já que todo o direito, nesse sentido, tem caráter político.[25] Também por isso, constitui-se uma impropriedade quando se

---

23. Ferreira Filho (2012).
24. Dimoulis (2007, p. 124–126).
25. Portanto, o caráter político não suspende a necessidade de se criar um suporte dogmático que filtre ao máximo possível elementos puramente político-subjetivos da decisão judicial; elementos estes que não encontram respaldo na decisão político-subjetiva do legislador, que é democrática e constitucional-funcionalmente legitimada. Como se verá no Capítulo 7, também a interpretação judicial em si (e não somente a norma aplicada),

denomina a Constituição de um Estado como sendo sua "Carta Política". Ela é, antes, seu estatuto jurídico.

A lição mais elementar do direito constitucional que se tornou clara inicialmente nos Estados Unidos e, em seguida, na Alemanha é a ideia de que, sem ignorar ou menosprezar a origem e a legitimidade democrática do poder político, deve ocorrer o *disciplinamento jurídico* de seu exercício.[26] Trata-se de um critério jurídico que disciplina a relação do indivíduo com as autoridades ou órgãos estatais. Esse critério é a *garantia dos direitos fundamentais*.[27]

Não obstante, tendo em vista o seu caráter por vezes bastante genérico e abstrato, a mera leitura da parte do texto constitucional relativa aos direitos fundamentais não permite aos operadores jurídicos e aos cidadãos *entender, aplicar e reivindicar* os direitos fundamentais contestando e contrariando, quando necessário, as decisões das autoridades estatais. Para tanto é necessário adotar uma abordagem de natureza jurídico-constitucional. A finalidade é analisar os direitos fundamentais em sua configuração jurídica, oferecendo instrumentos para resolver conflitos.

Veja-se, por exemplo, o art. 5º, IV CF: "é livre a manifestação do pensamento". Como interpretar uma norma com texto tão amplo, genérico e abstrato? O que é "pensamento" no sentido dessa norma (núcleo semântico do sujeito da oração e "aparentemente" o bem jurídico tutelado)? Como se dá a sua "manifestação" (núcleo sintático do sujeito da oração)? Há pressupostos? Se houver, quais são? O que significa o predicativo do sujeito manifestação do pensamento "livre"? Livre de quê? Em quais hipóteses esse caráter "livre" ou de liberdade não será observado? Quem é ou pode ser titular desse direito fundamental?

---

    como exercício do poder estatal que é, está vinculada aos parâmetros constitucionais das garantias e dos direitos fundamentais. Por isso, uma decisão (judicial ou administrativa) supostamente técnica, que eventualmente oculte uma decisão político-subjetiva em detrimento de uma liberdade garantida constitucionalmente por direito fundamental, pode ser invalidada com fundamento no reconhecimento de que ela não se orientou pela dogmática do efeito horizontal indireto de um direito fundamental, ignorando, por exemplo, sua relevância para a decisão da lide judicial concreta. Sobre esse vínculo judicial, cfr. Martins (2004, p. 101–103 e 2012, p. 89–119).

26. Tavares (2005a, p. 447–487).
27. Kingreen e Poscher (2019, p. 2): "Os direitos fundamentais revelam histórica e atualmente uma especial proximidade da política. Os direitos fundamentais tiveram de ser politicamente exigidos e sua interpretação e aplicação acabam sempre se enveredando pela disputa política. [...]. Isso ocasionalmente leva até mesmo à falsa conclusão de que a interpretação constitucional e principalmente a interpretação dos direitos fundamentais nada mais seria do que política [...]. Mas, ao lado da origem democrática do poder político, a maior conquista do Estado Constitucional moderno foi ter dado forma jurídica (*verrechtlicht*) ao exercício do poder político. Na relação do indivíduo para com o Estado, os critérios do direito são vigentes por intermédio dos direitos fundamentais."

A quem ele se destina no que tange à obrigação contida na norma, ou seja, quem está obrigado a observar tal liberdade? Não será, por exemplo, observada tal liberdade e – portanto – violada na hipótese de uma editora de jornal rejeitar a publicação de um texto de autoria de pessoa física por razões ideológicas suas? Pode alguém sofrer quais tipos de desvantagens por não querer revelar uma visão sua e causadas por quem?

A lista dos questionamentos abstrata e/ou concretamente relevantes em vista da configuração de um caso específico poderia preencher páginas. O caráter exíguo do texto constitucional não pode significar, porém, que ele não apresente o critério para solução de questões jurídicas práticas. Apenas significa que a demanda por uma dogmática jurídica ciosa de seu objeto é grande, a despeito da politicidade ora tratada. É da responsabilidade da jurisprudência, em cooperação com a pesquisa jurídica, construir tal dogmática. Essa deve partir dos cânones clássicos da metodologia da interpretação jurídica: em primeiro lugar, o textual-gramatical e o sistemático-contextual (interno e de direito comparado, quando o texto o permitir) e, em segundo lugar, o genético, o histórico, e, em última instância, tendo em vista o seu diminuto grau de racionalidade jurídica, o teleológico.[28]

Para a análise jurídica dos direitos fundamentais, cabe o recurso a fontes doutrinárias que apontam problemas, resolvem casos difíceis e apresentam de forma sistemática e crítica as soluções dadas em nível de prática jurídica. Outra fonte muito relevante de estudo dos direitos fundamentais é a jurisprudência, incluindo precipuamente a comparada que, devendo avaliar a legalidade e a constitucionalidade de diversas medidas, examina questões relativas aos limites dos direitos fundamentais.[29]

Tanto a doutrina quanto a jurisprudência têm, com efeito, a tarefa de elaborar regras metodológicas que sejam ao mesmo tempo claras, rígidas e rigorosas, de maneira a permitir alcançar o consenso necessário para a tutela da segurança jurídica nessa área de relevância incontestável. Isso oferece a base para um estudo metodologicamente rigoroso da matéria.

---

28. Cfr. no texto a seguir.
29. Quando a referência à jurisprudência se faz sem discussão e elaboração doutrinária das questões controvertidas, o estudo dos direitos fundamentais se limita à enumeração de infinitos "casos" e "exemplos" tirados de decisões judiciais, sem aprofundamento nem avaliação. Essa é a opção que caracteriza os Manuais franceses de direitos fundamentais. Exemplo: Wachsmann (2009).

1.2. Sistematização do estudo metodologicamente rigoroso da matéria relativa aos direitos fundamentais

O estudo dos direitos fundamentais pode ser dividido em três partes:
a) *Teoria*[30] *geral (ou dogmática geral ou parte geral)*. Constitui-se da definição dos conceitos básicos e elaboração de métodos de solução de problemas envolvendo a limitação de direitos fundamentais e de harmonização entre direitos fundamentais colidentes;
b) *Dogmática especial (parte especial)*. Constitui-se da análise das dimensões de cada direito constitucionalmente garantido, considerando e avaliando sua concretização legislativa e jurisprudencial. Aplica-se, na parte especial, o instrumentário desenvolvido na teoria geral, perscrutando, em face de cada direito fundamental, sobretudo, a natureza e o alcance específico de sua proteção, além dos limites constitucionais desta;
c) *Visão jusfilosófica ou teoria*[31] *dos direitos fundamentais*. Constitui-se do estudo das justificações político-filosóficas, assim como das críticas formuladas por pensadores (juristas ou não) em relação aos direitos fundamentais.[32]

Como ressaltado, a presente obra dedica-se, em primeira linha, ao estudo da dogmática geral dos direitos e garantias fundamentais. Utiliza para tanto algumas fontes doutrinárias e jurisprudenciais assim como uma série de exemplos tirados da dogmática especial. Certos problemas dogmáticos exigiram, porém, uma reflexão teórica mais bem apurada, pois às vezes não há resposta consolidada no direito constitucional pátrio e estrangeiro.

Faz parte, no entanto, da tarefa da presente exposição não somente explicitar problemas para o acadêmico e aplicador dos direitos fundamentais, como também para fazer jus àquela que deveria ser a pretensão de qualquer exposição sistemática de uma teoria geral: ajudar os pesquisadores a identificar matérias dignas de serem

---

30. "Teoria" utilizada aqui no sentido do estudo sistemático dos conceitos instrumentais da técnica de interpretação do direito posto ("teoria geral" = *Allgemeine Lehre*).
31. "Teoria" utilizada aqui no sentido de reflexão teórica sobre o aparato dogmático, seu impacto político e as propostas de reforma.
32. Binoche (1988); Gosepath e Lohmann (1999); Schute e Hurley (1993); Sampaio (2004); Edmundson (2004); Ivison (2008); Campbell et al. (Org.) (2001); Baxi (2012); Lacroix e Pranchère (2016). Em âmbito jurídico, cfr. a sistematização das teorias dos direitos fundamentais mais influentes na Alemanha até a década de 1970 em Böckenförde (1976), com suas respectivas consequências para sua interpretação pelo Judiciário, e sua atualização, acrescida de intenso debate com a teoria principiológica de Alexy (1986), em Martins (2012, p. 9–43, p. 65–88).

objeto da pesquisa jurídico-científica. Portanto, o presente trabalho não tem pejo em deixar a solução de problemas dogmáticos e/ou teóricos "em aberto".

Para deixá-lo o mais claro possível: o aluno ou pesquisador que deseja ir à universidade com o mero intuito de receber informações em plena sociedade informatizada deveria poupar seu tempo e valer-se, por exemplo, da enciclopédia eletrônica gratuita *Wikipédia*. Quando estudadas sistematicamente, as informações lá obtidas serão mais abrangentes do que as oferecidas pelo professor universitário em sala de aula. A universidade é, em todos os seus níveis de ensino e pesquisa, local de reflexão *crítica* sobre o conhecimento e sua relação com problemas reais, não para sua simples aferição. Esse é o espírito da presente obra.

2

ASPECTOS HISTÓRICOS DOS DIREITOS FUNDAMENTAIS E CONSTITUCIONALISMO

2.1. Requisitos para o surgimento dos direitos fundamentais

A maioria dos autores sustenta que os direitos fundamentais têm uma longa história. Há quem vislumbre suas primeiras manifestações no direito da Babilônia desenvolvido por volta do ano 2000 a.C., quem os reconheça no direito da Grécia Antiga e da Roma Republicana e quem diga que se trata de uma ideia enraizada na teologia cristã, tal qual expressa no direito da Europa medieval.[1]

Essas opiniões carecem de fundamento histórico. Para provar nossa afirmação, deveríamos percorrer um longo caminho teórico estudando com a devida profundidade os elementos da moderna história do direito que critica a visão continuísta do direito, assim como todas as teleologias que apresentam a história da humanidade como sendo uma marcha de contínuas conquistas rumo a um ideal.[2] Esse trabalho não pode ser feito aqui. Limitamo-nos a destacar que, para se poder falar em direitos fundamentais, deve-se constatar a presença de *três* elementos.

a) *Estado*. Trata-se do funcionamento de um aparelho de poder centralizado que possa efetivamente controlar determinado território e impor suas decisões por meio da Administração Pública, dos tribunais, da polícia, das forças armadas e dos aparelhos de educação e propaganda política. Sem a existência de Estado, a proclamação de direitos fundamentais carece de relevância prática. Esses não poderiam ser garantidos e cumpridos e perderiam sua função precípua, qual seja, a de limitar o poder do Estado em face do indivíduo.

Quando nos referimos ao Estado como condição básica para justificar a existência de direitos fundamentais, referimo-nos ao Estado moderno. Do ponto de vista das ideias políticas, seu surgimento se relaciona com reflexões político--filosóficas do século XVII em reação à estratificação e fragmentação medieval do

---

1. Exemplos da visão de onipresença e afirmação progressiva dos direitos humanos: Luño (1999, p. 108–114); Comparato (2001, p. 8–14); Lizana (2008, p. 7–13).
2. Hespanha (1998, p. 34–40); Sabadell (2003, p. 26–35); Dimoulis (1996, p. 28–33).

poder político. Trata-se, em suma, do Estado "Leviatã" teoricamente desenvolvido e político-filosoficamente fundamentado na obra de Thomas Hobbes.[3]

Do ponto de vista da realidade política, o Estado foi consolidado paralelamente à imposição das estruturas econômicas do regime capitalista, baseado na troca de mercadorias produzidas por trabalhadores "livres" e submetidos à exploração, não por meio do emprego direto da força, mas dos mecanismos do mercado e principalmente do fato de não serem proprietários dos meios de produção e, para tanto, vendo-se obrigados a vender sua força de trabalho aos detentores desses meios.

b) *Indivíduo*. Pode parecer supérfluo dizer que a existência dos indivíduos é um requisito dos direitos fundamentais. Não existem pessoas desde o início da humanidade? Do ponto de vista da filosofia e da teoria política, a resposta aqui é negativa. Nas sociedades do passado, as pessoas eram consideradas *membros* de grandes ou pequenas coletividades (família, clã, aldeia, feudo, reino), sendo subordinadas a elas e privadas de direitos próprios.

As Constituições modernas, em consonância com imperativos da organização social capitalista, fizeram a opção oposta. Consideram o indivíduo como "ser *moral*, independente, autônomo e, destarte (essencialmente) não social".[4] Essa opção, que caracteriza todas as sociedades capitalistas, possibilita o reconhecimento de direitos individuais: liberdade, igualdade, propriedade. O indivíduo pode fazer valer esses direitos tanto perante o Estado quanto perante a sociedade, já que a Constituição garante sua autonomia como "sujeito de direito".

c) *Texto normativo regulador da relação entre Estado e indivíduos*. O papel de regulador entre os dois primeiros elementos descritos é desempenhado pela Constituição no sentido formal, que declara e garante determinados direitos fundamentais, permitindo ao indivíduo conhecer sua esfera de atuação livre de interferências estatais e, ao mesmo tempo, vincular o Estado a determinadas regras que impeçam cerceamentos injustificados das esferas garantidas da liberdade individual. O texto deve ter validade em todo o território nacional e encerrar supremacia, isto é, força vinculante superior àquela das demais normas jurídicas.

2.2. As declarações de direitos no final do século XVIII

Por razões políticas e sociais complexas, que não podem ser examinadas detalhadamente no presente estudo, mas que, em linhas gerais, se relacionam com a imposição do regime capitalista, essas três condições apresentaram-se reunidas

---

3. Hobbes (2000).
4. Dumont (1991, p. 84). O autor propõe uma esclarecedora análise do individualismo nas sociedades modernas, em contraposição à subordinação do indivíduo aos coletivos, que caracterizava as sociedades anteriores ao capitalismo (sociedades "holísticas"). Sobre o individualismo no direito moderno, cfr. Naves (2000, p. 53–78).

somente na segunda metade do século XVIII.⁵ Nesse período, encontramos, dos dois lados do Oceano Atlântico, textos de Declarações de Direitos que, pela primeira vez na história, enunciam e garantem direitos fundamentais.

No ano da Declaração da Independência das 13 ex-colônias inglesas na América do Norte proclamou-se, no Estado da Virgínia, em 12 de junho de 1776, uma "Declaração de Direitos" (*Bill of Rights*).⁶ Em seu texto, foram enunciados direitos tais como a liberdade, a autonomia e a proteção da vida do indivíduo, a igualdade, a propriedade e a livre atividade econômica, a liberdade de religião e de imprensa, a proteção contra a repressão penal.

Declarações semelhantes foram feitas pelos demais Estados norte-americanos. A Constituição Federal de Filadélfia não compreendia, em sua versão inicial de 1787, uma declaração de direitos. Mas essa lacuna foi preenchida em 15 de dezembro de 1791 com a ratificação das dez primeiras Emendas à Constituição Federal, que proclamaram direitos tais como a liberdade de religião, a livre manifestação do pensamento, a segurança, a proteção contra acusações penais infundadas e penas arbitrárias e a propriedade individual.⁷

A Declaração dos Direitos do Homem e do Cidadão, que foi redigida na França em 26 de agosto de 1789 e adotada definitivamente em 2 de outubro de 1789, é um texto em muitos aspectos parecido com as Declarações norte-americanas.⁸ Nela, encontram-se o reconhecimento da liberdade, da igualdade, da propriedade, da segurança e da resistência à opressão, da liberdade de religião e do pensamento, além de garantias contra a repressão penal.

A diferença está no fato de que o texto francês não segue a visão individualista das declarações norte-americanas e confia muito mais na *intervenção do legislador* como representante do interesse geral. Isso se torna claro no fato de a maioria dos direitos garantidos pela Declaração não ser enunciada de maneira genérica (como nas Declarações dos Estados Unidos), mas submetidos a limites que o legislador deveria estabelecer.⁹

Um passo muito importante no caminho do pleno reconhecimento dos direitos fundamentais deu-se nos Estados Unidos quando, em 1803, a Corte Suprema (*Supreme Court*) decidiu que o texto da Constituição Federal é superior a qualquer

---

5. Sobre o contexto histórico do surgimento dos direitos fundamentais constitucionalmente garantidos, cfr. Birtsch (1987); Fioravanti (1995); Grimm (1994, p. 67–100).
6. Tradução do texto para o português em: [dhnet.org.br/direitos/anthist/dec1776.htm].
7. Texto original em: [constitution.findlaw.com/amendments.html].
8. Texto original em: [legifrance.gouv.fr/Droit-francais/Constitution/Declaration-des-Droits--de-l-Homme-et-du-Citoyen-de-1789].
9. As semelhanças e diferenças entre a garantia dos direitos fundamentais na França e nos Estados Unidos geraram grandes debates. Cfr. o texto precursor e clássico em: Jellinek (2000).

outro dispositivo legal ainda que criado pelo legislador federal (caso Marbury vs. Madison).

> "Constituem enfaticamente tarefa e dever do Poder Judiciário dizer o que é o direito. Aqueles que aplicam a norma aos casos concretos devem necessariamente expor e interpretar a norma [...]. Se uma lei contraria a Constituição, e tanto a lei como a Constituição forem aplicáveis no caso concreto, então a Corte deve decidir o caso conforme a lei, desconsiderando a Constituição, ou conforme a Constituição, desconsiderando a lei [...]. Se as Cortes devem respeitar a Constituição e a Constituição é superior a qualquer ato ordinário do Legislativo, é a Constituição e não o ato ordinário que deve regular o caso no qual ambos se aplicam".[10]

Dessa forma, os juízes norte-americanos tornaram-se garantidores da supremacia constitucional e, necessariamente, dos direitos fundamentais contidos no texto constitucional, tendo a incumbência de declarar a inconstitucionalidade de toda norma estatal que atentasse contra tais direitos.

Isso constituiu um importantíssimo passo na construção do constitucionalismo e da própria dogmática dos direitos fundamentais. Declarando-se competente para fiscalizar o respeito aos direitos fundamentais com o poder de afastar leis votadas pela maioria dos representantes do povo, o Judiciário deixou claro que o legislador ordinário não tem o poder de definir (e restringir) conforme seu arbítrio os direitos fundamentais. Pode e deve ser fiscalizado pelo *Judiciário*, sendo certas decisões legislativas invalidadas em prol da proteção de indivíduos ou minorias.

Disso surge um problema que se encontra até hoje no centro da reflexão dos constitucionalistas. Em termos simples, para que os juízes possam contrariar uma decisão dos representantes do povo, declarando a inconstitucionalidade de certa medida ou omissão legislativa, devem apresentar uma fundamentação com base em critérios racionais. Sem isso não é possível convencer-se de que não se trata de uma decisão simplesmente subjetiva e, no limite, arbitrária. Para tanto é necessário elaborar uma dogmática dos direitos fundamentais que explicite os critérios de fiscalização das decisões do legislador, conforme se verá no decorrer do presente trabalho.

Isso significa também que o início do controle jurisdicional de constitucionalidade nos EUA constitui somente um primeiro passo na direção da consolidação jurídica dos direitos fundamentais. Esse primeiro passo representou somente o passo da afirmação histórica da supremacia das normas constitucionais e da necessidade de um órgão estatal, no caso, jurisdicional, realizar o controle da

---

10. Tradução nossa. Texto original em: [law.cornell.edu/supremecourt/text/5/137].

compatibilidade de normas ordinárias em relação à Constituição com vistas a defender sua normatividade suprema. O segundo passo, bem mais lento, consistiu na elaboração doutrinária dos *critérios* desse controle.

A fundamentação da decisão Marbury vs. Madison revela a diferença do pensamento constitucional norte-americano em relação ao pensamento que prevalecia na França e em outros países do continente europeu. A motivação política norte-americana relacionava-se com a *liberdade* individual e não com a igualdade. Sem analisar aqui o problema da escravatura e do genocídio da população autóctone e suas consequências na formação da sociedade norte-americana, note-se que entre os colonos europeus verificava-se um grau satisfatório de igualdade formal e material, o que criava certa uniformidade política.

Para entender a motivação política e as consequências jurídicas da decisão Marbury vs. Madison é necessário comparar o constitucionalismo dos EUA com o modelo francês (e, em geral, da Europa continental) e atentar-se para as relações entre as 13 colônias norte-americanas e a metrópole inglesa no decorrer de mais de dois séculos.[11] Os norte-americanos, em sua grande maioria cidadãos britânicos, continuavam submetidos à legislação criada pelo Parlamento do Reino Unido. Em geral, o legislador britânico lembrava-se dos cidadãos do além-mar quando da fixação e levantamento de impostos, considerados, muitas vezes, abusivos.

Destarte, os colonos norte-americanos não se sentiam devidamente representados no parlamento da metrópole. Surgia historicamente um ceticismo acentuado dos colonos, vale dizer, de parte do "povo" em relação aos órgãos de representação política do Poder Legislativo, pois mesmo um parlamento democraticamente legitimado pode criar – eis a lição historicamente incontestável – normas que prejudiquem minorias e indivíduos.

Por isso, o documento jurídico chamado "Constituição" que deveria fundamentar o poder soberano e limitar o legislador, isto é, a maioria parlamentar, surgiu nos Estados norte-americanos, declarados independentes em 1776, com o principal objetivo de garantir a liberdade individual em face de *todos* os poderes estatais, ou seja, também em face do legislador ordinário.

Por sua vez, o constitucionalismo europeu, cuja primeira grande manifestação se deu na França com as referidas Declarações de Direitos, tinha por motor filosófico as ideias iluministas que buscavam a fundamentação racional de decisões políticas, perseguindo ideais universalistas.

Do ponto de vista político, essa orientação era socialmente situada, devendo ser entendida em seu contexto sociopolítico. Baseava-se na luta da ascendente classe burguesa contra os privilégios estamentais dos quais se beneficiava, sobretudo, a nobreza. A nobreza ostentava um *status* social não justificado economicamente e

---

11. Cfr. Fioravanti (1995).

a classe burguesa considerava-a "parasita". Ao mesmo tempo, a miséria das classes populares no campo e na cidade aumentava a tensão social, sendo que a classe burguesa procurava como consequência controlar e manipular a ira popular para a garantia de seus próprios interesses. O discurso universalista, "iluminista", dos principais intelectuais franceses do século XVIII não tem como ser corretamente interpretado sem a consideração do contexto sociopolítico em que se inseria, vale dizer, sem a consideração da origem e das relações sociais de tais intelectuais.

Se, na Alemanha já do início do século XIX, sobretudo Hegel ainda entregava à dinastia dos Hohenzollern o seu fundamento político-filosófico conformista,[12] na França do final do século XVIII os intelectuais responsáveis pelo constitucionalismo francês refletiam sobre os fundamentos político-filosóficos com vistas à transposição do poder político de uma agora chamada classe social da nobreza, para outra, a burguesa.

As massas miseráveis eram bem-vindas para a ideologia constitucionalista francesa como *chair à canon* ("alimentação de canhões"), ou seja, como munição de guerra e isso a despeito dos tais direitos "naturais" do "homem e do cidadão" serem inalienáveis, imprescritíveis e "universais", ou seja, assistirem a "todos" sem exceção. O constitucionalismo francês do século XVIII inseriu, além de inegáveis avanços em racionalidade, também um novo elemento à filosofia política: a *hipocrisia*. De fato, é difícil conceber que os autores estavam convencidos do caráter puramente racional e não político-ideológico de suas obras. Basta pensar que a França do período revolucionário não somente tomou poucas providências para diminuir as desigualdades econômicas e manteve as mulheres em situação de exclusão política e social, como também admitiu mesmo a continuação da escravidão nas colônias.[13-14]

---

12. Para o historicismo e a dialética hegelianos, a história como sequência de teses, antíteses e sínteses que se transformam em novas teses segue o seu curso "natural", tendo sua lógica intrínseca ou, por assim dizer, sua "mão invisível" tal qual afirmado pelo liberalismo econômico de Adam Smith. Nada mais confortável para uma monarquia que só tem a temer a mão invisível histórica. Note-se que a tendência à deificação de conceitos e criação mitológica ultrapassou o marco histórico da revolução francesa de 1789.
13. Cfr. a implacável crítica do iluminismo e liberalismo francês em Sala-Molins (2008).
14. Já no século seguinte, na Alemanha, o materialismo histórico marxista parece representar um diagnóstico preciso e racionalmente honesto da realidade, comprometido, porém, pela realização de prognósticos ("futurismo" ou "futurologia" em face da ainda persistente influência da dialética hegeliana) que o levaria à criação de um ideário que pouco se distingue de uma crença ou visão de mundo (*Weltanschauung*), ao denominado "marxismo como ideologia de massa". Significativamente, o constituinte alemão garante, em um mesmo dispositivo, o art. 4, I GG, a liberdade de "confissão ideológica" ao lado da liberdade de "confissão religiosa" e da liberdade de crença e consciência. A doutrina trata da liberdade de visão de mundo ao lado da liberdade religiosa como espécies do

Em um contexto social marcado por turbulências e rupturas, o constitucionalismo francês tinha como principal alvo os aparatos da Administração e da Justiça, dominados pelos representantes e pela mentalidade do *ancien régime*, e confiava no Parlamento que era composto, em sua esmagadora maioria, por representantes da burguesia, sendo apresentado, no plano da ideologia política, como único legítimo representante da soberania nacional e do "interesse geral", ou seja, também das crescentes massas miseráveis que deixavam os campos em direção às cidades. Principal preocupação era a garantia do princípio da legalidade (inicialmente positivado na terceira Constituição francesa de 1795), isto é, da prevalência da lei. À lei submetiam-se as decisões dos demais poderes, aguardando-se do legislador a tutela e harmonização dos direitos fundamentais sem ulteriores possibilidades de controle.[15]

2.3. Contribuição do constitucionalismo germânico no século XIX para o conceito de direitos fundamentais

O estudo do desenvolvimento histórico do constitucionalismo germânico, durante o século XIX, explica o conceito de direitos fundamentais vigente no período de vigência da Constituição da República de *Weimar* (1919-1933). Tal conceito somente seria superado pela doutrina e jurisprudência constitucionais depois de promulgada a hoje vigente Constituição alemã (*Grundgesetz*), promulgada em 23 de maio de 1949, quatro anos depois da capitulação incondicional do Terceiro *Reich*.

No cerne da mutação conceitual está a evolução da compreensão dos direitos fundamentais como "reserva da lei" para "reserva da lei *proporcional*".[16] Trata-se de uma evolução que tem implicações jurídico-dogmáticas muito relevantes a serem apresentadas no capítulo dos limites dos direitos fundamentais (Cap. 9) e no capítulo sobre a proporcionalidade como critério metodológico de justificação de intervenções estatais em direitos fundamentais (Cap. 10). Por isso, devemos destacar aqui as peculiaridades do incipiente constitucionalismo germânico do início

---

gênero "liberdade de crença" (por todos, v. Jarass, 2011, p. 157–171; cfr. no vernáculo, Martins (2018, p. 21–22, 25–30), a par da liberdade de consciência que não é necessariamente pautada em um código de valores pertinentes a uma instituição, a um coletivo. Não obstante, o marxismo como ideologia de massa não deve ser confundido com as tentativas de construção de uma teoria marxista, crítica e metodologicamente controlada para explicação de fenômenos sociais e econômicos, principalmente do capitalismo industrial do século XIX.

15. Cfr. o art. 3º, da Declaração de deveres da Constituição de 1795. "As obrigações de cada um perante a sociedade consistem em defendê-la, servi-la e se submeter às leis e ao respeito de seus órgãos" ([fr.wikisource.org/wiki/Constitution_du_22_août_1795]).
16. Cfr. Kingreen e Poscher (2019, p. 93–94).

do século XIX, passando pelo constitucionalismo tardio (*Spätkonstitutionalismus*), até a promulgação da Constituição de Weimar (1919) em face do constitucionalismo continental-europeu, de um lado, e do constitucionalismo estadunidense, de outro.

A máxima jurídica da qual se valiam os constitucionalistas alemães do século XIX era a seguinte: "não haverá intervenção na liberdade e na propriedade sem lei (que a legitime)" (*Kein Eingriff in Freiheit und Eigentum ohne Gesetz*). Por isso que se diz que os direitos fundamentais eram então sinônimos de "reserva da *lei*" *(Vorbehalt des Gesetzes)*. Em outras palavras, conectava-se ao conceito de direitos fundamentais uma precípua função, qual seja, a de restringir o Poder Executivo, especificamente a Administração Pública do Estado. Como método de solução, os constitucionalistas germânicos propunham atribuir ao Poder Legislativo a competência para configurar concretamente as hipóteses permitidas de restrição dos direitos fundamentais. Reflexamente e sem embargo do então ainda incipiente poder judicial de controle de normas, o legislador definia o alcance de cada direito fundamental. Na prática, essa concepção não se afastava tanto do entendimento francês iniciado no século anterior. Comum a ambos era a ausência de uma dogmática do vínculo do legislador ordinário às normas definidoras de direitos fundamentais estatuídas pelo constituinte originário ou derivado no âmbito de emendas constitucionais.

Não obstante, em paralelo, a pressão popular explica a crescente preocupação com a igualdade material intensificada com a aceleração do processo de industrialização na Alemanha e demais emergentes potências europeias durante o século XIX, assim como as referências à solidariedade e à existência dos direitos sociais. Mas a pressão popular foi absorvida pelas elites política e econômica de maneira substancialmente diferente na Alemanha do século XIX, onde não ocorreu um evento revolucionário como aquele havido na França de fins do século XVIII.

Como ocorrera em toda a Europa ocidental, também o constitucionalismo alemão do século XIX foi marcado pela ascensão socioeconômica da classe burguesa. Mas não foi sem razão que muitos historiadores alcunharam a Alemanha, ao lado da Itália, de "nação tardia".[17] Até 1871 não havia um Estado nacional, mas muitos principados. As amarras do antigo regime feudal ainda eram muito presentes até o final

---

17. O termo foi cunhado por *Helmut Plessner* (1892–1985), filósofo e sociólogo alemão, em sua obra *Die verspätete Nation: Über die politische Verführbarkeit bürgerlichen Geistes*, publicada originalmente em 1935. *Plessner* identifica em sua antropologia do ideário vigente na Alemanha pós-Reforma e Contrarreforma e Guerra dos 30 Anos ("antropologia filosófica") as causas da resistência não apenas da nobreza, mas também da ascendente classe burguesa em face dos ideais iluministas do século XVIII. Esse desenvolvimento teve repercussão direta no conceito de direitos fundamentais vigentes no século XIX e início do século XX (até 1933) que será apresentado no texto. Cfr. sobre Plessner: Bialas (2010).

da primeira metade daquele século. Ainda que tais principados fossem organizados como monarquias constitucionais,[18] não havia direitos fundamentais no sentido do constitucionalismo moderno e, assim, segundo a ideologia iluminista, como direitos preconcebidos em relação ao Estado ou "pré-estatais", mas tão somente direitos dos súditos garantidos pelos monarcas que outorgavam as Constituições ou, na melhor das hipóteses, direitos negociados com os órgãos representativos dos antigos estamentos.[19] O poder estatal não era legitimado pelo povo, mas pelo monarca com base na "misericórdia divina". A monarquia se adaptava paulatinamente às necessidades econômicas da ascendente classe burguesa.[20] Com isso, cedia poder ao conceder liberdades econômicas que não eram acompanhadas das liberdades políticas. Estas continuavam sendo reprimidas.

Esse cenário modificou-se parcialmente graças à primeira tentativa de revolução nacional-unificadora ocorrida no ano de 1848 que tinha uma nítida orientação liberal-burguesa, mesmo que contemporânea a orientações ideológicas contrapostas ao liberalismo clássico, como o "Manifesto do Partido Comunista", e as consequências para toda Europa da revolução francesa conhecida de 1851, capitaneada pelo sobrinho de Napoleão Bonaparte, que instituiu a segunda República francesa. A tentativa frustrada de revolução liberal na Alemanha do muito agitado ano de 1848 contribuiu decisivamente para a conclusão do processo de retirada de privilégios feudais estamentais, que ainda subsistiam. Os revolucionários da Assembleia Constituinte reunida na Igreja de Paulo de Frankfurt (*Paulskirchenversammlung*) inspiravam-se nas revoluções americana e francesa, mas não lograram manter-se no poder e consolidar a Carta de direitos inserta em sua Constituição. Apesar da anuência de 28 Estados alemães, a revolução foi frustrada por causa da renúncia do Rei da Prússia Friedrich Wilhelm IV em assumir a Chefia do Estado como Kaiser. Como convicto conservador, não aceitou o poder proveniente de revolucionários, pois, como referido, em consonância com a tradição do Antigo Regime, alegou que o poder decorreria tão somente da graça de Deus. Aqueles revolucionários deixaram, porém, um marco que seria retomado após a revolução de novembro de 1918, que instituiu a primeira República alemã, lastreada em uma

---

18. Que segundo Böckenförde (1992, p. 76–77) representavam uma versão alemã (como categoria autônoma) de monarquia constitucional. Dreier (2004, p. 52–53) identificou as constituições dos principados como fazendo parte do que os historiadores convencionaram chamar de constitucionalismo alemão-meridional orientado pela Constituição belga de 1831, mas com direitos muito mais restritos ou limitados a direitos civis de súditos e, portanto, "com grande ênfase do pensamento do dever [fundamental]" (Dreier, 2004, p. 53). Sobre a categoria do dever fundamental, vide Capítulo 4.7.
19. Kingreen e Poscher (2019, p. 9–10).
20. Kingreen e Poscher (2019, p. 10).

Constituição com forte perfil social-intervencionista ("social-democrático") promulgada em 11 de agosto de 1919 na cidade de Weimar.[21]

Na segunda metade do século XIX, a revolução industrial aos poucos chegaria à Alemanha, condenando definitivamente a antiga ordem econômica a ser substituída pela nova ordem capitalista.[22] A necessidade (da burguesia) de garantir pelo menos as liberdades econômicas tornou-se premente. Não restava alternativa à nobreza senão continuar cedendo parcelas de seu poder, caso não quisesse para si o mesmo destino da nobreza francesa. Ainda assim, não ocorreu uma positivação de direitos fundamentais que fosse concomitante ao avanço das ideias liberais.[23] A revolução frustrada de 1848, que se tivesse dado certo traria a unificação alemã 23 anos antes da perpetrada por *Otto von Bismarck* em 1871, acabou ensejando ou – levando em consideração fatores pretéritos – acelerando o processo de reformas paulatinas dos monarcas locais. As monarquias constitucionalistas[24] locais conseguiram consolidar um equilíbrio de poder com a burguesia. Elas se adequaram, como aludido, às necessidades econômicas da burguesia e suscitaram um processo de mudanças controladas[25] que encontraram respaldo técnico-jurídico no princípio da reserva legal. Toda vez que a Administração Pública, dirigida por pessoas ligadas ao velho estamento da nobreza, precisava intervir nas liberdades e na propriedade tão caras à burguesia, bastava a ela buscar o acordo com a nova força sociopolítica que a burguesia passou a representar, sobejamente representada no parlamento (*Volksvertretung*). Daí ser também suficiente à satisfação dos interesses da burguesia alemã a equiparação do conceito de direitos fundamentais ao princípio da reserva de lei

---

21. Esse caráter de pressuposto da Constituição frustrada de 1848 para a positivação do primeiro catálogo de direitos fundamentais que ocorreu somente em 1919 foi identificado unanimemente na literatura especializada. Cfr. Dreier (2004, p. 53–54). Cfr., por último, Gusy (2019, p. 741).
22. Processo cujas consequências universais seriam muito bem analisadas na obra-prima da economia política do século XIX, que tanto influenciaria o desenvolvimento das ideias políticas e econômicas no século XX, qual seja, *O Capital*, de *Karl Marx*, cujo primeiro tomo foi publicado em 1867, bem no início dos acontecimentos revolucionários (ano da Constituição da União Alemã-Setentrional e Guerra com a França) que redundariam na Constituição do Império Alemão e nomeação de *Otto von Bismarck*, em janeiro de 1871, como seu primeiro chanceler, chefe de governo, após a proclamação do então ex-rei da Prússia como *Kaiser* (Imperador) *Wilhelm I*.
23. Cfr., em geral, Kingreen e Poscher (2019, p. 9–11).
24. Como monarquia constitucionalista entende-se uma forma de Estado cujas bases organizacionais são definidas no texto de uma Constituição rígida e escrita, mas que, ao contrário das monarquias parlamentaristas contemporâneas, tal qual a britânica, não deriva sua legitimação da soberania popular.
25. Cfr. a clara exposição dos fatos históricos em sua relação com o princípio da reserva de lei em Schlink (1984, p. 457–458) e a mesma exposição traduzida para o vernáculo por L. Martins: Schlink (2017).

em conformidade com a referida máxima: "não haverá intervenção na propriedade e na liberdade [econômica] sem lei [que a legitime]".

Portanto, a Administração Pública estava vinculada à vontade do legislador. A intervenção deveria ser reservada ao legislador e, por consequência, retirada da competência da Administração.[26] Sem impor a vinculação do legislador aos direitos fundamentais, como ocorreu no caso norte-americano, mas prevendo somente a legalidade dos atos da Administração, o princípio da igualdade formal de todos perante a lei (igualdade na aplicação da lei pela Administração e Judiciário) não impedia o legislador de continuar privilegiando os remanescentes da nobreza e discriminar grupos da sociedade civil como, notadamente, os judeus.[27]

Em síntese, pode-se indicar como diferença básica entre o constitucionalismo norte-americano e o continental-europeu que o primeiro concebia, ainda que sem os contornos jurídico-dogmáticos precisos, o vínculo do legislador ordinário aos direitos fundamentais, ao passo que o segundo enfocou a coibição do arbítrio do Poder Executivo.

Dentro do constitucionalismo continental-europeu pode-se, no mais, distinguir duas espécies: o constitucionalismo francês totalmente centrado no princípio da soberania popular a ser constantemente atualizada pela "Assembleia Nacional" – razão pela qual não se reconhece a necessidade do vínculo do legislador ordinário aos direitos fundamentais – e o constitucionalismo tardio alemão que não concebia a necessidade de controlar o legislador por uma razão diferente: Não se tratava de atualizar o poder constituinte originário, mas meramente de controlar a legalidade dos atos da Administração Pública em face das liberdades econômicas a serem defendidas pelo Parlamento perante o Executivo.

Não obstante as diferenças analisadas, há elementos comuns e consequências jurídicas semelhantes no constitucionalismo continental-europeu e norte-americano. Uma evolução muito rápida permitiu que, no último quarto do século XVIII, fossem redigidas declarações de direitos fundamentais, tanto no "velho" como no "novo" mundo. Essas foram sendo cada vez mais reconhecidas como fundamento da ordem estatal-constitucional, devendo ser respeitadas pelo legislador comum,[28] pela Administração Pública e pelos tribunais.

Essa é a ideia da *supremacia ou da prevalência dos direitos fundamentais* que atualmente se encontra no direito constitucional de, praticamente, todos os países do mundo.

---

26. Kingreen e Poscher (2019, p. 11).
27. Kingreen e Poscher (2019, p. 10).
28. Porém, em face do desenvolvimento europeu com as ressalvas apontadas no texto.

2.4. A positivação dos direitos sociais e a questão das "gerações" dos direitos fundamentais

A primeira Constituição que garantiu uma longa lista de direitos sociais foi promulgada no México em 5 de fevereiro de 1917. Em seu primeiro capítulo encontram-se direitos sociais que pouco se diferenciam daqueles de uma Constituição contemporânea como a brasileira de 1988.[29]

Outra etapa na história dos direitos fundamentais, bem diferente da linha liberal clássica que se apresentou no caso dos Estados Unidos e da França, foi marcada pela "Declaração dos direitos do povo trabalhador e explorado", redigida no âmbito da Revolução Russa de 1917 e promulgada no dia 3 de janeiro de 1918.[30]

Essa Declaração introduziu três novidades, que destoaram, em sua substância, do desenvolvimento do constitucionalismo ocidental até então marcado pelo que se passou a chamar de "economia de mercado" e sua ênfase da autonomia e propriedade privadas:

Declarou abolida a propriedade privada e a possibilidade de exploração do trabalho assalariado (Capítulo II), em completa ruptura com as anteriores Constituições e Declarações de Direitos que garantiam como seus elementos centrais tanto a propriedade privada quanto a liberdade profissional em sentido amplo que abrange também a livre iniciativa empresarial.[31]

Estabeleceu um tratamento diferenciado dos titulares de direitos de acordo com a classe social, restringindo os direitos dos integrantes da classe burguesa (Capítulo IV).

Proclamou um dever fundamental: o trabalho obrigatório para todos (Capítulo I, 4), novamente em ruptura com a consolidada tradição constitucional liberal, que reconhece o exercício negativo da liberdade profissional ("não trabalhar") como conduta protegida em face de intervenções estatais.[32]

Essas inovações foram confirmadas e completadas pela primeira Constituição soviética de 10 de julho de 1918,[33] que introduziu uma série de direitos sociais (art. 14 a 17).

No contexto histórico do fim da Primeira Guerra Mundial foi promulgada, na Alemanha, como já aludido, em 1919, a Constituição da primeira república alemã

---

29. Texto em: [dhnet.org.br/direitos/anthist/mexico/const1917.htm].
30. Tradução do texto para o português em: [dhnet.org.br/direitos/anthist/his1918.htm].
31. Cfr. Martins (2012, p. 164).
32. *Idem*. Cfr. sobre o conceito de exercício negativo e suas implicações dogmáticas, com destaque para o caráter interventivo do tipo da contravenção penal de vadiagem, aqui também Capítulo 9.3.2.
33. Texto traduzido para o inglês em: [marxists.org/history/ussr/government/constitution/1918].

(Constituição de Weimar – *Weimarer Reichsverfassung*), logo após a capitulação do Império Alemão. Como resultado do processo de industrialização acelerado por Bismarck desde 1871, formou-se na Alemanha uma numerosa classe operária que gradualmente organizou-se em sindicatos e partidos políticos. Com o fracasso militar e os graves problemas econômicos e geopolíticos decorrentes da imposição pelos vencedores do Tratado de Versalhes, que impôs sanções econômicas, políticas e territoriais muito rigorosas, problemas que eclodiram, portanto, logo após o término da Primeira Guerra Mundial, a instabilidade política estava na ordem do dia. Os alemães não estavam somente com o seu orgulho e sentimento de soberania nacional feridos; eles foram, de fato, e, pelo menos na perspectiva dos vencedores, com boas razões, alijados da nova ordem econômica mundial firmada pelo Tratado de Versalhes. A burguesia procurou neutralizar os movimentos revolucionários, negativamente, mediante repressão, e, positivamente, por meio de um projeto de república democrática e social que foi a República de Weimar. Por isso, a Constituição da República de Weimar foi considerada pelos historiadores um compromisso ou pacto social firmado entre a burguesia e as demais forças sociopolíticas existentes à época (*Weimarer Kompromiss*).

Esse compromisso implicou a positivação de direitos fundamentais de naturezas diversas no texto constitucional. O extenso rol dos direitos fundamentais da Constituição de Weimar ("Direitos e deveres fundamentais dos Alemães") era dividido em cinco títulos ("indivíduo", "vida social", "religião e sociedades religiosas", "educação e formação escolar", "vida econômica")[34] e se explica nesse contexto. Os dois primeiros títulos citados fixavam, com exceções especialmente no segundo,[35] as garantias liberais clássicas. Os dois últimos introduziam a dimensão

---

34. Texto original em: [documentarchiv.de/wr/wrv.html].
35. O Segundo Título que, tendo em vista a ainda claudicante terminologia, poderia ser traduzido do alemão "Gemeinschaftsleben", em adaptação à dogmática contemporânea como "direitos coletivos", continha o que, da perspectiva atual, podemos chamar de reservas de configuração legislativa em sentido amplo com finalidades básicas: suprir uma dada carência de configuração, como no caso da garantia do instituto do casamento no art. 119 WRV; mandatos legislativos expressos e determinações de metas estatais; direitos prestacionais ("famílias como muitos filhos têm direito à providência compensadora": art. 119 II 2 WRV). No mais, esse Segundo Título continha ao menos três deveres fundamentais previstos nos art. 132–134 WRV que o fechavam, como o dever fundamental de todo cidadão alemão a "de acordo com parâmetros da lei... assumir atividades honoris causa" (art. 132). Cfr. análise de Gusy (2018, p. 237–274) que, em obra monográfica a partir do ensejo do centenário da promulgação da WRV, ao lado de outros historiadores e historiadores-juristas, revisitou-a com diferenciada eloquência já expressa em seu título "100 anos de WRV: uma boa Constituição em tempos ruins". Para aprofundamento no estado da arte da reabilitação com múltiplas perspectivas, cfr. também Gusy (2019), Dreier e Waldhoff (2018), e Di Fabio (2018).

social e econômica dos direitos fundamentais, cujo objetivo era garantir a liberdade individual mediante ações (prestações) do Estado. Mas esses direitos eram entendidos na época pelos tribunais como meros programas e objetivos políticos, praticamente destituídos de juridicidade.[36]

No contexto do desenvolvimento histórico do conceito germânico de direitos fundamentais torna-se imprescindível para a compreensão jurídico-dogmática atual ressaltar o seguinte:

A República de Weimar, que durou apenas 14 anos, viveu em situação de forte instabilidade política. Quatorze anos após a sua proclamação, em janeiro de 1933, os nacional-socialistas comandados por Adolf Hitler chegaram ao poder com 43,9% dos votos válidos, apesar de veementes avisos e protestos de social-democratas, socialistas, comunistas e de cristãos democratas (conservadores). Iniciou-se um período de violações sistemáticas dos direitos fundamentais como política deliberada do Estado nazista com as historicamente sobejamente comprovadas atrocidades, que foram tratadas e parcialmente punidas após o fim da Segunda Guerra Mundial (1945) como "crimes contra a humanidade".[37]

O descrito desenvolvimento histórico, especialmente quando compreendido mediante uma perspectiva evolucionista, ensejou uma abordagem doutrinária superficial e retórica quando se trata de se investigar e elaborar critérios jurídicos idôneos a facilitar a tarefa de concretização das normas definidoras de direitos fundamentais. Trata-se de tema ainda muito presente na doutrina contemporânea, apesar de divergências conceituais pontuais também pouco profícuas dogmaticamente falando, como é o caso de sua substituição pelo termo dimensões a ser adiante referido. Muitos autores referem-se a *"gerações"* dos direitos fundamentais. Referem-se a uma história dos direitos fundamentais supostamente marcada por uma gradação: Em primeiro lugar, teriam surgido os direitos clássicos individuais e políticos; em seguida, os direitos sociais; e, por último, os "novos" direitos difusos e/ou coletivos como os de solidariedade, ao desenvolvimento econômico (sustentável) e ao meio ambiente ecologicamente equilibrado. Finalmente, haveria também direitos de quarta geração, que seriam aqueles relacionados ao cosmopolitismo

---

36. Lange (1991, p. 50–54).
37. Sobre o histórico da punição dos responsáveis mediante decisões de Tribunais *ad hoc*, criados em dissonância com o princípio da legalidade e da anterioridade penal, indicando que, algumas vezes, as "boas intenções" de proteção dos direitos fundamentais podem causar violação de princípios do Estado constitucional, cfr. Gonçalves (2001); *Redaktion Kritische Justiz* (1998, p. 265–322 e p. 383–687).

e à democracia universal.³⁸ Essa visão, que predomina na doutrina brasileira, foi recepcionada em decisões do Supremo Tribunal Federal.³⁹

Tal opção terminológica (e teórica) é bastante problemática, já que a ideia das gerações sugere uma substituição de cada geração pela posterior, enquanto no âmbito que nos interessa nunca houve abolição dos direitos das anteriores "gerações". Com efeito, a (vigente) Constituição Federal garante, indiscriminadamente, direitos de todas as "gerações".⁴⁰

O termo *geração* também não é cronologicamente exato. Sem maiores aprofundamentos históricos, indicaremos dois aspectos.

Primeiro, o Estado moderno nasce para oferecer aos cidadãos *segurança*, tanto no sentido jurídico (unificação da legislação, centralização do poder), como no sentido físico (proteção das pessoas pelos órgãos de segurança interna e externa). A segurança constitui tanto uma promessa crucial quanto uma prestação estatal (com correspondente custo orçamentário). Isso revela que o Estado sempre se preocupou e, de certa forma, mesmo se definiu como autoridade que garante aos cidadãos segurança graças à sua atuação contínua e cotidiana. Por isso, deduz-se que as prestações estatais antecedem a criação de Constituições e a proclamação de direitos fundamentais.

Segundo, os direitos sociais (prestações do Estado) foram garantidos já nas primeiras Constituições e Declarações do século XVIII e início do século XIX, muito antes da chamada crise do Estado liberal da primeira metade do século XX, apontada pelos adeptos da terminologia das gerações como a responsável histórica pelo surgimento da suposta era de tais direitos. Os documentos históricos consubstanciados nas primeiras constituições europeias provam a inconsistência da terminologia.

A Constituição francesa de 1791 incluiu entre as "disposições fundamentais" de seu primeiro título o dever estatal de criar instituições públicas destinadas a prestar assistência a crianças abandonadas, indigentes com enfermidades, e oferecer trabalho a desempregados. Previa também a criação de escolas públicas com gratuidade do ensino fundamental.⁴¹ Da mesma forma, a Declaração francesa de 1793

---

38. Bonavides (2002, p. 516–526); Tavares (2020, p. 354–360 que, como veremos a seguir, refere-se a quatro "dimensões"); Mendes et al. (2008, p. 233–234); Lizana (2008, p. 59–61). O advérbio de conclusão do início da oração não deve denotar que a "criatividade" em torno da malfadada expressão tenha encontrado seu termo final da quarta geração. A criatividade não tem fim (fala-se até em direitos de animais e da natureza como "geração" de direitos fundamentais), assim como a ela ligada absoluta carência de rigores teórico, metodológico e jurídico-dogmático.
39. MS 22.164, rel. Min. Celso de Mello, *DJ* 17.11.1995, p. 39–206.
40. Sobre o caráter cumulativo das "dimensões", cfr. Tavares (2020, p. 354–355).
41. Texto original em: [fr.wikisource.org/wiki/Constitution_du_4_septembre_1791].

garantia a assistência aos necessitados como uma "dívida sagrada" da sociedade e o direito de acesso à educação (art. 21 e 22).[42] E a Constituição brasileira do Império de 1824 incluía entre os direitos fundamentais dois direitos sociais: os "socorros públicos" e a "instrução primária" gratuita (art. 179, XXXI e XXXII), ambos direitos sociais e diretamente inspirados nos referidos textos constitucionais da França.

Portanto, é inexato se referir a "gerações" dos direitos fundamentais, considerando que os direitos sociais sejam posteriores aos direitos de inspiração liberal-individualista ou que estes tenham substituído ou ultrapassado os direitos fundamentais clássicos da dita "primeira geração" liberal-individualista. Não há dúvida de que a parcela do orçamento estatal dedicada ao financiamento dos direitos sociais após a Segunda Guerra Mundial é bem maior do que aquela de inícios do século XIX. Mas essa é uma alteração quantitativa. Sinaliza uma mudança nas políticas públicas, mas não uma inovação no âmbito dos direitos fundamentais, cuja teoria e prática conheceram, desde o início do constitucionalismo, os direitos sociais.

Por essa razão, uma parte da doutrina refere-se às categorias de direitos fundamentais com o termo *dimensões*.[43] Essa opção evita os graves equívocos do termo *gerações*, mas não será utilizada no presente estudo em razão de uma preocupação de exatidão terminológica. Reserva-se o conceito de "dimensão" à classificação de dois ou mais componentes ou aspectos do mesmo fenômeno ou elemento. No caso aqui relevante, há grupos de direitos fundamentais cuja finalidade e funcionamento são claramente diferenciados em âmbito jurídico.

Portanto, recomenda-se utilizar o termo "categorias" ou "espécies" de direitos fundamentais, da mesma forma como se classificam leis e atos jurídicos em espécies de leis ou categorias de atos jurídicos e não em dimensões do ato jurídico ou da lei (Capítulo 4). Reservar-se-á o termo *dimensão* para indicar dois aspectos ou funções dos mesmos direitos fundamentais, isto é, o objetivo e o subjetivo (Capítulo 8).

2.5. Os direitos fundamentais no Brasil

2.5.1. *Desenvolvimento histórico-constitucional*

Na história constitucional brasileira, a Constituição do Império de 25 de março de 1824 proclama os direitos fundamentais nos 35 incisos de seu art. 179. Trata-se de direitos semelhantes aos encontrados nos textos constitucionais dos Estados Unidos e da França. A concretização dos direitos fundamentais ficou, entretanto,

---

42. Texto original em: [fr.wikisource.org/wiki/Déclaration_des_Droits_de_l'Homme_et_du_Citoyen_de_1793].
43. Tavares (2020, p. 354–360); Rothenburg (2014, p. 64).

comprometida com a criação do Poder Moderador que concedia ao imperador poderes constitucionalmente ilimitados.

A Constituição Republicana de 1891 retoma, em seu art. 72, composto de 31 parágrafos, os direitos fundamentais especificados na Constituição de 1824. A essa lista são feitos importantes acréscimos, tais como, por exemplo, do reconhecimento dos direitos de reunião e de associação, das amplas garantias penais e do instituto do *habeas corpus*, anteriormente garantido tão somente em nível de legislação ordinária. Observe-se, também, que esses direitos passam a ser garantidos "a brasileiros e estrangeiros residentes no país" (art. 72, *caput*), enquanto a Constituição de 1824 os reconhecia somente aos "cidadãos brasileiros" (art. 179). Trata-se, aqui, de uma das mudanças constitucionais das mais "sustentáveis" já existentes, uma vez que a nova fórmula preambular da titularidade (trazida ao *caput* dos respectivos dispositivos constitucionais) permaneceu inalterada nas cinco constituições subsequentes e também nas quase centenas expressões de poder constituinte derivado havidas até a mais atual emenda constitucional. Como se verá (Capítulo 5.1.4), essa sempre reiterada opção do constituinte histórico brasileiro não tem como ser desconsiderada na interpretação dos direitos e tem um impacto jurídico-dogmático específico.

Uma lista de direitos fundamentais, semelhante àquela especificada na Constituição de 1891, pode ser encontrada nas Constituições de 1934, 1937, 1946 e 1967/1969. Uma importante inovação ocorre a partir da Constituição de 1934 que incorpora alguns direitos sociais, referindo-se particularmente ao "direito à subsistência" (art. 113, *caput*), à assistência aos indigentes (art. 113, inc. 34), e também cria os institutos do mandado de segurança e da ação popular (art. 113, inc. 33 e 38).

A Constituição Federal de 1988 não se caracteriza pela sistematicidade em relação à garantia dos direitos fundamentais. Referências a tais direitos encontram-se em diversas partes do texto constitucional. A *sedes materiae* é o Título II que trata "Dos direitos e garantias fundamentais", que regulamenta os direitos individuais, coletivos, sociais e políticos, assim como as respectivas garantias.

O art. 5º CF traz um extenso rol de direitos individuais, de garantias clássicas. Ao lado desses, prescreve também direitos coletivos e deveres individuais e coletivos. O art. 6º define os direitos sociais a serem concretizados por todos os órgãos estatais. O art. 7º eleva o direito do trabalho ao nível constitucional, o que traz relevantes consequências dogmáticas, como a incidência do dever estatal de tutela (Capítulo 8.3), sendo que a omissão ou não cumprimento desse dever pelo Estado dá azo a ações constitucionais.

2.5.2. Crítica político-ideológica aos direitos fundamentais da Constituição Federal de 1988 e demanda teórica

As principais críticas formuladas contra o sistema de direitos fundamentais garantidos pela Constituição de 1988 relacionam-se aos direitos sociais. Juristas e políticos que adotam posições nitidamente político-ideológicas neoliberais (conservadoras, do ponto de vista de uma interpretação constitucional que visa à garantia do *status quo ante* social) rejeitam o caráter "dirigente" da Constituição, condenam a "inflação de direitos" e principalmente a extensão dos direitos sociais, de modo a sugerir implícita ou explicitamente o retorno a um regime de garantia quase ilimitada das liberdades individuais. De forma contrária, autores que adotam posições "socialmente progressistas" reclamam da falta de efetivação dos direitos fundamentais e principalmente dos direitos sociais.[44]

Ressalte-se que, a despeito desse importante reconhecimento político-ideológico, a teoria liberal dos direitos fundamentais, responsável em grande parte e na sua qualidade de instância de reflexão da dogmática jurídica dos direitos fundamentais pelo desenvolvimento do aparato instrumental dogmático aqui aplicado, não coloca à disposição de correntes ideológicas neoliberais um fundamento de seus desideratos político-ideológicos que podem ser sintetizados na obstacularização às (constitucionalmente prescritas) intervenções estatais ("Estado mínimo").[45] Pelo contrário, embora a liberdade individual seja seu conceito central, ela visa tão somente a impedir que possam ser impostas juridicamente decisões políticas irracionais, arbitrárias e/ou "moralistas" que atinjam o *status libertatis negativus*. Igualmente, ela identifica a inconstitucionalidade (por omissão estatal!) que atinja o *status libertatis positivus*, reconhecendo hodiernamente até mesmo os deveres estatais de tutela da liberdade ameaçada por terceiros que não o Estado (Capítulos 4 e 8).[46]

Assim, há uma leitura teórica liberal[47] e uma leitura teórica social-democrática,[48] por exemplo, do dever estatal de tutela (Capítulo 8) ou do efeito horizontal

---

44. Sobre as posições sustentadas nesse debate, cfr. Barroso (2000); Coutinho (2003).
45. Sobre o debate entre a teoria liberal e as demais teorias dos direitos fundamentais, v. Martins (2012, p. 28–30 e p. 33–43).
46. Cfr. Schlink (2017 e 2001).
47. Cfr. Pieroth, Schlink, Kingreen e Poscher (2015, p. 33–36), substancialmente revisada no prosseguimento da mesma obra por Kingreen e Poscher (2019, p. 48–54).
48. Cfr. Grimm (1994, p. 221–240). Esse constitucionalista alemão que descreveu no citado texto os fundamentos da teoria social-democrática dos direitos fundamentais foi responsável, durante seus 12 anos como juiz do TCF alemão, pela jurisprudência mais liberal da história daquele tribunal, o que revela forte indício da compatibilidade teórica e político-ideológica entre o pensamento liberal clássico e o social-democrático. Cfr., por

indireto (Capítulo 7), cada uma enfatizando um enfoque metodológico-dogmático específico, mas ambas fundamentando o dever do Estado de agir, quando tal dever decorrer de dispositivos constitucionais.[49]

A diferença é que a teoria liberal enfatiza mais o custo para a liberdade da eventual intervenção estatal necessária, além de procurar fortalecer também o conceito da autonomia individual, frisando, a despeito da inegável injustiça social ainda sempre existente e em quase todo o mundo, os conceitos de responsabilidade e criatividade individuais.

Devemos esclarecer que a solidariedade não é um conceito antagônico, renegado pela teoria liberal dos direitos fundamentais, desde que não seja instrumentalizada para a perpetuação de uma classe política no poder e acabe por sufocar a liberdade individual. Nem mesmo a socialização (e não a "estatização") da propriedade seria rejeitada pela teoria liberal desde que se processasse paulatinamente com estrito respeito, em última instância, ao critério da necessidade de intervenções estatais (Cap. 10.6).[50]

De resto, a teoria sistêmica provou que o sistema econômico, como todo sistema social, é autopoiético, de tal sorte que os sistemas político e jurídico podem ocasionar nele tão somente irritações localizadas. Por isso que políticas públicas somente são eficazes no plano micro, justamente no qual a análise da proporcionalidade das intervenções faz mais sentido.[51] Esse ceticismo faz com que o Estado não possa nunca mais, em última instância, exigir o sacrifício de vidas humanas em prol de sua "razão", como sendo corporificação da ideia moral (Hegel). É nesse sentido de constante vigília em face de investidas totalitaristas que deve ser enfatizado o indivíduo; não como ser antissocial. Mas, como uma das acepções mais relevantes da liberdade constitucionalmente garantida, ele somente se aperfeiçoa na interação com outros indivíduos. Somente esse *medium* de interação possibilita o livre desdobramento da liberdade individual conforme constatou Dieter Suhr em sua *teoria social dos direitos fundamentais*.[52] Isso não é uma ode à não estatalidade (mesmo

---

exemplo, a decisão "Soldaten sind Mörder" do TCF traduzida e comentada em Martins (2018, p. 111–119).

49. Se se faz questão de identificar o correspondente político-ideológico mais próximo de tal teoria liberal dos direitos fundamentais, esse seria o chamado "liberalismo de esquerda" (*Linksliberalismus*), encontrado nos EUA nas facções mais à esquerda de defesa de direitos civis do Partido Democrata ou, na Alemanha, em algumas facções do Partido Verde. No Brasil, infelizmente, e talvez em razão da tendência de mitificação político-ideológica, esquerda e liberalismo ainda são considerados incompatíveis.

50. V. também sobre a possibilidade de socialização da propriedade privada sob a égide de uma dogmática jusfundamental com lastro na teoria liberal: Martins (2012, p. 180 ss. e p. 208–210).

51. Cfr. Schlink (1984, p. 466–468) e Martins (2012, p. 37–41).

52. Suhr (1976).

porque a teoria de Suhr sofreu forte influência do idealismo alemão hegeliano). É, antes, um incentivo ao bom uso da liberdade individual em prol da coletividade. Mas o Estado ou outra forma qualquer de poder público que um dia eventualmente surja em seu lugar deverá sempre existir para disciplinar os inevitáveis conflitos de indivíduos livres em uma sociedade (mundial e local) caracterizada pelo cosmopolitismo cultural e pela diversidade axiológica.

Por fim, a teoria liberal considera que valores como a caridade devem fazer parte de outro sistema social, qual seja, o religioso, e não do sistema político. Em paralelo, a solidariedade garantida constitucionalmente como pressuposto material mínimo ao exercício da liberdade – direitos fundamentais sociais[53] – há de ser imposta justificando a intervenção estatal nos direitos fundamentais econômicos por excelência (propriedade do art. 5º, XXII, e liberdade profissional empresarial do art. 5º, XIII CF).

2.6. Internacionalização dos direitos fundamentais

2.6.1. Relevância da internacionalização

O desenvolvimento do direito internacional público no século XX, principalmente após o fim da Segunda Guerra Mundial, teve como consequência a crescente internacionalização dos direitos fundamentais, que são designados, em âmbito internacional, com a expressão *direitos humanos*.[54]

Em âmbito internacional, a expressão indica o "conjunto de direitos e faculdades que garantem a dignidade da pessoa humana e se beneficiam de garantias internacionais institucionalizadas".[55] As principais dimensões da internacionalização podem ser resumidas da seguinte forma: (a) riquíssima produção normativa internacional em prol dos direitos humanos (declarações, convenções, pactos, tratados etc.); (b) crescente interesse das organizações internacionais pelos direitos humanos e criação de organizações cuja principal finalidade é promovê-los e tutelá-los; (c) criação de mecanismos internacionais de fiscalização de possíveis violações e de responsabilização de Estados ou indivíduos que cometem tais violações (organização e procedimento); (d) intensa produção doutrinária em âmbito internacional que inclui debates de cunho político e filosófico, assim como análises estritamente jurídicas de dogmática geral e especial.

Essa evolução contrapõe-se à validade do princípio do relacionamento binário entre o Estado e o indivíduo que fundamenta a concepção tradicional dos direitos

---

53. Moraes (2001).
54. Trindade (1997); Piovesan (2000); Ramos (2005).
55. Ramos (2005, p. 49).

fundamentais. A introdução dos sujeitos do direito internacional e principalmente das organizações internacionais nessa relação torna mais complexas as questões do exercício e da garantia dos direitos fundamentais, vinculando-os a uma nova discussão e negociação do princípio da soberania nacional.

As mudanças são múltiplas. Destacam-se as seguintes:

a) ampliação dos *titulares* de direitos, permitindo uma titularidade universal, independentemente da nacionalidade e do lugar de residência, princípio esse que conhece uma série de exceções e não exclui o reconhecimento de direitos "particularistas", em benefício de determinadas categorias de pessoas (mulheres, crianças e idosos, minorias étnicas, pessoas com deficiência, grupos indígenas etc.);[56]

b) possibilidade de *responsabilizar* o Estado de forma externa, independentemente do acionamento de mecanismos de direito interno e da boa (ou má...) vontade das autoridades estatais pelos instrumentos de fiscalização e responsabilização que ficam a cargo de comissões, tribunais e outras autoridades internacionais;

c) forte *politização* da matéria devido à necessidade de se realizar contínuos compromissos entre os Estados e os atores internacionais, no intuito de oferecer efetividade aos direitos humanos em âmbito internacional, apesar da ausência de poder estatal e de instituições que executem diretamente normas internacionais (o direito internacional como *soft law*).

Apesar do indiscutível fortalecimento do direito internacional, deve-se redimensionar a relevância do tema, contrariando a recente tendência da doutrina restrita à exaltação acrítica das supostas virtudes políticas e relevância jurídica do direito internacional.

Em primeiro lugar, essa evolução não afeta substancialmente a primazia dos Estados nacionais, que continuam dispondo de um poder de coerção invencível no interior do respectivo país. Indício e resultado disso é o fato de que a esmagadora maioria dos problemas envolvidos na limitação de direitos fundamentais resolve-se no âmbito do direito interno. O Estado permanece sendo a principal força protetora dos direitos humanos que encontraram respaldo constitucional positivo, transformando-se em direitos fundamentais, ou seja, normas jurídicas supremas dentro do Estado que vinculam todas as autoridades constituídas.

Isso não significa, evidentemente, que não se deva reagir em face de abusos e omissões das autoridades estatais. Indica tão somente o restrito papel das organizações internacionais no âmbito de tutela dos direitos humanos. Tais organizações passam a ser mais relevantes quando há falência generalizada de um Estado no controle de seus órgãos, quando, por exemplo, os órgãos do poder de polícia

---

56. Sobre a universalidade dos direitos humanos e seus aspectos problemáticos, cfr. Ramos (2005, p. 179–197), assim como as esclarecedoras observações em Tavares (2020, p. 366–379).

passam a cometer sistematicamente homicídios, sem que o Estado tenha condições de identificar e punir tais crimes praticados por agentes públicos.

Em segundo lugar, o número de indivíduos que requerem a proteção de autoridades internacionais invocando normas de direito internacional é, comparado ao número de conflitos decididos em âmbito interno, estatisticamente muito limitado (apesar de sua relevância política ou, às vezes, apenas simbólica). Aos milhares de mandados de segurança e *habeas corpus* impetrados cotidianamente no Brasil contrapõem-se apenas algumas dezenas de denúncias feitas anualmente contra o Brasil perante órgãos internacionais por violação de direitos humanos. Ocorre que a maioria dessas denúncias tem uma tramitação muito longa e raramente leva a resultados satisfatórios para as vítimas.

Em terceiro lugar, ocorre o fenômeno da duplicação. Praticamente todos os direitos humanos garantidos em âmbito internacional são reconhecidos pelo direito interno de forma mais completa, com menos reservas legais e dotados de garantias mais abrangentes. Basta comparar as normas internacionais e o direito brasileiro para perceber que esse último é muito completo. Assim, a incidência do direito internacional é limitada a pouquíssimos casos. Incontornável é o reconhecimento da presença de uma franca desproporção entre a realidade dos fatos e o interesse que o tema encontra na recente doutrina brasileira.

Não ignoramos que, em alguns casos, os tratados internacionais ampliam a titularidade dos direitos fundamentais e mesmo a área de proteção desses direitos.[57] Mas esses casos, além de numericamente limitados, não significam uma ampliação de direitos e consequente restrição do poder estatal. Tão somente determinam uma redistribuição de posições jurídicas: alguns direitos fundamentais são estendidos em detrimento de outros. Exemplo: o Pacto de São José da Costa Rica garante o direito à vida "em geral, desde o momento da concepção" (art. 4º, 1). Admite, destarte, a tutela desse direito ("em geral", isto é, reservando-se ao legislador nacional uma margem discricionária idônea a fundamentar seu poder de estabelecer exceções) a partir da concepção, ocorre limitação dos direitos fundamentais da gestante: liberdade no sentido da autodeterminação (decisão pela interrupção da gravidez e disposição sobre o próprio corpo) e intimidade (decisão de não revelar o estado de gravidez indesejada), que lhe são garantidos pela Constituição Federal (art. 5º, *caput* e X).

Por outro lado, o fenômeno da duplicação pode ser percebido no fato de os tratados internacionais tutelarem alguns direitos de liberdade e de igualdade com maior densidade normativa do que fazem algumas Constituições modernas. Isso, porém, não significa que os tratados protejam "outros" direitos ou que protejam os direitos fundamentais constantes do texto constitucional de maneira mais intensa

---

57. Exemplos em Marmelstein (2008, p. 205).

ou efetiva. Assim, os direitos de acessibilidade dos deficientes físicos, que foram objeto do único tratado internacional sobre direitos humanos até hoje recepcionado com eficácia de emenda constitucional, podem ser derivados diretamente do art. 5º, *caput* CF que, entre outros, protege o "direito fundamental à igualdade (material)". Também o direito à vida do nascituro pode ser derivado do mesmo dispositivo constitucional ("inviolabilidade do direito à vida") em face da abertura conceitual do vocábulo *vida* (como mostra o debate em torno de seu termo inicial e final). O teor bastante abstrato de certas normas definidoras de direitos fundamentais da CF dá margem a tais derivações de comportamentos concretos e situações jurídicas que devem ser, em princípio, livres da intervenção estatal ou que impliquem, ao contrário, atuação estatal para viabilizar seu exercício. Interpretá-los é papel dos órgãos judiciais competentes para o vinculante controle da constitucionalidade de normas.

2.6.2. Relações entre direito nacional e direito internacional dos direitos fundamentais: pré e pós-inserção do §3º ao art. 5º CF pela EC 45/2004

Analisaremos a posição dos direitos humanos garantidos por textos internacionais no âmbito do ordenamento jurídico brasileiro. A pergunta é: em que medida um interessado pode alegar, perante autoridades brasileiras, a violação de um direito humano que decorra de normas de direito internacional?

Isso significa que não serão analisadas aqui as formas de responsabilização internacional do Estado brasileiro em casos que envolvam desrespeito a direitos humanos internacionais por motivos jurídicos ou fáticos, mas tão somente a relevância do direito internacional em âmbito interno.

O princípio que rege a matéria pode ser denominado de *complementaridade condicionada*. Seu enunciado está no §2º do art. 5º CF. Esse parágrafo estabelece que os direitos e garantias expressos na Constituição não excluem aqueles decorrentes de outras fontes normativas, entre as quais se encontram "tratados internacionais em que a República Federativa do Brasil seja parte".

A norma indica que o fato de um direito não se encontrar garantido no texto constitucional ou não ser reconhecido a determinado titular não exclui a possibilidade de sua alegação, desde que o direito se encontre reconhecido em tratado internacional ou que o tratado beneficie determinado titular. Assim, os tratados internacionais de direitos humanos podem servir como parâmetro do controle de constitucionalidade (e de legalidade) no Brasil mediante o mecanismo da complementaridade.

Mas como já se disse, essa complementaridade é condicionada, podendo beneficiar o interessado se forem respeitados três requisitos.

a) *Origem contratual da norma de direitos humanos*. O primeiro – e mais evidente – requisito é que deve se tratar de norma internacional de origem contratual (*convencional*) que abrange os tratados internacionais e eventualmente outros acordos internacionais aprovados de forma semelhante, apesar de denominados "convenções", "pactos". Excluem-se, assim, como fontes de direitos humanos constitucionalmente reconhecidas normas decorrentes de costumes, princípios gerais ou outras fontes de direito internacional público.

b) *Conformidade constitucional dos tratados internacionais*. A segunda condição – implícita, mas logicamente indiscutível – é que o tratado não contrarie norma constitucional. Trata-se aqui de se reconhecer a absoluta prevalência das normas constitucionais em relação a todas as normas de direito internacional público. Se, no âmbito interno, a única base jurídica de validade dos tratados é a Constituição, a complementaridade não se realiza com base na equivalência, mas na submissão da produção normativa internacional aos mandamentos constitucionais. Isso decorre da natureza do poder constituinte como criador de normas dotadas de (auto)primazia normativa.

Esse entendimento é explicitamente corroborado pela Constituição Federal, que estabelece a competência do Supremo Tribunal Federal para resolver definitivamente dúvidas sobre a validade de tratados internacionais, declarando ou não sua conformidade com normas constitucionais (art. 102, III, *b*). Se o Tribunal, que exerce o papel de guardião da Constituição (art. 102, *caput*), pode declarar a inconstitucionalidade de tratado internacional, isso significa que, na hierarquização constitucional das fontes jurídicas, os tratados são inferiores à Constituição. Consequentemente, não podem derrogar ou ab-rogar previsões normativas da Constituição. Em caso de incompatibilidade, a sanção será a declaração de inconstitucionalidade do tratado com as mesmas consequências da declaração de inconstitucionalidade das leis ordinárias.

Com isso, afasta-se de plano a possibilidade de se reconhecer, no Brasil, a validade de normas de um tratado internacional que contrariarem normas constitucionais. Pouco importa se estamos diante de normas constitucionais anteriores ou posteriores ao tratado (introduzidas mediante emenda constitucional).

Alguns autores afirmam que não ocorre incompatibilidade entre essas espécies normativas.[58] Contudo, essa posição não convence. Pelo contrário, haverá antinomia sempre que um tratado estabelecer medidas protetoras de um direito humano que afetem (restrinjam ou suspendam) direitos fundamentais garantidos

---

58. "Os direitos internacionais constantes dos tratados de direitos humanos apenas vêm aprimorar e fortalecer, nunca restringir ou debilitar, o grau de proteção dos direitos consagrados no plano normativo constitucional" (Piovesan, 2005, p. 71).

na Constituição. Um exemplo de incompatibilidade foi dado pelo Estatuto de Roma que instituiu o Tribunal Penal Internacional (Capítulo 10.6.2).

c) *Validade dos tratados internacionais de acordo com a forma de ratificação*. O terceiro requisito para que um tratado adquira relevância jurídica no direito brasileiro é sua aprovação pelas autoridades brasileiras na forma constitucionalmente prevista.

A forma de incorporação dos tratados internacionais relacionados a direitos humanos modificou-se com a entrada em vigor da EC 45/2004, que acrescentou ao art. 5º o §3º: "Os tratados e convenções internacionais sobre direitos humanos que forem aprovados, em cada Casa do Congresso Nacional, em dois turnos, por três quintos dos votos dos respectivos membros, serão equivalentes às emendas constitucionais".

A introdução dessa norma foi mal avaliada pela doutrina tanto do ponto de vista jurídico-dogmático, quanto do ponto de vista político-constitucional. Foram-lhe atribuídos adjetivos intensamente depreciativos como "catastrófica" e "precária".[59] Aqui devem ser discutidas as mudanças introduzidas em relação à forma de incorporação dos tratados.

Antes da EC 45/2004, os tratados internacionais eram, independentemente de seu objeto e conteúdo, incorporados mediante ato do Congresso Nacional (Decreto Legislativo), que ratificava tratado celebrado pelo Presidente da República (art. 49, I e 84, VIII CF). Em seguida, era editado um Decreto presidencial mesmo sem uma específica previsão constitucional.

Essa forma de aprovação deixava claro que todos os tratados internacionais se encontravam na mesma posição hierárquica das leis ordinárias. Se para a incorporação do tratado é necessário e suficiente o voto da maioria simples dos membros do Poder Legislativo federal com posterior concordância do Presidente da República, como aceitar que uma lei posterior, que também emana da vontade da maioria do Congresso Nacional e deve ser promulgada pelo Presidente da República, não tivesse a capacidade formal de modificar as previsões do tratado?

Tem-se aqui uma típica situação de *paralelismo nas formas de criação do direito*: "quem faz pode desfazer". Trata-se de uma situação que torna juridicamente impossível afirmar que o tratado internacional incorporado ao direito interno não possa sofrer modificações mediante decisão das autoridades que lhe conferiram validade jurídica.

Esse posicionamento foi endossado pela antiga, consolidada jurisprudência do Supremo Tribunal Federal.[60] Em casos de incompatibilidade entre lei e tratado

---

59. Tavares (2005b, p. 42–43).
60. ADI 1.480 (medida cautelar), rel. Min. Celso de Mello, j. 04.09.1997; HC 72.131, rel. Min. Marco Aurélio, j. 23.11.1995; Recurso em HC 79.785, rel. Min. Sepúlveda Pertence,

devem ser aplicadas regras de solução das antinomias jurídicas entre normas do mesmo nível, prevalecendo a norma mais nova, pelo menos quando ela estabelecer expressamente a modificação da anterior.

Há tempos, autores preocupados com a tutela dos direitos humanos contra eventuais abusos do legislador nacional questionaram e equiparação dos tratados às leis. Afirmou-se que os tratados internacionais em matéria de direitos humanos teriam força jurídica igual àquela da Constituição e, de qualquer forma, seriam superiores às leis ordinárias, razão pela qual não poderia a lei posterior abolir ou mesmo restringir previsões de tratados que tutelam direitos humanos.[61]

Essa proposta foi recebida pelo STF. Em 2008, o Tribunal afirmou que os tratados internacionais que garantem direitos humanos são sempre superiores às leis ordinárias brasileiras (tese da *supralegalidade* e infraconstitucionalidade dos tratados internacionais). Nesses acórdãos houve votos de Ministros a favor do reconhecimento de *status* constitucional a tais tratados.[62]

O principal argumento constitucional a favor dessa proposta encontra-se no art. 5º, §2º CF, interpretado como proibição de limitar os direitos garantidos em tratados internacionais mediante normas infraconstitucionais.[63] O argumento

---

j. 29.03.2000. Cf., contudo, o RE 466.343, rel. Min. Cezar Peluso, DJe 104, 04.06.2009 e sua discussão a seguir no texto e n. rod. 62.

61. Piovesan (2000, p. 82–85); Tavares (2020, p. 415–417).
62. Cfr., entre a ampla jurisprudência, o RE 466.343, rel. Min. Cezar Peluso, DJe 104, 04.06.2009. A tese da supralegalidade dos tratados internacionais de direitos humanos não tem respaldo no direito constitucional vigente. No RE 466.343, a Corte chegou a se jactar por supostamente ter proferido "uma decisão histórica. O Brasil adere agora ao entendimento já adotado em diversos países no sentido da supralegalidade dos tratados internacionais sobre direitos humanos na ordem jurídica interna" (voto do Min. Gilmar Mendes, *ibid.*, p. 1314). Além de *obter dicta* idôneos à fundamentação dessa pretensamente revolucionária tese, apresentou-se o art. 25 GG. Isso foi resultado, contudo, de um duplo equívoco: o transplante indevido de parâmetro constitucional estrangeiro e o fato de o art. 25 GG atribuir força normativa supralegal ao direito internacional consuetudinário (regras gerais do direito internacional público), mas não aos tratados internacionais, mesmo àqueles que versem sobre direitos humanos, os quais também na Alemanha tem força normativa de lei ordinária. Trata-se, portanto, apenas de mais um voluntarismo ou decisionismo do STF. Cfr. em detalhes a fundamentação da crítica em Martins (2018d).
63. Os tratados internacionais de direitos humanos são qualificados por alguns autores como "materialmente constitucionais" Piovesan (2005, p. 72); Moraes (2005, p. 53), posicionamento esse aceito por Ministros do STF (cfr. voto do Min. Celso de Mello no RE 349.703, rel. Min. Carlos Britto, j. 03.12.2008). Esse termo pode gerar equívocos. Os direitos humanos internacionalmente garantidos integram a matéria tradicionalmente contemplada pelas Constituições escritas e lecionada pelos constitucionalistas. Nesse sentido, os referidos direitos humanos têm qualidade "materialmente constitucional", tal como pode ser "materialmente constitucional" qualquer decreto ou portaria que

decorre de uma interpretação extensiva do referido dispositivo constitucional que não convence. Ele apenas determina que o rol dos direitos explicitamente garantidos na Constituição não deve ser interpretado no sentido de se presumir uma competência a favor do Estado de se excluírem (outros) direitos decorrentes de fontes extravagantes ao texto constitucional (em princípio, não "fundamentais" em sentido formal).[64] Nesse sentido, a falta de garantia expressa de um direito na Constituição não sustenta a legitimidade de um recurso ao argumento *a contrario*, pois a enumeração dos direitos fundamentais na Constituição é indicativa, mas não limitativa. Tem-se aqui uma clássica presunção a favor da liberdade do indivíduo e contra o poder estatal.

Com isso, a Constituição não determinou, expressamente e em dispositivo específico (como fez, por exemplo, o constituinte alemão no art. 25 GG), a relação hierárquica entre as leis brasileiras e os tratados internacionais. Por intermédio de uma interpretação sistemática, a resposta a esse problema é dada pelos art. 102, III, *b*, e 105, III, *a*, os quais situam o tratado e a lei na mesma posição hierárquica, pois, de acordo com os mencionados dispositivos, o STF resolve, mediante recurso extraordinário, problemas de inconstitucionalidade "de tratado *ou* lei federal" e o STJ resolve, mediante recurso especial, os problemas de violação "de tratado *ou* lei federal".

Assim, tanto como objeto do controle de constitucionalidade (art. 102, III, *b* CF), quanto como parâmetro do controle de legalidade/convencionalidade de atos normativos infralegais e de decisões judiciais (art. 105, III, *a* CF), o constituinte brasileiro situou os tratados internacionais no mesmo patamar da lei ordinária.

---

    regulamente temas de direitos fundamentais. Essa qualidade não resulta em nada além de revelar um mero interesse doutrinário e indicar que constitucionalistas se interessam por essas normas, mas não pode definir sua força jurídica. Quando se trata de força jurídica, tem-se uma questão exclusivamente formal, isto é, de hierarquia das normas jurídicas que resulta da posição de cada dispositivo no ordenamento jurídico, independentemente de sua classificação "material" em determinado ramo do direito. Em que pese a tradicional (e exagerada!) atribuição de papel de "fonte indireta do direito" ao lado da jurisprudência, a "doutrina" (leia-se: opiniões supostamente técnico-jurídicas, mais sóbria a terminologia germânica: "literatura jurídica"), ao contrário da jurisprudência quando presentes rigorosos pressupostos (do chamado "*Richterrecht*", direito judicial), não encerra força normativa e não constitui parâmetro normativo válido e vinculante de nenhuma decisão estatal. A "literatura jurídica especializada" (doutrina) deve em colaboração com a jurisprudência dos tribunais superiores e constitucionais configurar a(s) dogmática(s) jurídica(s) que podem ser procedentes ou não, a depender de sua contraposição ao sistema normativo vigente. Com frequência inaceitável entende-se por "doutrina", com presunçosas pretensões normativas, apenas argumentos de autoridade destituídos de qualquer cientificidade.

64. Cfr. (Capítulo 3.2.a).

A tradicional equiparação entre lei interna e tratado internacional é confirmada pelo fato de nenhuma outra norma constitucional prever a competência do Poder Judiciário para avaliar a violação de tratado por lei ou vice-versa. Isso demonstra que o constituinte não desejou instituir uma hierarquia entre ambos como o fez, conforme aludido, o constituinte alemão.

Deve-se agora examinar o impacto da EC 45/2004, que introduziu o §3º ao art. 5º CF. Em virtude desse dispositivo, os tratados internacionais relacionados a direitos humanos que forem aprovados mediante o procedimento e a maioria prevista no §3º do art. 5º vigoram como emendas constitucionais. Isso chama a atenção, pois o referido procedimento e a exigência de *quorum* são iguais aos previstos no art. 60 CF para as emendas constitucionais. Se isso ocorrer, não há mais justificativa para edição de decreto do Presidente da República, já que as emendas constitucionais são promulgadas sem a sua participação.[65]

A partir da promulgação da norma ratificadora, o tratado internacional torna-se internamente superior às leis e a todas as demais fontes infraconstitucionais, modificando-se a descrita situação jurídica vigente antes da EC 45/2004.

Assim, o tratado internacional de direitos humanos ratificado com esse procedimento passa a integrar aquilo que foi designado como *bloco de constitucionalidade*.[66] Mesmo nessa hipótese, o tratado permanece em posição de inferioridade em relação ao texto da Constituição, já que deve respeitar as limitações materiais do poder de reforma constitucional (as denominadas "cláusulas pétreas") estabelecidas no art. 60, §4º CF.[67]

Pergunta-se se continua possível a aprovação de tratado internacional em temas de direitos humanos com o procedimento ordinário de aprovação de tratados conforme o art. 49, I CF. Há posições doutrinárias que consideram que isso seja possível, sem que tivesse sido realizada por elas, contudo, uma análise específica da questão.[68] Houve também uma manifestação contrária, no sentido de não ser mais possível a aprovação de tratado internacional de direitos humanos mediante ato do Congresso Nacional editado com a costumeira maioria simples de seus membros.[69]

Essa última proposta interpretativa apresenta duas vantagens. Primeiro, resolve definitivamente as dúvidas sobre a posição dos tratados internacionais de direitos humanos, no sentido de um "tudo ou nada": ou seriam ratificados com

---

65. Cfr. Tavares (2005b, p. 45–46); Sarlet (2009, p. 132). Continua considerando necessária a edição de decreto presidencial, Dallari (2005, p. 92). A edição de decreto presidencial é tradicional no direito brasileiro, apesar da falta de previsão normativa a respeito.
66. Francisco (2005, p. 99–100); Sarlet (2009, p. 129).
67. Cfr. Tavares (2005b, p. 42).
68. Piovesan (2005, p. 72); Dallari (2005, p. 89 e p. 91–92); Moraes (2005, p. 53); Sarlet (2009, p. 134).
69. Tavares (2005b, p. 43–44 e 2006, p. 477–478).

status constitucional ou rejeitados. Segundo, ela permite que *todos* os tratados promulgados antes da entrada em vigor da EC 45/2004 sejam automaticamente constitucionalizados, de acordo com a teoria da recepção aceita no Brasil.[70]

Os problemas dessa proposta podem ser sintetizados em três aspectos. Em primeiro lugar, parece-nos extremamente difícil classificar com segurança quais tratados se referem a direitos humanos e quais não. No entanto, a decisão sobre o procedimento a ser adotado pressupõe a referida classificação. Até mesmo um tratado sobre transferência de presos diz respeito a direitos fundamentais; um acordo de cooperação econômica pode afetar as liberdades profissionais empresariais e econômicas de incontáveis pessoas. Desse modo, haveria a necessidade de aprovação com o quórum das emendas constitucionais para praticamente todos os tratados internacionais.

Em segundo lugar, seria necessário desmembrar de tratados internacionais que eventualmente regulamentem também matérias consideradas não pertinentes aos direitos humanos essas matérias. Isso complica sobremaneira o procedimento de ratificação e aumenta significativamente o risco de sua ratificação apenas parcial em virtude da diferença no quórum respectivamente exigido.

Em terceiro lugar, há dois argumentos interpretativos contra essa proposta. Primeiro, um argumento de ordem genético-sistemática.[71] A EC 45/2004 teve uma notória inspiração "internacionalista". Por intermédio dela, o constituinte derivado buscou atribuir dignidade (autoridade) constitucional a tratados internacionais de direitos humanos. Pela mesma EC, ele chegou a proclamar, com uma norma de intensidade e formulação inusitadas, que "o Brasil se submete à jurisdição do Tribunal Penal Internacional" (art. 5°, §4° CF). Como admitir que a mesma reforma constitucional levada a termo pela EC 45/2004 quis dificultar sobremaneira a incorporação dos tratados internacionais, ao impedir, por exemplo, que fosse ratificado um tratado internacional que reúna a seu favor a maioria simples dos membros das duas Casas Legislativas?

Há também um argumento textual-gramatical que, como em regra, impõe, também aqui, um limite instransponível às interpretações pautadas nos demais cânones jurídico-hermenêuticos.[72] O mencionado §3° do art. 5° CF dispõe que são equiparados à emenda constitucional os tratados "que forem aprovados"[73] segundo

---

70. Tavares (2005b, p. 47–48); Francisco (2005, p. 102–105), Laurentiis (2017a, p. 61 s.).
71. Uma elucidativa descrição dos materiais legislativos e consequente intepretação genética oferece Laurentiis (2017a, p. 55–58).
72. Sobre o limite imposto pela interpretação gramatical (*Wortlautgrenze*), cfr. Klatt (2005, p. 343–368) e Dimoulis (2011a, p. 147–149).
73. Não é sem razão que os gramáticos classificam orações como essa de oração subordinada adjetiva *restritiva*, na qual o vocábulo "que" não vem antecedido por uma vírgula, hipótese que configuraria uma oração subordinada adjetiva *explicativa*.

o mesmo procedimento previsto para a emenda (cfr. art. 60 CF). O mais plausível é considerar que, com essa formulação, o dispositivo constitucional em tela deixou em aberto a possibilidade de ratificação de tratados que "não forem aprovados" mediante esse procedimento, ou seja, mediante o procedimento comum – e não quis indicar que tratados que não fossem aprovados como emendas seriam definitivamente rejeitados. Se fosse esse o caso, o constituinte teria escolhido uma formulação diferente, como por exemplo: os "tratados sobre direitos humanos devem ser aprovados com três quintos [...]" ou "somente serão aprovados com a maioria de três quintos [...]".

Portanto, a EC 45/2004 permitiu a ratificação de tratados internacionais relacionados a direitos humanos conforme o procedimento do art. 49, I CF ao adicionar o §3º ao art. 5º CF. Como muito bem anotado em recente exposição, trata-se, no caso do último dispositivo, de um "procedimento facultativo".[74] Em razão disso, temos atualmente *duas categorias* de tratados internacionais que incorporam ao direito brasileiro normas de direitos humanos.

A primeira categoria compreende os tratados que serão aprovados segundo o procedimento das emendas constitucionais, equivalendo formalmente a elas. Integram o bloco de constitucionalidade. Eles também se submetem, evidentemente, à exigência de respeitar as cláusulas pétreas. Somente podem ser modificados ou poderiam ser retirados do ordenamento mediante emenda constitucional posterior. Porém, no que tange à aludida possibilidade em tese de ab-rogação, tais tratados passarão, em razão de sua constitucionalização, a não admitir emenda constitucional tendente a abolir suas normas, protegidas que são como cláusulas pétreas.[75]

---

74. Laurentiis (2017a, p. 61).
75. Cfr. Piovesan (2005, p. 73). Com uma abordagem original, ainda que não totalmente livre de aporias, Laurentiis (2017a, p. 58 ss., 64–65) enxerga no procedimento de recepção de tratados internacionais de direitos humanos previsto no art. 5º, §3º CF um risco de suscitar um poder constituinte derivado reformador que "petrifique todo o texto constitucional". Apesar de rejeitar, corretamente, a identificação do produto do procedimento em tela com a EC, porque mesmo os tratados recepcionados "pelo procedimento de votação nele descrito" seriam apenas "'equivalentes às emendas constitucionais'", mas não EC ("permanecem tratados [...] não se transformam em emendas" – ibid., p. 64), deriva uma conclusão problemática quando compara os procedimentos previstos no dispositivo em tela para uma recepção especial do tratado internacional de direitos humanos (produção do efeito da equivalência hierárquica) com o procedimento para aprovação de EC previsto no art. 60 CF. Correto está também que o poder constituinte derivado reformador é ele próprio poder constituído ou "criado" ("– de reforma –") que não estaria "autorizado a modificar os limites estabelecidos por seu criador – originário – sob pena de a criatura tomar o lugar de seu criador" (ibid., p. 67). Desse modo, o autor sugere que, com a aprovação do §3º ao art. 5º CF pela EC 45/2004, houve uma inconstitucional expansão dos limites do poder de reforma criados pelo constituinte originário, tal qual às vezes sugerida por outros autores mediante uma esdrúxula interpretação da possibilidade de se emendar

A segunda categoria compreende os tratados aprovados por maioria simples do Congresso Nacional. Têm força jurídica de lei ordinária e podem ser derrogados ou ab-rogados mediante lei posterior. Pertencem a essa categoria todos os tratados internacionais aprovados antes da entrada em vigor da EC 45/2004. Por não haver ocorrido uma modificação completa do procedimento de ratificação dos tratados, não se aplica o argumento a favor de sua constitucionalização tal qual levantado na teoria da recepção. Cabe ao Congresso Nacional avaliar, futuramente, a oportunidade de proceder a uma nova discussão e eventual aprovação desses tratados, com *status* de emenda constitucional.[76]

Assim, permanece atual a discussão (e a controvérsia) sobre a relação entre os tratados internacionais de direitos humanos e as demais normas infraconstitucionais. Com efeito, o novo §3º do art. 5º CF revela-se juridicamente *inócuo*.[77] Antes

---

o próprio art. 60 CF. Fosse levada tal "sugestão" com razão criticada por Laurentiis a termo, estaria presente uma notória subversão do seu sentido e consequente implosão de quaisquer limites ao poder reformador imaginados pelo constituinte derivado. Porém, o caso do dispositivo em tela é substancial e semanticamente distinto. Nem o procedimento considerado corretamente ainda mais dificultoso para recepção de tratados de direitos humanos do que para aprovação de EC nem a decisão do constituinte reformador de 2004 pela coincidência dos quóruns e turnos duplos para aprovação nas duas Casas do Congresso tornam os procedimentos concorrentes no sentido aludido pelo autor. Primeiro, o conceito de "iniciativa legislativa" é inaplicável ao procedimento de ratificação e a dúvidas quanto à competência para promulgar – se, como majoritariamente defendido, mesmo sem lastro constitucional expresso, mas com base na tradição, pelo próprio Presidente da República; ou pelo Congresso Nacional. No mais, despicienda é uma segunda emenda que alterasse o teor do §3º a fim de esclarecer minúcias procedimentais, tal qual a quem caberia o ato de promulgar o tratado internacional recepcionado em grande parte com o mesmo procedimento previsto para a EC, especialmente o mesmo quórum qualificado. Regras constitucionais sobre iniciativa legislativa podem ser alteradas em qualquer tempo. Todavia, não é disso que se trata, mas de mera regulamentação processual do §3º que pode ser feita pela legislação ordinária. Também as normas constitucionais relativas à função do Presidente como chefe de Estado, especialmente o art. 84, VIII CF, não vinculam o legislador ordinário no aspecto da disciplina do processo de recepção dos tratados, quanto menos o constituinte reformador. Não obstam, portanto, que o ato formal de promulgação seja redistribuído por lei ordinária (lembre-se que no Brasil até recursos já foram considerados legitimamente previstos por regimento interno do STF). Por fim, a "celebração" de tratado internacional pelo Presidente da República no sentido do art. 84, VIII CF não pode ser equiparada à iniciativa de PEC que foi conclusivamente normatizada no art. 60, *caput* CF. Logo, o §3º do art. 5º CF é compatível com o art. 60 CF, sendo constitucional formal (parâmetro do art. 60, *caput* e I–III CF) e materialmente (parâmetro do art. 60, IV CF).

76. Cfr. Sarlet (2009, p. 128). Cfr. as classificações propostas em Messa e Francisco (2012).
77. Cfr. Laurentiis (2017a, p. 66) que, sobre o impacto da inserção do §3º ao art. 5º CF, refuta posições antagônicas, mas igualmente retóricas. De um lado, um internacionalista veterano (referência do autor a Cançado Trindade) afirmaria que houve um "retrocesso",

da EC 45/2004, o Congresso Nacional podia atribuir força jurídica de emenda constitucional a qualquer tratado internacional com base na previsão do art. 60 CF. Hoje, pode fazer o mesmo em virtude do art. 5º, §3º CF. Paralelamente, tanto antes como após a EC 45/2004 cabe ao Congresso Nacional incorporar um tratado internacional, atribuindo-lhe valor de lei ordinária.

Por fim, resta examinar as (potenciais) colisões de direitos fundamentais, garantidos no texto constitucional, com direitos fundamentais decorrentes "dos tratados internacionais em que a República Federativa do Brasil seja parte". A resposta é dada pelo próprio §2º do art. 5º CF, apesar de esse dispositivo ter suscitado tantos equívocos teóricos e dogmáticos. O constituinte reconhece os direitos decorrentes de tratados internacionais independentemente da forma de ratificação e, destarte, independentemente do nível hierárquico do tratado na ordem jurídica nacional. Para o art. 5º, §2º CF fazer sentido, os direitos humanos constitucionalmente reconhecidos não perdem sua validade se colidirem, *in concreto*, com direitos fundamentais diretamente garantidos pela Constituição. Entretanto, como as normas definidoras de direitos humanos decorrentes de tratados internacionais não fazem parte da Constituição em sentido formal (o que em complemento ao texto da CF comporia o assim chamado "bloco de constitucionalidade"), logo elas têm vigência e força normativa precárias, pois são submetidas, na prática, à ampla discricionariedade pelo menos do legislador formal ordinário nacional. Semelhantemente à situação antes descrita da incompletude do conceito de direito fundamental no constitucionalismo germânico do séc. XIX, quando eram entendidos como mera garantia de uma "reserva de lei", aqui também tais direitos humanos "decorrentes" no sentido do o art. 5º, §2º CF vinculam na prática apenas os poderes que interpretam e aplicam normas: os Poderes Executivo e Judiciário.

Colisões *concretas* devem ser resolvidas aplicando-se as regras da dogmática dos direitos fundamentais. Isso condiz com a dogmática específica das colisões de direitos fundamentais a ser estudada no Capítulo 9.4.1: embora caiba ao legislador a prerrogativa de tentar harmonizar – já abstratamente – direitos fundamentais com potencial de colisão (v.g. a clássica colisão entre direitos fundamentais de

---

porque, como muitos de seus colegas de disciplina acadêmica, deriva do §2º do art. 5º não uma cláusula de abertura e complementaridade condicionada dos direitos decorrentes de tratados internacionais tal qual descrito no texto, mas a tese (absolutamente infundada) da força jurídica constitucional de todos os tratados internacionais de direitos humanos. É tese infundada que atribui à simples assinatura do Presidente da República em tratado o poder de criar normas constitucionais (entre seus adeptos constitucionalistas cfr. Ommati, 2016, p. 75–82). De outro lado, fala-se em "avanço". Com amparo na (correta) jurisprudência do STF, não há como se alcunhar de retrocesso uma norma constitucional que teria aberto a possibilidade de alçar tratados internacionais de direitos humanos ao nível constitucional. "Contudo, mesmo que não seja um retrocesso efetivo, o que pode ser dito de tal norma é que ela cria um falso avanço" (ibid.).

comunicação e de personalidade), é apenas ao nível da interpretação e aplicação pela Administração, mas, sobretudo, pelo Poder Judiciário, que o conceito se atualiza. Desse modo, se o tratado internacional tiver força jurídica de lei ordinária, não se poderá alegar inconstitucionalidade de lei posterior limitadora de direito humano "decorrente", pois, conforme já aduzimos, a lei pode livremente limitar ou mesmo ab-rogar tais direitos. A diferença reside, portanto, na aludida precariedade de tal parâmetro de controle das ações estatais inserido por tratado ratificado por maioria simples (art. 49, I CF). Em suma, vinculados aqui são apenas os órgãos estatais das funções executiva e jurisdicional.

3

CONCEITO DE DIREITOS FUNDAMENTAIS

3.1. Terminologia

Seguindo a denominação do Título II da Constituição Federal, utiliza-se, no presente trabalho, a expressão *direitos fundamentais*. Essa expressão não é a única existente no direito constitucional e nas Constituições a designar tais direitos. Há uma série de outras expressões, incluindo *liberdades individuais, liberdades públicas, liberdades fundamentais, direitos humanos, direitos constitucionais, direitos públicos subjetivos, direitos da pessoa humana, direitos naturais, direitos subjetivos*.[1]

Algumas dessas expressões são utilizadas na própria Constituição Federal, que não foi consequente na terminologia. Isso é lamentável, pois aqui temos uma "questão terminológica essencial"[2] em dois sentidos. Primeiro, porque as várias expressões adquiriram significados diferentes na história constitucional mundial,[3] segundo, porque o emprego de uma expressão pela Constituição Federal pode oferecer argumentos sistemáticos a favor ou contra a tutela de certos direitos, por exemplo, sugerindo a exclusão dos direitos sociais quando há referência a "direitos individuais" ou a "liberdades fundamentais", pelo menos em face de um entendimento de parte da doutrina que considera os direitos sociais espécies de direitos coletivos e, portanto, não individuais.

Além do referido Título II, "Dos direitos e garantias fundamentais", que se repete no §1º do art. 5º, podem ser encontradas na Constituição Federal vigente as seguintes expressões:

"direitos sociais e individuais" (Preâmbulo);

"direitos e deveres individuais e coletivos" (Capítulo I do Título II);

---

1. Cfr. as referências terminológicas em Luño (1999, p. 21-38); Lizana (2008, p. 45-59); Rothenburg (2014, p. 53-55).
2. Tavares (2020, p. 346).
3. Cfr. Tavares (2020, p. 346-354).

"direitos humanos" (art. 4º, II; art. 5º, §3º; art. 7º do ADCT);

"direitos e liberdades fundamentais" (art. 5º, XLI);

"direitos e liberdades constitucionais" (art. 5º, LXXI);

"direitos civis" (art. 12, §4º, II, b);

"direitos fundamentais da pessoa humana" (art. 17, *caput*);

"direitos da pessoa humana" (art. 34, VII, b);

"direitos e garantias individuais" (art. 60, §4º, IV);

"direitos" (art. 136, §1º, I);

"direito público subjetivo" (art. 208, §1º).

Excetuando-se as expressões *direitos naturais* e *direitos humanos* porque não são adequadas para os propósitos do presente estudo, já que não indicam os direitos positivados na Constituição, mas os direitos pré-positivos (direitos naturais) ou suprapositivos (direitos humanos), não há uma única terminologia correta. Utiliza-se aqui a expressão *direitos fundamentais*[4] por três razões:

Corresponde ao vocabulário da Constituição Federal de 1988, mesmo que essa escolha não tenha sido seguida com rigor em todo o seu texto. Os direitos garantidos na Constituição são fundamentais porque se encontram no texto que regulamenta os fundamentos da organização política e social de um Estado.

É bastante genérica. Por essa razão, pode abranger os direitos individuais e coletivos, os direitos sociais e políticos, os direitos de liberdade e os de igualdade.

Indica que nem todos os direitos reconhecidos no ordenamento jurídico são tratados no âmbito do direito constitucional. Aqui interessam apenas os direitos que gozam de proteção constitucional, isto é, da peculiar força jurídica que lhes oferece a supremacia das normas constitucionais, retirando-os da disposição do legislador ordinário. Os

---

4. Esse termo tem também certa conotação jusnaturalista porque pode sugerir a imutabilidade histórica da lista dos direitos e sua independência em relação à positivação. Segundo essa acepção, um direito não deixaria de ser "fundamental" se não fosse garantido no texto da Constituição e também não se tornaria fundamental em razão de sua garantia jurídica (Tavares, 2020, p. 344). Mas o termo será utilizado aqui em sentido *estritamente jurídico* (fundamentalidade formal) pelas razões indicadas logo em seguida no texto.

direitos fundamentais constituem um mínimo de direitos garantidos. Porém, o legislador ordinário pode acrescentar outros, mas não abolir os tidos como fundamentais.

3.2. Definição

Direitos fundamentais são direitos público-subjetivos de pessoas (físicas ou jurídicas), contidos em dispositivos constitucionais e, portanto, que encerram caráter normativo supremo dentro do Estado. Sua finalidade essencial é limitar o exercício do poder estatal em face da liberdade individual.

Essa definição permite uma primeira orientação na matéria ao indicar alguns elementos básicos, a saber: (a) os sujeitos da relação criada pelos direitos fundamentais (pessoa vs. Estado); (b) a finalidade desses direitos (limitação do poder estatal para preservar a liberdade individual); (c) sua posição no sistema jurídico, definida pela supremacia constitucional ou *fundamentalidade formal*.[5]

Aqui, há de se fazer quatro necessárias observações:

a) *Fundamentalidade formal e material*. A posição dos direitos fundamentais no sistema jurídico define-se com base na fundamentalidade formal. Um direito é fundamental se (*condição necessária*) for garantido mediante normas que tenham a força jurídica própria da supremacia constitucional. O elemento formal é também *condição suficiente* da fundamentalidade: todos os direitos garantidos na Constituição são considerados fundamentais, mesmo quando seu alcance e/ou relevância social forem relativamente limitados, como indica na Constituição Federal o exemplo do direito (fundamental) de todos os maiores de 65 anos, independentemente da concreta situação econômica do idoso beneficiário, de viajar gratuitamente nos meios de transporte coletivo urbano (art. 230, §2º). Isso significa que "direito fundamental" pode ser traduzido por "direito que tem força jurídica constitucional".

Assim, não é possível concordar com uma definição ampla adotada por parte da doutrina, segundo a qual a fundamentalidade de certos direitos não depende da força formal constitucional, mas de seu conteúdo.[6] Há direitos proclamados em vários textos normativos: tratados, leis, normas costumeiras, decisões judiciais etc.[7] Não obstante, por mais relevante e "fundamental" que seja o conteúdo desses direitos, eles podem ser modificados sem respeitar os ritos decorrentes da rigidez constitucional. Por isso, os direitos fundamentais devem ser definidos com base

---

5. Alexy (1996, p. 473); Sarlet (2005, p. 86); Kloepfer (2010, p. 15) que também se refere aos direitos fundamentais como "poder individual de impor o respeito à Constituição [*Verfassungserzwingungsmacht*]" (p. 28).
6. Amaral (2001, p. 90).
7. Indicações em Kloepfer (2010, p. 17-25).

em sua força formal decorrente da maneira de sua positivação, deixando-se de lado considerações sobre o maior ou menor valor moral de certos direitos.

b) *Fundamentalidade e cláusulas pétreas*. Igualmente equivocado seria considerar como fundamentais tão somente os direitos protegidos por "cláusulas pétreas".[8] Sabidamente, o art. 60, §4º CF proíbe a aprovação de Proposta de Emenda Constitucional tendente a abolir, entre outros, "direitos e garantias *individuais*" (inciso IV). Isso enseja inicialmente um problema de interpretação. Parte da doutrina sustenta que aqui, a despeito do adjetivo "individuais", a vedação de reforma abrangeria todos os direitos fundamentais.[9]

Essa interpretação oferece mais garantias aos titulares dos direitos fundamentais. Em um debate político-jurídico poderia ser alcunhada de progressista. Porém, do ponto de vista jurídico, não é convincente. Uma interpretação sistemática baseada na comparação da terminologia empregada pelo constituinte indica que o art. 60, §4º, IV CF vale-se de um termo bem mais restritivo do que a expressão *direitos fundamentais*. Por mais questionável que isso possa parecer, sobretudo em face de alguns dos objetivos social-democráticos ou desenvolvimentistas estabelecidos pelo próprio constituinte originário,[10] a referência a "direitos individuais" exclui os direitos coletivos, os direitos sociais, se entendidos como direitos coletivos, os direitos políticos e os direitos difusos da proteção do art. 60 CF. Em razão do clarividente teor do inc. IV de seu §4º, todas as mencionadas espécies "não" individuais de direitos podem sofrer restrições ou mesmo serem "abolidas" mediante o procedimento constitucionalmente previsto de reforma. A Constituição Federal atribui à expressão *direitos fundamentais*, que se encontra no Título II, um sentido abrangente, sendo suas espécies os direitos individuais, os direitos coletivos, os direitos sociais, os direitos de nacionalidade, os direitos políticos e os relacionados aos partidos políticos, conforme indicam os cinco capítulos do Título II.

Chega-se, assim, à conclusão de que é protegida pela cláusula do art. 60, §4º, IV CF tão somente uma parcela dos direitos fundamentais que, *grosso modo*, corresponde aos direitos de resistência que podem ser exercidos individualmente (Capítulo 4.1).

Sem embargo, isso não representa um argumento válido para considerar que carecem de fundamentalidade os direitos que podem ser objeto de reforma

---

8. Martins Neto (2003, p. 83-94).
9. Bonavides (2002, p. 593-599); Sarlet (2003).
10. Cite-se, principalmente, os dispositivos do art. 3º, II e III CF (objetivo da RFB de garantir o desenvolvimento e erradicar a pobreza e marginalização, além de reduzir as desigualdades sociais e regionais). Mas, tais questionamentos são pertinentes à política constitucional (*de constitutione ferenda*), não à dogmática jurídico-constitucional (*de constitutione lata*), sendo que somente a última é objeto da presente obra, apesar do imprescindível papel da primeira, que deve instruir proposições consistentes de Emenda Constitucional.

constitucional. Todos os direitos que em determinado momento são constitucionalmente garantidos têm a mesma relevância e força jurídica. Não cabe uma distinção em sua aplicação, que é justamente o que interessa à dogmática dos direitos fundamentais.

Distinguir entre direitos fundamentais constitucionalmente garantidos e o subgrupo de direitos "superfundamentais", os quais foram resguardados contra reformas constitucionais por constituírem parte das chamadas cláusulas pétreas, é necessário do ponto de vista da dogmática da reforma constitucional, como instrução e limitação material do exercício do *poder constituinte derivado reformador*. Mas essa distinção não é plausível no âmbito da dogmática dos direitos fundamentais, pois supõe a existência de uma hierarquia entre direitos fundamentais de acordo com a sua reformabilidade, sugerindo que, em caso de incompatibilidade, os não reformáveis teriam prevalência sobre os reformáveis. Tal entendimento não corresponde à vontade do constituinte que atribuiu o mesmo valor jurídico a todos os direitos fundamentais. Por essa razão, deve-se persistir na teoria da fundamentalidade formal.

c) *O problema da historicidade*. Sustenta-se frequentemente que os direitos fundamentais são anteriores ao seu reconhecimento por parte do Estado quando de sua garantia constitucional. Nessa ótica, o Estado seria necessariamente obrigado a reconhecer esses direitos, pois a liberdade e igualdade dos indivíduos seriam não apenas "direitos naturais", como também condições *sine qua non* de legitimação da criação do Estado e por isso obrigariam e cerceariam o exercício do poder estatal: "os direitos fundamentais [...] são os direitos preexistentes ao ordenamento jurídico";[11] "os direitos humanos fundamentais são "inalienáveis" e por isso anteriores ao Estado (*vorstaatlich*)".[12] Outros, por fim, afirmam existir "o direito fundamental e universal de qualquer pessoa ser tratada com igual respeito e consideração" que cada ordenamento concretizaria à sua maneira.[13] Aqui se está diante de um difundido mito da teoria e doutrina dos direitos fundamentais que é adotado por autores das mais variadas escolas jurídicas. Com efeito, essa tese é tanto afirmada por um grande constitucionalista alemão da década de 1920 que depois viria a se transformar no "jurista soberano" (*Kronjurist*) do regime nazista, *Carl Schmitt*, quanto discutida por dois autores de um contemporâneo – e muito

---

11. Torres (2006, p. 245).
12. Hufen (2011, p. 6); Kloepfer (2010, p. 11-12) admite a origem jusnaturalista, mas considera que é irrelevante em ordenamentos jurídicos que reconhecem todos os direitos naturais. A dúvida permanece: o que ocorre juridicamente se um ordenamento jurídico não garantir o direito que certo autor considera como "natural"?
13. Ommati (2016, p. 50). O autor oferece como prova da existência de tal direito "universal" tão somente uma referência bibliográfica a Ronald Dworkin.

utilizado na Alemanha – curso de direitos fundamentais, de orientação teórica liberal.[14]

---

14. Kingreen e Poscher (2018, p. 13 ss.). Segundo uma leitura mais diferenciada, esses autores não sustentam o mito da pré-estatalidade, tal qual sustentado por liberais ou "neoliberais" mais afoitos. Pelo contrário, eles se referem a dois ramos do desenvolvimento histórico dos direitos fundamentais: um mais ligado às tradições norte-americana e francesa do direito natural pré-estatal e outro à tradição germânica, na qual "os direitos fundamentais são (justamente) entendidos também como direitos que não cabem aos indivíduos como ser humano, mas apenas então (depois de serem) como membros do Estado, que não preexistem ao Estado, mas que são garantidos somente pelo Estado" (idem), pressupondo, portanto, o seu reconhecimento. Os autores trazem as duas tradições a um denominador comum, qual seja, a necessidade ou o ônus estatal de se justificar as limitações impostas ao livre exercício dos direitos fundamentais por seus titulares. Assim, um entendimento "não mitológico" do papel histórico dos direitos naturais revela tanto as semelhanças quanto as diferenças entre as duas tradições: "Tendo em vista que a ideia jusnaturalista de uma liberdade e igualdade anteriores à sociedade e ao Estado não ignora o fato de que o ser humano não pode viver sem o Estado e a sociedade, com a (afirmação da) preexistência dos direitos fundamentais também ela refere-se à necessidade de se justificar sua limitação (*Rechtfertigungsbedürftigkeit ihrer Beschränkung*)" [Kingreen e Poscher (2018, p. 14)]. Mencionando o conceito de direito natural positivado, os autores concluem que pré-estatal nos direitos fundamentais seria tão somente (uma vez já reconhecidos e positivados, o que está à livre disposição do titular do poder constituinte originário!) o fato de "seu exercício (pelo indivíduo titular do direito) em face do Estado não precisar ser justificado, que, ao contrário, o Estado precisa (sempre) justificar a sua limitação". Nesse sentido, direitos fundamentais seriam "direitos do indivíduo e obrigam o Estado. Eles exigem justificação (*sc.* de suas intervenções nas liberdades e igualdade garantidas) e, nesse sentido, são preexistentes ao Estado" (idem). Ao princípio que norteia essa distribuição de papéis e ônus entre o indivíduo e o Estado, dá-se o nome de *Verteilungsprinzip* (princípio distributivo). Remonta a Carl Schmitt (1993, p. 163 ss.) e influenciou o desenvolvimento ulterior da dogmática alemã dos direitos fundamentais. Esse princípio revela o caráter *sui generis* do liberalismo político alemão do pós-guerra: trata-se de uma corrente teórica (que obviamente tem influências ideológicas) que, em resposta ao totalitarismo nazista (e até no sentido de redenção ideológica), conseguiu combinar em grande parte elementos liberais e social-democráticos. Principalmente quando se pensa na genealogia do pensamento de constitucionalistas da escola de Carl Schmitt como *Böckenförde*, supostamente um social-democrata, ou mesmo *Forsthoff*, que defendeu posicionamentos liberais após o fim da Segunda Guerra, percebe-se que as teorias liberal e social-democrática dos direitos fundamentais (as mais influentes também na jurisprudência do TCF alemão) não são incompatíveis, principalmente em face do direito constitucional positivo alemão (da *Grundgesetz*) que define o Estado alemão como uma República federal democrática e social (art. 20, I GG). Isso fundamenta certas obrigações estatais de intervenção na liberdade, explicadas por ambas as teorias. Falar em liberdade e igualdade como estados naturais do ser humano, como "valores", como "instituições" ou como "princípios" faz tão pouco sentido quanto considerá-las dádivas do soberano aos seus súditos (a negação veemente da pré-estatalidade também não poderá redundar nesse equívoco). Deixá-las à livre disposição do titular do poder político para a busca da

O mito da pré-estatalidade cronológica e axiológica dos direitos fundamentais decorre da ideologia dos autores das primeiras Declarações de Direitos nos Estados Unidos e na França, que consideravam esses Direitos como naturais, inalienáveis e mesmo sagrados, e sua proclamação como mero reconhecimento daquilo que já existia.[15]

A afirmação da pré-estatalidade dos direitos fundamentais carece de fundamento. A "natureza do homem" pode ser encontrada tão somente nos dados de sua constituição biológica. Nenhum direito ou obrigação, nenhuma regra de conduta social pode ser deduzida da natureza humana. Isso é de fácil comprovação histórica já que "o homem" viveu sob os mais variados regimes sociais e isso não seria possível se a sua natureza fosse sempre a mesma ou se tal suposta natureza fosse determinante para a outorga de direitos, que nada mais seria do que o seu reconhecimento pelo poder político. Não se pode imaginar uma sociedade na qual os homens não durmam ou não se alimentem, pois isso faz parte de sua verdadeira natureza. De outro lado, há muitas sociedades que privam vastos grupos de seres humanos de liberdade, instituindo a desigualdade política a despeito de suposta igualdade ou mesmo em razão do reconhecimento de suposta desigualdade natural. Isso indica que a teoria dos direitos naturais pode também redundar no totalitarismo racial, tal qual ocorrido entre 1933 e 1945 sob o regime do terceiro *Reich* alemão.

Um direito existe juridicamente apenas a partir da sua positivação, que estabelece seu exato alcance. Sem esse reconhecimento, tem-se simplesmente uma *reivindicação política*, que eventualmente pode permitir a positivação dos direitos fundamentais, mas que, evidentemente, não permite reivindicar direitos em âmbito jurídico.

A insistente referência a direitos naturais ou humanos objetiva *legitimar* o ordenamento jurídico. "Naturaliza" seus elementos, sugerindo que os direitos fundamentais hoje reconhecidos nas sociedades capitalistas são impostos pela

---

concretização de bens jurídicos constitucionalmente garantidos relativos à concretização do Estado social, como os direitos fundamentais sociais e, em última instância, a árdua tarefa da (re)distribuição de renda em uma democracia em demorado estado incipiente como a brasileira, é o primeiro passo para a destruição do Estado Constitucional de direito. Por isso, toda intervenção, por melhores e mais nobres que sejam os objetivos políticos por ela perseguidos, há de ser justificada com base no parâmetro específico do direito fundamental atingido. Atrás dessa opção político-dogmática encontra-se a teoria liberal dos direitos fundamentais, por vezes, vilipendiada no termo pejorativo *neoliberalismo*. Cfr. o aprofundamento da tese em Martins (2012, p. 28 ss.).

15. Schmitt (1993, p. 126).

natureza humana e, consequentemente, a sociedade capitalista é legitimada por estar em conformidade aos mandamentos da "natureza humana".[16]

d) *Aporias da definição*. A definição adotada no presente trabalho apresenta alguns pontos problemáticos. Inicialmente, a referência a direitos de "indivíduos" indica aquilo que ocorre com a maioria dos direitos fundamentais. Mas, como se verá, há casos de direitos de cunho autenticamente coletivo cuja titularidade não é claramente definida. Outra discussão não contemplada na definição refere-se aos direitos das gerações futuras, dos animais e da natureza.

Também há controvérsias sobre a extensão do vínculo criado pelos direitos fundamentais. O sujeito passivo é somente o Estado ou são também os particulares? Essa questão será tratada quando da análise do *efeito horizontal* dos direitos fundamentais (Capítulo 7).

A definição dos direitos fundamentais com referência exclusiva a normas constitucionais, como é feita aqui, não é aceita por todos os doutrinadores. Há autores que sustentam que os princípios da moral e da razoabilidade determinam em larga medida a existência e o exercício dos direitos fundamentais.[17] Há também o debate sobre a relevância das normas de direito internacional público ao qual já se referiu (Capítulo 2.5) com a ressalva de que o ordenamento jurídico nacional continua sendo o único relevante para a esmagadora maioria dos casos de conflito.

Finalmente, no âmbito estritamente nacional, não se pode ignorar a importância do direito infraconstitucional na concretização dos direitos fundamentais. Mas, nesse caso, torna-se necessário avaliar a conformidade constitucional de cada norma, de modo a preservar a supremacia das previsões constitucionais.[18]

---

16. Dimoulis (2002, p. 760).
17. Alexy (1996).
18. Devemos distinguir entre os conceitos de conformação infraconstitucional de um direito fundamental, como ocorre, por exemplo, com as leis que regulamentam as reuniões, as associações, os cultos religiosos etc., visando à otimização de seu exercício, e o conceito de intervenção estatal na liberdade, sendo que as conformações não têm o condão de violar potencialmente um dispositivo constitucional. Todavia, há casos fronteiriços em que o intérprete é chamado a determinar se uma conformação infraconstitucional não se tornou intervenção que deve ser justificada constitucionalmente com base na dogmática dos limites dos direitos fundamentais e do critério da proporcionalidade, conforme se verá no Capítulo 10. Sobre o conceito de conformação: Bumke (1998, p. 104 ss.), Bumke (2009). Sobre o problema da delimitação entre a conformação compatível com o direito fundamental-parâmetro e uma intervenção estatal a ser justificada, analisado à luz da decisão do STF sobre a Lei de Imprensa (ADPF 130), cfr. Martins (2012, p. 239 ss.).

3.3. Particularidades da matéria

A matéria dos direitos fundamentais apresenta *três* particularidades que dificultam seu estudo.[19]

a) *Abstração e generalidade*. Em primeiro lugar, as formulações da Constituição são muito abstratas e genéricas. Trata-se do fenômeno da sua *baixa densidade normativa*,[20] que torna difícil decidir qual das partes envolvidas em um conflito está com a razão constitucional, já que interpretações conflitantes entre elas são autorizadas por um texto constitucional que tem caráter genérico. Como interpretar uma norma que determina somente ser "garantido o direito à vida", sem explicar o que é vida, seu começo e fim, e o que significa respeitar tal direito fundamental à vida? A tutela desse direito resume-se ao imperativo "não matarás"? Ou garante também certas condições de bem-estar individual? Essa peculiar característica das normas constitucionais definidoras de direitos fundamentais indica a particular importância da doutrina e da jurisprudência na elaboração de critérios concretos e na proposta de soluções que a Constituição não oferece de modo imediato.

b) *Relações entre direito constitucional e infraconstitucional*. Muito frequentemente, os direitos fundamentais não podem ser implementados sem a intervenção do legislador infraconstitucional que os concretize. É o que ocorre, por exemplo, com a definição infraconstitucional do conceito de propriedade, que é, por sua vez, segundo o art. 5º, *caput*, um direito fundamental.

A intervenção do legislador serve também à solução de colisões entre direitos fundamentais. Assim, por exemplo, limita-se a liberdade de expressão do pensamento garantida pelo art. 5º, IV CF em face do direito fundamental à privacidade, previsto no art. 5º, V CF, e vice-versa. As normas infraconstitucionais estão sempre submetidas ao controle de constitucionalidade, mas, ao mesmo tempo, as normas constitucionais dificultam tal controle por serem vagas. Isso cria uma espécie de círculo vicioso que impossibilita, na prática, o controle de parte das normas concretizadoras.

Usemos um exemplo: a Constituição Federal garante o direito de herança (art. 5º, XXX). Suponha-se que uma futura reforma do Código Civil estabeleça que o cônjuge não possa herdar mais de 30% do valor total dos bens do cônjuge falecido, sendo que a parcela de 60% seria herdada por parentes consanguíneos da pessoa falecida e a restante, de 10%, seria destinada ao Estado. Essa norma oferece uma orientação concreta, garantindo sob determinados limites o direito à herança do cônjuge e dos parentes. Poderíamos afirmar que tal lei é constitucional? A resposta é difícil, pois a Constituição firmou tão somente que é garantido o direito de herança,

---

19. Kingreen e Poscher (2019, p. 1-3).
20. Dimoulis (2005, p. 13-16).

sem estabelecer porcentagens e sem excluir a tributação. Agora, se uma futura lei fixar a porcentagem do cônjuge em 99% ou 1%, pode-se dizer que é inconstitucional por tratar de forma manifestadamente desigual pessoas próximas ao falecido? Mesmo em tais exemplos extremos, torna-se relativamente difícil fundamentar a inconstitucionalidade diante da abstração da norma constitucional que, todavia, continua sendo o parâmetro do controle, apesar de toda a sua imprecisão. Definir os contornos de sua área de proteção e de seus limites constitucionais e possibilidade de justificação de intervenção estatal no seu livre exercício para a concretização dos referidos limites (conceitos que serão explicitados e amplamente discutidos no Capítulo 9) é tarefa de uma dogmática geral dos direitos fundamentais (no presente trabalho, alcunhada de "teoria geral").

c) *Tensão entre direito, economia e política*. A aplicação dos direitos fundamentais envolve grandes interesses econômicos e políticos. Por isso, gera controvérsias que são dificilmente controláveis pelo direito. Basta pensar no problema da propaganda de tabaco e de bebidas alcoólicas. Por essa razão, o operador jurídico enfrenta particular dificuldade em encontrar a solução correta do ponto de vista jurídico-dogmático em casos complicados e política ou economicamente controvertidos.

Essa dificuldade apresenta-se, em geral, na interpretação jurídica.[21] Mas se torna mais evidente nos conflitos relacionados aos direitos fundamentais, oportunidade em que os indivíduos e os grupos com interesses contrários tentam fundamentar seus interesses na Constituição, procurando nela uma legitimação especial, na medida em que os apresentam como constitucionalmente tutelados.

---

21. Dimoulis (2007, p. 173-175).

4

CATEGORIAS E FUNÇÕES DOS DIREITOS FUNDAMENTAIS

A principal finalidade dos direitos fundamentais é conferir aos indivíduos[1] uma posição jurídica de direito subjetivo, em sua maioria de natureza material, mas às vezes de natureza processual e, consequentemente, limitar a liberdade de atuação dos órgãos do Estado. Por esse motivo, cada direito fundamental constitui, na definição do constitucionalista alemão Georg Jellinek (1851-1911), um *direito público subjetivo*,[2] isto é, um direito individual que vincula o Estado.

Dependendo da matéria, o Estado pode ser obrigado a *fazer algo* (exemplo: garantir o acesso de todas as crianças às escolas) ou a *abster-se de atuar* (exemplo: o policial não pode em princípio, ou seja, salvo exceções definidas por lei, adentrar o domicílio do indivíduo).

Destarte, aquilo que, do ponto de vista do indivíduo, constitui um direito fundamental, representa, visto pela perspectiva do Estado, uma norma de *competência negativa* que restringe suas possibilidades de atuação.[3]

---

1. Utilizamos aqui os termos *pessoa* e *indivíduo* como sinônimos para indicar o titular de um direito fundamental. Sobre o problema da titularidade das pessoas jurídicas, cfr. Capítulo 5.6.
2. *Subjektives öffentliches Recht* – Jellinek (1892).
3. Sobre as normas de competência, cfr. Dimoulis (2007, p. 87–88). A expressão *competência negativa* indica simplesmente a impossibilidade de atuação do Estado em determinadas hipóteses. Trata-se da "outra face" do direito fundamental, ou seja, se, de um lado, ele significa outorga de uma esfera de liberdade ao seu titular, de outro, significa *desistência* pelo Estado, que monopoliza a força politicamente organizada de uma competência específica como, por exemplo, da competência de fiscalizar a qualidade do trabalho jornalístico realizado dentro de redações das editoras responsáveis pela edição de jornais, tendo em vista a outorga do direito fundamental à liberdade de comunicação social, especificamente da liberdade de imprensa do art. 5º, IX CF. Sobre o conceito, cfr. Pieroth, Schlink, Kingreen e Poscher (2015, p. 28 s.); Kloepfer, (2010, p. 35–36). Kingreen e Poscher (2019, p. 40–59), alunos de Pieroth e Schlink que, desde 2016 (32ª ed.), assumiram solitariamente a atualização do prestigiado curso de direitos fundamentais, modificaram substancialmente o tratamento da matéria, notadamente em seus aspectos sistemáticos no quadro do capítulo "teoria e funções dos direitos fundamentais" (contra apenas "funções dos direitos fundamentais" da exposição de seus antecessores). Em

Uma autoridade estatal não pode, por exemplo, decidir livremente sobre a conveniência de invadir as residências de pessoas que considere suspeitas, a fim de se realizarem controles preventivos. Nem pode decidir se serão criadas escolas com base em critérios de custo. Não pode entrar nas residências, pois a Constituição Federal o proíbe (art. 5º, XI), e deve criar escolas até que todas as crianças tenham acesso, pelo menos, ao ensino obrigatório (art. 205 e ss. CF).

Para compreender a função dos direitos fundamentais, deve-se imaginar a relação entre o Estado e cada indivíduo como relação entre *duas esferas* em *interação*. Os direitos fundamentais garantem a autonomia da esfera individual e, ao mesmo tempo, descrevem situações nas quais um determinado tipo de contato é obrigatório.

Se denominarmos a esfera do Estado com a letra *E*, a esfera de cada indivíduo (titular do direito) com a letra *I*, podemos distinguir *três* categorias ou espécies de direitos fundamentais conforme o tipo de relacionamento entre *E* e *I*. Essa tipologia permite estabelecer uma distinção conceitual entre os direitos negativos (de resistência), os direitos prestacionais (incluindo os direitos sociais) e os direitos políticos, conforme as definições dadas por Jellinek que formulou sua classificação trialista nos finais do século XIX.[4] Veremos que essa classificação é utilizada pela doutrina contemporânea apesar das críticas.[5]

4.1. Direitos de *status negativus* ou pretensão de resistência à intervenção estatal

Trata-se de direitos que permitem aos indivíduos resistir a uma possível atuação do Estado. Nessa hipótese, *E* (esfera do Estado) não deve interferir ("entrar") em *I* (esfera do indivíduo), sendo que o indivíduo pode repelir eventual interferência estatal, resistindo com vários meios que o ordenamento jurídico lhe oferece. Esses direitos *protegem* a liberdade do indivíduo contra uma possível atuação do Estado e, logicamente, *limitam* as possibilidades de atuação do Estado.

---

que pese a não alteração da subseção que trata das funções clássicas correspondentes às categorias estudadas neste capítulo, os autores introduzem seus leitores no estudo das "tipologizações atuais", quando mencionam logo no início os direitos fundamentais como "normas de competência negativa", com o seguinte texto: "Atuais tipologizações das funções dos direitos fundamentais [...] retomam em parte a teoria dos status, mas também se encontram em parte transversalmente a elas" (ibid., p. 38).
4. Jellinek (1892, p. 86–87 e p. 95–186).
5. Alexy (1996, p. 229–248); Kingreen e Poscher (2019, p. 38–40); Hufen (2011, p. 59–63); Branco (2000, p. 139–152); Farias (2000, p. 101–116); Barros (2003, p. 135–137); Kloepfer, (2010, p. 26–34).

Exemplo: o Estado não pode censurar a atividade jornalística. Os jornalistas, editores e outros titulares desse direito podem valer-se da possibilidade de resistência (direito fundamental) a uma intervenção estatal, que represente, por exemplo, a prática de censura anterior ou posterior à publicação feita por qualquer autoridade estatal, incluindo os órgãos da Administração indireta.

A essência do direito está na *proibição imediata de interferência imposta ao Estado*. Trata-se de um direito negativo, pois gera a *obrigação negativa* endereçada ao Estado, a obrigação de *deixar de fazer* algo. Em outras palavras, trata-se de uma obrigação de *abster-se da intervenção* na esfera de liberdade garantida pela Constituição (imperativo de omissão – *Unterlassungsgebot*).

A expressão que melhor qualifica essa categoria de direitos é: "pretensão de resistência à intervenção estatal", de forma abreviada, "direito de resistência". Com isso, traduzimos a designação desses direitos feita na doutrina constitucional alemã pelo termo *Abwehrrecht*.

Uma tradução possível desse termo para o português é "direito de defesa", bastante difundida na doutrina brasileira.[6] Aqui preferimos, no entanto, a tradução "direito de resistência", igualmente possível, pelas seguintes razões.

A expressão *direito de defesa* faz pensar no direito de se defender em processo judicial (direito à ampla defesa, defensoria pública etc.) no intuito de contestar pretensão jurídico-material de outrem. Mas, no caso em exame, tem-se a pretensão jurídico-material ao cumprimento da obrigação estatal de não fazer e não uma mera possibilidade de trazer argumentos da parte processual (titular do direito) a juízo.[7] A possibilidade do titular de repelir ou impedir com todos os meios disponíveis uma intervenção injustificada do Estado se exprime com o termo *resistência*, que, evidentemente, não deve ser confundido com um possível direito à insurreição (*Widerstandsrecht*), como o previsto pelo art. 20, IV GG, que consiste na possibilidade

---

6. Mendes (1999, p. 37); Barros (2003, p. 140).
7. O melhor equivalente à defesa nesse sentido processual em alemão é o termo *Verteidigung* ou (*Straf-*)*Verteidiger* para o defensor (criminal). Por isso, a tradução "direito de defesa" é, no mínimo, ambígua por não esclarecer tratar-se de defesa processual ou jurídico-material. No verbo *abwehren* o prefixo *ab* traz a conotação de "tirar", "repelir" ou "impedir" a entrada ou investida de elemento indesejado. Como se vê não se trata da possibilidade de arrolar argumentos de defesa, mas de se valer de um "verdadeiro escudo" contra a investida estatal na liberdade, qual seja, o *Abwehrrecht* ou direito de resistência. É claro que esse escudo poderá ser sobrepujado pelo Estado como se verá abaixo sem que haja violação do direito. Nesse sentido, o *Abwehrrecht* pode ser entendido como uma posição de proteção *prima facie* para usar a terminologia de Robert Alexy, não correspondendo a uma posição de proteção definitiva. Não obstante, a aferição da posição de proteção definitiva não pressupõe a ponderação principiológica fundamentada por Alexy, mas uma consequente aplicação da dogmática dos limites constitucionais dos direitos fundamentais (Capítulo 9.3 e Capítulo 10).

de desobediência civil contra pessoas ou órgãos estatais que tentarem destruir a ordem constitucional.

O *Abwehrrecht* surgiu no contexto do desenvolvimento do Estado de direito do século XIX, segundo a máxima já referida e muito invocada à época: "Não haverá intervenção na propriedade e na liberdade sem lei (que a autorize)", em alemão: *kein Eingriff in Eigentum und Freiheit ohne Gesetz*. Certo é que os direitos fundamentais em seguida adquiriram outras funções e dimensões no contexto do Estado constitucional democrático e social de direito. Tais conotações não excluem, entretanto, a função original dos direitos fundamentais. *Eingriffe abzuwehren* significa, portanto, "resistir a intervenções", definitivamente, se essas forem injustificadas.[8] Caso contrário, o direito perde o caráter, ou melhor, a força atual de resistência. Nesse caso, cede espaço para a concretização de um bem jurídico conflitante, reconhecido, *direta* (direito constitucional colidente ou concretização de uma reserva legal qualificada pelo propósito da intervenção pelo legislador ordinário) ou *indiretamente* (concretização de uma reserva legal simples pelo legislador ordinário), pelo texto constitucional como limite do direito fundamental intervindo.[9]

Esses direitos foram proclamados já nas primeiras Declarações do século XVIII. Os direitos de resistência correspondem à concepção liberal clássica que procura impor limitações à atividade do Estado com a expressa finalidade de preservar a liberdade pessoal que inclui a atuação econômica e o uso e gozo da propriedade. Dessa forma, objetiva-se afastar quaisquer possibilidades de intervenções arbitrárias na esfera individual.

4.2. Direitos de *status positivus* ou sociais ou a prestações

A categoria dos direitos de *status positivus*, também chamados de direitos "sociais" ou a prestações, engloba os direitos que permitem aos indivíduos exigir determinada atuação do Estado no intuito de melhorar suas condições de vida, garantindo os pressupostos materiais necessários para o exercício da liberdade, incluindo-se as liberdades de *status negativus*. O Estado deve agir no sentido indicado pela Constituição (*E* deve interferir na esfera *I*). De forma simétrica, o indivíduo tem o direito (positivo!) de receber algo, que pode ser material ou imaterial (*E* deve entrar na *I*). A expressão *direitos sociais* justifica-se porque seu objetivo é a melhoria de vida de vastas categorias da população, mediante políticas legislativas (permanentes, de Estado) e políticas públicas (executivo-governamentais,

---

8. Cfr. a clara exposição do sentido do *Abwehrrecht* como "resistência ou de oposição perante o Estado", ainda que o faça no contexto de sua concepção sobre a "teoria liberal" dos direitos fundamentais (Bonavides, 2002, p. 517).
9. Tais conceitos (ou figuras) da dogmática dos direitos fundamentais serão analisados no Capítulo 9, sob os tópicos 9.3.2 e 9.3.3.

administrativas) com vistas a medidas concretas de política social. Mas isso não o torna um direito coletivo. Como direitos públicos subjetivos, os direitos fundamentais não são apenas individualizáveis; são também, e primordialmente, direitos individuais (dimensão subjetiva).

As prestações estatais (dimensão objetiva) que realizam os direitos sociais podem ser de duas espécies.[10] Primeiro, prestações materiais (na terminologia alemã, "ações fáticas positivas" – *positive faktische Handlungen*) que podem consistir tanto no oferecimento de bens ou serviços a pessoas que não podem adquiri-los no mercado (alimentação, educação, saúde etc.) como, no oferecimento universal de serviços monopolizados pelo Estado (segurança pública).

Segundo, podem ser prestações normativas (na terminologia alemã, "ações normativas positivas" – *positive normative Handlungen*) que consistem na criação de normas jurídicas que tutelem interesses individuais. Isso ocorre, por exemplo, com a obrigação estatal de legislar sobre as férias remuneradas (art. 7º, XVII CF), caso no qual a prestação do Estado não tem valor econômico direto (não oferece ao trabalhador uma espécie de remuneração, mas *constitui* e *conforma* a obrigação jurídica de todos os empregadores concederem férias remuneradas e a pretensão jurídica dos empregados a elas em face dos empregadores).[11]

Como ressaltado no Capítulo 2, tais direitos encontram-se já em textos dos séculos XVIII e XIX e foram amplamente garantidos a partir das primeiras décadas do século XX na Rússia pós-revolucionária, na Alemanha da República de Weimar e em outros países com forte presença do movimento socialista.

4.3. Direitos de *status activus* ou políticos ou de participação

Essa categoria de direitos oferece a possibilidade de participar na determinação da política estatal de forma ativa (o *I* pode interferir no *E*). Trata-se de direitos ativos porque possibilitam uma "intromissão" do indivíduo na esfera da política decidida pelas autoridades do Estado (o *I* pode "entrar" no *E*). Os direitos mais característicos são o direito a escolher os representantes políticos (sufrágio) e de participar diretamente na formação da vontade política (referendo, participação em partidos políticos).

As possibilidades de participação dos indivíduos nos processos de decisão do Estado e de "pedir contas" já eram previstas nas Declarações e Constituições do século XVIII. Os direitos políticos sempre constituíram a base do regime democrático, segundo o brocardo *governo do povo pelo povo*.

---

10. Alexy (1996, p. 179–181); Arango (2001, p. 95–99); Sarlet (2005, p. 205–227); Freitas (2007, p. 72–75).
11. Cfr. por todos: Sachs (2017, p. 56).

Esses direitos conheceram historicamente uma contínua extensão de seus titulares (diminuição da idade mínima para o seu exercício; direito ao voto para as classes populares, para as mulheres e, recentemente em alguns países, para os estrangeiros) e multiplicaram-se com a introdução de formas de democracia direta (leis de iniciativa popular, referendo, orçamentos participativos).

4.4. Crítica e defesa da tripartição

A proposta classificatória *trialista* de Jellinek ora apresentada foi submetida a várias críticas.[12] Todavia, a despeito de tais críticas, não perdeu até hoje sua atualidade e pertinência, pois permite distinguir de forma satisfatória entre três categorias de direitos fundamentais. Com ela, adota-se como critério classificatório a forma de relacionamento entre as esferas do Estado e do indivíduo. Nos direitos negativos, é proibida a interferência de *E* em *I*; nos direitos sociais, isso constitui obrigação do Estado; nos direitos políticos, cabe ao indivíduo, como cidadão, isto é, sujeito político ativo, a prerrogativa de influenciar a esfera *E*.

Na realidade, atrás da referida tripartição encontra-se uma bipartição da relação entre as duas esferas que é de impecável lógica. Na substância, o jurista propõe distinguir entre direitos que implicam ação e direitos que implicam uma abstenção ou omissão.[13]

Do lado ativo, existe o poder de ação do indivíduo, que se exprime nos direitos políticos, e o dever de ação do Estado, que se exprime nos direitos sociais-prestacionais. No primeiro caso, está-se diante de normas permissivas; no segundo, têm-se normas de obrigação de ação estatal.

Do lado passivo, há dois deveres de abstenção, que consistem em dois conjuntos de normas proibitivas: a proibição de intervenção estatal no caso dos direitos de resistência e a proibição de resistência do indivíduo ao exercício do poder estatal quando ele não tiver o direito fundamental (ou ainda quando uma intervenção estatal em seu exercício restar justificada) e tiver por isso que se submeter a imperativos estatais a todos endereçados (como, por exemplo, pagar impostos).

Essa última categoria de relacionamento entre Estado e indivíduo era designada por *Jellinek* com os termos *sujeição* e *status passivo*.[14] A sujeição do indivíduo

---

12. Alexy (1996, p. 243–248); Sarlet (2005, p. 170–174).
13. Há poucos autores que negam a possibilidade de se estabelecerem categorias dos direitos fundamentais ao afirmarem: "Direitos custam dinheiro. Todos eles. [...]. A realização de todos os direitos fundamentais exige atuação do Estado" (Ommati, 2016, p. 55). O autor confunde direitos fundamentais e garantias de organização (Capítulo 4.6) e não compreende o significado dos direitos de resistência que visam justamente a impedir tal "atuação do Estado".
14. Jellinek (1892, p. 86 e p. 103).

não aparece na tripartição porque não corresponde aos direitos dos indivíduos, mas aos seus deveres. Entretanto, é fundamental para entender a perfeição lógica da classificação que apresenta as quatro possíveis relações entre Estado e indivíduo, duas positivas e duas negativas.

A classificação trialista de Jellinek parece-nos do ponto de vista descritivo da relação jurídica de direito público havida entre Estado e indivíduo preferível aos seus mais importantes concorrentes na atualidade.

Em primeiro lugar, temos a denominada "teoria unitária" que destaca a profunda semelhança de todos os direitos fundamentais, rejeitando sua classificação em categorias estruturalmente distintas.[15] Essa abordagem deseja deixar clara a fundamentalidade de todos os direitos garantidos pela Constituição, evitando, em particular, a tendência de menosprezo dos direitos sociais, como direitos tão somente programáticos e de pouca aplicabilidade.

Tal ponto de partida parece-nos incontestável, mas a abordagem limita-se a repetir o óbvio. A classificação de um direito entre os fundamentais indica que apresenta semelhanças estruturais com todos os demais direitos fundamentais. Mas isso não impede a tentativa de classificação no intuito não de hierarquizar os direitos fundamentais, mas de deixar clara sua função que é diferenciada, apesar de todos possuírem a mesma "dignidade" constitucional. Todos os livros são evidentemente livros, mas isso não é um argumento para que a biblioteconomia deixe de produzir classificações. Uma versão dessa teoria surgiu no direito internacional público, na década de 1950, como abordagem da "indivisibilidade" e "indissociabilidade" dos direitos humanos. Desde então são numerosos os tratados internacionais e os doutrinadores que repetem esses termos, tornando-os uma espécie de senso comum no direito internacional.[16]

Uma cuidadosa reconstrução histórica mostrou que essa abordagem tem natureza política e retórica. Ela reivindica igual valor de todos os direitos humanos e, notadamente, exige uma efetiva garantia dos direitos sociais e culturais contra os Estados, censurando aqueles doutrinadores que supostamente consideram mais relevantes os direitos de resistência e os políticos.[17] Sustenta-se que os direitos humanos não podem ser garantidos por fatias e que não se admitem hierarquizações. Em paralelo, abordagens filosóficas dos direitos humanos mostram sua unidade como reivindicação de emancipação humana, por exemplo, no âmbito da abordagem de fusão entre direitos, conhecida como igualiberdade.[18]

---

15. Cfr. entre os doutrinadores nacionais, Schäfer (2005, p. 51–67).
16. Panorama em Zylberman (2017).
17. Whelan (2010).
18. Dimoulis (2016a).

Do ponto de vista dogmático, contudo, essa abordagem não convence. São muitos os exemplos de países (começando pelos Estados Unidos) e tratados internacionais que deixam de garantir direitos sociais por opção política.[19] O mesmo acontece no plano da aplicação, podendo no mesmo ordenamento ocorrer o respeito a direitos de resistência, enquanto direitos sociais permanecem ineficazes (ou *vice-versa*). Nada impede que um ordenamento deixe de atender demandas de saúde e educação, mas respeite plenamente a liberdade de pensamento e de locomoção.

A essa possibilidade de proclamação e aplicação seletiva, acrescenta-se o fato de que a estrutura dos direitos fundamentais apresenta relevantes diferenças, destacadas pelas classificações e independentes da vontade política de ver todos os direitos simultaneamente garantidos.

Em segundo lugar, temos a proposta de um esquema binário (a denominada "teoria dualista") que divide os direitos fundamentais em direitos de resistência (ou liberdades negativas), de um lado, e direitos prestacionais (ou liberdades positivas), de outro.[20]

Os partidários dessa proposta inserem os direitos políticos na categoria dos direitos de resistência e esse é o ponto problemático. A função e finalidade dos direitos políticos não se confundem com aquelas de um direito de resistência, mas consistem em uma atuação positiva do indivíduo que não se encontra em nenhuma outra categoria de direitos fundamentais. Por outro lado, a atuação positiva do indivíduo está, em regra, à sua disposição (salvo no caso excepcional do sufrágio obrigatório que revela uma decisão político-constitucional problemática do constituinte), ao contrário do caráter cogente do dever de atuação estatal junto aos direitos prestacionais.

Normativamente falando, há de se pensar que os limites à atuação do indivíduo são, predominantemente, negativos, enquanto os limites impostos à atuação do Estado são tanto negativos como positivos (por exemplo: atividade vinculada da Administração Pública). Isso se torna claro nos diferentes significados do

---

19. Talvez seja a República Federal da Alemanha o maior exemplo de Estado democrático e social de direito (art. 20, I GG) cujo constituinte conscientemente seguiu esse caminho com uma pontual exceção (art. 6, IV GG). Despiciendo afirmar que se trata de um dos mais bem-sucedidos Estados sociais do mundo. Os autores germânicos sustentam, de modo praticamente unânime, as vantagens dessa escolha relacionada à tarefa soberana do Parlamento de decidir sobre a aplicação de recursos econômicos, escassos por definição. Cfr. Manssen (2019, p. 18–19) que os aloca, todavia, em uma dimensão jurídico-objetiva (Capítulo 8.2), Schildhauer (2015, p. 9 ss.), Windthorst (2013, p. 325 ss.) e Sachs (2017, p. 51).
20. Sarlet (2005, p. 178–227); Queiroz (2002, p. 70); Freitas (2007, p. 62–75). Cfr. a apresentação em Schäfer (2005, p. 41–50) com amplas referências à bibliografia italiana e crítica parcial dessa abordagem.

princípio da legalidade para o particular (art. 5º, II CF) e para a Administração (art. 37, *caput* CF).

No entanto, apesar de suas virtudes classificatórias, o esquema trialista de Jellinek não abrange todas as formas de direitos fundamentais que encontramos nas Constituições modernas. Para tanto, é necessário analisar alguns casos particulares, como se fará a seguir.

4.5. Direitos coletivos

A classificação de Jellinek não contempla a possibilidade de reconhecer a titularidade coletiva de direitos fundamentais. Isso é problemático, pois as Constituições modernas garantem uma série de direitos coletivos e isso parece indicar a insuficiência da tripartição. Entre os direitos com titularidade coletiva devemos distinguir duas categorias.[21]

A primeira compreende os *direitos coletivos tradicionais*, conhecidos desde o início do constitucionalismo. Encontramos aqui direitos de resistência, políticos ou prestacionais que somente podem ser exercidos por um grupo de pessoas. Isso ocorre com os direitos de reunião e de associação (art. 5º, XVI e XVII CF) que são clássicos direitos de resistência, apresentando simplesmente uma dimensão coletiva. O mesmo ocorre com o direito de criação de partidos políticos (art. 17 CF), que pressupõe a ação em conjunto de uma série de pessoas, mas continua pertencendo à categoria dos direitos políticos. É impossível uma única pessoa criar um partido político, mas, apesar da necessidade de se haver um grupo de pessoas, esse direito continua tendo titulares individuais. Um cidadão interessado na política não pode fundar sozinho um partido, porém sempre exercerá esse direito a título individual, tal como todos os demais membros do partido.

Até aqui não há problemas, pois se está diante de direitos de resistência, políticos ou prestacionais coletivos, cujo exercício necessita da colaboração de pelo menos duas pessoas. Dito de outra forma, a titularidade do direito é individual, mas a sua "expressão" é coletiva.[22] Isso indica que os direitos coletivos tradicionais se enquadram perfeitamente na proposta classificatória de Jellinek.

Uma situação diferente se configura com o surgimento dos denominados *novos direitos coletivos*, que são direitos de natureza coletiva, muitas vezes denominados de "direitos difusos" que começaram a ser garantidos no século XX, sobretudo após a Segunda Guerra Mundial, e constituem verdadeiros direitos de *titularidade coletiva* ou mesmo difusa.

---

21. Sarlet (2005, p. 188–192).
22. Silva (1998, p. 198); Agra (2007, p. 153).

Isso ocorre, por exemplo, com o direito ao meio ambiente ecologicamente equilibrado do art. 225 CF, com os direitos dos consumidores e com os direitos de solidariedade que exprimem valores comuns e deveres de mútuo respeito entre países e grupos sociais (direito ao desenvolvimento econômico e à paz).[23]

Os titulares desses novos direitos coletivos continuam sendo pessoas físicas ou jurídicas, mas seu exercício não é sempre individual, ainda que conjunto, como ocorre com os direitos coletivos clássicos. Assim, por exemplo, o consumidor é defendido por associações ou autoridades do Estado como categoria sem referência a pessoas concretas. O mesmo acontece com o meio ambiente cujas qualidade e preservação constituem direito de todos, mas podem ser tuteladas somente de forma coletiva (por exemplo, o saneamento de um rio) e seu exercício não depende da vontade do indivíduo. Ninguém possui uma "fatia" da natureza para poder dela usufruir. Todos, ao mesmo tempo, têm o direito e a obrigação de cuidar de sua preservação para que todos, incluindo-se nesse termo as futuras gerações, possam usufruir da "sadia qualidade de vida" (art. 225 CF).

Assim, o exercício individual desses direitos ou contraria sua natureza (tutela ambiental, solidariedade) ou revela-se inviável na prática (tutela do consumidor). Imagine-se o caso de um consumidor processando individualmente uma multinacional que lhe vendeu uma lâmina de barbear que não funciona. Por isso, a legislação e a doutrina fazem referência a direitos transindividuais, de natureza indivisível (ou direitos difusos).[24]

O verdadeiro problema que gera essa categoria de direitos não está, como às vezes se sustenta, na "indeterminação absoluta de seus titulares".[25] Essa indeterminação sempre se constata nos direitos fundamentais que são garantidos mediante normas de particular generalidade, indicando os titulares com termos tais como *todos, os brasileiros, os trabalhadores*. No caso dos direitos difusos, é também possível considerar que os direitos se exercem "por sujeitos de representatividade metaindividual".[26] O problema peculiar dos direitos difusos diz respeito ao conteúdo. Está na impossibilidade de se determinar o que cada titular do direito pode fazer ou exigir em determinadas circunstâncias concretas, ao contrário do que ocorre com os demais direitos fundamentais.

A referência à "difusidade" indica a complexidade do tema, isto é, a dificuldade em indicar os contornos desses direitos, as formas e circunstâncias de seu exercício.

---

23. Sarlet (2005, p. 57–59).
24. Sobre a definição dessas categorias e os problemas de sua tutela, cfr. Mazzilli (2005); Mancuso (2004); Fiorillo (2000, p. 3–9); Barroso (2000, p. 101–102 e p. 216–220).
25. Schäfer (2005, p. 17).
26. Rothenburg (1999a, p. 61).

Mas não responde ao problema de determinação do conteúdo do direito e da decisão que deve ser tomada em caso de conflito de interesses entre os próprios titulares.

A doutrina afirma que os interesses difusos decorrentes desses novos direitos coletivos "estão soltos, fluidos, desagregados, disseminados", indicando sua "intensa litigiosidade interna".[27] Nesse ponto, falta ainda um sistemático trabalho dogmático que pudesse oferecer respostas concretas, integrando esses novos direitos coletivos na dogmática tradicional dos direitos fundamentais. Com efeito, existem conflitos práticos e teóricos provocados por sua garantia constitucional, pois essa não se limita a enriquecer a lista dos direitos fundamentais, mas provoca tensões entre as espécies de direitos que são muitas vezes insolúveis.[28]

Esses problemas encontram-se com maior intensidade nos casos dos direitos à paz e ao desenvolvimento econômico, os quais envolvem decisões de política mundial e nacional e cuja finalidade não permite identificar nem titulares nem mesmo sujeitos passivos claramente definidos.[29] Na realidade, está-se diante de propósitos e objetivos políticos da atividade estatal e não de direitos fundamentais no sentido clássico e consolidado do termo, os quais, representando limites constitucionais aos direitos fundamentais de resistência, podem justificar intervenções estatais naqueles direitos.[30] Mas, a partir do momento em que o constituinte brasileiro decidiu configurá-los como direitos fundamentais, coloca-se um problema dogmático que a doutrina não pode ignorar, nem resolver de forma simples, ao propor terminologias sem a devida elaboração teórica.

4.6. Garantias de organização

O constitucionalista alemão Carl Schmitt (1888-1985) distinguiu, ao lado dos direitos e garantias fundamentais, uma categoria de disposições constitucionais que a doutrina posterior denominou "garantias de organização"

---

27. Mancuso (2004, p. 100–101).
28. Cfr. algumas reflexões em Dimoulis (2002, p. 759–771).
29. Sobre o direito ao desenvolvimento, cfr. Silva (2004, p. 62–85). O autor observa em relação à titularidade que se trata de "direito da nação e de cada indivíduo" (p. 69). A afirmação está correta e indica justamente o problema de seu exercício em razão de sua natureza totalmente difusa e da infinita variedade de medidas que podem contribuir para o desenvolvimento econômico, mas que, necessariamente, prejudicam determinados grupos que são titulares do direito ou não atendem suas necessidades na medida em que gostariam que fossem atendidas.
30. Um claro exemplo é que, para a garantia do direito fundamental difuso ao meio ambiente ecologicamente equilibrado (art. 225 CF), o Estado deve implementar medidas que, dogmaticamente falando, representarão intervenções (Capítulo 9.2.4) no exercício profissional-empresarial dos titulares do direito fundamental do art. 5º, XIII c.c. art. 170, § único CF. Vide Martins (2008a, p. 261 e 274 e ss.) e Martins (2012, p. 159 e 165 ss.).

(*Einrichtungsgarantien*).[31] Seu objetivo é criar e manter instituições que sustentem o exercício dos direitos fundamentais.[32] Com efeito, pouco serviria ter garantido o direito de propriedade se não existisse uma rede de instituições para tutelar seu efetivo exercício (cartórios, tribunais, oficiais de justiça, polícia).

A proposta de Schmitt apresenta particular relevância para o entendimento da estrutura dos direitos fundamentais. Escrevendo nas primeiras décadas do século XX, o autor deixou claro que a tutela dos direitos de resistência pressupõe a atuação de instituições estatais, sendo que grande parte do orçamento estatal objetiva garantir o exercício de direitos fundamentais. Por um lado, isso impugna a tese de que os direitos de resistência podem ser tutelados em geral "a custo zero", sendo suficiente uma abstenção estatal, principalmente quando se trazem à pauta os deveres estatais de tutela que favoreçam direitos fundamentais "clássicos", como os direitos fundamentais à vida, à incolumidade física e muitos direitos fundamentais da personalidade.[33] Por outro lado, indica que é inexato apresentar a teoria sobre o "custo dos direitos" como recente descoberta da doutrina estadunidense, como afirmam alguns doutrinadores.[34]

---

31. Kloepfer, (2010, p. 38–39). Kingreen e Poscher (2019, p. 40) que, todavia, classificam tal categoria, como seus antecessores na mesma obra já vinham fazendo há algumas edições, sob a epígrafe das funções clássicas ao lado da referida tríade de Jellinek. Cfr. Pieroth, Schlink, Kingreen e Poscher (2015, p. 28).
32. Schmitt (1993, p. 170–173); Schmitt (2003, p. 213–216). Na doutrina brasileira, cfr. Bonavides (2002, p. 491–500); Aranha (1999, p. 194–212); interessante análise por um jurista chileno em: Lizana (2008, p. 167–180).
33. Acrescam-se a essa lista os direitos fundamentais cuja área de proteção tem cunho eminentemente normativo (Capítulo 9.2.2) como o direito fundamental de radiodifusão analógica (que depende de regulamentação estatal para ser exercido) e o de propriedade por excelência, além do direito fundamental de sucessão. A liberdade empresarial, cuja área de proteção não tem cunho nitidamente normativo, já é classicamente submetida a uma reserva legal geral (simples) (Capítulo 9.3.2) para a tutela de bens jurídicos conflitantes. Fica, portanto, impossível falar-se em "custo zero" para o Estado. Diferentemente ocorre com outras liberdades clássicas como a liberdade de expressão do pensamento (que não deve ser confundida com liberdades de comunicação social como a liberdade de imprensa!) ou a inviolabilidade do domicílio: quando não considerado fundamentado um dever estatal de tutela em relação a elas, o custo estatal de seu exercício pelo titular é realmente zero porque seu total livre exercido pelo titular pressupõe abstenção *in totum* de ação estatal. Qualquer regulamentação aqui, ainda que coberta por um limite constitucional de tais liberdades, visa à tutela de bem ou interesse jurídico colidente, não podendo, portanto, ser considerada como custo desse direito específico. Quando se pensa no aspecto da tutela processual de tais direitos fundamentais por meio das garantias (v. a seguir no texto), então se pode pensar em um custo geral que é causado sem exceções por todo e qualquer direito fundamental de resistência.
34. Amaral (2001, p. 71–80).

Segundo Schmitt há *duas* espécies de garantias de organização:[35] (a) *Garantias de instituições privadas (Institutsgarantien)*, tais como a família e o casamento, a propriedade e a possibilidade de organizar associações. Além da liberdade de agir, o indivíduo pode exigir do Estado uma regulamentação jurídica e a tomada de medidas práticas que possibilitem o exercício efetivo do respectivo direito e as (b) *Garantias de instituições públicas (institutionelle Garantien)*, isto é, de organismos estatais cuja presença é imprescindível para que os titulares de direitos fundamentais possam exercê-los (Administração Pública, tribunais, estrutura eleitoral). Se o Estado não tivesse, por exemplo, a obrigação de manter uma estrutura judiciária densa, seria risível dizer que o morador do Amazonas tem o direito ao *habeas corpus* porque pode impetrá-lo diante de um tribunal de Brasília.

Saliente-se que não se trata de um caso de pura retórica. A experiência cotidiana e uma série de estudos indicam que em regiões e bairros pobres a presença das autoridades do Estado e da infraestrutura de serviços deixa muito a desejar. Nesse sentido, o Estado brasileiro, até hoje, não cumpriu sua obrigação de oferecer estruturas públicas capazes de atender às necessidades da população, necessidades que devem ser entendidas e satisfeitas não como obra de caridade de políticos paternalistas, mas na sua qualidade de cumprimento de uma obrigação do Estado definida pela própria Constituição Federal e que corresponde à efetivação dos direitos fundamentais sociais.

4.7. Deveres fundamentais

Quem compara a bibliografia sobre direitos fundamentais com aquela dedicada aos deveres fundamentais percebe um fortíssimo desequilíbrio. Por que a doutrina não se interessa pelos deveres fundamentais?[36] O desinteresse é devido, por um lado, à hostilidade de muitos autores ao caráter, pelo menos aparentemente, antiliberal dos deveres fundamentais e, por outro lado, à sua limitada relevância nas Constituições de inspiração liberal.

Sem examinar aqui essa questão teórica, estudaremos a configuração dos deveres fundamentais no ordenamento constitucional brasileiro.[37] A postura de inércia da doutrina em relação aos deveres fundamentais parece se confirmar no ordenamento jurídico brasileiro. A Constituição Federal não se refere a "deveres fundamentais", apesar de usar repetidamente a expressão *direitos fundamentais*. Temos aqui um indício do desinteresse constitucional pelos deveres fundamentais.

---

35. Schmitt (2003, p. 213–214).
36. Na Alemanha há algumas exceções: Stober (1979); Götz (1983); Hoffman (1983); Luchterhandt (1988); Schmidt (1999).
37. Cfr. detalhadamente Dimoulis e Martins (2011).

Mesmo assim, seu Capítulo I do Título II é intitulado "Dos direitos e *deveres* individuais e coletivos" e muitas disposições constitucionais referem-se a deveres do Estado ou dos indivíduos. Apresentaremos em seguida as várias categorias de *deveres constitucionais*, examinando suas características.

a) *Deveres estatais implícitos e não autônomos.* A efetivação dos direitos fundamentais, sobretudo dos sociais, constitui um dever do Estado. Deve ser realizada com ações apropriadas (legislação conformadora e políticas públicas na esfera executivo-governamental). O mesmo acontece com as garantias de organização públicas e privadas que apenas podem ser efetivadas por meio do cumprimento do respectivo dever do Estado. Por fim, os direitos de resistência e os direitos políticos dependem do cumprimento do dever estatal de abster-se de condutas que inviabilizem o respectivo direito.

Tais deveres estatais são *implícitos*, deduzindo-se do respectivo direito ou garantia fundamental. Nessas hipóteses, o dever fundamental do Estado nada mais é do que o reflexo do direito fundamental no espelho.[38] Podemos denominar tais posições jurídicas passivas como *deveres fundamentais não autônomos*. Seu estudo carece de utilidade dogmática, pois estaria apenas repetindo o que foi dito em relação ao respectivo direito fundamental. No mais, tais deveres estatais implícitos correspondem ao primeiro significado do caráter ou dimensão jurídico-objetiva dos direitos fundamentais que considera todos os direitos fundamentais normas de competência negativa do Estado (Capítulo 8.2).

Parte da doutrina e jurisprudência deduz da "dimensão objetiva" (Capítulo 8.2) dos direitos fundamentais os denominados deveres estatais de tutela (*staatliche Schutzpflichten*). O termo indica o dever do Estado de proteger ativa e preventivamente o direito fundamental contra ameaças de agressão provenientes, principalmente, de particulares. Em outras palavras, considera-se que o particular também possa *de fato* e, em regra, mediante o exercício de outro direito fundamental, agredir o direito fundamental objeto do dever estatal de tutela em uma situação que envolva irreparabilidade da possível lesão, incontrolabilidade de processos ameaçadores a direitos fundamentais sensíveis ou conflitos caracterizados por clara e acentuada assimetria de forças, chances e condições entre agentes particulares envolvidos em conflito. Por isso, encontram-se sob o gênero dos deveres estatais de tutela as

---

38. Kingreen e Poscher consideram que reflexões sobre deveres fundamentais até teriam lastro constitucional positivo em dois dispositivos da *Grundgesetz* (fórmula do bem-estar comum aparentemente destinada aos titulares do direito fundamental de propriedade e cláusula de fidelidade à Constituição destinada a professores). "Contudo, apenas com a atuação do Estado esses deveres tornam-se atuais e são configurados seus efeitos jurídicos [...]. Depois de o legislador fazê-lo, não se encontram mais esses deveres como deveres fundamentais ao lado dos direitos fundamentais, mas como intervenções como todos os outros deveres impostos por lei" (2019, p. 79).

categorias do dever de mera *prevenção de riscos*, do dever de fomentar *a segurança* e, até mesmo, do dever de *proibição* de condutas a ser imposto pelo Estado.[39]

Veremos, na Capítulo 8.3, que o dever de ação do Estado cumpre-se primordialmente pelo Legislativo, que deve decidir quais formas de tutela e em qual intensidade apresentam adequação e necessidade. Assim, a referência a deveres de tutela em nível constitucional permanece sem relevância prática para a dogmática dos deveres fundamentais, sendo impossível aferir se o grau e a forma de cumprimento de cada dever de tutela pelo legislador condizem com a Constituição.[40]

b) *Deveres estatais explícitos e não autônomos.* Em alguns casos, a Constituição estabelece deveres *explícitos* do Estado diante dos indivíduos. Exemplo: o inciso LXXV do art. 5º prevê que "o Estado indenizará o condenado por erro judiciário", fixando um dever das autoridades estatais que corresponde ao direito daquele que foi injustamente condenado a receber uma indenização pelos danos sofridos.

Também nessas hipóteses o dever fundamental tem caráter não autônomo, sendo apenas reflexo do direito fundamental prestacional.

c) *Deveres estatais autônomos (deveres de criminalização).* Peculiaridades apresentam os denominados deveres de criminalização (*Strafpflichten*) endereçados ao Estado (também denominados mandados ou imperativos de criminalização).[41] A Constituição Federal estabelece deveres normativos do Poder Legislativo que deve tipificar e punir criminalmente determinadas condutas (exemplo: punir como crime a prática de tortura – art. 5º, XLIII CF).

É controvertido se há deveres de criminalização *implícitos* ou se faz parte da discricionariedade do legislador ordinário o poder de descriminalizar mesmo graves violações de direitos fundamentais (por exemplo, os crimes contra a vida ou a liberdade sexual) quando não houver um dever explícito de criminalização.

Não haveria óbice em reconhecer deveres de criminalização implícitos se eles oferecessem tão somente garantias penais aos direitos fundamentais, contribuindo, por exemplo, para se evitar atos de tortura graças à ameaça de sanção penal. Ora, a criminalização não tem somente esse aspecto preventivo, mas também o aspecto repressivo de suspensão de direitos dos réus e condenados.

Isso leva a duas conclusões. Primeiro, o reconhecimento de deveres implícitos de criminalização não é constitucionalmente justificado nos casos em que o constituinte não os incluiu no texto constitucional. Em tais casos, o legislador ordinário tem poder discricionário para decidir se a criminalização deve ocorrer ou não. Segundo, a criminalização decidida pelo legislador deve sempre estar acompanhada

---

39. Bumke (1998, p. 69–73).
40. Ulteriores críticas em Lizana (2008, p. 181–182).
41. Appel (1998); Gomes (2003, em particular, p. 109–115); Gonçalves (2007); Dimoulis (2016b, p. 95–103).

da comprovação de sua adequação e necessidade para fomentar o propósito de coibir determinada agressão a direitos fundamentais. Sendo a criminalização inadequada para tanto, por exemplo, quando é voltada para a retribuição-vingança e não para a prevenção, assim como quando houver meios mais brandos do que a criminalização com os quais se alcancem resultados semelhantes, a criminalização não se justifica constitucionalmente – por mais que a Constituição estabeleça, *in abstracto*, o dever de criminalização.[42]

Por outro lado, o dever estatal de criminalização não corresponde a um direito fundamental da vítima de certa agressão a ver a conduta do agressor tipificada como crime. Tal direito não está previsto na Constituição, cabendo ao legislador ordinário implementar o supostamente *implícito* ou mesmo o *explícito* dever de criminalização, observadas, em ambos os casos, a adequação e a necessidade da cominação penal determinada pelo legislador para fins preventivos à lesão de bens jurídicos (cfr. Capítulo 10.6).

d) *Deveres não autônomos dos particulares?* Poder-se-ia considerar que a garantia do direito fundamental de um titular depende do reconhecimento de um respectivo dever dos demais.[43] Valeria aqui regra segundo a qual há tantos deveres implícitos quantos direitos explicitamente proclamados pela Constituição. Os deveres podem consistir em ação ou omissão, dependendo da natureza do direito correspondente. Mas, em todos os casos, o direito de uma pessoa pressuporia o respectivo dever das autoridades do Estado e dos particulares.

Isso é inquestionável no que diz respeito ao Estado que possui o dever de implementar e/ou respeitar os direitos fundamentais. A questão problemática é saber se ocorre também vinculação dos particulares. O fato (normativo) de alguém ser titular da liberdade de manifestação do pensamento implica que os terceiros devam respeitar esse direito, abstendo-se, por exemplo, de atos de censura ou até permitindo que a opinião do interessado seja publicada?

A resposta afirmativa segue a tese da simetria ou correspondência *entre direitos e deveres fundamentais*. Essa tese revela o seguinte problema: o reconhecimento de uma relação sinalagmática entre titulares de direitos e deveres fundamentais, tal qual ocorre no plano infraconstitucional, sobretudo no direito das obrigações, enfraquece a autonomia privada no que diz respeito à liberdade de contratar, gerando insolúveis conflitos.

O particular A pode sim impedir totalmente o exercício da liberdade de expressão de B sem violá-la, tendo em vista uma cláusula contratual ou exercício de

---

42. Principalmente porque a concretização pelo legislador ordinário de um dever de criminalização implicará intervenções em direitos fundamentais de liberdade e propriedade que devem passar no crivo da proporcionalidade como método de justificação constitucional.
43. Silva (1998, p. 196). Sobre a reciprocidade entre direito e dever na história do pensamento constitucional, cfr. Vieira (2006, p. 19–24).

outro direito fundamental. Isso ocorre porque o destinatário (sujeito passivo) da norma do art. 5º, IV CF é somente o Estado. Imagine-se a insegurança jurídica que seria causada se partíssemos do dever de uma associação empresarial que não pudesse excluir um membro ideologicamente inoportuno que violasse normas estatutárias, alegando que o membro é titular da liberdade de expressão do pensamento. Deveriam ser as normas estatutárias sobre as quais se baseou a decisão de exclusão do membro julgadas inconstitucionais de plano? O membro de uma comunidade religiosa que afirma acreditar no Deus de outra comunidade religiosa não pode ser "excomungado" consoante as regras (escritas ou costumeiras) de sua comunidade? Haveria aqui violação da liberdade do art. 5º, VI CF pela existência, interpretação dada e aplicação de tais normas da hipotética comunidade? Mas a vigência e observância pelos fiéis e líderes religiosos de tais normas religiosas, frequentemente incompatíveis com conquistas sociopolíticas do Estado laico,[44] representam um elemento central da liberdade protegida pelo art. 5º, VI CF, fazendo parte de sua área de proteção (Capítulo 9.2.2).

Certamente, o legislador ordinário protege os direitos fundamentais de agressões provenientes de particulares, como veremos em seguida ao nos referir aos deveres estatais de tutela. Mas o próprio texto constitucional não impõe diretamente deveres que correspondem a direitos fundamentais de quaisquer pessoas. Por essa razão, consideramos que há relação de *assimetria entre direitos e deveres fundamentais* dos particulares.[45]

e) *Deveres autônomos dos particulares*. A Constituição estabelece deveres fundamentais a determinadas categorias da população. É o caso da educação como dever da família (art. 205 CF).

Nesses casos, o dever fundamental obriga os particulares a uma atuação positiva. Seu intuito é contribuir para a implementação de direitos fundamentais de terceiros.[46] Mas não se pode afirmar, simetricamente, que os terceiros possuam o direito fundamental de exigir o cumprimento do dever diretamente pelo particular. Como reiteradamente se disse nesse capítulo, não há direitos fundamentais cujos destinatários passivos exclusivos sejam particulares (e não o Estado).

---

44. Eis algumas condutas que correspondem à área de proteção, no mínimo, do subsidiário direito fundamental à liberdade com lastro no art. 5º, *caput* CF: livre desenvolvimento da personalidade sexual, englobando a homossexualidade, tão condenada por muitas denominações religiosas; criação de famílias em formações também por elas não admitidas; pesquisa científica em áreas sensíveis e condenadas por muitas religiões e seitas religiosas como a manipulação genética. Sobre o último, cfr. o estudo de caso em Martins (2014a).
45. Agra (2007, p. 109).
46. Tavares (2020, p. 388).

As normas que estabelecem deveres autônomos dos particulares costumam ter baixa densidade normativa. No nosso exemplo, a Constituição não indica o que a "família"[47] deve fazer para promover a educação de seus membros, quais integrantes da família devem assumir essa obrigação e como; se a família deve se limitar a cuidar da formação de seus integrantes, se já é suficiente matricular os jovens em instituições de ensino ou se a própria família deve lhes ministrar conhecimentos etc. Enquanto essas dúvidas não forem respondidas mediante legislação específica, o dever permanece sem relevância normativa. Dito de outra maneira, necessária é a intermediação do legislador, que é o primeiro e crucial destinatário das normas definidoras de deveres fundamentais.

Restam *três* casos especiais. O primeiro é o dever de *fidelidade à Constituição*, isto é, o dever de atuar em consonância aos valores e ao regime social-político que ela estabelece. Esse dever encontra-se em muitas Constituições. Por exemplo, a Constituição grega de 1975 estabelece em seu derradeiro art. 120, IV: "A observância da presente Constituição é confiada ao patriotismo dos gregos que têm o direito e o dever de se insurgir, com todos os meios, contra quem tentar violentamente aboli-la".

A Constituição Federal brasileira não estabelece esse dever, de cunho moral-simbólico, mas a legislação comum brasileira prevê vários deveres de fidelidade ao regime político constitucional, em particular, ao tipificar como crime a sua violação na Lei de Segurança Nacional (Lei 7.170 de 1983 – texto fortemente repressivo, mas infelizmente ainda vigente).

O segundo é o *dever de cumprir as leis vigentes*, previsto, por exemplo, no art. 55, I da Constituição italiana de 1948. Esse dever tampouco é mencionado na vigente Constituição brasileira e, de todas as formas, não teria valor normativo. Basta que a Constituição estabeleça a competência de certo corpo legislativo para criar normas sobre determinada matéria e que a lei seja material e formalmente constitucional para que seu cumprimento seja obrigatório.

Em terceiro lugar, temos a problemática dos *deveres coletivos*. Os deveres impostos aos cidadãos endereçam-se a um sem-número de pessoas, tendo caráter coletivo. Mesmo assim, há forte diferença entre os deveres coletivos tradicionais, cujo titular é uma categoria de indivíduos, e os novos deveres coletivos, nos quais não é possível identificar quem é o titular e quais suas obrigações.

Na Constituição de 1988, foram constituídos como deveres coletivos tradicionais o dever de prestar o serviço militar (art. 143). Com toda a certeza, o efetivo cumprimento do dever depende da atuação convergente de muitas pessoas. Não

---

47. Até porque, ao contrário do instituto do casamento ou união estável, trata-se de um conceito jurídico indeterminado que pode passar pelo que se convencionou chamar de "mutação constitucional".

é possível um exército com um único recruta! Todavia, o dever de cada titular permanece individual. O recruta que presta seu serviço militar cumpre seu dever, independentemente da atuação dos demais titulares/destinatários do dever.

A situação muda nos denominados "novos" deveres coletivos, de natureza difusa. Representam tais deveres fundamentais: a segurança pública ("responsabilidade de todos" – art. 144), a educação ("promovida e incentivada com a colaboração da sociedade" – art. 205), a preservação ambiental (dever da "coletividade" – art. 225), a tutela das crianças, dos adolescentes e dos idosos (dever da "família e da sociedade" – art. 227 e 230).

Nos deveres difusos, é imprescindível a regulamentação infraconstitucional que indique quem e como deve atuar para cumprir o dever.[48] Essa legislação permite concretizar o dever, isto é, transformá-lo de difuso em individual ou transindividual. Sem essa atuação (ou "tradução") do legislador, a norma constitucional permanece normativamente inócua em relação aos indivíduos, tendo em vista especialmente a garantia fundamental da legalidade (art. 5º, II CF), entendida como uma especial e expressa configuração pelo constituinte do princípio da reserva de "lei". Lei que deve ser entendida em sentido formal-material ou até mesmo apenas material, mas, em todo caso, infraconstitucional. Uma interpretação que resultasse na inclusão da autorreferência (Constituição como "lei" maior, "lei das leis") abriria grande margem à insegurança jurídica e relativização da força normativa das normas definidoras de direitos fundamentais. O conceito de "lei" do art. 5º, II CF apenas pode estar se referindo a leis infraconstitucionais. Também o dever fundamental é, em certa medida, "dever dos deveres" (a serem configurados infraconstitucionalmente pela legislação ordinária). Em ambos os casos, a autorreferência relativizaria o próprio princípio da supremacia da norma constitucional, na medida em que imploderia a diferença entre poder constituinte e poder constituído legislativo, além de outros princípios caros ao Estado democrático liberal como o retro mencionado princípio distributivo. Como se verá (Cap. 7.3.1), um problema semelhante está implícito na teoria da eficácia horizontal direta dos direitos fundamentais.

Legislações como o Estatuto da Criança e do Adolescente (Lei 8.069, de 1990) e o Estatuto do Idoso (Lei 10.741, de 2003) são concretizações dos respectivos deveres constitucionais da família e da sociedade. Nelas, há previsão de sanções em caso de descumprimento e, por intermédio delas, observa-se o art. 5º, II CF.

f) *Direitos fundamentais acompanhados de deveres do titular?* Alguns direitos fundamentais podem apresentar, segundo a opinião dominante, como contrapartida um dever do titular de exercer seu direito de forma solidária, levando em consideração os interesses da sociedade.

---

48. Tavares (2020, p. 388).

Isso ocorre, segundo um entendimento (D. Dimoulis), com o direito de propriedade que deve ser exercido conforme "sua função social" (art. 5º, XXIII CF). Nessa ótica, o exercício do direito conforme as exigências de sua função social constitui um dever fundamental,[49] "[...] se manifesta na própria configuração estrutural do direito de propriedade, pondo-se concretamente como elemento qualificante na predeterminação dos modos de aquisição, gozo e utilização dos bens".[50]

Segundo outro entendimento (L. Martins), a função social da propriedade não configura um dever do titular, mas um limite constitucional de natureza especial porque não apenas *permite* (como faz todo limite constitucional a direito fundamental como é o caso, sobretudo, da reserva legal). Ela também *impõe* ao legislador o dever de concretizá-la, tendo em vista igualmente o princípio da ordem constitucional econômica prescrito pelo art. 170, III CF. A começar por uma interpretação literal do art. 5º, XXIII CF. O verbo *atender* conjugado no futuro do presente denota, como frequentemente ocorre no discurso da CF, a positivação de um dever, especificamente de um dever-ser (*sollen*) cujo destinatário, sujeito do verbo, é – de modo aparentemente estranho – a propriedade e justamente não o proprietário, titular do direito fundamental de propriedade. Então, o constituinte que fixou "a propriedade" deve atender "a sua função social". Como se sabe, além de direito fundamental, a propriedade é um tradicional instituto do direito privado, vale dizer, do direito civil codificado. Como instituto jusprivatista que corresponde a um direito abstrato por excelência por não se confundir com domínio, a propriedade não pode ser destinatária de nenhum direito ou dever fundamental. Por ser a garantia institucional privada que é (antes de ser um direito de resistência), podemos teleologicamente depreender do dispositivo em tela que é a configuração da propriedade pelo legislador civil o predicativo desse dever. Como e quem configura (normativamente) um direito ou dever fundamental é sempre o legislador, nunca o titular do direito, conclui-se que o destinatário desse dever fundamental é o Estado-legislador.

Trata-se, por isso, ainda segundo a opinião minoritária, de uma implícita reserva legal *sui generis*: por trás da expressão *função social* podem estar os mais diversos bens jurídicos coletivos ou sociais.[51] A maioria deles compõe-se de elementos concretizadores do princípio do Estado social lastreado nos art. 3º, III, e 170, III CF ou de outros bens jurídicos relevantes. A combinação desses artigos *autoriza* e *obriga* o legislador a impor limites duplamente proporcionais à propriedade (primeiro, diante da necessidade da intervenção em face do propósito da concretização específica da função social da propriedade, com o objetivo de poupar

---

49. Stober (1979, p. 47–50); Götz (1983, p. 33).
50. Silva (1998, p. 287 com outras referências bibliográficas).
51. Cfr. Martins (2012, p. 197–200).

ao máximo o direito de propriedade intervindo; segundo, em face da suficiente adequação do meio utilizado, com o objetivo de verificar o efetivo cumprimento da função social no caso concreto). Trata-se de um exame de proporcionalidade altamente complexo, sobretudo em razão do limite mínimo da intervenção, que não é racionalmente traçável, devendo ficar a cargo do prognóstico político-legislativo.[52] Mas essa complexidade e relativa falência dogmática são preferíveis a confiar na solidariedade ou "bondade" do titular do direito à propriedade.

Nesse sentido, cabe a postura mais sóbria ou dogmaticamente consequente de enxergar na essência do direito de propriedade, em sua qualidade de instituto jusprivatista (o que se garante no inciso XXII), seu caráter *erga omnes*, exclusivista e excludente por excelência, ainda que sua titularidade possa ser coletiva. Sustentar que a função social se manifesta "na própria configuração estrutural do direito de propriedade"[53] significa ou ignorar os contornos jusprivatistas do instituto garantido ao nível constitucional ou uma omissão da devida fundamentação da mutação estrutural pela qual teria passado o instituto ao ser positivado no art. 5°, *caput* c.c. art. 5°, XXII CF). Que ela se poria "como elemento qualificante na predeterminação dos modos de aquisição, gozo e utilização dos bens"[54] implica ignorar plenamente as possibilidades configuradoras do legislador infraconstitucional.

A controvérsia sobre a natureza jurídica da função social da propriedade apresenta interesse teórico, mas seu significado prático é reduzido. Por mais que se vislumbre um dever fundamental dos proprietários, diretamente decorrente da Constituição, é improvável que o proprietário seja responsabilizado em um caso concreto por violar seus deveres sem previsão legal que os concretize. Aqui encontramos mais uma vez o problema da baixa densidade normativa dos deveres fundamentais previstos na Constituição.

Por outro lado, para além desse problema da baixa densidade normativa dos deveres fundamentais e, no caso específico, do suposto dever fundamental do proprietário de exercer seu direito de propriedade de tal sorte a, ao mesmo tempo em que usufrui seu direito, tenha sempre de atentar ao fiel cumprimento da função social do objeto de sua propriedade, há o problema de identificação do papel jurídico-dogmático a ser exercido pelo princípio da legalidade. Esse foi alçado pelo constituinte ao "olimpo" dos direitos fundamentais no art. 5°, II CF. Essa escolha do constituinte apresenta problemas.[55] Mas fato é que garante aos titulares de todos os

---

52. Martins (2012, p. 201=202).
53. Silva (1998, p. 287).
54. Silva (1998, p. 287).
55. Além da obviedade de que esse princípio que já representa uma direta decorrência do princípio do Estado de Direito (art. 1°, *caput* CF) não poder ser derrogado por lei ordinária, sendo de certo modo supérfluo, a alocação do princípio jurídico-*objetivo* da legalidade como direito fundamental no rol de direitos fundamentais individuais e coletivos

direitos fundamentais do art. 5º em face dos poderes que interpretam e aplicam leis que eles não poderão ser obrigados "a fazer ou deixar de fazer alguma coisa senão em virtude de lei". Logo, uma interpretação judicial sem lastro normativo ordinário do que deva ser, em uma lide processual, entendido como cumprimento da função social da propriedade viola o art. 5º, II CF. Quando o Estado-legislador configura deveres concretos do proprietário, cumprindo o seu próprio dever fundamental como ente estatal destinatário por excelência do art. 5º, XXIII, então, ao atingir posições jurídicas consolidadas (direito adquirido) limita o direito fundamental de propriedade. Tal limitação tem de ser justificada com base nessa implícita reserva legal e de incumbência *sui generis*. Que o legislador também pode marcar novas condições aprioristicas para aquisição, modo de usufruir etc. para o futuro, isso é o que admite a dogmática desse direito em face do qual o legislador encontra-se na dicotomia "configuração *versus* limitação" do direito fundamental.[56]

Concluindo. O estudo da Constituição Federal mostra a existência de uma longa lista de deveres endereçados tanto ao Estado, como a indivíduos ou a entidades abstratas (coletividade, sociedade, família). Alguns desses deveres são *autônomos*,

---

do art. 5º CF pode ter implicações jurídico-dogmáticas hostis à liberdade individual em face do próprio Poder Legislativo a depender de sua especifica interpretação. Primeiro, de uma perspectiva favorável à liberdade individual, ele pode ser interpretado como uma das espécies de limite aos limites tal como acontece com o princípio geral de reserva de lei na Alemanha ou até a reserva parlamentar (Capítulo 9.3.5). Sobre esse significado cfr. Hufen (2018, p. 110), Sachs (2017, p. 149–150), Schwabe (2016, p. 22–23) e com um título de subtópico bem sugestivo "A reserva jusfundamental da lei como mandamento de Estado de Direito" descrevem Michael e Morlok (2016, p. 279–282) a problemática com precisão. Entretanto, o mesmo princípio da legalidade inserido no rol de direitos fundamentais individuais também pode ser (mal) compreendido como uma reserva legal geral e assim como um limite a direito fundamental de liberdade (mas não limite a ele aplicável) aos direitos fundamentais outorgados sem reserva (Capítulo 9.3.3) ou à garantia subsidiária da inviolabilidade da liberdade do art. 5º, *caput* CF. Em todo caso, em um ambiente nacional-jurídico pouco afeto à dogmática, há o risco de se relativizar o vínculo do legislador aos direitos fundamentais, reduzindo esses últimos ao degradado papel de mera reserva de lei tal qual o entendimento dos direitos fundamentais vigente sob a égide da Constituição da República de Weimar (Capítulo 2.3). Se, no entanto, a inviolabilidade da liberdade do art. 5º, *caput* CF for de fato entendida com uma ampla reserva de liberdade geral de ação em face do legislador, então o art. 5º, II CF poderia ser entendido como uma reserva legal simples (Capítulo 9.3.2). Essa seria aplicável apenas a esse direito, ocorrendo uma correta correspondência entre as interpretações extensivas, tanto de sua área de proteção quanto da possibilidade de seu limite. Cfr. novamente Michael e Morlok (2016, p. 317).

56. Cfr. sobre a dogmática da configuração e sua proximidade à intervenção estatal que ao contrário daquela é absolutamente relevante para efeitos de se constatar uma possível violação de direito fundamental, por todos: Bumke (2009).

isto é, não constituem simples reflexo de direitos fundamentais. Por isso merecem análise específica, desenvolvendo-se uma *dogmática dos deveres fundamentais*.

A regulamentação genérica desses deveres pela Constituição desempenha uma dupla função. Por um lado, orienta o legislador ordinário para que, no exercício de sua função concretizadora, operacionalize os deveres, caracterizados pela já repetidamente mencionada baixa densidade normativa. Por outro lado, a regulamentação constitucional é um fundamento para examinar a constitucionalidade dessa legislação.

Temos assim uma *estrutura bifásica* do dever fundamental. A Constituição enuncia e a lei concretiza. Isso resulta da interpretação das normas constitucionais que instituem deveres fundamentais com termos vagos, da superioridade hierárquica das normas definidoras de deveres fundamentais em relação à configuração infralegal no quadro do vínculo do legislador ordinário a tais deveres, normas dotadas de supremacia (fundamentalidade formal), como no caso das normas definidoras de direitos fundamentais e, de resto, do específico teor do art. 5º, §1º CF. Embora sem mais repercussões práticas, nele se atribui "aplicação imediata" somente aos direitos e às garantias, mas não aos deveres fundamentais.

Em termos de vinculatividade, apenas os deveres fundamentais *expressos* vinculam o legislador, pois apenas deles, e não dos referidos implícitos não autônomos, deriva-se um mandamento ou mandato (objetivo) de legislação.[57] Assim como no caso das garantias institucionais, especialmente a institutos jusprivados, o efetivo gozo de direitos subjetivos depende da legiferação, assim também os deveres fundamentais expressos *per se*, ou seja, que ainda não foram concretizados pelo legislador ordinário, não têm o condão de gerar nenhuma obrigação concreta. Em tal caso, pode-se verificar inconstitucionalidade por omissão se o dever fundamental expresso não tiver sido por ele configurado. Por outro lado, o modo de cumprimento da norma constitucional pela via da configuração legislativa ordinária, está vinculado aos direitos fundamentais de *status negativus* como ocorre com qualquer ato normativo.

Com base nisso definimos os deveres fundamentais como *deveres de ação ou omissão, proclamados pela Constituição (fundamentalidade formal) cujos sujeitos*

---

57. Também aparece a expressão "mandado legislativo", como no caso dos deveres expressos de criminalização que foram objeto do trabalho de Gonçalves (2007). Entretanto, na discussão alemã, conceito correspondente são os *Gesetzesaufträge* (mandatos/missões legislativos) no contexto dos *Verfassungsaufträge* e *Staatszielbestimmungen* (mandatos/missões constitucionais e disposições de objetivos estatais – estas também com lastro constitucional). No caso de ambas as expressões germânicas, nem se tem uma ordem concreta direta (relativa impertinência do termo "mandado") nem obviamente se trata de mandato subjetivo, mas de seu conteúdo direcionado ao "legislador" como conjunto dos parlamentares com mandatos individuais.

ativos e passivos são indicados em cada norma ou podem ser deduzidos mediante interpretação. Muito frequentemente a titularidade e os sujeitos passivos são difusos e o conteúdo do dever (conduta exigida) somente pode resultar de concretização infraconstitucional.

4.8. Garantias fundamentais

As garantias fundamentais correspondem às disposições constitucionais que não enunciam direitos, mas objetivam prevenir e/ou corrigir uma violação de direitos: Tais garantias "são meios destinados a fazer valer esses direitos"[58] ou "instrumentos a serviço da concretização fática da promessa normativa".[59]

Há garantias preventivas e repressivas.[60] *As primeiras são também conhecidas como garantias da Constituição.*[61] *Pertencem a essa categoria as normas que dispõem sobre a organização e fiscalização das autoridades estatais. Essas normas, além de seu intuito organizatório, objetivam limitar o poder estatal e concretizam o princípio da separação dos poderes mediante controles recíprocos dos órgãos estatais.*

As garantias repressivas, conhecidas como remédios constitucionais, visam a impedir violações de direitos fundamentais ou a sanar as lesões decorrentes de tais violações. O *habeas corpus*, o mandado de segurança, a ação popular e vários outros meios processuais previstos na Constituição desempenham esse papel ao oferecer aos interessados meios processuais para fazer valer seus direitos.[62]

---

58. Silva (1998, p. 413).
59. Lizana (2008, p. 77).
60. Para outras classificações das garantias, cfr. Lizana (2008, p. 80–87).
61. Bonavides (2002, p. 485–491); Sarlet (2005, p. 197).
62. Dimoulis e Lunardi (2013a, p. 375–427).

5

TITULARES DOS DIREITOS FUNDAMENTAIS

Sabemos que os direitos fundamentais estabelecem uma relação entre dois ou mais sujeitos de direito. O sujeito ativo (detentor do direito) será designado aqui como titular do direito. O sujeito passivo será indicado como destinatário (da obrigação de respeitar o direito fundamental).[1]

Quando se pergunta a um leigo quem é o titular dos direitos fundamentais, a resposta espontânea será: "todos". Essa resposta é também sugerida pelas expressões *direitos humanos* ou *direitos da pessoa humana* que, como já foi constatado, são utilizadas como sinônimas da expressão *direitos fundamentais* na própria Constituição Federal. Além disso, aparecem na Constituição Federal muitas vezes os termos *todos, ninguém, qualquer pessoa* em dispositivos que garantem direitos fundamentais, algo que reforça a ideia de sua titularidade universal.

Do ponto de vista da dogmática jurídica, essa impressão é enganosa. Com poucas exceções, a *Constituição Federal garante os direitos fundamentais a determinadas categorias de pessoas*; exclui implicitamente os demais. A consequência é que às categorias de pessoas não mencionadas não se garante proteção em nível constitucional. Além disso, depara-se aqui com uma situação complexa, já que cada categoria de direitos foi atribuída a titulares diferentes.

O estudo detalhado da questão é de crucial importância para a aplicação dos direitos fundamentais. É claro que não é suficiente que um direito fundamental seja aparentemente violado para que uma pessoa possa impugnar a ação ou omissão que o violaram, valendo-se das garantias das quais dispõe o ordenamento jurídico para tanto. Antes disso, deve restar comprovado que a vítima de uma intervenção ou omissão estatal seja titular do direito cuja violação se argui. Desse modo, faz-se necessário analisar os problemas relacionados com a titularidade dos direitos fundamentais na Constituição Federal.

---

1. Nunes (2007, p. 41–42) critica, com muita propriedade, a tendência de usar como sinônimos os termos *titular* e *destinatário*.

5.1. Titularidade dos direitos de *status negativus* do art. 5º CF

5.1.1. Igualdade perante a lei

No *caput* do art. 5º encontra-se um direito garantido a "todos": "todos são iguais perante a lei, sem distinção de qualquer natureza". Isso significa que qualquer pessoa submetida à aplicação da lei por qualquer autoridade brasileira tem o direito de ver essa lei aplicada sem nenhuma discriminação fundamentada, por exemplo, em critérios como o sexo, a cor da pele, a nacionalidade, a idade ou condição social.

Trata-se da *igualdade formal* de todos perante a lei. Por ela, assegura-se tratamento igual junto às ações estatais de *interpretar* e *aplicar* a lei por órgãos estatais com poderes constitucionalmente constituídos para tanto, notadamente órgãos do Executivo e do Judiciário. Como contraponto às competências de interpretar e aplicar, temos a competência de *legislar* atribuída típica e principalmente aos órgãos do Poder Legislativo. Nesse contexto, fala-se em igualdade *na aplicação* da lei – em oposição a um possível exame da igualdade *na lei* propriamente dita, junto ao qual são investigadas possíveis discriminações positivas e negativas perpetradas pelo legislador para aferir se eventuais tratamentos desiguais pela lei visam a assegurar a chamada *igualdade material*.[2]

5.1.2. Demais direitos enunciados no caput *do art. 5º CF*

Gozam do direito à vida, à liberdade, à igualdade (formal *e* material) e à propriedade as pessoas que pertencem a uma categoria mais restrita. Segundo o *caput* do art. 5º, esses direitos são garantidos (somente) "aos brasileiros e estrangeiros residentes no País".

Como "brasileiros" devem-se entender as pessoas que possuem a nacionalidade brasileira, independentemente do modo e do momento de sua aquisição (nascimento ou naturalização). Uma diferenciação entre os direitos dos brasileiros apenas ocorre nos poucos casos em que a Constituição tenha incluído uma referência expressa à forma de aquisição da nacionalidade, como no caso da proteção contra a extradição (tutela do direito de permanecer no País), pois é absoluta somente para os brasileiros natos (art. 5º, LI CF).

Para que os brasileiros possam usufruir os direitos garantidos na Constituição não é necessário que residam no território nacional nem no momento de seu exercício, nem habitualmente. É suficiente a presença do vínculo jurídico da nacionalidade. Isso resulta do próprio texto constitucional em comento que claramente contrapõe a titularidade dos brasileiros, reconhecida sem nenhuma condição, à

---

2. Cfr. Martins (2018b).

titularidade dos estrangeiros, que somente são titulares dos mesmos direitos se e enquanto tiverem a qualidade de residente no País.

Finalmente, apesar do tradicional emprego do termo *brasileiros*, flexionado no masculino, não há dúvida de que as brasileiras possuem exatamente os mesmos direitos sem diferenciação baseada no sexo, como expressamente prevê o texto constitucional no art. 5º, I.[3] No mais, como se sabe, em português tradicional (de acordo com a norma culta padrão – e essa é a linguagem adotada pela Constituição Federal), os plurais masculinos englobam os reais ou potenciais membros femininos do respectivo conjunto.

Já a expressão *estrangeiros residentes no País* implica maiores problemas hermenêuticos. A expressão designa pessoas que, sem possuírem a nacionalidade brasileira, encontram-se, pelo menos temporariamente, no País, tendo já vínculos de certa duração. O vínculo pode ser criado de várias formas. As mais comuns são o fato de o estrangeiro trabalhar no Brasil, encontrar-se instalado com os membros de sua família ou possuir visto de residente de duração que supere aquela de uma estadia turística (em geral, limitada a 90 dias).

A tentativa de parte da doutrina de propor uma interpretação extensiva considerando que é residente qualquer estrangeiro que se encontre em trânsito no território nacional[4] carece de fundamento constitucional, pois equipara os não residentes aos residentes. Se a Constituição objetivasse oferecer tal garantia seria suficiente referir-se a "estrangeiros" sem incluir o requisito da residência ou mesmo silenciar a respeito da nacionalidade.

Todos esses critérios e outros semelhantes são utilizados para diferenciar o residente da pessoa que se encontra no território nacional por um lapso temporal curto e sem o intuito de participar da vida do país. A figura típica do estrangeiro não residente é o turista e o visitante de parentes ou amigos. Dessa forma, devem ser considerados residentes todos aqueles que diante da questão: "onde você mora?" responderiam espontaneamente: "moro no Brasil", mesmo especificando que essa opção é temporária.

Surge aqui a dúvida se os estrangeiros residentes gozam da referida proteção somente se e enquanto sua permanência no País for legal. Uma vez que a Constituição Federal não faz referência a estrangeiros legalmente estabelecidos, devemos entender que a tutela dos direitos fundamentais não depende da situação e das condições de permanência, mas do simples fato empírico de vincular-se ao país de forma mais duradoura.

No entendimento aqui perpetrado, interpreta-se a palavra *residente* de forma literal independentemente das implicações legais de eventual irregularidade de

---

3. "Homens e mulheres são iguais em direitos e obrigações, nos termos desta Constituição."
4. Nunes (2007, p. 81–82, com referências bibliográficas).

quem se encontre no País. Essa solução interpretativa corresponde ao princípio *in dubio pro libertate,* que se aplica na área dos direitos fundamentais: em havendo dúvidas quanto à extensão de um direito fundamental, deve ser dada a resposta que favoreça ao indivíduo e não ao Estado.

Finalmente, para o exercício do direito não é necessário que o titular estrangeiro encontre-se em território brasileiro. Enquanto mantiver a qualidade de residente, pode exercer os direitos, ainda que se ausente temporariamente do território brasileiro sem a intenção de saída definitiva do País.

5.1.3. *Direitos enunciados nos incisos do art. 5º CF*

Nos dispositivos do art. 5º CF encontram-se expressões que indicam seus titulares: *todos, ninguém, homens e mulheres, qualquer pessoa, o preso, qualquer cidadão, o condenado, os reconhecidamente pobres*. Existem, também, muitos incisos que não têm referência expressa ao titular do direito enunciado.[5]

Importa aqui entender a estrutura do art. 5º, que resulta da relação lógica entre o *caput* e seus incisos. Tome-se como exemplo a relação entre o *caput* e o inciso XVI: *Caput*: "[...] garantindo-se aos brasileiros e aos estrangeiros residentes no País a inviolabilidade do direito à vida, à liberdade, à igualdade, à segurança e à propriedade, nos termos seguintes: [...]". *Inciso XVI*: "[...] todos podem reunir-se pacificamente".

Pode-se dizer que titulares do direito de reunião são todos os seres humanos? A primeira restrição é evidente. Em virtude de limitações fáticas e de direito internacional, a Constituição Federal não pode garantir direitos a pessoas que não se encontram submetidas à sua jurisdição. Dito de outra forma, a Constituição *brasileira* somente pode vincular as autoridades *brasileiras*. Isso já impõe uma limitação à pretensão universalista.

A segunda limitação é menos evidente, mais controvertida e muito mais problemática. O inciso que trata do direito de reunião concretiza um dos direitos gerais garantidos no *caput*, nesse caso o direito à liberdade. Em geral, o *caput* do art. 5º CF garante cinco direitos particularmente amplos e seus 78 incisos especificam, já que os artigos do *caput* são garantidos "nos termos seguintes".

Assim, são titulares dos direitos fundamentais enunciados nos incisos do art. 5º somente os brasileiros e os estrangeiros residentes no Brasil. Isso ocorre, primeiro, quando o inciso não estabelece nada sobre a titularidade, mas, também, quando utiliza termos genéricos para designar os titulares, tais como "todos" e "ninguém".

---

5. O art. 5º, XXII, estabelece: "é garantido o direito de propriedade", sem especificar quem goza desse direito fundamental.

Quando o inciso é mais restritivo que o *caput*, ao estabelecer como titulares categorias específicas ("presos", "condenados", "cidadãos", "pobres"), deve-se entender que ocorre dupla limitação. Por um lado, excluem-se da titularidade aqueles que, mesmo sendo brasileiros ou estrangeiros residentes, não possuam a qualidade indicada pelo inciso. Por outro lado, são excluídos aqueles que, mesmo tendo a qualidade específica indicada no inciso, não são brasileiros ou estrangeiros residentes.

Dessa forma, a Constituição Federal faz, em seu art. 5º, uma escolha muito restritiva que parece injustificada e, de todas as formas, não corresponde aos padrões internacionais. Atualmente, são raros os países que não garantem os direitos clássicos (pelo menos os direitos individuais de resistência) a todos os que se encontrem submetidos à jurisdição do país, independentemente da nacionalidade ou condição de permanência.

Qual é a razão de política constitucional que impede que um turista sueco goze do direito fundamental à vida no Brasil; que um pastor estadunidense, em breve passagem pelo Brasil com a finalidade de participar de um culto religioso, não possa exercer a liberdade de consciência e crença prevista no art. 5º, VI CF; ou que um professor estrangeiro, que ministre um curso de duração de um mês no Brasil, não tenha assegurada constitucionalmente por direito fundamental sua participação em uma passeata de protesto organizada por professores de universidades federais?

Não há explicação satisfatória, a não ser o fato de o constituinte ter-se apegado à *tradição iniciada pela Constituição de 1891* que reconhecia os direitos individuais somente a brasileiros e estrangeiros residentes no Brasil. Essa certamente é uma "tradição obtusa e inadequada",[6] indício de uma "confusão por parte do legislador constituinte"[7] para nos valermos de apenas algumas das recorrentes expressões pouco elogiosas na doutrina brasileira ao julgar a decisão política do constituinte sobre o assunto. Mas devemos registrar que se trata de uma clara escolha do constituinte que como aludido sequer foi feita originalmente pelo constituinte "originário" em 1988, mas que, significativamente, tem sido constantemente confirmada desde a primeira Constituição da então denominada República dos Estados Unidos do Brazil de 1891 e, especialmente, desde a promulgação da Constituição vigente. Isso porque *nenhuma das mais de 100 emendas à Constituição realizadas desde então se interessou por esse problema*, ordenando a supressão da longa, deselegante e desnecessária frase "brasileiros e estrangeiros residentes no País".[8]

---

6. Silva (1998, p. 193).
7. Vieira (2006, p. 44).
8. Se partirmos de uma interpretação histórica e levarmos em consideração que um texto de idêntico teor surgiu originariamente na primeira Constituição da República, de 1891, com todas as oportunidades não usadas de emendar também aquelas não mais vigentes Constituições, então o constituinte brasileiro certamente reiterou sua vontade em mais

5.1.4. Direitos dos estrangeiros não residentes no País e relevância da exclusão de sua titularidade plena

A situação jurídica descrita incomoda politicamente. Um exemplo ilustra o problema.[9] Suponha-se que após uma série de ataques terroristas no mundo e o aumento de violência no País devido à atuação de gangues armadas que cometem homicídios, roubos, sequestros e outros crimes semelhantes no Brasil, o legislador nacional, pressionado pela opinião pública e por aliados internacionais, resolva adotar uma política criminal de cunho eficientista. Nesse âmbito, adota uma lei que autoriza o interrogatório com emprego de tortura de pessoas suspeitas por pertencerem a organizações criminosas no intuito de obter informações úteis para o desmantelamento da organização ou, pelo menos, para a identificação de seus membros e a apuração de sua responsabilidade penal.

Em relação a isso devem ser feitos dois comentários.

Em primeiro lugar, coloca-se em dúvida se a proibição constitucional da tortura (art. 5º, III CF) é realmente absoluta, já que todos os direitos fundamentais estão sujeitos à relativização para possibilitar o exercício de outros direitos colidentes.[10] Parte da doutrina jurídica cogita a possibilidade de autorizar a tortura como método de interrogação em casos absolutamente extremos, quando se trata de salvar a vida de milhões de pessoas ameaçadas por uma explosão de usinas nucleares e a tortura for a única forma para que o suspeito dê informações que permitam encontrar e desativar os explosivos. Os argumentos dogmáticos não convencem juridicamente (e muito menos politicamente) os autores do presente texto, mas o problema não deixa de ser sério e merecedor de uma reflexão jurídico-dogmática aprofundada.[11]

---

de duas centenas de oportunidades. Por mais levianas que possam ser as Comissões de Constituição e Justiça de tais Assembleias, a tese de um erro material redacional é insustentável.

9. O exemplo da tortura de um estrangeiro não residente é utilizado por Vieira (2006, p. 44).
10. Cfr. por todos: Schmidt (2019, p. 104).
11. Sobre essa problemática bastante complexa, cfr. Brugger (1996), que afirma a possibilidade jurídica de tortura em casos extremos. Cfr., em sentido oposto, Schlink (2002, p. 6–9). Cfr., também, Martins (2014a, p. 67–71) com relato e análise jurídico-constitucional do caso *Magnus Gäfgen*, condenado a prisão perpétua pelo sequestro seguido de homicídio qualificado de um garoto de 11 anos, *Jakob von Metzler*, filho de um banqueiro alemão, ocorrido em 2011. O caso recebeu obviamente ampla cobertura dos meios de comunicação. A autoridade policial chegou a cogitar o uso de tortura para que o acusado lhe revelasse o local do cativeiro, tendo em vista o risco de morte iminente da vítima por sede, inanição e/ou hipotermia em face da fundada suspeita de inexistência de terceiros envolvidos. Independentemente de ser em si absolutamente vedada, a tortura teria sido desproporcional, pois *Metzler* já havia assassinado a vítima logo após sequestrá-la.

De resto, o entendimento de que a vedação de tortura encontraria no sistema constitucional limites imanentes esbarra na hipótese amplamente confirmada de que qualquer tipo de tortura fere a dignidade humana que, como fundamento da República (art. 1º, III CF), a despeito de sua qualificação como direito fundamental ou não, não se submete por excelência a nenhum limite imanente.[12]

Deixando por ora de lado a incidência do art. 1º, III CF com sua vedação em tese jurídico-objetiva,[13] o segundo comentário diz respeito à constitucionalidade de uma (hipotética) lei que legalizasse a tortura como método de interrogatório policial. Tal lei seria seguramente inconstitucional em relação aos brasileiros e estrangeiros residentes em vista da proibição absoluta da tortura pelo referido inciso III do art. 5º. No entanto, o que deve ser decidido em relação aos estrangeiros não residentes no País? Tal medida seria permitida, já que eles não são titulares do referido direito? Em se respondendo afirmativamente a essa questão, os estrangeiros não residentes não teriam uma pretensão de resistência contra eventual intervenção legislativa que seria legitimada pelo princípio da democracia representativa pautado na vontade da maioria política. Ter-se-ia, então, no caso da presente hipótese de lei que, genericamente, legaliza a tortura como método de interrogatório policial, uma declaração de inconstitucionalidade parcial da lei (ou mesmo uma interpretação "conforme a Constituição"), em se admitindo que sejam torturados tão somente os estrangeiros não residentes?

Isso esclarece a real gravidade as dimensões do problema. A falta de explícita proteção constitucional dos direitos fundamentais dos estrangeiros não residentes pelo art. 5º CF não significa que eles estejam à mercê dos aparelhos estatais. Nenhuma autoridade pode afetar seus interesses sem que haja uma base legal para tanto, conforme indica o princípio da legalidade da Administração e o correlato princípio da submissão do Judiciário à lei, além do já visto direito fundamental de igualdade perante a lei. O problema surge a partir do momento em que o legislador ordinário afeta direitos de pessoas que não gozam de titularidade segundo a Constituição de modo direto e explícito. Como evitar que uma lei afete seus interesses ao introduzir uma discriminação reprovável do ponto de vista político?

A doutrina constitucional brasileira procurou caminhos alternativos para reconhecer também aos estrangeiros não residentes no País a titularidade dos direitos fundamentais garantidos no art. 5º CF. Suas análises podem ser sintetizadas em quatro argumentos.

a) *Argumento da obviedade*. Alguns autores propõem simplesmente ignorar a escolha do constituinte e interpretar os direitos do art. 5º CF como se fossem

---

12. Hufen (2018, p. 136–137); Martins (2014a, p. 63–65).
13. Ou seja, que não deixa margem para a possibilidade de se justificar uma intervenção estatal em direito fundamental individual (Martins, 2014a, p. 78).

direitos de todos aqueles que se encontrarem submetidos ao ordenamento jurídico brasileiro. Tais autores simplesmente sustentam que o contrário seria anacrônico e equivocado[14] e ignoraria as necessidades de proteção de todos os seres humanos.[15]

Esse posicionamento é aceito pelo STF, que rejeita a interpretação literal, sem, contudo, oferecer uma fundamentação para tanto.[16] Apesar de compartilharmos as preocupações políticas de quem propõe essa interpretação, não podemos a ela anuir do ponto de vista jurídico-dogmático. Os aplicadores do direito não podem ignorar a vontade do constituinte, mesmo quando ela parecer ultrapassada ou disfuncional, sob pena de ocorrer uma indesejável confusão dos papéis do criador e do aplicador da norma.

b) *Argumento dos direitos naturais*. Tampouco satisfaz a referência a direitos "naturais", imprescritíveis ou "inerentes" ao ser humano. Muitos textos constitucionais e autores concebem os direitos fundamentais como um atributo natural do ser humano.[17] No Brasil encontramos referência a direitos "inerentes" em algumas legislações.[18] Segundo essa visão, não estaria ao alcance do poder constituinte restringir esses direitos e nem os negar a determinadas categorias de pessoas. Essa teoria não pode ser aceita no Estado constitucional, criado pelos detentores do poder constituinte que é ilimitado e que garantem direitos na exata medida em que isso corresponde à sua vontade. Como já mencionado, os direitos naturais constituem, no máximo, uma reivindicação política que um futuro poder constituinte (derivado reformador) poderá um dia satisfazer. Todavia, não são juridicamente vinculantes.

c) *Argumento da dignidade da pessoa humana* (art. 1º, III CF). Uma proposta que permite ampliar a titularidade dos direitos do art. 5º CF sem desrespeitar a vontade do constituinte encontra-se na referência à dignidade humana. É pacífico que a dignidade humana tem caráter universal (por ser justamente "humana", inviabiliza a restrição a determinado número de pessoas) e constitui, segundo o inciso III do art. 1º, um dos "fundamentos" do Estado brasileiro. Em face de seu caráter de princípio fundamental, todos devem gozar dos direitos necessários à sua preservação e/ou concretização. Combinando essa disposição com o art. 5º, *caput* CF, poder-se-ia proceder a uma interpretação extensiva deste com o efeito

---

14. Bastos (2000, p. 178); Rothenburg (2014, p. 57–58); Tavares (2020, p. 380–381).
15. Araújo e Nunes Jr. (2003, p. 95).
16. HC 75.051, rel. Min. Sydney Sanches, j. 27.05.1997; HC 72.391, rel. Min. Celso de Mello, j. 08.03.1995; RE 215.267, rel. Min. Ellen Gracie, j. 24.04.2001.
17. Luño (1999, p. 48–51).
18. Art. 3º do ECA: "A criança e o adolescente gozam de todos os direitos fundamentais inerentes à pessoa humana, sem prejuízo da proteção integral de que trata esta Lei". Art. 2º do Estatuto do Idoso: "O idoso goza de todos os direitos fundamentais inerentes à pessoa humana, sem prejuízo da proteção integral de que trata esta Lei".

de estender a titularidade de todos os direitos fundamentais do art. 5º CF a todas as pessoas.[19]

Todavia, ainda que essa solução aparentemente não contrarie a vontade expressa do constituinte, também ela não é satisfatória. É o que decorre de duas constatações:

Em primeiro lugar, a dignidade humana é um conceito muito abstrato[20] que não impõe determinadas medidas nem engloba necessariamente todos os direitos garantidos no art. 5º CF. Podemos muito bem conceber que um ser humano preservaria sua dignidade ainda que o exercício do *habeas data* não fosse gratuito, conforme estipula o inciso LXXVII do art. 5º CF. Mesmo a privação de uma liberdade importante como a liberdade de reunião (inciso XVI) não tem *a priori* o condão de ferir a dignidade humana, independentemente do exame das condições estabelecidas pelo constituinte para a proteção da liberdade de reunião (seu caráter pacífico e não porte de armas pelos manifestantes) e da possibilidade de justificar a intervenção nas reuniões protegidas em face dos limites constitucionais à liberdade de reunião.[21] Mesmo que não seja possível ao Estado justificar uma dada intervenção na liberdade de reunião, ao comprovar desrespeito ao princípio da proporcionalidade, não se pode falar em violação do "princípio fundamental" da dignidade humana. Isso porque todos os direitos fundamentais foram outorgados pelo constituinte implícita ou explicitamente com limites, ao passo que a dignidade humana, como princípio fundamental do Estado democrático de direito brasileiro – e justamente por não ser um direito fundamental –, não é passível de limitação.

Muitas teorias a respeito da dignidade humana tentam apresentar ao intérprete elementos que o auxiliem em sua utilização nos casos concretos. Entre outras, a chamada "fórmula do objeto" (*Objektformel*) tem tido proeminência apesar de sofrer críticas por deixar margem a muita incerteza por uma grande variedade de casos limítrofes e zonas cinzentas. Isso porque, segundo tal fórmula, o art. 1, I da *Grundgesetz* que corresponde ao art. 1º, III CF vedaria ao Estado ignorar a qualidade de sujeito de qualquer pessoa no exercício de quaisquer de suas competências, reduzindo-o à condição de mero objeto.

Além dessa teoria com nítida inspiração kantiana, há pelo menos duas teorias concorrentes que pretendem superar a fragilidade da fórmula objeto em si, uma vez que, no mundo real da relação entre o Estado e os titulares dos direitos

---

19. Silva (1998, p. 196); Branco (2000, p. 166); Mendes et al. (2008, p. 272).
20. Sarlet (2002, p. 38–62). Um panorama da dogmática e das principais teorias sobre a dignidade humana pode ser encontrada em Martins (2014a, p. 58–80) e a seguir, no texto. Cfr., também, Martins (2016, p. 35–47).
21. Cfr. Martins (2017, p. 461 ss. e p. 470–475) e em relação ao direito constitucional alemão: Martins (2020, p. 9–147).

fundamentais, como também entre estes, a todo instante inevitavelmente busca-se a instrumentalização das pessoas, titulares de direito fundamental. A primeira teoria divergente da referida teoria de matiz kantiana centra-se no aspecto comunicativo do reconhecimento recíproco da dignidade entre iguais que seriam todos os submetidos ao poder de império estatal.[22] A segunda teoria parte de um conceito material de dignidade que seria conquistada com o desenvolvimento da personalidade, mas não uma dádiva em relação à qual o comportamento e desempenho do indivíduo e seus méritos alcançados fossem absolutamente irrelevantes.[23] Todas essas teorias não têm o condão de resolver solitariamente os problemas que derivam da interpretação e aplicação do art. 1º, III CF. Por isso, propugna-se no direito comparado por sua aplicação combinada.[24]

Em face do constante uso do argumento da dignidade humana de maneira metodologicamente indisciplinada e jurídico-dogmaticamente incorreta, o maior risco é que um dos valores mais caros positivados pelo constituinte brasileiro acabe sendo desvalorizado ao extremo, quando bagatelizado por invocações retóricas que nenhum problema resolvem.[25] Um caso muito problemático de bagatelização, ligado a questionáveis importações (porque imprecisas e metodologicamente desorientadas) de figuras do direito constitucional alemão, especialmente a do "mínimo existencial", é a constante referência jurisprudencial e doutrinária ao argumento da dignidade em casos de frustração de reivindicações prestacionais.[26] A suposta violação da dignidade humana em razão da ausência de "condições dignas de vida" a serem asseguradas pelos direitos fundamentais sociais ignora o fato de que, por mais ambivalente que seja o conceito de dignidade humana individual, não se a perde em razão de mazelas sociais. O que ocorre em tais condições são violações dos direitos fundamentais sociais por omissão das devidas prestações pelo Estado.[27]

---

22. Cfr. com referências ao debate na literatura especializada germânica: Martins (2014a, p. 61 ss.).
23. Martins (2014a, p. 61).
24. Cfr. Dreier (2013, p. 161 ss.).
25. Dreier (2004, p. 164–166); Martins (2014a, p. 65–66).
26. Cfr. a apresentação panorâmica da doutrina e jurisprudência nacional por um adepto do "mínimo existencial" (Sarmento, 2016, p. 189–240). Após leitura de dezenas de páginas fica claro que o autor e a doutrina por ele mencionada não conseguem determinar o conteúdo desse "mínimo", sua fundamentação constitucional e as formas de sua concretização jurídica.
27. A jurisprudência constitucional alemã custou a reconhecer a relevância do parâmetro da dignidade humana, do art. 1, I GG, no contexto da concretização do princípio constitucional jurídico-objetivo fundamental do Estado Social, do art. 20, I GG. A possibilidade de o legislador violar o art. 1, I GG por omissão em questões de direitos prestacionais foi admitida apenas em 2010, na decisão Hartz IV, mesmo assim contando com a provocação judicial por intermédio da representação judicial no chamado controle concreto

Por mais que seja semanticamente correto identificar na condição do morador de rua ou de pessoa que resida em uma precária construção feita, por exemplo, com restos de madeira e latas debaixo de uma ponte, que tais pessoas não tenham uma condição de *moradia digna*, do ponto de vista jurídico-constitucional dogmático essas pessoas não perderam sua dignidade humana. Fosse assim, estaria aberto o seguinte cruel círculo vicioso incompatível com a mais lídima ideia de Estado social: Se com a violação dos direitos fundamentais sociais fosse, igualmente, violada a dignidade humana, em se entendendo a dignidade humana a partir do significado que lhe foi atribuído pelo constituinte como princípio fundamental do Estado, dentro de um sistema que reconhece a possibilidade de mitigação dos direitos fundamentais, mas, justamente, não da dignidade que cabe a toda pessoa, não haveria mais o que ser protegido contra ações positivas do Estado.

Levada às últimas consequências, relativizar-se-ia a compreensão da dignidade humana como tabu instransponível – aplicável a casos como a vedação absoluta de tortura, a escravidão ou imposição de condições a ela análogas e estigmatizações de pessoas ou grupos – tornando-a mitigável. Com tal mitigação, abre-se caminho irreversível (argumento *slippery slope*) a moralizações, imposições de visão de mundo totalmente incompatíveis com o princípio da neutralidade ética do Estado implícito em dispositivos constitucionais como o art. 1º, V CF.

Um exemplo disso é a falta de devido exame da constitucionalidade da chamada "Lei do Abate", que permite a "destruição" em voo de aeronaves suspeitas de servir ao tráfico internacional de drogas, sem que se conheça a identidade dos tripulantes e sem que se pense nas consequências de agentes do Estado brasileiro aplicarem pena de morte em tempo de paz, com base em suspeitas (Lei 9.614 de 1998).[28] Nem sempre o direito fundamental à vida está intrinsecamente conectado com a dignidade humana. Por exemplo, se for mesmo *ultima ratio*, o tiro letal disparado por policial ("sniper") para salvar vida ameaçada pelo agressor, representará intervenção estatal justificada no seu direito fundamental à vida, deixando incólume sua dignidade. Porém, no caso do abate da aeronave com o propósito de impedir, sem mais e *a qualquer custo*, que ela ultrapasse as fronteiras do país carregando drogas e sem que haja suspeita de risco para a segurança de bens e pessoas, tem-se

---

de normas: v. Martins (2011, p. 18–26 e 2018a, p. 15–22). Todavia, nunca contou com o entusiasmo da literatura jurídica crítica especializada por conta das fragilidades dogmáticas da figura do "mínimo existencial". Cfr. excertos da decisão em português e anotações em Martins (2016, p. 39–49).

28. "Art. 1º. O art. 303 da Lei nº 7.565, de 19 de dezembro de 1986, passa a vigorar acrescido de um parágrafo, numerado como § 2º (...) Esgotados os meios coercitivos legalmente previstos, a aeronave será classificada como hostil, ficando sujeita à medida de destruição, nos casos dos incisos do caput deste artigo e após autorização do Presidente da República ou autoridade por ele delegada".

um notório caso de instrumentalização dos indivíduos, desconsideração de sua dignidade em razão do propósito referido. Ocorre que o constituinte, com o art. 1º, III CF, em uma interpretação histórico-genética, sistemática e sistemático-comparativa (esse dispositivo foi aprovado sob o impacto da tradição iniciada pelo art. 1, I GG), vetou qualquer propósito potencialmente legitimador de *afetações*[29] da dignidade humana.[30]

A teoria da "fórmula do objeto" pode ao menos estruturar um pouco a argumentação, ao identificar alguns direitos fundamentais que tenham conexão direta com a dignidade da pessoa humana, como a mencionada vedação absoluta de tortura do art. 5º, III CF. Tal clareza não se encontra na maioria dos direitos fundamentais elencados no art. 5º CF. Por isso, o recurso ao art. 1º CF não permite saber quais direitos deveriam ser tutelados universalmente como decorrências jurídico-subjetivas do princípio fundamental jurídico-objetivo do Estado brasileiro e quais não.

Em segundo lugar, quando nos valemos da interpretação sistemática, é difícil sustentar que o constituinte esqueceu-se, no art. 5º, da dignidade humana que tinha pouco antes exaltado no art. 1º. Sua escolha de reconhecer a titularidade dos direitos do art. 5º apenas aos brasileiros e estrangeiros residentes no País é consciente. O constituinte quis introduzir exceções ao princípio fundamental e, como sabido, entre duas disposições do mesmo escalão na hierarquia das fontes,

---

29. Até a terminologia dogmática varia: como se verá no Capítulo 9, direitos fundamentais podem sofrer "intervenções estatais" potencialmente justificáveis. Uma vez afetada a dignidade humana, a consequência jurídica deve ser o reconhecimento de sua violação, sem uso das expressões "mas", "veja bem" ou outras relativizadoras.
30. Os direitos de *status positivus* estudados no capítulo anterior, especialmente os direitos fundamentais sociais garantidos pelo art. 6º CF, têm idêntica dignidade constitucional (mesmo nível hierárquico, fundamentalidade formal). Ambas as categorias diferem, como visto, da dignidade humana. Entre si diferem apenas nos antagônicos imperativos deônticos destinados aos órgãos estatais (fazer e não fazer). *De constitutione ferenda* fato é que os primeiros carregam um risco maior de perder força normativa em razão da maior necessidade de recursos públicos para suas respectivas observâncias. No caso extremo, como já ocorreu diversas vezes na história constitucional brasileira e de sistemas constitucionais estrangeiros que optaram por uma Constituição analítica que contemple, além da ordem estatal, também a ordem social, podem ser degradados a meras promessas não cumpridas. O problema da importação acrítica de figuras germânicas como "mínimo existencial" e "reserva do possível", às quais, na origem, dizem respeito, antes de tudo, ao dever e competência legislativos, com sua conexão à dignidade humana, é a moralização do discurso jusfundamental que impede o surgimento de uma dogmática que possa emprestar força normativa a todas as normas constitucionais. Em última análise, o risco é de instrumentalizar a ideia de solidariedade que pode ser aplicada como técnica de dominação política. A dignidade humana tem papel constitucional totalmente diverso do descrito.

prevalece a específica e não a genérica (*lex specialis derogat legi generali*). Como, então, corrigir a norma especial referindo-se à geral?

d) *Argumento dos direitos "decorrentes"*. Sabemos que o § 2º do art. 5º CF (Capítulo 2.6) reconhece os direitos decorrentes de tratados internacionais. Essa disposição oferece um importante argumento para a ampliação dos titulares dos direitos fundamentais: quando a Constituição Federal garante um direito a uma categoria da população, por exemplo, aos brasileiros, isso não significaria que queira excluir os demais. Esses podem gozar do mesmo direito caso isso decorra de um tratado internacional do qual o Brasil faça parte.

Nas últimas décadas o Brasil assinou tratados internacionais no âmbito da ONU, da OEA e de outras organizações internacionais que garantem "a todos" uma longa série de direitos humanos, tais como o direito à vida, a proibição de tortura, as liberdades de expressão da opinião, artística, científica e de comunicação social, de consciência e crença etc. Logo, os estrangeiros não residentes gozam no Brasil da proteção que lhes oferecem os tratados internacionais sobre direitos humanos. Isso parece resolver o problema encontrado junto à análise do exemplo da tortura. Sua proibição por tratado internacional (Convenção contra a tortura, promulgada no Brasil pelo Decreto 40, de 15.02.1991) parece proteger os estrangeiros não residentes.

Mas na realidade esse reconhecimento de titularidade não resiste diante de uma lei ordinária que viria a introduzir a tortura em determinadas hipóteses, restando como parâmetro constitucional aparentemente violado a ser aplicado no exame de constitucionalidade da hipotética lei apenas o art. 1º, III CF, mas justamente não o art. 5º, III CF. Em relação a praticamente todos os demais direitos fundamentais, como a liberdade de manifestação do pensamento do art. 5º, IV CF que, apesar de sua grande relevância para o desenvolvimento da personalidade individual e inserção na comunidade política estatal, segundo nosso entendimento não decorre diretamente da dignidade humana, não haveria nenhum óbice à possibilidade de revogação também material do direito outorgado pelo tratado correspondente a algum direito fundamental de liberdade tutelado pelo art. 5º CF. Isso se dá fundamentalmente porque, conforme já verificado no Capítulo 2.6, os tratados internacionais que não adquiriram força jurídica equiparada à emenda constitucional podem ser modificados ou até abolidos mediante lei ordinária. Assim, os direitos dos brasileiros e estrangeiros residentes são direitos "de primeira categoria". Trata-se de direitos fundamentais (constitucionais) que o legislador infraconstitucional não pode restringir contra a vontade do constituinte. Os estrangeiros não residentes no País são, ao contrário, titulares de direitos de "segunda categoria", isto é, de direitos que, mesmo sendo idênticos em seu teor aos direitos fundamentais (constitucionais), são de nível infraconstitucional, razão pela qual o legislador pode restringi-los ou mesmo revogá-los.

Isso significa que os direitos enumerados no art. 5º CF não têm caráter exemplificativo do ponto de vista formal, mas apenas do ponto de vista material.³¹ Não podem ser a eles acrescentados outros de igual valor hierárquico-jurídico criados por fontes não constitucionais.³² Os direitos enunciados no art. 5º CF são os únicos que oferecem a seus titulares garantia constitucional.

A Constituição foi omissa em relação aos estrangeiros não residentes e essa omissão pode ser corrigida ou mediante emenda constitucional ou depois da EC 45/2004, que inseriu o § 3º ao art. 5º CF (Capítulo 2.6), com a aprovação de tratados internacionais com o mesmo quórum da emenda constitucional.

Uma última observação deve, aqui, sintetizar e relativizar a relevância da exclusão de estrangeiros não residentes da plena titularidade dos direitos fundamentais garantidos no art. 5º CF. Chama a atenção a desconsideração de nossa conclusão ou, quando considerada, a espécie que ela provoca. Qual deveria ser o real impacto dessa exclusão em termos normativos? "Em termos normativos", porque não estamos agora nos referindo às já amplamente citadas tergiversações sem fundamento no direito constitucional vigente. Aqui nos interessa apenas identificar as condições concretas da definição de titularidade que fosse dotada de força normativa, sem desistir completamente de considerações teórico-constitucionais e de *constitutione ferenda*, com vistas a estabelecer delimitações entre o normativo e agendas políticas. O STF, por exemplo, nunca se ocupou seriamente da exclusão em tela. Reforça mais uma vez uma tendência a ignorar os rígidos parâmetros constitucionais em prol de sua própria agenda; pior, em prol da agenda de seus integrantes individualmente considerados.

Por força do teor de algumas normas definidoras de direitos fundamentais, o problema existe também no direito comparado alemão.³³ O teor do Art. 8 I GG que tutelou, na Constituição alemã, o direito fundamental à liberdade de reunião é inequívoco: são titulares apenas os cidadãos alemães no sentido do Art. 116 GG. Uma primeira consequência processual dessa opção do constituinte é evidente: estrangeiros não têm legitimidade e interesse processual para ajuizar Reclamações Constitucionais que avoquem violação do *seu* direito fundamental do Art. 8 I GG, pois esse não existe.

---

31. Por consequência, os direitos decorrentes não são dotados de fundamentalidade formal (v. Capítulo 3.2), não sendo, portanto, direitos fundamentais segundo seu conceito tal qual adotado na presente obra. Não obstante, tendo em vista essa cláusula de abertura, esses mesmos direitos decorrentes podem servir de limites a direitos fundamentais enquanto não forem derrogados pelo legislador ordinário (cfr. Capítulo 2.6.2 *in fine*).
32. Por uma harmonização entre os controles de convencionalidade e constitucionalidade com ênfase na autonomia (independentemente da hierarquização na ordem constitucional interna) dos dois parâmetros: Martins e Oliveira (2012).
33. Em relação a boa parte do texto a seguir, cfr. Martins (2020, p. 32).

Não obstante, ao nível do direito infraconstitucional de reunião, como sub-ramo do direito de segurança pública que, por sua vez, é sub-ramo do direito administrativo, a nacionalidade é irrelevante.[34] Ao contrário do Art. 8 I GG, que outorgou um direito fundamental para cidadãos alemães (*Deutschengrundrecht*), e não um direito fundamental humano (*Menschengrundrecht*), o §1, I da Lei Federal de Reuniões positivou o correspondente direito subjetivo a toda pessoa. Porém, o exercício da função legislativa formal não pode ser obstaculizado quando atingir a liberdade de reunião de estrangeiros, que é protegida apenas ao nível da legislação ordinária e em conformidade com os princípios do Estado de direito.

Em uma avaliação de *constitutione ferenda*, a restrição de titularidade a cidadão alemão (note-se que nem mesmo o estrangeiro residente, diferentemente do prescrito no art. 5º, *caput* CF, é titular de quatro direitos fundamentais de liberdade a seguir mencionados) não tem de ser considerada problemática, pois, de fato, geralmente não é. O legislador ordinário alemão nunca proibiu ou mesmo discriminou expressamente reuniões promovidas exclusivamente ou não por estrangeiros, muito menos reuniões em que estrangeiros sejam maioria. Ou seja, o legislador nunca se valeu de sua margem discricionária em relação à regulamentação de reuniões de estrangeiros e uma mudança de rumo político (ainda) não se observa no horizonte.

Voltando nosso olhar para a situação jurídico-constitucional-política brasileira, poder-se-ia justificar eventual opção do legislador civil brasileiro de discriminar estrangeiros não residentes ao criar um estatuto regulamentador do direito de propriedade à parte, com vistas, por exemplo, a coibir o impacto negativo no mercado imobiliário nacional que poderia decorrer de possíveis especulações por eles perpetradas. Tal discriminação não poderia ser impugnada constitucionalmente porque o legislador não carrega um ônus argumentativo de justificar sua intervenção naquele direito fundamental, como ocorre no caso de brasileiros e estrangeiros residentes. Não obstante, lembre-se que, em tais casos, apenas o legislador pode discriminar. Se ou enquanto não o fizer, vale a analisada igualdade na aplicação da lei (vínculo dos Poderes Executivo e Judiciário).

De modo caricatural (*argumentum ad absurdum*), a exclusão do estrangeiro não residente do direito fundamental que, do ponto de vista material, é o mais elementar de todos, o direito fundamental à vida, não autoriza ninguém a tirar a vida de estrangeiros não residentes no momento, por exemplo, em que estejam cruzando as fronteiras de entrada ao Brasil, pois o art. 121 do CP pune quem atentar contra a vida de qualquer pessoa indistintamente. Que o legislador penal possa em tese derrogar o citado dispositivo para excluir a tipicidade do crime no caso de a vítima ser estrangeiro não residente, isso não impugna o presente reconhecimento. Independentemente de aqui vir à pauta também o direito internacional público,

---

34. Martins (2017 e 2020).

que protege a vida de toda pessoa – e, em relação ao Estado, há proteção indistinta pela vedação *objetiva* da pena de morte do art. 5º, XLVII CF –, a hipótese aventada permanece no terreno retórico, pois não haveria a menor condição político-internacional de se usar a ampla discricionariedade legislativa para tal fim.

Em uma avaliação teórico-constitucional, a referida decisão do constituinte alemão é inquestionável por força da teoria do poder constituinte originário. Apenas como objeto da crítica politológica seria possível afirmar que essa opção teria o condão de afastar o que poderíamos chamar de "selo de Constituição democrático-liberal" que a comunidade internacional poderia lhe denegar. Não é o caso, especialmente quando se avaliam dados empíricos. Na Alemanha, a liberdade de reunião é exercida há décadas de modo contumaz por estrangeiros nos grandes centros urbanos alemães.[35] Isso vale também para os demais três direitos fundamentais outorgados pela GG apenas a cidadãos alemães: liberdade de associação (art. 9 GG), livre locomoção (art. 11 GG) e liberdade profissional (art. 12 I GG).[36] A impugnação da teoria do poder constituinte originário com suas características, especialmente do seu caráter ilimitado, com consequente vinculação a uma ordem jurídica internacional pública, revela-se inócua. O constituinte tomou a decisão soberana de deixar o legislador livre para calibrar a proteção desses quatro direitos fundamentais conforme as vicissitudes políticas, econômicas e culturais.

5.2. Titularidade dos direitos sociais

A questão da titularidade dos direitos sociais pode ser resolvida com relativa facilidade. O art. 6º CF utiliza alguns termos que indicam o titular. Isso ocorre com a "assistência aos desamparados". O titular é claro, apesar de ser difícil de estabelecer quem é "desamparado" do ponto de vista técnico-jurídico. Trata-se, entretanto, de um problema de demarcação de fronteiras econômicas, e não de definição daquilo que foi desejado pelo constituinte. Todos sabem o que significa "desamparado". A pergunta é se, em determinadas circunstâncias sociais, uma pessoa deve ou não ser incluída entre os desamparados, gozando da respectiva tutela constitucional.

Não é muito diferente a situação dos direitos de proteção à maternidade e à infância, sendo titulares respectivamente as mães e as crianças. Nesses casos, o problema de interpretação é saber quando começa e termina a situação social de maternidade e de infância. A solução deve ser dada pelo legislador comum e

---

35. O §1 da Lei Federal de Reuniões alemã (BVersG) assegura o direito subjetivo de reunião a qualquer pessoa.
36. Em relação aos três direitos fundamentais mencionados, cfr. respectivamente: Martins (2019, p. 113–174); Martins (2020, p. 223–256) e Martins (2021).

submetida ao controle do Poder Judiciário, já que, mais uma vez, o constituinte não estabeleceu limites de idade ou outros.

De qualquer forma, os aplicadores devem ater-se ao significado das palavras na linguagem comum e jurídica. Assim, não pode ser considerada "adolescente" uma pessoa de 40 anos e nem se valer da proteção à maternidade a mãe de filho adulto. Além da qualidade de mãe, deve estar presente a necessidade de cuidados especiais devido à vulnerabilidade típica das crianças e dos adolescentes.

Os demais direitos do art. 6º CF não estão acompanhados de indicações de titularidade. Devemos entender que titulares são todos aqueles que necessitem de prestações relacionadas à educação, à saúde, à alimentação, ao trabalho, à moradia, ao transporte, ao lazer, à segurança e à previdência social.

A nossa definição indica uma restrição na titularidade. A área de regulamentação (objeto) dos referidos direitos sociais diz respeito a *todos* os seres humanos. A lista inclui necessidades vitais, tais como a alimentação e a saúde, e outras de menor premência, mas igualmente importantes, como o lazer ou a previdência social. Contudo, a titularidade do direito social não é reconhecida a todos, mas tão somente às pessoas que necessitam de prestação estatal para satisfazer sua respectiva necessidade. Trata-se de garantir os pressupostos e condições materiais da chamada liberdade real.[37] Aquele que pode se alimentar, valendo-se para tanto de recursos próprios ou de sua família não pode reivindicar do Estado prestações materiais ou em dinheiro. A necessidade de se alimentar, não equivale ao direito social à alimentação. Faz parte do suporte fático dessa norma jusfundamental a hipossuficiência econômica sistêmica para prover a própria alimentação. Temos aqui uma restrição teoricamente simples, mas que, na prática, gera problemas porque não é evidente em quais condições a pessoa carece da prestação estatal.

Além dessa restrição não nos parece indicado limitar a titularidade com base em critérios como a nacionalidade. O reconhecimento desses direitos somente a brasileiros seria inaceitável diante do silêncio constitucional, o qual não incluiu indicação restritiva, semelhante àquela que se encontra no art. 5º CF. Aliás, a própria Constituição Federal referiu-se à titularidade de muitos desses direitos com termos universalizantes em outros artigos (saúde: "todos" – art. 196; assistência social: "quem dela necessitar" – art. 203; educação: "todos" – art. 205).

Resta saber quais critérios poderiam ser desenvolvidos para, primeiro, decidir *se* a fruição de direitos fundamentais sociais pode ser normativamente excluída de quem pode prover, com recursos próprios, as condições para exercer a chamada liberdade positiva ou real. Nesse ponto, não há de se falar em limites constitucionais como o suposto limite enxergado pela literatura específica brasileira na figura

---

37. Martins (2012, p. 10–12 e p. 38).

da "reserva do possível".³⁸ Trata-se de interpretação do alcance da tutela e, assim, de concretização normativa pelos destinatários dos direitos sociais, notadamente pelos órgãos do Legislativo e Executivo.

A despeito do teor universalizante que o constituinte imprimiu aos direitos fundamentais sociais, seria compatível com a ordem constitucional vigente excluir categorias de pessoas da tutela dos dois mais centrais, materialmente falando, direitos fundamentais sociais à saúde e à educação? Admiti-lo sem ressalvas, já implicaria consequências jurídico-dogmáticas inconvenientes. Como compatibilizar, por exemplo, a liberdade científica de titularidade também de universidades públicas com uma eventual obrigação imposta pelo legislador ordinário de se selecionar os alunos tão somente pelo critério socioeconômico e como compatibilizá-lo com as prováveis violações da liberdade profissional daqueles não carentes que escolham um específico curso superior? Uma exclusão absoluta de pessoa com suficientes recursos próprios do gozo dos serviços do SUS também implicaria a potencial violação de vários direitos fundamentais individuais de *status negativus*.³⁹

Isso mostra que podemos responder negativamente à questão do "se" as pessoas autossuficientes economicamente podem ser excluídas, de plano, da titularidade dos direitos sociais. A nossa reflexão sistemática corrobora o reconhecimento proveniente do teor universal do art. 6º CF. Não obstante, o estabelecimento pelo legislador ordinário de prioridades na concretização dos direitos fundamentais sociais individuais pode ser considerada, de um lado, uma intervenção justificada nos direitos fundamentais de resistência que ele acarrete e, de outro, uma configuração infraconstitucional dos direitos sociais compatível com o parâmetro constitucional normativo do direito fundamental social. Em todo caso, nesse contexto das prioridades de concretização dos direitos sociais em face do critério muito pouco preciso da autossuficiência, uma tendência que não deve ser saudada, nem diz respeito à titularidade, mas à definição do destinatário das normas definidoras, vale dizer, dos entes vinculados, é a de onerar-se, sem lastro legal, diretamente os titulares de direitos fundamentais de liberdade. Além dos problemas dogmáticos dessa assunção de vínculo de particulares a direitos sociais de outrem, há a perigosa admissão política e jurídica da desoneração do Estado social. Não devemos triangular uma

---

38. Uma figura criada jurisprudencialmente na Decisão "*Numerus Clausus*" do TCF alemão, cfr. excertos em Martins (2005, p. 656–667) que não é levada a sério pela doutrina alemã. V., por exemplo, Sachs (2017, p. 51): "Ao mesmo tempo demonstrou-se por que tais direitos prestacionais originais largamente teriam de permanecer sem significado: eles submetem-se, com efeito, à 'reserva do possível no sentido do que o indivíduo pode racionalmente requerer da sociedade'".
39. A começar pela própria liberdade geral de ação com lastro no art. 5º, *caput* CF, e pela liberdade de crença ideológica do art. 5º, VIII CF.

relação jurídica que é essencialmente bipolar.[40] A questão é por demais complexa para ser aqui esgotada. Há de ser respondida na dogmática do direito fundamental social envolvido. O que vale para os direitos fundamentais sociais da educação e saúde não deve valer para a proteção aos desamparados, por exemplo.

Tudo o que foi até aqui desenvolvido não afasta o reconhecimento de que estamos diante de um *paradoxo político-constitucional*. Pela natureza dos direitos sociais, e, sobretudo, pelo fato de implicarem vultosos investimentos por parte do Estado, seria mais plausível que estes ficassem reservados aos residentes no Brasil. Seria estranho aceitar que um turista possa pedir que lhe seja concedida moradia ou lhe sejam oferecidas atividades de lazer gratuitas.

Dessa forma, do ponto de vista da política constitucional (*de constitutione ferenda*), o art. 5º CF revela-se indevidamente restritivo, na medida em que priva os não residentes no Brasil dos direitos individuais e coletivos, enquanto o art. 6º CF mostra-se indevidamente amplo, reconhecendo-lhes direitos que, por sua natureza, referem-se a pessoas ligadas ao Brasil.

Observe-se que a definição das pessoas que necessitam das prestações prometidas pelos direitos sociais constitui um problema interpretativo que, com algumas exceções, não despertou o interesse da doutrina, que permanece centrada na análise dos direitos de resistência e dos direitos políticos.[41]

Os direitos sociais enunciados nos art. 7º a 9º e no art. 11 CF são direitos dos trabalhadores urbanos e rurais, isto é, de qualquer pessoa que preste serviços a outrem no Brasil com certa regularidade e em condições de dependência/subordinação mediante recebimento de remuneração, sem prejuízo da forma, das condições e, inclusive, da legalidade de seu vínculo empregatício.[42]

Em alguns casos, a Constituição Federal amplia, restringe ou modifica a titularidade dos direitos sociais. Por exemplo, quando trata, especificamente no art. 7º, de direitos dos trabalhadores que tenham dependentes, dos desempregados, dos aposentados, dos trabalhadores-pais ou dos trabalhadores de grandes empresas

---

40. Deve-se reconhecer uma afetação (*Beeinträchtigung*) do direito fundamental prestacional pelo Estado, destinatário da norma, que equivale dogmaticamente à intervenção estatal carecedora de justificação. Porém, ao contrário do que ocorre com os direitos de *status negativus* que muito facilmente demandam restrições para compatibilizá-los com direitos de terceiros e bens jurídicos coletivos ou estatais, a afetação do direito prestacional implica sua violação, razão inclusive da absoluta falta de consistência da figura da "reserva do possível". Cfr. Hufen (2018, p. 105–106) e o esquema de avaliação de uma hipótese de violação no Capítulo 12.4.
41. Cfr., entre os doutrinadores nacionais, os trabalhos de Ingo Sarlet (2005; 2003a; 2003). Cfr. Martins Neto (2003, p. 151–192) e Amaral (2001). Sobre o tema na doutrina alemã, cfr. as indicações bibliográficas e análises em Arango (2001).
42. Sobre o conceito do trabalhador em âmbito constitucional, cfr. Araújo e Nunes Jr. (2003, p. 179–180).

no art. 11. Uma particularidade encontra-se no art. 10 CF quando esse assegura o direito dos empregadores nos colegiados dos órgãos públicos em que seus interesses profissionais ou previdenciários sejam objeto de discussão e de deliberação.[43]

Os direitos sociais que se situam fora do referido título também especificam seus titulares de forma relativamente genérica, sendo aplicáveis as nossas observações sobre a definição restritiva dos titulares com base no critério da necessidade de prestação estatal. Assim, são titulares dos direitos à saúde "todos" (art. 196 CF), dos direitos à assistência social "quem dela necessitar" (art. 203 CF) e do direito à educação "todos" (art. 205 CF).

Observe-se que muitos direitos garantidos nas partes da Constituição dedicadas aos direitos sociais e tratados pela doutrina como tais são, na verdade, direitos de resistência na ótica da classificação sistemática de Georg Jellinek. É o que ocorre, por exemplo, com o direito de greve (art. 9º CF) que, apesar de ser considerado geralmente como direito social, nada mais é do que um direito que impõe ao Estado e, por extensão, indiretamente, aos empregadores de tolerarem uma greve deflagrada nas condições constitucionalmente previstas, como meio de "luta trabalhista". Seu exercício não pressupõe nenhuma atuação do Estado e muito menos o oferecimento de algum recurso ou subsídio aos grevistas. Isso vale, também, em relação às associações profissionais e sindicais (art. 8º), que constituem uma manifestação concreta da liberdade de associação,[44] isto é, de um típico direito de resistência que também não se relaciona aos direitos sociais. Finalmente, alguns direitos classificados no texto constitucional como sociais são de cunho político, pois garantem o direito de *participação* dos titulares *em processos decisórios do Estado*. Isso ocorre com a participação de trabalhadores e empregadores em órgãos públicos, prevista no art. 10 CF.

Finalmente, nos artigos dedicados aos direitos sociais encontram-se, de forma reveladora da pouca sistematicidade da Constituição Federal, algumas proibições de ação aos indivíduos que não se relacionam com a finalidade e estrutura dos direitos sociais. Isso ocorre com a proibição do trabalho infantil e juvenil (art. 7º, XXXIII CF). Essa norma justifica-se plenamente em razão da necessidade de se proteger interesses da infância e de se facilitar a integração dos adolescentes ao sistema educacional. Todavia, não deixa de ser uma limitação que se impõe por intervenção legislativa na liberdade profissional do art. 5º, XIII CF, mesmo contra

---

43. Mas, como veremos em seguida, o art. 10 CF não garante um direito social; é sim um direito político cuja titularidade vincula-se à atividade produtiva.
44. Sobre o conteúdo da liberdade de associação no direito comparado alemão que abrange os históricos (greve) e outros instrumentos de luta trabalhista não apenas das chamadas coalizões representativas de empregados (sindicatos), mas também das representativas de empregadores, v. a exposição da dogmática e os excertos analisados da jurisprudência do TCF alemão em Martins (2019, p. 113 ss., 120–125, 126–174).

a vontade dos jovens e de suas famílias, e que, seguramente, não possui nenhuma relação com os direitos sociais. Do ponto de vista jurídico-dogmático, configura, portanto, um limite constitucional à mencionada liberdade profissional garantida no art. 5º, XIII CF. Aqui, a reserva legal simples,[45] implícita na expressão *atendidas as qualificações profissionais que a lei estabelecer*, não somente *pode* ser concretizada pelo legislador no quadro de sua discricionariedade política, como também, no caso específico, *deve* ser usada para cumprir a ordem ou incumbência constitucional (*Verfassungsauftrag*) prescrita no art. 7º, XXXIII CF. A despeito da aparência suscitada por seu teor, destina-se, em primeiro lugar, ao Poder Legislativo que deve configurá-la com instrumentos, inclusive, normativo-penais.

Tais exemplos indicam a necessidade de se recorrer a propostas classificatórias consistentes, como a de *Jellinek*, para se entenderem corretamente o conteúdo, o significado e as consequências jurídicas das normas relacionadas aos direitos fundamentais.

5.3. Titularidade dos direitos políticos

Requisito básico do exercício de praticamente todos os direitos políticos é ter a nacionalidade brasileira. Os demais requisitos são estabelecidos nos art. 14 e 15 CF, havendo também outras normas constitucionais que os especificam.

A titularidade varia em função de cada direito. Uma peculiaridade dos direitos políticos é a fixação de limites etários. Assim, por exemplo, é condição de elegibilidade para o cargo de Presidente da República a idade de 35 anos (art. 14, § 3º, VI, *a* CF), bastando para o cargo de vereador a idade de 18 anos (art. 14, §3º, VI, *d* CF).

Os estrangeiros podem exercer direitos políticos em dois casos principais. Em primeiro lugar, há o direito de pessoas de nacionalidade portuguesa que residem permanentemente no Brasil a exercerem todos os direitos reconhecidos aos brasileiros, mesmo sem adquirir a nacionalidade brasileira, desde que Portugal reconheça os mesmos direitos aos brasileiros (art. 12, §1º CF).

Em segundo lugar, há a possibilidade de os estrangeiros atuarem em partidos políticos. O art. 17 CF não inclui a nacionalidade brasileira entre os requisitos para a atividade partidária. A condição de respeito à soberania nacional que prevê o *caput* desse artigo não se refere à origem dos membros do partido, mas às finalidades e consequências de sua atuação. Isso significa que, em princípio, a titularidade do direito de participação em partidos políticos é universal.

A Lei dos Partidos Políticos (Lei 9.096/1995), que concretiza o art. 17 CF, dispõe em seu art. 16 que somente eleitores em pleno gozo de seus direitos políticos podem filiar-se a partidos políticos. Essa previsão exclui da atuação partidária oficial

---

45. V. a respeito Capítulo 9.3.2.

todos os estrangeiros e muitos brasileiros. Em nossa opinião, ela é de duvidosa constitucionalidade. Decorre de uma criticável concepção dos partidos políticos como *quase órgãos estatais* que funcionam sob o estrito controle da Justiça eleitoral como mecanismos para a eleição e não como espaços de debate democrático sobre ideias e projetos, independentemente da elegibilidade de cada um de seus membros. Seria necessário que o legislador harmonizasse essa previsão com a ampla determinação da titularidade desse direito político no texto constitucional, permitindo, ao mesmo tempo, ampliar a participação democrática.

5.4. Titularidade dos direitos coletivos

Os direitos coletivos tradicionais constituem, como verificado, direitos fundamentais das três categorias previamente analisadas. A questão de sua titularidade depende do tipo do direito.

A situação é muito mais complexa no caso dos "novos" direitos coletivos, cuja titularidade não é determinada pela Constituição.

A proteção dos consumidores depende de normas infraconstitucionais que devem definir quem tem o *status* de consumidor em cada caso. Estabelecendo que "o Estado promoverá, na forma da lei, a defesa do consumidor", o art. 5º, XXXII CF delegou ao legislador ordinário tanto a determinação do alcance e dos meios processuais de tutela dos interesses dos consumidores, como a definição dos critérios que permitam classificar uma pessoa como consumidor em certa situação típica. A Lei 8.078/1990 (Código de Defesa do Consumidor), oferece uma série de definições do consumidor que divergem em sua amplitude. Isso cria inseguranças e discrepâncias na prática judicial.[46]

O direito ao meio ambiente ecologicamente equilibrado é reconhecido pelo art. 225 CF a "todos", sem especificação, isto é, independentemente da nacionalidade e dos demais critérios de diferenciação. Trata-se, assim, de direito de todos aqueles que se encontram em território brasileiro ou estão em contato com o ordenamento jurídico do País. Na doutrina, defendem-se, esporadicamente, interpretações restritivas que invocam o art. 5º e interpretam o termo *povo* de maneira nacionalista para considerar que somente os brasileiros seriam titulares do direito ao meio ambiente.[47] Tal interpretação não se encontra somente em descompasso com a natureza transnacional da tutela ambiental e do caráter universal das necessidades de tutela ambiental, mas também carece de fundamento diante da formulação universalizante do art. 225 CF.

---

46. Benjamin (1988); Mazzilli (2005, p. 149–152).
47. Fiorillo (2000, p. 11).

Os titulares dos direitos à solidariedade e ao desenvolvimento dificilmente podem ser identificados por se tratar de direitos abstratos e assemelhados à enunciação de programas políticos. Somente se pode afirmar que tais direitos devem beneficiar a todos e a cada um em separado.[48] Mas em seu funcionamento concreto são diretivas endereçadas ao Estado que está obrigado a tomar medidas para satisfazer determinadas necessidades sociais sem que seja possível aferir, mediante interpretação do texto constitucional, o conteúdo concreto ou afirmar a justiciabilidade. Sua positivação constitucional representa a criação de específicos mandatos (legislativos objetivos) constitucionais.[49] Em que pese o recorrente entusiasmo da doutrina nacional por tais "direitos difusos", transindividuais homogêneos, dogmaticamente muito mais profícuo (fortalecimento de sua força normativa) seria tratá-los a partir de sua precípua função constitucional: estabelecer metas estatais positivadas nos aludidos mandatos constitucionais que têm como primeiro destinatário o legislador. O exame constitucional, assim como ocorre no exame do cumprimento dos direitos prestacionais sociais (*status positivus*), resume-se à verificação de se o legislador permaneceu inerte. O modo de cumprimento de seus mandatos faz parte de sua discricionariedade e, em geral, implica intervenções em direitos fundamentais de resistência (cfr. Capítulo 4.5).

A doutrina tradicional restringe a titularidade dos direitos fundamentais a seres humanos e pessoas jurídicas, excluindo categoricamente os animais e a natureza.[50] Desde o Iluminismo é rejeitado o reconhecimento de direitos e obrigações a seres que não são dotados de razão, considerando-se, justamente, irracional a ideia de que um animal ou uma planta possam ser responsabilizados ou reivindicar algo. Contudo, nas últimas décadas aumentam as vozes que recomendam ampliar a titularidade dos direitos fundamentais (pelo menos) a primatas, assim como aqueles que propugnam pela tutela da natureza como (mega)sujeito de direitos.[51]

Independentemente dos méritos filosóficos e éticos desses posicionamentos, não há possibilidade de reconhecer tal titularidade em vista das formulações da Constituição Federal, conforme ressalta também a jurisprudência em face de pedidos para concessão de *habeas corpus* em favor de chimpanzés.[52]

---

48. Cfr. Silva (2004, p. 69).
49. Trata-se de mandato jurídico-objetivo de legislação e, assim, de ordem constitucional de fazer (legislar) destinada ao legislador como poder constituído da República, não de mandatos outorgados a parlamentares eleitos individualmente considerados. Tendo em vista a interpretação do art. 5º, §1º CF, cfr. Martins (2018c, p. 345).
50. Exemplo: Hufen (2011, p. 82).
51. Exemplo: Rothenburg (2014, p. 59–61).
52. Cfr., com menção de anterior jurisprudência: TJRJ, 2ª Câmara Criminal, HC 2637-70.2010.08.19.0000, rel. Des. Muiños Piñeiro, j. 14.12.2010; STJ, HC 96.344, rel. Min. Castro Meira, j. 07.12.2007.

5.5. Titularidade das garantias fundamentais

As garantias *preventivas* dos direitos fundamentais relacionam-se diretamente com as formas de organização do Estado. Consistem em competências de autoridades estatais que objetivam impedir abusos de poder. O texto constitucional estabelece qual autoridade estatal poderá fiscalizar as demais e sob quais condições, regulamentando a atuação dos vários órgãos e comissões. A Constituição Federal adota o princípio da separação dos poderes que, nesse âmbito, objetiva estabelecer mecanismos de controles recíprocos das autoridades estatais no intuito de preservar os direitos dos indivíduos em face de indevidas interferências dos detentores de poder constituído.

Já no caso das garantias repressivas, a regra lógica é que as garantias de tipo repressivo podem ser acionadas pelo titular do respectivo direito. Mesmo assim, em alguns casos, a Constituição Federal estabelece a titularidade de forma precisa, desviando-se dessa regra. Assim, por exemplo, é previsto que o mandado de segurança coletivo pode ser impetrado apenas por partidos políticos e por associações sindicais que satisfaçam certos requisitos de representatividade (art. 5º, LXX CF) e que a ação popular pode ser proposta por "qualquer cidadão" (art. 5º, LXXIII CF), isto é, pelos titulares do direito de votar.

Quando o texto constitucional não estabelece a titularidade, como ocorre no caso do *habeas corpus*, deve-se entender que a titularidade da garantia corresponde necessariamente à titularidade do respectivo direito, sendo que o legislador ordinário pode ampliar a legitimidade. Isso ocorre, por exemplo, no Código de Processo Penal. Seu art. 654 prevê que o *habeas corpus* pode ser "impetrado por qualquer pessoa, em seu favor ou de outrem, bem como pelo Ministério Público".[53]

---

53. A legitimidade processual do MP para figurar em tais casos como substituto processual tem, apesar do lastro normativo constitucional e embora incontroverso politicamente, o negativo efeito colateral de fomentar praticamente sem rédeas a politização do processo judicial e da prestação jurisdicional devida pelo Judiciário ao jurisdicionado. Ações coletivas, ações populares e civis públicas podem ser consideradas politicamente inconvenientes por permitir a um órgão estatal autônomo em relação à Administração Pública direta acionar o próprio Estado, admitindo-se, em tese, que a Administração possa, sistematicamente, não se pautar no princípio constitucional da legalidade (art. 34 *caput, CF*). No que tange especificamente à dogmática jurídica das garantias processuais, o risco da politização desenfreada pode fazer erodir a relação de instrumentalidade das garantias em relação aos direitos fundamentais substantivos. Por essa via, elas acabam se tornando fins em si mesmas e eventualmente servindo a um propósito estranho à dogmática dos direitos fundamentais: o de impor judicialmente esta ou aquela concepção político-partidária a respeito de direitos fundamentais. Isso pode ocorrer até mesmo com direitos individuais de *status negativus*, como o observado na ação civil pública movida pelo MPF perante juiz federal de primeira instância que questionou a exigibilidade de diploma universitário como requisito de admissão às profissões ligadas ao jornalismo

5.6. As pessoas jurídicas como titulares dos direitos fundamentais

De acordo com uma regra geral, para efeitos da titularidade de direitos fundamentais, as pessoas jurídicas são equiparadas às físicas quando o exercício de um direito for compatível com as peculiaridades estruturais da pessoa jurídica e, principalmente, com a sua inexistência biológica ou caráter artificial. Não se pode pensar que uma pessoa jurídica venha a exigir a proteção de sua integridade corporal, a observância de sua "consciência", pedir o pagamento de um salário-mínimo ou o oferecimento de oportunidades de lazer. Mas não há óbice para que a pessoa jurídica possa exercer o direito de propriedade, o direito de expressar uma opinião com base em uma deliberação colegiada de seus dirigentes ou afirmar uma violação do sigilo de sua correspondência. Essa regra foi, por exemplo, positivada na Constituição alemã (*Grundgesetz*) em seu art. 19, III.[54]

Em regra geral, os direitos sociais e políticos estão vinculados a interesses e necessidades de caráter pessoal e não podem ser exercidos por pessoas jurídicas. O contrário ocorre com a maioria dos direitos de resistência.[55]

Em alguns casos, a Constituição Federal faz uma referência expressa a direitos de pessoas jurídicas. Por exemplo, permite às associações representarem seus filiados perante os tribunais (art. 5º, XXI CF) ou aos sindicatos defenderem os interesses da categoria (art. 8º, III CF). Encontramos também direitos específicos de pessoas jurídicas, como o tratamento preferencial dado a empresas de pequeno porte (art. 170, IX CF).

Excetuando-se esses casos que são numericamente reduzidos, a Constituição Federal não se refere às pessoas jurídicas como titulares de direitos, tal como vimos que ocorre em outros países. Em particular, a formulação do art. 5º CF "brasileiros e

---

e que acabou chegando ao STF por intermédio do RE 511.961 [cfr. Martins (2012, p. 278–281)]. Consideramos, todavia, muito infundado o tratamento lá dado à liberdade de comunicação social como direito difuso. Melhor teria sido que o questionamento da constitucionalidade do decreto-lei aprovado sob a égide do AI 5 tivesse sido feito por titulares individuais da liberdade de comunicação social que, segundo sua afirmação, fora violada pelo aludido decreto-lei.

54. V. também o art. 12, §2º, da Constituição de Portugal: "As pessoas coletivas gozam dos direitos e estão sujeitas aos deveres compatíveis com a sua natureza". Sobre o exercício de direitos fundamentais por pessoas jurídicas em vários ordenamentos, cfr. Baldegger (2017).

55. Entre as exceções, destaquem-se aqueles direitos cuja essência é com certeza incompatível com a artificialidade da pessoa jurídica, tais como a maioria dos direitos gerais de personalidade ("liberdade", do art. 5º, *caput* c.c. inc. X CF; exceção: direito à imagem/reputação), o direito fundamental à vida, o direito fundamental de consciência, o direito fundamental à saúde (integridade física e mental) etc. Cfr. Michael e Morlok (2016, p. 237).

aos estrangeiros residentes no País" restringe-se à pessoa física. *Prima vista*, parece linguisticamente forçoso considerar que uma pessoa jurídica possa ser enquadrada na categoria do "brasileiro" ou do "estrangeiro residente no País". Não obstante, ao contrário da exclusão da pessoa física estrangeira não residente, a nacionalidade é categoria que pode e é estendida a pessoas artificiais. A condição de residência pode, ainda dentro da fronteira semântica da palavra (*Wortlautgrenze*), ser entendida como substituível pela sede[56] da pessoa jurídica.

Inobstante essa possibilidade hermenêutica mais ou menos forçosa, mas ainda dentro dos limites do teor, aqui também estamos diante de uma opção do poder constituinte que facilmente pode ser considerada indevidamente restritiva. Como admitir que uma empresa não goze de direitos fundamentais clássicos e necessários para agir em uma sociedade capitalista como o direito de propriedade ou que uma editora de um jornal não possa exercer a liberdade de comunicação social (de imprensa) do art. 5º, IX CF? Historicamente, esse último direito fundamental sempre foi bem mais exercido pela pessoa jurídica do que pela pessoa física. O histórico apontado sustenta uma demanda por proteção em face de situação de vulnerabilidade em face do poder constituído que sempre e cada vez mais é levada em conta na interpretação das áreas de proteção dos direitos fundamentais de *status negativus*.[57] A exemplo do que aconteceu com a titularidade do estrangeiro não residente, também aqui, parte da doutrina tentou corrigir essa aparente decisão, propondo uma interpretação extensiva,[58] no intuito de assegurar às pessoas jurídicas os direitos fundamentais, desde que sejam compatíveis com sua natureza e finalidades. Segundo essa opinião, a Constituição teria dito, nesse caso, "menos do que pretendia" e sua eventual interpretação literal estaria "superada"[59] ou seria até mesmo "absurda".[60] Essa interpretação foi seguida, em alguns casos, pelo STF.[61]

---

56. Assim principalmente no direito alemão na interpretação da locução "pessoas jurídicas nacionais": "Uma associação é estrangeira quando sua sede, i.e., o ponto central de fato de sua atividade, não se dê no território federal" (Jarass, 2011, p. 467). Trata-se tanto quanto perceptível de uma opinião unânime que adota a "*Sitztheorie*" (teoria da sede): cfr. Windthorst (2013, p. 277); Hufen (2018, p. 83); Schmidt (2019, p. 43); Michael e Morlok (2017, p. 233); Sachs (2017, p. 102); Kingreen e Poscher (2019, p. 68); Manssen (2019, p. 24 s.); Schildhauer (2015, p. 28); Schwabe (2016, p. 376); Winkler (2010, p. 35 ss.); Heimann, Kirchhof e Waldhoff (2010, p. 125 ss. e p. 168 ss.); Pieper (2012, p. 26) e Ipsen (2019, p. 19 s.).
57. A essa teoria da vulnerabilidade específica da pessoa jurídica em face de intervenções estatais fazem referência praticamente todos os autores citados na nota anterior.
58. Bastos (2000, p. 178); Silva (1998, p. 195); Rothenburg (2014, p. 58–59). Cfr. as transcrições de opiniões doutrinárias em Nunes (2007, p. 89–99).
59. Branco (2000, p. 165); Mendes et al. (2008, p. 271).
60. Bastos (2000, p. 178); cfr. Tavares (2020, p. 383–384).
61. Cfr. Tavares (2020, p. 384).

Diante da formulação da Constituição Federal, dever-se-ia, em rigor, desconsiderando-se a ressalva apresentada, repetir o raciocínio apresentado em relação aos direitos de estrangeiros não residentes no Brasil (Capítulo 5.1.4). Pelo teor *stricto sensu* do art. 5º, *caput* CF, os direitos das pessoas jurídicas, em princípio, não gozam de proteção constitucional. Consequentemente, esse reconhecimento implicaria reconhecer de plano que o legislador pode introduzir as limitações que considerar necessárias, diferenciando seu tratamento daquele dispensado às pessoas físicas. Porém, a aludida ressalva pode ser introduzida no âmbito da interpretação literal ou gramatical que serve como ponto de partida da interpretação de toda norma jurídica, ao mesmo tempo em que impõe seu limite[62] (fronteira do teor normativo – *Wortlautgrenze* – e proibição de decisão *contra legem*). Como visto, apesar da aparência forçosa de subsumir pessoas artificiais sob os conceitos de "brasileiro" e "estrangeiro residente", tais termos não excluem peremptoriamente a possibilidade de o constituinte ter querido contemplar também a pessoa artificial, ao contrário da clara exclusão no caso da pessoa física estrangeira não residente. A interpretação da vontade do constituinte pode, aqui, não prescindir da aplicação dos demais cânones da interpretação sistemática, genética, histórica e até teleológica, ao contrário do discorrido anteriormente quanto ao estrangeiro não residente. Naquele caso, o teor é claramente excludente e demarca o expresso limite da interpretação gramatical que não pode ser ultrapassado em prol de um resultado compatível com um posicionamento político-ideológico. Lá, ao contrário daqui, prosseguir a interpretação com a aplicação dos demais cânones a despeito do teor que evidencia a vontade constitucional levaria, inexoravelmente, a um resultado incorreto. Assim, a questão mereceria aprofundamentos, pois a interpretação sistemática e comparativa poderia revelar que o constituinte não quis se afastar da tradição constitucional das democracias ocidentais.[63]

Porém, ainda que as fronteiras do teor normativo não tenham sido tão claramente ultrapassadas como no caso da exclusão do estrangeiro não residente, permanece a situação de desconforto jurídico em face da aparência de interpretação "forçosa", tendo em vista o significado comezinho dos termos enfrentados. Por outro lado, essa não exclusão peremptória, aliada a uma interpretação genética, histórica e teleológica, em que pese a perigosa abertura do último mencionado

---

62. Cfr. Dimoulis (2011a, p. 147–149 e p. 155–162), ressalvando casos de concorrência e colisão normativa e do emprego da interpretação restritiva e da analogia, sendo nesses casos necessária cautela por serem esses métodos instrumentalizáveis para moldar a interpretação a resultados específicos. Aqui poderia ser utilizada, já que a inclusão da pessoa jurídica não ultrapassa o limite do significado literal.
63. A jurisprudência do STF parece ignorar qualquer preocupação dogmática e reconhece sem mais a titularidade da pessoa jurídica.

cânone hermenêutico a "qualquer tipo de argumentação racional"[64] e o risco de sua instrumentalização, autorizam, com os necessários cuidados, a extensão da titularidade às pessoas jurídicas quando a natureza do direito fundamental for compatível com sua artificialidade.

No entanto, ao mesmo tempo, a reivindicação de tutela constitucional das pessoas jurídicas é inegável do ponto de vista da política do direito constitucional (*de constitutione ferenda*). Por tal razão, seria necessário realizar, nesse caso também, uma reforma constitucional, estendendo a proteção constitucional de maneira clara e definitiva também às pessoas jurídicas, tal qual o fizeram entre outros os citados constituintes português e alemão.

5.7. Da titularidade da pessoa jurídica de direito público

Órgãos estatais são destinatários das normas definidoras de direitos fundamentais e, como tais, por elas obrigados. Por sua natureza, não se deriva de tais normas uma faculdade recíproca de direito subjetivo, tal qual ocorre com as normas privatistas dos direitos das obrigações. Pessoas jurídicas de direito público exercem suas competências e adquirem direitos por determinação constitucional, legal ou contratual. Podem (e devem) defender suas competências e direitos sem que para isso seja necessário invocar um direito fundamental. A afirmação de que, no Brasil, reconhece-se a titularidade de direitos fundamentais a pessoas jurídicas de direito público, incluindo os Estados-membros em face da União,[65] é problemática, ainda mais faltando lastro textual para tanto.

No direito alemão, no qual, como se viu, há claro lastro textual para a afirmação da titularidade de direitos fundamentais por pessoas jurídicas, no art. 19, III GG, a depender da essência do direito fundamental ser compatível ou não com as peculiaridades da pessoa jurídica, admitiu-se a titularidade também da pessoa jurídica de *direito público*. Invocou-se, para tanto, o conceito de essência do direito e a configuração pessoal-natural de tais coletivos que adquirem personalidade jurídica.[66] Mais tarde, suscitou-se a "teoria da específica situação de risco de [certos]

---

64. Cfr. Schwintowski (1992, p. 104).
65. Rothenburg (2014, p. 59).
66. Cfr. com referências: Jarass (2011, p. 464): "podem ser titulares de direitos fundamentais segundo o art. 19, III GG (determinadas) pessoas jurídicas [...], desde que, segundo sua essência, o direito fundamental seja aplicável a ela. Isso depende de se verificar se 'a proteção de direito fundamental conecta-se a atributos, formas de expressão ou relações que sejam essencialmente próprias apenas de pessoas naturais' (BVerfGE 95, 220 [242]; 106, 28 [42; 118, 168 [203]".

direitos fundamentais" (*grundrechtsspezifische Gefährdungslage*) que parece ser hoje dominante, inclusive na jurisprudência do TCF alemão.[67]

A teoria da configuração pessoal-natural do coletivo que adquire personalidade, tornando interdependente a pessoa jurídica das pessoas naturais que a constituem, não resiste ao seguinte questionamento. Dizer que por detrás da pessoa jurídica estão pessoas naturais, principalmente quando se pensa nas pessoas jurídicas de direito público, pode ter por efeito que a titularidade seja esgarçada, a ponto de perder seu sentido, pois todo o povo ou pelo menos uma população específica estaria por detrás, por exemplo, de um ente da federação brasileira! Também essa teoria seria dificilmente compreensível no caso de fundações e sociedades de capital aberto.[68] Por fim, a mera alternância na direção de uma pessoa jurídica sem comprometer seu *status* jurídico geral mostra a improcedência da teoria.

Assim, a teoria do risco específico para direitos fundamentais no contexto de pessoas jurídicas de direito público afasta tais dilemas ou mesmo os *argumenta ad absurdum* tal qual o referido. Levando em consideração que o art. 19, III GG não se refere tão somente a pessoa jurídica de direito privado, mas sem ignorar a natureza histórica dos direitos fundamentais como direitos de resistência contra o exercício de competências estatais, consideram-se, na Alemanha, titulares de direitos fundamentais três categorias de pessoas jurídicas de direito público. Elas exercem três direitos fundamentais que são compatíveis tanto com o caráter artificial da pessoa jurídica quanto com sua condição de ser pessoa jurídica estatuída por direito público. A extensão da titularidade a essas categorias de pessoas jurídicas deve-se a peculiares situações de risco por elas enfrentadas, tendo em vista a área de regulamentação (área da vida) do direito fundamental sobre a qual os direitos incidem: liberdade religiosa coletiva; liberdade científica e liberdade de radiodifusão.[69]

No primeiro caso da liberdade religiosa coletiva que é exercida na Alemanha por Igrejas dotadas de personalidade jurídica de direito público, não há correspondente no direito constitucional brasileiro. Entretanto, os dois seguintes podem refletir a titularidade pela universidade pública das liberdades do art. 5º, IX CF e a titularidade da liberdade de comunicação social (também do art. 5º, IX CF) pelas empresas que compõem o sistema público de comunicação social. A natureza desses direitos fundamentais encerra riscos específicos, o que justifica o direito de resistência de um órgão universitário em face de orientações normativas

---

67. Michael e Morlok (2016, p. 233–235).
68. Michael e Morlok (2016, p. 233).
69. Kloepfer (2010, p. 59–60); Hufen (2018, p. 83–86). Cfr. Martins (2018, p. 29, 183 e 244).

potencialmente incompatíveis com sua liberdade de pesquisa científica, valendo *mutatis mutandis* o mesmo para o contexto da radiodifusão.[70]

A teoria da situação de vulnerabilidade ou risco específico de alguns direitos fundamentais pode ser entendida como derivação da dimensão objetiva dos direitos fundamentais (Capítulo 8.2), da qual fazem parte os chamados deveres estatais de proteção (Capítulo 8.3). Mas tal derivação é frágil teórica e dogmaticamente. Mais correta é a recepção da teoria em pauta como elemento norteador da interpretação sistemática. Essa interpretação deve harmonizar o caráter não taxativo-excludente do art. 5º *caput*, ainda que por seu teor bem próximo da pessoa natural, com os dispositivos encontrados nos incisos do art.5º cujas históricas situações de risco para as liberdades podem afetar pessoas jurídicas.

Por fim, afirma-se na Alemanha que todas as pessoas jurídicas de direito público possuem os denominados direitos fundamentais judiciais (*Justizgrundrechte*), isto é, o acesso à justiça e aos direitos dela decorrentes.[71]

---

70. Cfr. por exemplo: Martins (2012, p. 263).
71. Kloepfer (2010, p. 59). Cfr. Martins (2019, p. 175 ss., 207 ss., 225 ss., 243 ss. e 283 ss.).

6

INÍCIO E FIM DOS DIREITOS FUNDAMENTAIS

Ser titular de um direito fundamental não significa sê-lo para toda a vida. Além disso, há casos nos quais a titularidade de um direito inicia-se antes do nascimento ou prossiga após a morte.

Deve-se examinar, em primeiro lugar, a possibilidade de titularidade e exercício de direitos antes do nascimento. Trata-se da capacidade jurídica do nascituro e, sobretudo, do seu direito à vida, problema tratado na parte especial da dogmática dos direitos fundamentais.

Sem adentrar na controvérsia, note-se somente que a Constituição Federal não reconhece nem exclui tal titularidade.[1] Esse silêncio normativo significa, em princípio, que deixou a critério do legislador ordinário a competência de decidir se e em qual medida o nascituro terá direitos fundamentais e como ocorrerá seu exercício.

O exemplo mais relevante diz respeito à existência de um direito à vida. O aborto viola um respectivo direito fundamental do nascituro?[2] A Constituição Federal silencia sobre o tema e esse silêncio é proposital. Diante das controvérsias políticas sobre a conveniência e oportunidade de se incluir no texto constitucional norma sobre o tema e havendo grupos que insistiam na proibição do aborto e outros

---

1. O contrário é afirmado na doutrina. Cfr. Nunes Jr. em Araújo e Nunes Jr. (2003, p. 104).
2. Mais precisamente: o não sancionamento penal pelo Estado viola o direito fundamental à vida? Para além dessa função de proteção estatal perante agressões provenientes de particulares normalmente no exercício de seus direitos fundamentais colidentes, no caso da gestante que deseja interromper o processo gestativo, há de se avaliar por certo a eficácia negativa de tal direito fundamental do nascituro. É a que se dá perante o próprio poder público por intermédio de medidas interventivas típicas de Estados não democráticos nos quais se promove controle social e de natalidade por intermédio de abortos, independentemente da vontade dos genitores ou seu entorno social. Por fim, há de se diferenciar também a eventual proteção – e/ou sua omissão – da vida nascitura perante outros terceiros que não a gestante. A respeito, cfr. Capítulo 8.3.

que pleiteavam pela sua "expressa autorização",[3] os constituintes resolveram silenciar a respeito.[4]

Ao incluir o aborto entre os crimes contra a vida, o legislador penal indiretamente[5] reconheceu ao nascituro um direito à vida. O curioso é que nem ele mesmo quis decidir sobre o termo inicial da vida. Os artigos que tipificam o crime de aborto (art. 124 a 126 do CP) referem-se simplesmente à conduta de "provocar aborto". Não indicam o início legal da gravidez que constituiria parte relevante do tipo penal desse crime. Dessa forma, o legislador penal, aparentemente descuidando de seu dever de taxatividade,[6] deixou nas mãos da jurisprudência e da doutrina tal decisão.

Atualmente, a maioria dos julgados e doutrinadores afirma que a vida intrauterina se inicia no dia da concepção,[7] mas isso pode ser modificado a qualquer instante. A ausência de um marco cronológico do termo inicial da vida no próprio texto constitucional cria uma inevitável fluidez na proteção do direito fundamental.[8]

---

3. Os constituintes não precisam ser juristas ou cientistas do direito constitucional. Porém, tal reivindicação de "expressa autorização" não tem como ser operacionalizada, dogmaticamente falando, a não ser que o intérprete parta exclusivamente de teorias objetivistas dos direitos fundamentais que colocam o central aspecto da liberdade negativa, devidamente considerado pela chamada teoria liberal ou civilista dos direitos fundamentais, totalmente à margem da discussão. Assim como ocorre no caso de uma correta interpretação da "vedação do anonimato", que deve ser entendida como uma tentativa de excluir da proteção do art. 5°, IV CF *ab initio* certos comportamentos (expressão de juízos de valor e afirmações sobre fatos), isto é, certo modo de exercício que, em geral, restaria livre da intervenção estatal, o texto de uma Constituição liberal, democrática e social-democrática não é a *sedes materiae* para proibições ou para se estabelecer reservas apriorísticas de competências estatais. Pelo contrário, constitui-se em *sedes materiae* da salvaguarda de liberdades, ainda que submetidas a limites como aqueles correspondentes a reservas legais. Portanto, o ponto de partida da interpretação deve ser sempre a liberdade do titular do direito fundamental e não a *"raison d'État"*. Vide Capítulo 9 e os aprofundamentos teóricos em Martins (2012, p. 28–43, 214–217 e 251–252).
4. Silva (1998, p. 206).
5. "Indiretamente" porque o legislador penal reconhece a vida como bem jurídico objetivo. Outras duas diferenças essenciais é a hierarquia das normas e o destinatário normativo. Por essa razão, entre outros, o propósito de proteção dos art. 121 ss. do CP não se confunde com o propósito de proteção do direito fundamental à vida do art. 5°, *caput* da CF: o tipo penal da inviolabilidade do domicílio não se confunde com a tutela da inviolabilidade do domicílio do art. 5°, XI da CF.
6. Dever de taxatividade estabelecido no art. 5°, XXXIX CF e decorrente do princípio do Estado de Direito (art. 1°, *caput* CF), entendido no direito comparado alemão como mais um limite aos limites dos direitos fundamentais. Cfr. por todos, a explanação de Sachs (2017, p. 198).
7. Bitencourt (2004, p. 158).
8. É diferente a situação da gestante que pode invocar seus direitos fundamentais, no ordenamento brasileiro notadamente o direito à liberdade, para interromper a gestação.

Por fim, caberia questionar em que medida a titularidade é elemento conceitual imprescindível à definição de direito fundamental. Em caso afirmativo, em que extensão a solução de tal problema conceitual teria repercussões práticas na defesa jurídico-objetiva do direito fundamental à vida, incluindo a nascitura.

Em relação à primeira parte do questionamento, não há razões para relativizar, nesse contexto, a definição de direitos fundamentais apresentada no Capítulo 3.2: um direito fundamental que tenha apenas uma dimensão objetiva não é um direito fundamental, mas é, se for incluído no texto constitucional, um bem jurídico-constitucional.

Desse reconhecimento deriva a resposta à segunda parte do questionamento: considerar a titularidade um elemento imprescindível ao conceito de direito fundamental não tem repercussões expressivas na tutela jurídico-objetiva. Teoricamente, em termos de justificação constitucional de intervenções estatais, há diferenças expressivas apenas quando se afirmar a colisão de direitos fundamentais, como faz a doutrina dominante, considerando o nascituro titular do direito fundamental à vida.[9] Na prática, a função derivada da dimensão objetiva do dever estatal de tutela nivelou, no entanto, tal diferença, pois independentemente da afirmação ou não da titularidade deriva-se do *abstrato* direito fundamental à vida o dever estatal à sua proteção. Daí, pouco importar, na prática, se se está diante de um bem jurídico-objetivo ou de um direito fundamental, desviando-se tanto da verificação da titularidade quanto da possibilidade real de seu exercício.

Em segundo lugar, a pessoa física também pode ser titular de direitos fundamentais após a sua morte. Isso vale em relação à imagem e/ou à honra objetiva e ao respeito de opções decorrentes de crenças e também em relação ao respeito de sua última vontade sobre os destinos de seus bens e direitos. Nesse caso, tem-se o problema do exercício do direito fundamental que necessariamente se fará, tal como no caso do nascituro, por outrem em nome do titular. Mas a ideia de tal representação é bastante problemática quando se trata de direitos de cunho pessoal, como o são praticamente todos os direitos fundamentais. O tema mereceria ulteriores aprofundamentos.

Em terceiro lugar, o exercício dos direitos depende de qualidades do titular que podem mudar no tempo, tendo como consequência a perda da possibilidade

---

Eventual decisão judicial (ou novo regulamento legislativo), determinando, v.g., que a gravidez não pode ser interrompida a partir da concepção por sinalizar esse marco temporal o início do direito à vida do nascituro, não significa que "terminou" o direito à liberdade da gestante. Significa apenas que esse direito não pode ser exercido em determinadas situações e circunstâncias, podendo ser exercido em todas as demais.

9. Cfr. a problematização e exame de constitucionalidade da tipificação penal com base no parâmetro jurídico-subjetivo e no parâmetro do dever estatal de tutela em Martins (2014a, p. 98–108).

de exercício do respectivo direito. Isso ocorre, por exemplo, com os estrangeiros que, conforme o *caput* do art. 5º CF, podem exercer os direitos especificados nos incisos do artigo somente enquanto tiverem a qualidade de "residente" no Brasil (cfr. Capítulo 5.1.4). A perda dessa qualidade implica perda dos direitos. O mesmo ocorre com vários outros direitos, como, por exemplo, com a maioria dos direitos do trabalhador.

Em quarto lugar, há direitos cuja titularidade depende da idade do interessado. Há direitos específicos das crianças e dos adolescentes, alguns dos quais possuem limite fixo de idade, superior ou inferior. Isso ocorre com a inimputabilidade penal reconhecida aos adolescentes de até 18 anos (art. 228 CF) e com os direitos dos idosos reconhecidos a quem for maior de 65 anos (art. 230, §2º CF).

O mesmo se verifica na maioria dos direitos políticos. O art. 14 CF reconhece o direito de votar e de ser votado em função de idade, encontrando limites mínimos que variam entre 16 e 35 anos. Outro direito cujo exercício depende de idade mínima é a liberdade de trabalho, que se inicia entre os 14 e 18 anos, dependendo da natureza do trabalho (art. 7º, XXXIII CF).

Outros direitos estabelecem um limite de idade fluido. Isso ocorre com os direitos das crianças e dos adolescentes reconhecidos pelo art. 227 CF e com os direitos dos idosos do art. 230, *caput* CF. Havendo direitos com limite fluido, cabe ao legislador infraconstitucional concretizar a idade. Tais normas podem ser encontradas no Estatuto da Criança e do Adolescente (Lei 8.069/1990), que define como crianças as pessoas de até 12 anos e como adolescentes as pessoas entre 12 e 18 anos e, em casos excepcionais, até os 21 anos de idade (art. 2º). Semelhantemente, o Estatuto do Idoso (Lei 10.741/2003) considera idosas as pessoas a partir dos 60 anos (art. 1º).

Tais limites estão sujeitos a posterior revisão pelo próprio legislador ordinário, que também pode estabelecer diferentes idades para o exercício de determinados direitos dessas categorias de pessoas a depender da natureza e finalidade de cada direito. Pode-se, assim, ter um limite de idade para o exercício do direito a receber aposentadoria e outro limite para a gratuidade do transporte.

A liberdade do legislador para fixar tais limites é relativamente ampla, mas pode ser submetida a um controle de constitucionalidade que enfrente dois aspectos. Primeiro, se foi respeitado o significado linguístico-jurídico dos termos: é claramente inconstitucional a lei que define como "adultos" as crianças de 10 anos! Segundo, se o próprio texto constitucional oferece indicações sobre os limites de idade. Sabendo, por exemplo, que a inimputabilidade penal é fixada pelo texto constitucional aos 18 anos (art. 228 CF), a idade mínima para a capacidade civil que deve ser estabelecida pelo legislador infraconstitucional não pode divergir muito desse limite, sob pena de ser incompatível com a vontade do poder constituinte e, por isso, inconstitucional.

Um último problema aparece em relação à *capacidade jurídica de exercício de direitos* quando a Constituição Federal não estabelece um limite de idade. Deve-se distinguir, tal como no direito civil, entre capacidade de direito e capacidade de fato, isto é, entre a titularidade jurídica e a aptidão para o exercício de um direito na prática?[10] A partir de quando pode, por exemplo, uma criança manifestar livremente seu pensamento, publicar com colegas da escola um jornal estudantil ou proibir a entrada da polícia em sua casa? E a partir de qual idade podem as crianças pernoitar em casas de amigos sem autorização dos pais?[11] O texto da Constituição Federal não oferece resposta. Tampouco a doutrina nacional se posiciona de maneira clara.[12] Taxativamente, os menores são excluídos do exercício dos direitos políticos e de alguns outros direitos. Isso oferece um importante argumento *a contrario*, no sentido da não exclusão dos direitos de resistência e dos direitos sociais. Desse modo, deve ser reconhecida a titularidade mais ampla possível.

Como regra vale: na medida em que a maturação biológica e social permitir, as crianças devem ser ouvidas. Devem ser respeitados seus direitos de liberdade e de autodeterminação,[13] mesmo que os pais considerem determinada decisão como errada ou "imatura".

Contudo, o reconhecimento de uma plena titularidade dos direitos de resistência a crianças e adolescentes criaria situações que contrariam o senso comum. Como admitir que uma criança de três anos possa exercer a sua liberdade de ir e vir? Do ponto de vista constitucional, a resposta pode ser dada relacionando os direitos fundamentais das crianças e dos adolescentes com os dispositivos sobre o poder familiar e a guarda dos menores. Em particular, o dever constitucional de "assistir, criar e educar os filhos menores" (art. 229 CF) constitui um limite geral da área de proteção dos direitos fundamentais dos menores, indicando que o exercício desses direitos não pode contrariar decisões restritivas dos pais, tomadas no intuito de garantir a segurança e boa formação dos filhos.

Nessa visão, adotada por doutrinadores alemães,[14] os direitos e deveres dos pais e responsáveis funcionariam como limites para os direitos da criança. Os adeptos dessa visão rejeitam o conceito da capacidade jurídica de exercício dos direitos

---

10. Cfr. as indicações de dogmática dos direitos fundamentais em Branco (2000, p. 168–169).
11. Cfr. com mais exemplos: Kingreen e Poscher (2019, p. 64–65).
12. Nunes (2007, p. –46).
13. Kloepfer (2010). O art. 11, 2 da Constituição da Suíça prevê que os menores de idade exercem direitos conforme sua capacidade de discernimento (*Urteilsfähigkeit*).
14. Cfr., por todos, apenas Schmidt (2019, p. 317 ss., 321–322). Trata-se, no entanto, de um limite *relativo*, entendido no contexto de potencial – mas muito recorrente – colisão de direitos fundamentais. No vernáculo, v. em detalhes Martins (2019, p. 14 ss., especialmente: p. 23–24): "Direitos de resistência dos filhos decorrentes do Art. 6 I, 2ª variante GG".

fundamentais, como construção jusprivatista. Sustentam que a criança pode exercer todos os direitos que a Constituição reconhece sem limitação de idade, desde que isso não seja proibido ou limitado pelos pais.- Evidentemente, a decisão dos pais deve ser constitucionalmente justificada.[15] Nessa perspectiva, a criança é sempre titular, v.g., do direito de ir e vir, mas deve exercê-lo atendendo também o limite adicional que decorre do poder familiar.

Uma alternativa hermenêutica seria considerar que a não indicação de limite de idade mínima indica a presença de normas de baixa densidade normativa, interpretação com base na qual caberia ao legislador ordinário estabelecer limites de idade razoáveis para o exercício de cada direito. Assim, caberia especialmente ao Estatuto da Criança e do Adolescente – ECA (Lei 8.069/1990) concretizar a forma de exercício dos direitos fundamentais pelas crianças e pelos adolescentes, de modo a fixar limites de idade para o exercício das várias categorias de direitos. Contudo, o ECA simplesmente reitera os direitos fundamentais previstos na Constituição Federal sem estabelecer faixas etárias ou idade mínima e prescreve somente que alguns direitos se exercem sob a reserva legal (art. 16).

Em sede de conclusão, temos de estabelecer que – além da titularidade estudada no Capítulo 5 – qualquer exame de afirmada inconstitucionalidade de atos do Poder Público deve enfrentar, desde que relevante em face da matéria jurídica e dos fatos concretos, objetos do exame (*Sachverhalt*), o mérito dos condicionamentos cronológicos ora estudados. Na dogmática dos direitos fundamentais norteadora dos exames de casos, trata-se de um problema atinente à área de proteção subjetiva ou pessoal do direito fundamental cuja violação se afirma e que funciona como parâmetro constitucional do exame.[16]

---

15. Kloepfer (2010, p. 52); Hufen (2011, p. 87–88).
16. Cfr. Capítulo 9.2.2.

7

EFEITOS VINCULANTES E EFEITO HORIZONTAL DOS DIREITOS FUNDAMENTAIS

7.1. Aplicação imediata dos direitos fundamentais e a "reserva do possível"

Uma norma de particular importância encontra-se no art. 5º, §1º CF: todos os direitos e garantias fundamentais, isto é, *todas* as disposições que definem direitos e garantias individuais, sociais e políticos, independentemente do capítulo ou título da Constituição que os proclama, são *direta e imediatamente* vinculantes (efeito imediato dos direitos fundamentais).

Essa norma prescreve, em primeiro lugar, que os direitos fundamentais vinculam todas as autoridades do Estado, *incluindo o Poder Legislativo*. Esse não pode restringir um direito fundamental de forma não permitida pela própria Constituição, sob o pretexto de que detém a competência e a legitimação democrática de criar normas gerais e geralmente vinculantes.

Em segundo lugar, a referida norma determina que os titulares dos direitos não precisam aguardar autorização, concretização ou outra determinação estatal para poder exercer seus direitos fundamentais. Se o legislador for omisso em regulamentar e/ou limitar um direito, esse poderá ser exercido imediatamente em toda a extensão que a Constituição Federal define, sendo o Poder Judiciário competente para apreciar casos de sua violação. Em outras palavras, o §1º do art. 5º deixa claro que os direitos fundamentais não são simples declarações políticas ou programas de ação do poder público e tampouco podem ser vistos como normas de eficácia "limitada" ou "diferida".[1] *Todas as normas da Constituição que são relacionadas a*

---

1. Cfr. a divisão tripartite amplamente difundida na doutrina nacional oferecida por Silva (2003). A classificação das normas constitucionais quanto à intensidade de suas "eficácias" ("plena", "contida" e "limitada") cunhada pelo citado autor ainda na década de 1960 não tem como subsistir após 1988 em face do *claro teor* do art. 5º, §1º CF. "Aplicação imediata" denota *todas* as normas definidoras de direitos e garantias fundamentais que devem ter, segundo a vontade do constituinte, a mesma eficácia, o mesmo efeito jurídico.

direitos e garantias fundamentais são preceitos normativos que vinculam o poder do Estado de forma direta e imediata.[2]

O efeito imediato dos direitos e garantias fundamentais não se manifesta plenamente no caso dos direitos sociais que consistem em pretensões dos indivíduos diante do Estado e não podem ser exercidos de maneira imediata, tal como estabelece a referida norma.

Exemplos: o seguro-desemprego constitui um direito do trabalhador conforme o inciso II do art. 7° CF. Sem a edição de legislação e a criação de uma estrutura administrativa voltada à sua realização, o direito não pode ser exercido pelo titular. Nesse sentido, revela-se impossível sua aplicação imediata na prática.

O mesmo ocorre com os direitos difusos que são insuficientemente delineados no texto constitucional. Basta indicar que a defesa do consumidor é mencionada de maneira genérica no art. 5°, XXXII, que por si não é apto a produzir efeitos vinculantes nas relações de consumo. Tudo depende da legislação que estabeleça as responsabilidades dos fornecedores, os limites da propaganda comercial ou os direitos de informação do consumidor.

Isso se explica juridicamente pelo fato de o §1° do art. 5° CF referir-se a normas *definidoras* de direitos. As normas que definem de forma insuficiente um direito não são imediatamente aplicáveis na realidade social – não porque isso não seja desejável, mas porque é simplesmente impossível aplicar um direito sem conhecer as hipóteses e condições de sua incidência e as formas de seu exercício.[3] Trata-se de normas de baixa densidade normativa. Consequência da escolha do constituinte de não concretizar suficientemente essas normas, tal como fez nas normas concretas

---

Como se verá no Capítulo 9, o constituinte, muitas vezes, outorgou o direito com uma ressalva a que chamamos "reserva legal". Porém, com ou sem reserva legal, todos os direitos fundamentais, primeiro, não excluem *a priori* restrições e, segundo, impõem ao legislador (e aos demais poderes estatais) a necessidade de justificar suas intervenções ou omissões (cfr. a dogmática dos limites dos limites no Capítulo 9.3.5). Não há, portanto, classificação *a priori* de diferentes "eficácias" sob a égide da Constituição de 1988. Por essa razão não seguimos a referida proposta classificatória, a despeito da considerável amplitude numérica de seus seguidores. Crítica dessa proposta classificatória e de outras semelhantes em Silva (2009, p. 208–252, 254–256) e Dimoulis e Lunardi (2016).

2. Cfr. Rothenburg (1999a, p. 61–62); Sarlet (2005, p. 360–379). Gebran Neto (2002, p. 158–159) considera que o efeito vinculante se limita aos direitos fundamentais do art. 5° CF. Em nossa opinião, não há argumentos textuais ou sistemáticos a favor dessa proposta limitadora. Apresentação dos vários posicionamentos na doutrina nacional sobre o significado da aplicabilidade imediata, em particular no que diz respeito à possibilidade de o Judiciário satisfazer imediatamente demandas de titulares de direitos fundamentais em Steinmetz (2011).

3. Cfr. Tavares (2020, p. 384).

e definidas, é a impossibilidade fática de aplicação imediata tendo em vista exclusivamente a perspectiva do efetivo gozo dos direitos.[4]

Nesse ponto é necessária particular atenção para não confundir duas situações juridicamente distintas. Por um lado, temos o imperativo constitucional da aplicabilidade imediata dos direitos e garantias fundamentais que cria uma vinculação direta e plena do destinatário passivo dos direitos e garantias. Por outro lado, temos o problema das condições impostas para o exercício de determinado direito ou garantia. Enquanto o destinatário passivo deve *imediatamente* se conformar com os mandamentos constitucionais implementando o direito "diretamente aplicável", o titular do direito, muitas vezes, não pode como aludido exercer esse direito de imediato.

Isso ocorre – além das hipóteses previstas no art. 6º CF, no qual o constituinte se limitou a definir como "direitos sociais", entre outros, os direitos à moradia, educação, saúde, lazer – também quando o próprio texto constitucional estabelece condições para o exercício de certos direitos. Em particular, prevê a necessidade de "interposição" do legislador, dispondo, *v.g.*, que a lei fixará o salário mínimo ou a duração das férias remuneradas. Nesses casos, a possível inconstitucionalidade a ser aferida ocorre por eventual omissão legislativa e/ou executiva-implementadora. Não há possibilidade de se mitigarem os efeitos da norma definidora do direito fundamental social como sugere a não fundamentada – e da discussão alemã mal importada – figura da "reserva do possível".[5] Trata-se, ao contrário, de um "tudo" (o legislador regulamenta o direito fundamental social, criando as condições orçamentárias, organizacionais e procedimentais necessárias para o seu exercício) ou "nada" (omissão inconstitucional das funções estatais competentes).[6] A intensidade

---

4. Tendo em vista a fixação de uma norma suficientemente densa que funcione como "base da pretensão jurídico-subjetiva" (*Anspruchsgrundlage*). No direito alemão, cfr. com vastas referências: Schmidt (2019, p. 21–23).
5. Cfr. a discussão e referências em Sarlet, Marinoni e Mitidiero (2016); Sarmento (2016, p. 229–239). Cfr. a crítica bem sintetizada por Sachs (2017, p. 551): "com isso [significado da reserva do possível] resguarda-se da maneira mais ampla possível a liberdade de conformação do legislador, uma pretensão individual [um direito subjetivo] a certa e determinada medida fica praticamente excluída".
6. Por isso não há de se falar indistintamente em inconstitucionalidade por omissão "parcial". Os autores que a admitem [entre outros, Barroso (2009, p. 37–38)] tratam de um problema que deveria ser resolvido com o parâmetro do direito fundamental à igualdade. Porém, como se trata de direito de resistência em face de *tratamentos desiguais* pelo Estado a serem necessariamente justificados (Martins, 2012, p. 55–59), pressupõe-se uma *decisão* do Estado, especialmente do Estado-legislador, de tratar desigualmente os iguais ou desigualmente os desiguais e, portanto, uma *ação* estatal. Diante de tão notório aspecto estrutural distintivo, a tese da "omissão parcial" é, também no contexto do parâmetro da igualdade, que não deve ser confundida com os direitos prestacionais, simplesmente tão insustentável quanto obtusa. Apenas no que tange aos efeitos e às consequências

da ação estatal será relevante apenas no momento que implicar intervenções nos direitos fundamentais de resistência, os quais, ao contrário dos direitos prestacionais, admitem a aludida mitigação, uma vez que foram praticamente todos outorgados com limites constitucionais (explícitos ou implícitos).

Essa segunda situação não significa, portanto, que os respectivos direitos não sejam de aplicabilidade plena, imediata e irrestrita. Ao contrário, significa tão somente que eles apresentam essas características na forma como a Constituição desejou configurá-los. Isso indica que, mesmo no caso dos direitos sociais e difusos, seria equivocado concluir tratar-se de simples "desideratos" ou normas programáticas. Sua aplicação imediata consiste, primeiro, na obrigação do legislador de cumprir *imediatamente* seus deveres de regulamentação e, segundo, no dever dos tribunais de obrigá-lo a respeitar essa norma e, eventualmente, suprir sua deficiência por meio do controle de constitucionalidade (inconstitucionalidade por omissão legislativa) e das demais garantias fundamentais.[7] Inclui-se aqui a responsabilidade política dos integrantes do Poder Legislativo e Executivo, a responsabilidade civil do Estado por danos materiais ou morais causados pela omissão, assim como a imputação de crimes de responsabilidade (*impeachment*) a quem descumprir seus deveres de regulamentação.

A construção dogmática da *reserva do possível*[8] é utilizada como critério para limitar os deveres estatais de prestação, principalmente os relacionados aos direitos sociais, pelo STF[9] e outros tribunais.[10] Dando um exemplo: um Tribunal reconhece o dever do Estado brasileiro em garantir aos presos dignas condições de vida, apesar dos notórios sofrimentos enfrentados pelos presos em razão do péssimo estado de conservação e da superlotação da maioria dos presídios. Mas se nega a condenar

---

jurídicas (aspecto do "consequente" – *Rechtsfolge* – e dimensão da sanção da verificação de um tratamento desigual não justificado constitucionalmente e, portanto, inconstitucional) pode haver nuances a depender da *função estatal responsável* pela violação e da configuração concreta do tratamento desigual. No caso de tratamentos desiguais perpetrados mediante lei formal ou atos normativos infralegais, as consequências variarão a depender de se tratar de: i. *exclusão desigual de benefício*; ou ii. de ônus desigualmente *infligido*. No caso de tratamentos desiguais perpetrados por órgão administrativo ou judicial, devem ser avaliadas as respectivas margens discricionárias. Cfr. Kingreen e Poscher, 2019 (p. 162–166). Em outras palavras, na referida infundada tese da "omissão parcial" confundem-se e trocam-se os parâmetros normativos (*status positivus* em vez da igualdade) e ignora-se a *elementar distinção*, porque própria de qualquer norma jurídica, entre suporte fático e consequente/sanção.

7. Cfr. Sarlet (2005, p. 281–360).
8. Sarlet e Figueiredo (2008, p. 27–38); Lopes (2008); Lazari (2012); resenha da doutrina nacional em Zanitelli (2008, p. 210–211).
9. AgReg no RE 410.715, rel. Min. Celso de Mello, *DJ* 03.02.2006, p. 76; cfr. Wang (2009).
10. Referências em Freitas (2007, p. 174).

o Estado ao pagamento de indenização, alegando que, em razão da limitação de recursos financeiros disponíveis, não foi "possível" ao Estado garantir melhores condições de vida.[11]

A figura da reserva do possível (*Vorbehalt des Möglichen*) nasceu na decisão *Numerus Clausus* do TCF alemão,[12] que avaliava uma intervenção estatal na liberdade profissional de candidatos ao curso de medicina de uma universidade pública alemã. Tratava-se de uma redução de posição jurídica individual provocada por mudança legislativa, e não de problema de direitos sociais.

Na atualidade, a figura logrou afirmar-se normativamente ao ser positivada em pelo menos um texto de Constituição quase no final do último século. Trata-se da Constituição da África do Sul de 1996 que prevê que uma série de direitos sociais serão implementados pelo Estado na medida da disponibilidade de recursos (*within its available resources*) (art. 27, 2). Mas, a reserva do possível não pode ser utilizada no ordenamento brasileiro como critério para limitar a aplicabilidade imediata dos direitos prestacionais pelas seguintes razões.

Primeiro. O "possível" não é uma grandeza objetivamente aferível no que diz respeito à atuação do Estado. Uma reflexão simples mostra que o Estado pode utilizar um amplo leque de medidas para tornar possível uma prestação. Indicamos a reorganização das prioridades orçamentárias, a racionalização das despesas, a possibilidade de contrair empréstimos no exterior e, por último e mais relevante, o aumento da arrecadação pela criação de novos tributos, pelo aumento de alíquotas e pelo combate eficiente da sonegação fiscal. Tais medidas enfrentam sempre protestos e geram o denominado "custo político", pois prejudicam os interesses econômicos de determinadas categorias de pessoas, além de implicarem, em regra, intervenções em direitos fundamentais de liberdade econômicos que devem restar justificadas.[13] Cabe às autoridades políticas decidirem quais das possíveis e aparentemente idôneas medidas devem ser tomadas em determinada situação – e com qual intensidade – no âmbito de suas comezinhas margens discricionárias normalmente explicitadas no binômio tão caro ao direito administrativo da

---

11. TJMS, Embargos Infringentes em Embargos de Declaração em Apelação Cível, Terceira Seção Cível, rel. Des. Atapoã Feliz, julg. 21.05.2007. A decisão apresenta todas as falhas argumentativas da figura da reserva do possível. Em particular, nem comprova o que é "possível" no caso nem justifica a decisão estatal de não efetivar os direitos fundamentais dos presos. Julgando RE interposto contra essa decisão, o STF deferiu indenização (ainda que irrisória), afastando o argumento da reserva do possível: "Ocorrendo o dano e estabelecido o seu nexo causal com a atuação da Administração ou dos seus agentes, nasce a responsabilidade civil do Estado" (RE 580.252, rel. Min. Gilmar Mendes, *DJe* 204, 11.09.2017).
12. BVerfGE 33, 303. Tradução e comentários em Martins (2005, p. 656 ss.).
13. Sobre essa contraposição entre os efeitos negativos e prestacionais da atuação estatal no âmbito geral dos direitos fundamentais, v. Michael e Morlok (2016, p. 301 e 313 ss.).

conveniência e oportunidade.[14] Como primeira autoridade política está o legislador ordinário a quem cabe uma prerrogativa de exame discricionário. Por fim, ainda do ponto de vista jurídico-dogmático, tais medidas podem representar, como mencionado, intervenções em direitos fundamentais de *status negativus* as quais deverão ser justificadas segundo a dogmática a ser analisada nos Capítulos 9 e 10. Todavia, a possibilidade teórica de o Estado recorrer a tais medidas mostra que a suposta impossibilidade de cumprir um dever estatal indica apenas uma *ausência de vontade política* para o seu cumprimento.

Segundo. O Judiciário somente pode declarar inconstitucionais as opções orçamentárias e as políticas públicas dos demais Poderes se houver critério para tanto. O critério racional consiste na verificação do correto estabelecimento de prioridades (distribuição de recursos) pelos demais Poderes. Por isso, as decisões judiciais que declaram a inconstitucionalidade de omissões estatais em relação a direitos sociais afirmam que determinado direito possui "prioridade", "fundamentalidade" ou "essencialidade".[15]

Do ponto de vista da técnica legiferante, uma Constituição pode estabelecer tais prioridades de duas maneiras. Temos prioridade *absoluta* estabelecida quando a Constituição reserva para a concretização de certo direito prestacional determinada porcentagem do orçamento (exemplo: 5% do orçamento estadual será destinado à construção de casas populares) ou fixa uma meta numérica (exemplo: construção de 5.000 casas populares anualmente). A prioridade pode ser também *relativa*, quando um direito ou uma categoria de titulares são indicados como prioritários (exemplo: o Estado deve atender com prioridade às demandas de moradia da população ou, especificamente, das famílias numerosas).

Sabe-se que tais dispositivos são raríssimos nas Constituições. E, como inexiste hierarquia de valor ou relevância dos direitos fundamentais, falta uma base normativa para comparações em relação à prioridade de certo direito. Isso mostra que o Judiciário, em regra, não tem fundamentos para realizar comparações entre as políticas públicas, não sendo, portanto, a ele possível aferir se a realização de certo direito é "possível".

Terceiro. A impossibilidade de o Estado atender demandas de despesa não pode servir como limite constitucional ao seu dever de concretizar um direito social tanto no plano geral (controle abstrato da legislação em matéria social e – nos planos governamental e jurídico-administrativo – das políticas públicas de saúde, habitação, educação etc.) quanto individual (pretensão concreta exigida pelo titular do direito à saúde, por exemplo). Isso se deve a razões processuais. No primeiro

---

14. Sachs (2017, p. 193).
15. Cfr. os argumentos e as indicações de anterior jurisprudência em: STF, AI 677.274, rel. Min. Celso de Mello, *DJe* 185, 30.09.2008.

caso, cabe ao legislador determinar "como" (intensidade do investimento) certo direito social há de ser concretizado, faltando ao juiz competência para tal constatação. No segundo caso, é da competência jurisdicional verificar a procedência de um pedido com base em um direito social, condenando o Estado à prestação específica, independentemente de alegações sobre a impossibilidade da prestação.

Dito de outra maneira, não cabe à autoridade jurisdicional mensurar as capacidades financeiras e prioridades políticas estabelecidas pelos demais Poderes para atender demandas baseadas em direito fundamental social. Cabe-lhe *tão somente* verificar a inconstitucionalidade da eventual omissão. Mas isso independe do grau ou intensidade da omissão estatal e dos recursos financeiros efetivamente disponíveis em certo momento (em razão de anteriores decisões estatais).

Doutrinadores que admitem a figura da "reserva do possível" procuram amenizar seus efeitos limitadores do vínculo estatal (originariamente legislativo e, é claro, também executivo e jurisdicional, sendo estes últimos vinculados ao modo fixado pela primeira função estatal, a legislativa) aos direitos prestacionais com duas afirmações. Consideram que o Judiciário deve verificar as "decisões políticas" distributivo-orçamentárias dos demais Poderes e que o ônus da prova da impossibilidade financeira cabe à autoridade que a alega.[16]

No que diz respeito à primeira afirmação, concordamos que as leis orçamentárias podem ser objeto de controle de constitucionalidade, como bem reconheceu o STF, distanciando-se de anterior jurisprudência.[17] Mas a comprovação da inconstitucionalidade das opções políticas de alocação de recursos é altamente improvável, já que faltam critérios jurídicos para tanto, principalmente para se definir a "suficiência" da medida. Isso mostra a própria doutrina que defende a aplicação de critérios "objetivos" na verificação judicial da reserva do possível, mas não oferece indicações concretas para tanto.[18]

A segunda tese parece plausível, principalmente do ponto de vista da prática processual, mas também em razão da sua fundamentação jurídica. Se não forem apresentados ao tribunal dados que demonstrem a impossibilidade orçamentário-financeira, não terá êxito a invocação da reserva do possível. Contudo, essa determinação prática do ônus da prova não é decisiva, pois a comprovação da impossibilidade como dado real ("caixa vazio") não permite ignorar o caráter vinculante dos direitos prestacionais, sobretudo dos direitos fundamentais sociais.

Em comparação ao ônus argumentativo que norteia a aplicação da proporcionalidade (Capítulo 10.6) no exame de intervenções estatais em direitos de

---

16. Sarlet e Figueiredo (2008, p. 32–35); Marmelstein (2008, p. 322); Lazari (2012, p. 58–59).
17. MC-ADI 4.048, rel. Min. Gilmar Mendes, *DJe* 157, 21.08.2008 (não houve decisão definitiva de mérito por perda de objeto no fim do ano orçamentário). Sobre a anterior orientação, cfr. ADI 2.925, rel. Min. Ellen Gracie, *DJ* 04.03.2005.
18. Exemplo: Lazari (2012, p. 87).

liberdade cobertas formalmente por limites, como a reserva legal (Capítulo 9.3.2), o ônus argumentativo nesse caso não pode contar com a imposição de limites pelo constituinte, como ocorre com as citadas reservas legais.

Assim, o intérprete e o aplicador do direito não devem se preocupar com a figura da reserva do possível, mas com a determinação rigorosa da área de proteção de cada direito. A pergunta crucial é saber o que *exatamente* garante a Constituição ao titular de certo direito fundamental prestacional ou social. Isso se relaciona com a baixa densidade normativa dos direitos sociais que atribuem ao legislador um amplo poder de concretização. Por exemplo, a garantia genérica do direito à saúde não significa a obrigação estatal de oferecer tudo aquilo que deseja o interessado ou recomendam seus médicos. Tendo estabelecido a área de proteção do direito de maneira rigorosa, cabe ao Estado realizar a prestação. Estabelecida rigorosamente a área de proteção do direito fundamental prestacional, parâmetro da decisão, tornam-se irrelevantes as alegações de impossibilidade, tal como é irrelevante a alegação do contribuinte de que se encontra na impossibilidade de pagar seus impostos.

A alegação de impossibilidade de cumprimento de direito à prestação estatal pode ter relevância jurídica no momento da execução judicial de condenações à prestação pelo Estado de um direito social, tendo em vista a ordem de cumprimento das prestações em face de critérios orçamentários. Mas, em tais casos, está presente um clássico problema de tratamento desigual de titulares de direitos fundamentais, não uma justificativa da reserva do possível como forma de relativizar a aplicação imediata dos direitos sociais.

7.2. Destinatários ou sujeitos passivos das normas de direito fundamental

Pode-se agora responder à questão: *Quem* deve respeitar os direitos e garantias fundamentais? Essa questão refere-se aos sujeitos passivos ou destinatários das obrigações de observância e proteção ativa que decorrem dos direitos e garantias, por mais abstratos e indefinidos que sejam.

A história dos direitos fundamentais indica que sua principal finalidade foi de limitar o poder do Estado em favor dos indivíduos a ele submetidos. Essa finalidade continua sendo primordial. O destinatário principal do dever de respeitar os direitos dos indivíduos é o Estado no sentido mais amplo do termo, isto é, toda e qualquer autoridade ou órgão que exerça competências estatais, mesmo por intermédio de concessão de serviço público ou permissão especial. Pouco interessa ao titular de um direito se a pessoa que fiscaliza sua atividade e pode aplicar sanções é funcionária pública ou empregada de empresa privada que exerce uma competência estatal. Relevante é garantir que o titular de autoridade respeite seus direitos.

Nesse sentido, os direitos fundamentais correspondem a deveres do Estado, que podem ser tanto deveres de abstenção de intervir na esfera de liberdade garantida dos indivíduos, como deveres de prestação ou de manutenção de estrutura ou organização.

Significa isso que os particulares podem violar a correspondência e invadir o domicílio dos outros ou privá-los da liberdade de locomoção, mediante sequestro e cárcere privado? A resposta é, evidentemente, negativa. Isso fez uma parte da doutrina afirmar que direitos fundamentais são "dotados de eficácia *erga omnes*".[19] Essa afirmação tem apelo retórico, mas não é dogmaticamente correta, pois a determinação dos sujeitos passivos depende da formulação de cada direito e das garantias previstas. Examinaremos em seguida o exato significado da vinculação dos particulares pelos direitos fundamentais.

Os direitos fundamentais que de forma imediata vinculam o Estado trazem também consequências a outros titulares pela *via indireta* da apreciação de conflitos que envolvem uma questão relativa a direitos fundamentais por parte do Poder Judiciário. Além do dever de observar a esfera de liberdade individual garantida pelo direito fundamental, o Estado tem o dever de proteger os direitos contra agressões oriundas de particulares. Esse é o espírito que norteia a teoria e dogmática do *efeito horizontal* e do dever estatal de tutela.[20]

Os agressivos comportamentos de particulares, que podem atingir bens jurídicos *também* protegidos por direitos fundamentais, constituem no Brasil atos ilícitos e, em parte, condutas passíveis de sanção prevista na legislação penal *ordinária*. Isso revela que os direitos fundamentais *não* vinculam diretamente os particulares. Não há necessidade de se recorrer à norma definidora de direito fundamental constante na Constituição que garante a inviolabilidade do domicílio (art. 5º, XI) ou a liberdade de locomoção (art. 5º, XV). Isso porque o respeito recíproco dos direitos de cada um é garantido pela legislação ordinária (v.g., respectivamente: art. 150 e art. 148, 149 e 149-A do CP), seja penal, em caso de ofensas graves, seja civil, comercial, trabalhista etc., em caso de conflitos de menor gravidade.

Um questionamento que viria à pauta seria saber o que ocorreria se o legislador infraconstitucional não tivesse definido os respectivos tipos penais (por exemplo, do art. 150 do CP: crime de violação de domicílio)[21] com o escopo de proteger os direitos fundamentais contra agressões perpetradas por particulares. Essa questão será objeto do próximo capítulo, uma vez que é pertinente à dogmática do dever estatal de tutela. Aqui, cabe uma segunda diferenciação. Além de o destinatário do art. 150 do CP que tipifica o crime de invasão de domicílio ser outro (em primeira linha:

---

19. Torres (2006, p. 245).
20. Este último a ser estudado no próximo capítulo.
21. Cfr. Martins (2012, p. 311–353).

particulares, embora um órgão policial também possa cometer o crime, mas, então, *não mais* como órgão estatal), o conteúdo do direito fundamental tem abrangência muito maior do que aquela relativa à proteção decorrente do tipo penal mencionado. A privacidade espacial, como bem jurídico-constitucional protegido no art. 5º, XI da CF, tem como primeiro destinatário normativo a função legislativa estatal à qual se veda prever, em princípio, v.g. medidas investigativas de escuta ambiental domiciliar de modo a autorizá-las como idôneos e lícitos instrumentos de prova em âmbito do direito processual penal.[22] Assim como ocorre na discussão sobre a relevância da exclusão do estrangeiro não residente da titularidade dos direitos fundamentais do art. 5º CF, são as obrigações de abstenção do legislador que – aqui, igualmente – marcam a diferença entre o alcance do aparentemente mesmo bem jurídico protegido no âmbito jurídico-penal e em âmbito jusfundamental.

Assim, os direitos fundamentais vinculam o poder do Estado, proibindo-lhe de restringi-los por meio da legislação comum ou eximir-se da obrigação de respeito. Em outras palavras, os direitos fundamentais garantem, mediante a supremacia da Constituição, que nenhuma autoridade estatal, nem mesmo o Poder Legislativo, desrespeitará os direitos dos indivíduos. Isso constitui o *efeito vertical* dos direitos fundamentais que se manifesta nas relações caracterizadas pela desigualdade entre o "inferior" (indivíduo) e o "superior" (Estado), que detém, privativamente, o poder de legislar e um enorme potencial de violência organizada.

7.3. Os particulares como destinatários das normas de direito fundamental (efeito horizontal)

O problema está na determinação do alcance e das consequências de um efeito horizontal que consiste na aplicação dos direitos fundamentais nas relações entre particulares. Isso fica a cargo da jurisprudência e da doutrina, pois no Brasil não há previsão constitucional a respeito. Mesmo em países onde se encontra previsão constitucional, como na Suíça e em Portugal,[23] a norma constitucional é bastante abstrata, não permitindo determinar antecipadamente, isto é, sem conhecimento do caso concreto, os efeitos horizontais.

Os doutrinadores e a jurisprudência na Alemanha sustentaram, após a Segunda Guerra Mundial, que os direitos fundamentais produzem, além do efeito vertical, um *efeito horizontal*, mais conhecido na doutrina alemã como *Drittwirkung*, que significa literalmente "efeito perante terceiros", isto é, vinculação de sujeitos de

---
22. *Ibid.*, p. 344 ss.
23. Cfr. Silva (2005, p. 60–61).

direito além do Estado.²⁴ Vinculariam, em determinadas situações, os particulares e poderiam ser invocados perante os tribunais para que estes resolvam conflitos havidos entre eles.²⁵

Desde os anos 2000, o tema despertou o interesse da doutrina brasileira com obras que apresentam a problemática desenvolvida principalmente na Alemanha e que buscam pesquisar as formas de sua aplicação no Brasil.²⁶

Em primeiro lugar, o reconhecimento do efeito horizontal parece ser necessário quando encontramos, entre os particulares em conflito, uma *evidente desproporção de poder social*. Uma grande empresa é juridicamente um sujeito de direito igual a qualquer um de seus empregados. Como sujeito de direito, a empresa tem a liberdade de decidir unilateralmente sobre a rescisão contratual. Na realidade, a diferença em termos de poder social, ou seja, o desequilíbrio estrutural de forças entre as partes juridicamente iguais é tão grande que poderíamos tratar a parte forte como detentora de um poder semelhante ao do Estado.²⁷

A consequência de tal raciocínio seria a obrigatoriedade de vincular os detentores de poder social diretamente às disposições que garantem direitos fundamentais, uma vez que uma das funções primordiais destes é propiciar certo equilíbrio de forças entre partes conflitantes, originalmente entre o indivíduo e o Estado (constitucionalismo clássico), contemporaneamente entre dois titulares de direitos públicos subjetivos (direitos fundamentais) que não se encontrem em mínimas condições de igualdade.

---

24. Os termos alemães *Drittwirkung* ou *Horizontalwirkung* são traduzidos para o português por meio das expressões *eficácia perante terceiros* ou *eficácia horizontal* [Canotilho (2002, p. 1271); Sarmento (2004, p. 238); Sarlet (2005, p. 371); Pereira (2006, p. 444)], encontrando-se também as expressões *eficácia nas relações privadas* (Pereira, 2006, p. 471) e *alcance horizontal* ou *extensão horizontal* (Tavares, 2020, p. 385). Preferimos a tradução "*efeito* horizontal" porque evita uma confusão frequentemente feita no direito constitucional: não se trata aqui do grau e do modo de aplicação da norma na realidade social analisados pela sociologia jurídica com o conceito da eficácia (*Wirksamkeit* – cfr. Sabadell, 2005, p. 67–73). Trata-se do efeito de vinculação (*Bindungswirkung*) que os direitos fundamentais devem produzir em sua qualidade de normas de dever ser, mesmo quando a norma carece de eficácia social, não sendo respeitada na prática. Cfr. as observações terminológicas em Silva (2005, p. 54–61), que parece preferir a expressão *aplicabilidade dos direitos fundamentais nas relações privadas*.
25. Referências gerais em: Alexy (1996, p. 475–493); Classen (1997); Canotilho (2002, p. 1269–1279); Poscher (2003, p. 229–289); Kingreen e Poscher (2019, p. 75–76).
26. Branco (2000, p. 169–180); Steinmetz (2004); Sarmento (2004); Martins (2004, p. 93–96 e 2012, p. 100–103); Silva (2005, p. 66–106); Pereira (2006, p. 432–483); Mendonça e Ferreira (2007); Moreira (2008); Sarlet (2009, p. 374–383); Tavares (2020, p. 385–388).
27. Uma das fundamentações do chamado dever estatal de proteção que será estudado no próximo Capítulo (sob 8.3.2).

Isso oferece tão somente um primeiro e ainda muito incipiente argumento em favor do reconhecimento do efeito horizontal.

Uma segunda motivação, estritamente jurídica e muito mais precisa,[28] foi perscrutar se – e em que medida – as normas constitucionais definidoras de direitos fundamentais de resistência devem influenciar a interpretação e aplicação de conceitos jurídicos indeterminados do direito privado e das cláusulas contratuais. Aqui, o efeito horizontal traduz-se como o vínculo específico do Judiciário de interpretar tais cláusulas contratuais e o direito privado de maneira orientada pelas normas de direito fundamental.[29] O direito de resistência se atualiza no momento em que o juiz do feito impõe uma interpretação e consequente aplicação de cláusula ou norma de direito privado que impliquem intervenções no direito de resistência, ainda que essas cláusulas e normas em si sejam constitucionais.

O problema que se apresenta é saber *como* se manifesta o efeito horizontal nos casos concretos, isto é, como pode ser alegado e apreciado pelo Poder Judiciário.

7.3.1. Modus direto e indireto do efeito horizontal

A teoria do efeito horizontal ou do vínculo de terceiros foi inicialmente sustentada na *forma do efeito horizontal direto*, isto é, como aplicação imediata de normas constitucionais em conflitos entre particulares.[30]

Em seguida considerou-se correto do ponto de vista jurídico aceitar tão somente o efeito horizontal de forma mediata (*efeito horizontal indireto*). Nessa ótica, os direitos fundamentais exprimem-se na legislação comum a qual tutela os interesses dos particulares que se encontrem em situação de fraqueza social diante de adversários poderosos. Segundo essa visão, os direitos fundamentais desenvolvem um "efeito de irradiação" (*Ausstrahlungswirkung*) sobre a legislação comum.[31] Não obstante, o "poder social" (econômico) significativamente proeminente de uma das partes ou a assimetria da relação privada de conflito não foi, como visto, a única

---

28. Por se distanciar cada vez mais do discurso axiológico da década de 1950 em prol da concretização livre de lacunas do vínculo do Judiciário aos direitos fundamentais. Cfr. Martins (2012, p. 89–119).
29. Sobre a interpretação "orientada pelos direitos fundamentais" e sua diferença em relação à interpretação "conforme a Constituição", cfr. Sachs (2017, p. 62), embora esse autor se valha da locução sinônima da "interpretação orientada pela Constituição" e Capítulo 8.2.
30. Notadamente pela jurisprudência da Corte Federal Trabalhista alemã na década de 1950 [referências em Kingreen e Poscher (2019, p. 75)] e na doutrina alemã praticamente apenas por Nipperdey (1957), constitucionalista muito atuante desde a República de Weimar que viria a presidir aquela Corte em 1954.
31. Cfr. os excertos e anotações de Martins (2018, p. 95–104) ao *leading case* do TCF alemão "Lüth".

motivação para afirmar a vigência do efeito horizontal como "efeito de irradiação". Há situações fáticas (e correspondentes lides processuais) nas quais tal assimetria não pode ser verificada e, apesar disso, se está diante de um caso de efeito horizontal como "efeito de irradiação". Nesses casos, temos que o efeito é justamente indireto porque se atualiza não pela atividade legislativa, mas pela jurisdicional que pode, ao interpretar conceitos jurídicos indeterminados que por si não têm o condão de violar o direito fundamental, ignorar o efeito do direito fundamental no momento da interpretação e aplicação normativa para solução da lide, violando-o.

Mesmo quando o legislador não levar em consideração uma situação de poder que possa prejudicar a parte mais fraca, as normas infraconstitucionais devem ser interpretadas "à luz" (daí a metáfora do "efeito de irradiação"!) dos direitos fundamentais, permitindo o respeito à ordem constitucional que não tolera agressões dos direitos fundamentais, mesmo quando essas provierem de particulares.[32]

Na verdade, a teoria do efeito horizontal foi originalmente defendida com rigor teórico e, apesar de várias críticas, também jurídico-dogmático, na Alemanha, no *leading case* "Lüth" (Capítulo 7.3.2), no âmbito de uma reflexão política que, abstratamente (*obter dicta*) objetivava proteger os interesses de classes e grupos sociais mais fracos diante do poder de particulares que, aproveitando-se do princípio da igualdade formal de todos perante a lei, exerciam grande poder social, como resta claro no caso da relação entre o empregador e seus empregados.

Isso não impede que a teoria seja aplicada em casos concretos nos quais uma das partes em conflito encontra-se em situação de inferioridade apesar de não pertencer aos grupos socialmente subalternos. Aliás, no caso *Lüth, a seguir analisado,* nenhum dos litigantes do processo originário detinha especial prominência de poder social. E se fosse para identificar uma parte proeminente, essa foi Erich Lüth, prejudicado pelas instâncias ordinárias ao ser condenado a pagar indenização a *Veit Harlan*. Porém, ele foi beneficiado na decisão do TCF que julgou as decisões dos tribunais violadoras de seu direito à liberdade de manifestação do pensamento. *Harlan*, que foi considerado principal diretor de cinema do III *Reich* (*Kronregisseur*)[33] estava totalmente desmoralizado na então jovem República Federal da Alemanha. Podia dar-se por feliz de não ter sido condenado no tribunal

---

32. Contudo, como observam Michael e Morlok (2016, p. 245), tem-se aqui uma natureza descritiva por se tratar de deveres de tolerância (*Duldungspflichte*) dos particulares detentores de grande poder social que sofrem intervenções em seus direitos fundamentais de liberdade e não de vínculo de particulares a direitos fundamentais.
33. Em uma tradução livre: "diretor da Coroa". O sistema de propaganda do regime nacional-socialista capitaneado por Dr. Joseph Goebbels elegia suas lideranças centrais em cada campo da cultura, economia e ciências. Tais eleitos costumam ser alcunhados pela historiografia com o prefixo relativo a um coroamento simbólico.

de exceção de Nürnberg ou nos tais processos de desnazificação[34] do quais havia sido absolvido. Assim, na conclamação ao boicote de *Lüth* contra a participação de seu filme no primeiro festival do cinema alemão do pós-guerra, estava tentando ressurgir das cinzas como fênix enquanto Lüth era membro da nova elite cultural alemã.[35] No mais, a conclamação ao boicote foi devastadora para a imagem e o patrimônio de *Harlan*, de tal sorte que a eficácia horizontal veio não para ajudá-lo como parte vulnerável, mas para atirar-lhe "a pá de cal". Aliado ao fato de que na decisão *Lüth* somente foram discutidos direitos fundamentais de liberdade (*status negativus*), essa análise revela que a concepção da teoria pelo TCF alemão – a despeito de algumas passagens retóricas relativas não à assimetria de poder social entre os litigantes, mas ao suposto sistema axiológico hierarquizado dos direitos fundamentais – nada tem a ver com a equiparação de poderes sociais ao Estado como potenciais opressores dos direitos fundamentais.

Nesse sentido, nada impede que a teoria seja aplicada para fiscalizar a atuação do pequeno jornal de um sindicato caso publique artigos que difamem uma empresa multinacional. Ainda que, globalmente, a multinacional ocupe uma posição muito mais forte do que a do sindicato, as circunstâncias podem fazer com que ela se encontre exposta a uma campanha que lese interesses lícitos e abrangidos por direitos fundamentais, pois, no caso concreto, os efeitos da divulgação de um jornal podem superar as possibilidades de atuação defensiva da multinacional.

Dito de outra forma, o critério decisivo para a aplicação da teoria do efeito horizontal não é uma desigualdade geral e de cunho material (ricos *vs.* pobres, empregados *vs.* empregadores, empresas *vs.* consumidores etc.), mas "uma desigualdade de posições no interior da relação jurídica"[36] que deve ser avaliada e comprovada concretamente em cada caso. Mesmo assim, essa desigualdade que também fará parte da análise judicial não é fundamento do efeito horizontal, mas o próprio vínculo do Estado-juiz a todos os direitos fundamentais, no caso, principalmente, dos direitos fundamentais de resistência suscetíveis que são de tais constelações tripolares em oposição aos direitos sociais que se aplicam em constelações bipolares por excelência.

No mais, um dos problemas que dificultam a vinculação direta de particulares aos direitos fundamentais é o seguinte. Se um particular pode valer-se de um direito fundamental contra outra pessoa, como afirmar que o sujeito ativo desse direito é ao mesmo tempo seu sujeito passivo? A peculiaridade da situação normativa refere-se ao fato de que não se trata de uma relação jurídica sinalagmática como normalmente

---

34. Referências em Martins (2018, p. 95).
35. Tanto era que, como autoridade cultural, sentiu-se legitimado a desafiar os então vigentes óbices legais-jurisprudenciais com sua bem-sucedida conclamação ao boicote. Cfr. Martins (2018, p. 97).
36. Silva (2005, p. 157).

ocorre no direito privado, em que o direito de uma pessoa corresponde ao dever da parte oponente. A relação jurídica própria dos direitos fundamentais somente é tecnicamente viável entre os tradicional e formalmente desiguais, quais sejam: o particular e o Estado, que tem a obrigação de respeitar os direitos fundamentais, não podendo recorrer a nenhuma prerrogativa normativa, a nenhuma outra face da mesma norma que lhe conferiria o contrário do dever: a atribuição de uma posição jurídica de direito subjetivo. Essa diferença fundamental não se verifica entre os titulares de direitos fundamentais, mesmo quando a diferença de poder social for muito grande.

7.3.2. A concepção da dogmática do efeito horizontal indireto pelo Tribunal Constitucional Federal alemão

O efeito horizontal foi discutido logo no início da atuação do Tribunal Constitucional Federal alemão, em uma decisão prolatada em 1958 e alcunhada de "Lüth".[37] Na referida decisão precisou-se falar em *Drittwirkung* por uma questão de interpretação do Código Civil alemão (indenização por perdas e danos decorrente de uma "ação imoral", um típico conceito jurídico indeterminado). A aplicação dessa norma obrigacional poderia ser afastada se os juízes reconhecessem que um direito fundamental (no caso: a norma que garante a liberdade de expressão – art. 5 I 1 *GG*) impedia a aplicação da norma obrigacional no caso concreto. Na decisão, o TCF referiu-se à mencionada irradiação dos direitos fundamentais que acarretou uma obrigação hermenêutica, qual seja, a de todo o direito privado ser imprescindivelmente *interpretado à luz* dos direitos fundamentais.

Sem embargo, isso não significa que os direitos fundamentais devem valer *imediatamente* contra pessoas de direito privado, sob pena de se relativizar o ordenamento jurídico.[38] A fórmula pacificadora das duas posições antagônicas foi distinguir entre o efeito horizontal direto e o indireto. Há muitas fundamentações para os dois tipos de efeitos e até hoje ocorrem muitas disputas e controvérsias teóricas e dogmáticas sobre o assunto. Em termos simples, *a teoria do efeito indireto ou mediato dos direitos fundamentais* indica que os direitos fundamentais produzem efeitos para as relações jurídicas de direito privado somente *mediante* normas e cláusulas gerais que contenham conceitos jurídicos indeterminados e que, assim, disponibilizem verdadeiras "portas de entrada" (*Einbruchsstellen, Einlasstore*) para o direito constitucional no direito privado justamente por meio dos conceitos jurídicos indeterminados representados metaforicamente pela expressão das *portas de entrada*. Segundo a metáfora, a luz irradiada de um sistema objetivo das normas de

---

37. BVerfGE 7, 198, 204 ss. Cfr. Martins (2018, p. 95–104).
38. Cfr. as considerações em Tavares (2020, p. 388).

direitos fundamentais iluminaria todo o direito infraconstitucional precipuamente o privado. Caberia especialmente ao juiz "enxergá-la", isto é, levar em consideração tal sistema no momento de interpretar e aplicar as normas que decidirão o caso.

A teoria do efeito *imediato* parecia definitivamente superada[39] até que, somente então, algumas decisões do Tribunal Constitucional Federal tematizaram a diferença de poder social-econômico de determinados grupos, de tal modo a sublinhar o papel dos direitos fundamentais como fatores de garantia de certo equilíbrio nas relações jurídicas de direito privado. Assim, por exemplo, a liberdade contratual que, ao mesmo tempo, é um instituto de direito privado e corresponde a uma liberdade individual constitucionalmente garantida, começou, segundo essa jurisprudência, a encontrar seus limites no direito fundamental do livre desenvolvimento da personalidade (*freie Entfaltung der Persönlichkeit*).[40]

Apesar disso, o Tribunal Constitucional Federal não reconheceu, em nenhum momento, a possibilidade processual de se ajuizar uma Reclamação Constitucional (*Verfassungsbeschwerde*) contra tal desrespeito perpetrado por pessoa privada. Do ponto de vista material, a tese do efeito imediato parece servir tão somente de base para avaliar uma colisão entre direitos fundamentais, aplicando-se o critério da proporcionalidade.[41] Quando se tem uma ação agressiva de um particular que interfere na área de proteção de um direito fundamental, a posterior intervenção estatal que porventura beneficie o particular que agrediu o direito de outrem pode ser avaliada de maneira mais rigorosa em relação aos meios escolhidos em razão da agressão do particular. Em tais casos, os direitos fundamentais daquele que sofrera a agressão servem como parâmetro para avaliar o conflito, ainda que não seja possível declarar diretamente a inconstitucionalidade da ação do particular.

---

39. Poscher (2003, p. 229) observa que, em mais de 100 volumes de decisões do Tribunal Constitucional Federal, a expressão *efeito perante terceiros* foi utilizada somente cinco vezes, sendo que, em algumas, foi utilizada de maneira distanciada (com o uso de aspas ou da locução *o denominado*). Trata-se de um sóbrio distanciamento do TCF ligado, no aspecto processual constitucional, tanto ao respeito à instância legislativa, notadamente ao legislador civilista quanto e até mais relevante, qualitativa e quantitativamente (até porque o respeito pelo legislador e *self restraint* em relação a ele está, a despeito de algumas poucas "derrapagens", na óbvia agenda do TCF), ao aspecto da delimitação entre a sua jurisdição e a dos tribunais ordinários. Cfr., por exemplo: Sachs (2017, p. 138–139).
40. Martins (2004, p. 110–113 e 2012, p. 106–110): análise da decisão do Tribunal Constitucional Federal alemão alcunhada *Bürgschaft* (fiança) de 1993, relativa aos limites do poder da parte contratual mais forte (Banco) impostos por uma intervenção judicial consubstanciada na interpretação de um contrato de fiança, pelo qual uma jovem endividou-se de maneira irreversível, favorável à autonomia privada da parte contratual mais fraca em detrimento da autonomia privada da parte contratual mais forte.
41. Isso vale especialmente para a análise de colisões entre direitos fundamentais de comunicação social e de personalidade. Cfr. a explanação detalhada de Schmidt (2019, p. 276–286).

Pelo contrário, eles figuram como propósitos lícitos constitucionalmente a justificar potencialmente a intervenção estatal judicial no direito do agressor que está implícita no julgamento da lide em seu desfavor.

Em sede de conclusão, há de se firmar que o efeito horizontal tem caráter *mediato/indireto*. *O efeito horizontal* indireto refere-se precipuamente à obrigação do juiz de observar o papel (efeito, "irradiação") dos direitos fundamentais, sob pena de intervir de forma inconstitucional na área de proteção do direito fundamental, prolatando uma sentença inconstitucional. No Brasil, pode ser considerado como fundamento normativo do efeito horizontal o vínculo do Estado como um todo (incluindo o Judiciário!) aos direitos fundamentais (art. 5°, §1° CF).

O efeito horizontal imediato ou direto refere-se ao vínculo direto das pessoas aos direitos fundamentais ou de sua imediata aplicabilidade para a solução de conflitos interindividuais. A razão teórica é que, além do Estado, outras forças sociais poderiam apresentar um potencial lesivo semelhante ao Estado. Apesar da procedência dessa motivação, ela não fundamenta uma relação jurídica de direito privado: destinatário imediato das normas de direito fundamental continua sendo exclusivamente o Estado. Lembre-se, mais uma vez, que em algumas constelações triangulares nas quais o Estado-juiz decide uma lide cível, o aspecto da assimetria econômica não é o predominante. No caso *Lüth*, o TCF alemão limitou-se[42] a verificar que as instâncias ordinárias não interpretaram um conceito jurídico indeterminado do Código Civil alemão à luz do direito fundamental à liberdade de expressão do pensamento de *Erich Lüth*, um típico direito fundamental de *status negativus*. O cineasta *Veit Harlan* e as sociedades produtoras e distribuidoras do filme objeto da conclamação ao boicote que ajuizaram a ação cominatória contra *Lüth* para que não mais conclamasse seus interlocutores ao boicote não tinham proeminência econômica ou social capaz de calar *Lüth*, o que o obrigaria a se valer de sua suposta inferioridade para fundamentar a decisão judicial em seu favor. Pelo contrário, a omissão da intervenção estatal é o que objetivava *Lüth* desde o início. Por isso que se diz que tais constelações típicas do efeito horizontal podem ser reconstruídas como direitos fundamentais de resistência (*Abwehrrechte*).[43] *Lüth* pôde resistir ao sancionamento judicial de sua conduta interpretada pelas instâncias ordinárias como "imoral" no sentido do § 826 BGB em vez de considerá-la

---

42. Do ponto de vista processual, o TCF não decide lide entre sujeitos com interesses contrapostos quando realiza controle de constitucionalidade. Limita-se a julgar se ato normativo (proveniente do Legislativo ou Executivo) ou sua interpretação e aplicação pelo Judiciário têm validade em face do parâmetro constitucional. Respondida essa questão, os autos em regra retornam ao tribunal competente em razão da matéria (*Fachgerichte*). Vide a respeito: Martins (2011, p. 11–13, 18–26 e 32–40; e 2018a, p. 10–12, 15–21 e 26–34).

43. Cfr. Schlink (1984).

como protegida pelo direito fundamental à liberdade de expressão do pensamento (art. 5 I 1 GG). Seu direito foi violado pela interpretação judicial que ignorou a relevância da norma constitucional para interpretar e aplicar o conceito jurídico indeterminado contido no § 826 BGB. Ao contrário, os autores da ação cominatória não violaram o direito fundamental de *Lüth* nem deviam reconhecer *ab initio* a sua relevância jurídica, como deveriam fazer em caso de normas do direito privado, penal ou administrativo diretamente destinadas a eles.

Jürgen Schwabe[44] tentou relativizar, se não desacreditar totalmente a teoria do efeito horizontal, ao afirmar que o Estado-juiz jamais não pode ser desconsiderado (*weggedacht*), uma vez que pode ser chamado em qualquer momento para dirimir as lides em torno da aplicação do direito privado. Além disso, toda a produção normativa privatística estaria vinculada aos direitos fundamentais por força do art. 1 III GG. Como a relação triangular (autor-juiz-réu) é inarredável, o efeito horizontal seria, na opinião de Schwabe, um problema meramente aparente (*Scheinproblem*).

Essa tese, quando mal compreendida,[45] pode estar eivada de um vício típico de muitas abordagens constitucionais pátrias: a adequação forçada do direito material ao direito processual, notoriamente hipertrofiado em relação àquele. Não é porque existe sempre a possibilidade de se chamar o Judiciário para dirimir dúvidas quanto à aplicação de qualquer norma e solucionar lides que a diferenciação

---

44. Cfr. Schwabe (1971, p. 88 ss). Também Schwabe (1977, p. 211 ss e p. 221 ss.).
45. Para um esclarecimento aprofundado da tese, vide Poscher (2003, p. 315 ss.), com diferenças claras à posição niilista de Schwabe às p. 328–329 que, segundo Poscher, acaba por "desperdiçar em larga escala o potencial de sua tese de direito de resistência quando, para o exame de constitucionalidade, vale-se de uma ponderação entre bens jurídicos". Schwabe acaba, em verdade, assim também afirma Poscher, enxergando na Constituição um disciplinamento prévio do direito civil como se estivesse o legislador limitado a configurar, no plano infraconstitucional, a solução do conflito já predefinida pelo constituinte. Essa "leitura" do texto da Constituição como pré-solucionadora de conflitos pauta-se frequentemente na hierarquização abstrata de bens jurídicos supostamente já feita no texto constitucional. Tal hierarquia não apenas não existe, como sua admissão acarreta uma constitucionalização indesejada de todo o ordenamento porque, em sendo totalmente rompida a fronteira entre direito constitucional e direito privado, ambas as disciplinas perdem autonomia. Como consequência, tem-se que parâmetro e objeto do controle se confundem, abrem-se brechas para sopesamentos infundados, tornando o exame de constitucionalidade uma atividade de decisionismo arbitrário. A dogmática do efeito horizontal não precisa servir a esse fim. Tanto a negação de sua existência quanto a admissão de seu modo imediato e identificação com direitos prestacionais, provocam-no. Todavia, ela pode preparar a aplicação correta da proporcionalidade (cfr. Capítulo 10) quando se apartam, na solução estatal de um conflito (pelas funções legislativa e depois judicial), duas intervenções estatais a serem justificadas. Em não se verificando inobservância do critério da proporcionalidade, a "classificação e delimitação de liberdades sociais pode e tem de ser decidida e respondida politicamente" (Poscher, 2003, p. 328) pela instância constitucionalmente competente para tanto, o Poder Legislativo.

entre efeito vertical e horizontal dos direitos fundamentais seja despicienda com a possível consequência de se estender ou se reduzir o vínculo, a depender da perspectiva teórica adotada. Para explicitá-lo usando figuras jurídico-processuais: se assim fosse, no caso *Lüth*, os tribunais não deveriam conhecer a ação por falta de possibilidade jurídica do pedido como condição da ação.[46] Isso porque requerer a condenação de *Lüth* implicaria requerer que o Judiciário decidisse a colisão entre o dispositivo constitucional (art. 5 I 1 GG) e o fundamento legal (infraconstitucional) da pretensão dos autores em prol do último mencionado, subvertendo a hierarquia normativa. Poder-se-ia objetar, no entanto, que seria uma questão de prova a ser produzida no *iter* procedimental. Por isso, a ação deveria ser conhecida, sendo plausível a tese de Schwabe.

Tal objeção ignora a natureza publicística das normas de direitos fundamentais. Ainda que haja fatos a serem provados (o titular disse/escreveu/deu a entender isso ou aquilo), esses fatos não poderão ser subsumidos a uma regra sinalagmática típica do direito obrigacional ou mesmo de obrigação unilateral de um particular. Aqui se abrem várias outras questões a serem esclarecidas, como a definição de contraprestações, culpa, dolo, prescrição, decadência etc. A subsunção de fatos a um direito fundamental implica, por sua vez, direito líquido e certo, imediatamente oponível ao seu destinatário por excelência, o Estado, no exercício de suas três funções essenciais, a ser imposto pelo adequado remédio constitucional e pelas demais garantias preventivas e repressivas. Explicar o direito constitucional material a partir do direito processual constitucional é o equívoco a ser evitado. A necessária presença do Estado-juiz no processo civil não invalida, portanto, a tese do efeito horizontal indireto.

7.3.3. Efeito horizontal na ordem constitucional brasileira

Tudo isso indica que um possível reconhecimento do efeito horizontal direto não pode prescindir da mediação do Estado. Seu fundamento jurídico consiste novamente no art. 5º, §1º CF que fundamente a obrigação do Estado de fazer respeitar os direitos fundamentais com o afastamento ou a reparação de uma agressão oriunda de particulares. Tem-se aqui, novamente, uma relação triangular. O direito do particular A foi desrespeitado pelo particular B e, na falta de norma infraconstitucional

---

46. Revogada pela novo CPC brasileiro como condição da ação, as "chances de êxito" de ação representam uma condição de qualquer ação ou recurso judiciais alemãs em todas as instâncias e jurisdições. Como condição da reclamação constitucional, implica o dever de o reclamante demonstrar que "possibilidade de uma violação" não pode ser de plano excluída. Cf. Martins (2018, p. 29).

taxativa[47] que poderia afastar a agressão, o Estado, principalmente o Judiciário, aplica "diretamente" normas constitucionais no intuito de preservar o direito de *A*.

Além disso, há de se distanciar do *pathos* subjacente ao vocábulo "agressão". Como aludido, as principais tutelas em face de agressões provenientes de particulares o legislador infraconstitucional, por vezes, o legislador penal, já positivou, caso em que não se tem a presença de eficácia horizontal, mas de intervenção estatal legislativa no direito dos supostos agressores. O fato relevante do ponto de vista normativo é que nem tudo o que é vedado ao Estado como intervenção não justificada em direitos fundamentais de liberdade, também o será em face de particulares "mais fortes" ou agressores.[48] Na configuração das relações sociais que envolvam não apenas pessoas físicas como também pessoas jurídicas, notadamente empresas, cabe aos conviventes e contratantes em princípio a livre configuração das mesmas relações. No limite, algumas discriminações absolutamente vedadas ao Estado podem representar legítimo exercício de variados direitos fundamentais de liberdade.[49]

Destarte, apesar do caráter direto da aplicação da norma constitucional, as relações entre particulares submetem-se aos direitos fundamentais somente mediante atuação (decisão) do Estado, de tal sorte que somente o Estado-juiz está diretamente vinculado. Tal vínculo será sempre atualizado quando o suposto

---

47. Se houver norma taxativa que decida o conflito abstratamente, cabe ao órgão judicial decidir se ela é, *in abstrato*, inconstitucional ou não. Se a norma fundamento ou causa do pedido formulado por uma das partes processuais contiver tão somente um ou mais "conceitos jurídicos indeterminados" então *sua interpretação* e – não ela própria – deverá ser compatível com a norma constitucional parâmetro. Em tais casos, é o órgão judicial quem deve realizar uma espécie de autocontenção porque nesse caso ele (e não o legislador) é o órgão estatal potencialmente violador do direito fundamental. Cfr. Martins (2019a, p. 42 ss.).
48. Também por ser o Estado tributário de um dever de neutralidade ética, o que o impede de praticar demagogia populista típica de contraposições como "ricos *versus* pobres". Cfr. Martins (2012, p. 56), comentando uma lapidar definição de Pieroth, Schlink, Kingreen e Poscher (2015, p. 117), mantida por Kingreen e Poscher (2019, p. 142 s.), a respeito da relação entre liberdade e igualdade em face das atuações estatais ora interventivas ora propositalmente omissivas.
49. Principalmente no âmbito do direito fundamental à liberdade contratual como uma das decorrências da liberdade que, segundo o art. 5º, *caput* CF, deve ser inviolável. Seria inconstitucional um dever absoluto de não discriminação, como nos casos da vedação judicial de controles de entrada a um clube noturno baseada em *dresscode* ou da possibilidade de determinar a saída de alguém de um *restaurante* por comportamento incompatível com as "regras da casa". Em tais situações, deve ser verificada a justificação constitucional com base na imposição proporcional de um limite ao direito fundamental. Cfr. com menção ao "Direito da Casa" (*Hausrecht*) na Alemanha: Martins (2017, p. 460, n. rod. 90).

agressor questionar a decisão judicial em face de seu direito fundamental de liberdade. O particular, ao contrário, está diretamente vinculado somente ao direito infraconstitucional, sobretudo ao direito privado e penal, do qual é o destinatário normativo por excelência.

Tal aplicação direta pelo Estado-juiz, portanto, não impugna a tese aqui adotada de que o efeito horizontal é *meramente indireto*. Necessita dos *media*, isto é, da intermediação das cláusulas gerais do direito infraconstitucional (exemplos: boa-fé, bons costumes, função social do contrato etc.) sobre as quais incide o referido "efeito de irradiação" e, evidentemente, da decisão do juiz que interpreta e aplica tais cláusulas. Sendo o conflito civil detalhadamente regulado, cabe ao juiz, primeiro, investigar a constitucionalidade abstrata da regulamentação em face de uma das posições jusfundamentais atingidas pela regulação do conflito e, a depender da margem discricionária deixada pela norma civil, controlar-se a si próprio ao avaliar a constitucionalidade de sua intervenção nos direitos fundamentais que figurem na causa de pedir da parte sucumbente.

Em resumo, no ordenamento jurídico brasileiro, vale como regra geral que o destinatário dos deveres que correspondem aos direitos fundamentais é apenas o Estado, tanto no sentido do dever de abstenção como no sentido do dever de ação mediante prestações. Os particulares devem respeitar os direitos fundamentais na exata medida em que estes forem concretizados por leis infraconstitucionais (o direito fundamental à vida corresponde à punição do homicídio etc.). Em sentido estritamente formal, tem-se aqui apenas um caso de vínculo de particulares à legislação ordinária no sentido do princípio da legalidade, dispensando-se a retórica da horizontalidade da eficácia. No mais, os direitos fundamentais desenvolvem como aludido um "efeito de irradiação" na interpretação da legislação comum, principalmente de cláusulas gerais. Esse sim, ao contrário da terminologia que pode induzir em erro, é mais preciso apesar do uso da metáfora da luz.

Exemplos:

a) em vista do direito fundamental à liberdade de acesso à informação (art. 5°, IX ou art. 5°, XIV c.c. XIII CF), uma norma de direito condominial, que limite a instalação de aparato técnico receptor de sinais televisivos, deve ser interpretada pelo juiz de modo a observar a pretensão de resistência do direito fundamental à liberdade de informação e das peculiaridades da dogmática específica (*status negativus*);[50]

b) em vista da ampla proteção da criança e do adolescente na Constituição Federal e em se entendendo tal proteção como configuração específica dos direitos fundamentais sociais do art. 6° CF e não apenas como possíveis limites constitucionais de direitos fundamentais de *status negativus*, as leis que regulamentam a

---

50. Cfr. Martins (2018, p. 140–149).

situação dos menores na família, na escola, no trabalho etc. devem ser interpretadas no sentido da maior proteção do menor (*status positivus*). É raro encontrar-se casos em que a legislação infraconstitucional apresente uma lacuna de proteção do titular de um direito fundamental, fazendo-se necessário recorrer aos direitos fundamentais para a consecução da proteção adequada. Mesmo os recentes estudos que tratam do efeito horizontal no Brasil, sustentando a possibilidade e necessidade do efeito direto,[51] não indicam tais casos, nem parece haver jurisprudência nesse sentido.

Com efeito, as decisões do STF que costumam ser citadas a respeito do tema aplicam direitos fundamentais diretamente nas relações entre particulares "de forma implícita, com argumentação muitas vezes superficial e não específica", isto é, jurídico-dogmaticamente inadequada.[52]

A mais conhecida decisão do STF sobre o tema considera que uma empresa privada possui o dever de remunerar igualmente funcionários que prestam serviços de natureza, complexidade e duração semelhantes. Invoca, para tanto, o princípio constitucional da igualdade, que proibiria discriminações com base na nacionalidade (como ocorreu nesse caso) ou em outros fatores que não se relacionam à natureza da relação trabalhista.[53] Do ponto de vista jurídico-dogmático, isso é equivocado. Se o dever de igual remuneração de trabalhadores de nacionalidades diferentes se encontrasse proclamado em normas infraconstitucionais (contrato, estatuto da empresa, convenções coletivas, legislação trabalhista), não haveria necessidade de se invocarem as normas constitucionais que proclamam a igualdade. Se, ao contrário, a obrigação de igual tratamento de trabalhadores de nacionalidades diferentes não estiver prevista nas normas infraconstitucionais, não há lacuna jurídica alguma nem se aplica diretamente a Constituição. Em nossa opinião, prevalece a liberdade profissional-empresarial do empregador[54] que pode estabelecer os critérios de remuneração de seus funcionários, tal como verificamos

---

51. Sarmento (2004, p. 279–289); Steinmetz (2004, p. 271–274); Pereira (2006, p. 486–495); Sarlet (2009, p. 382). Mais cético, admitindo o efeito horizontal direto apenas "em situações de absoluta omissão do legislador", Tavares (2020, p. 388). Martins (2004, p. 93–96 e 2012, p. 90–95) enfatiza o modo indireto do efeito horizontal e recusa o efeito horizontal direto por razões lógico-formais.
52. Gorzoni (2009, p. 516). Cfr. Silva (2005, p. 93–94); Tavares (2020, p. 387–388).
53. RE 161.243, rel. Min. Carlos Velloso, j. 29.10.1996.
54. Até porque seriam eventuais imposições de tal dever por leis ordinárias objeto do controle de constitucionalidade por representarem intervenção no direto fundamental das empresas decorrente do art. 5º, XIII c.c. art. 170, § único da CF; mas não uma suposta omissão cujo parâmetro constitucional não se vislumbra. Como parâmetro jusfundamental idealmente concorrente (sobre o conceito, v. Cap. 9.4.2), viria à pauta ainda o art. 5º, II CF. Cf. Martins (2012, p. 161 ss., 165 ss.).

ao nos referirmos às limitações proporcionais ao acesso a um estabelecimento aberto ao público.[55]

Não se trata, como afirma a crítica à tese aqui defendida, de tornar absoluta a essencialmente privatista e egoística autonomia privada e, consequentemente, de se adotar uma visão conservadora e de questionável ética.[56] O objetivo é viabilizar o exercício de vários direitos fundamentais como, entre outros, ao livre desenvolvimento da personalidade (art. 5º, *caput* CF: liberdade) e à livre associação (art. 5º, XVII CF). Também por isso, não faz sentido dizer que o particular tenha o dever de não fazer "distinção de qualquer natureza" considerando-o vinculado diretamente ao direito de igualdade (art. 5º, *caput*). Mesmo porque a liberdade de contratar é também protegida por direito fundamental que só pode ser cerceado se for respeitado o sistema de limites constitucionais (Capítulo 9).[57]

Em outra decisão do STF, foram feitas extensas referências ao efeito horizontal, deixando clara a explícita adesão do Tribunal à teoria do efeito horizontal direto: "Os direitos fundamentais assegurados pela Constituição vinculam diretamente não apenas os poderes públicos, estando direcionados também à proteção dos particulares em face dos poderes privados."[58]

Mas essa consagração do efeito horizontal possui a qualidade de *obiter dicta*, pois não influenciou a referida decisão. Uma associação de compositores foi acusada de desrespeitar a garantia fundamental à ampla defesa de um membro que fora excluído de maneira compatível com as regras para tanto previstas nos estatutos da associação, mas sem as mesmas possibilidades de se defender, tais quais previstas na legislação processual que assegura ampla defesa e contraditório, configurando em detalhes a garantia constitucional que foi utilizada como parâmetro do exame de constitucionalidade (art. 5º, LV CF). O STF reconheceu que houve violação do

---

55. Sobre as restrições à possibilidade de banimento de estádios de futebol por violação de códigos de conduta estabelecidos pela empresa gestora, cf. BVerfGE 148, 267 (*Stadionverbot*) e com mais referências à jurisprudência do TCF e suas análises: Martins (2020, p. 106).
56. "A Constituição brasileira [...] nos parece inconciliável com a posição mais compromissória, mas ainda assim conservadora, da eficácia horizontal indireta e mediata dos direitos individuais [...]. Somos o país do 'elevador de serviço' para pobres e negros. [...] Essas tristes características da sociedade brasileira justificam um reforço na tutela dos direitos humanos no campo privado em que reinam a opressão e a violência [...]. Por isso, não hesitamos em afirmar que a eficácia dos direitos individuais na esfera privada é direta e imediata no ordenamento jurídico brasileiro. Esta, para nós, não é só uma questão de direito, mas também de ética e justiça" (Sarmento, 2004, p. 279, 281).
57. Cfr. as críticas ao efeito horizontal direto em Lizana (2008, p. 217–224).
58. RE 201.819, rel. Min. Ellen Gracie, *DJ* 27.10.2006 (consultar, em particular, o voto do Min. Gilmar Mendes). Cfr. RE 158.215, rel. Min. Marco Aurélio, *DJ* 07.06.1996; ADPF 130, rel. Min. Carlos Ayres Britto, *DJe* 208, 06.11.2009.

direito, mas considerou que isso ocorreu porque a associação exercia poder público, apesar de ser pessoa jurídica de direito privado.[59] Em razão disso, a vinculação ao direito fundamental da ampla defesa não decorria do efeito horizontal, mas da clássica vinculação vertical do poder público aos direitos fundamentais.

Caso restasse comprovado que a associação não exercia poder público (atividade administrativa delegada), o vínculo à liberdade de associação atingiria diretamente tão somente o Judiciário, que deveria decidir que faz parte da liberdade de associação determinar livremente seus procedimentos de admissão e desligamento compulsório de membros, não tendo de adotar em seus procedimentos o modelo do devido processo *legal* (art. 5º, LIV e LV CF) que vincula somente os órgãos estatais. O efeito horizontal indireto teria por consequência o dever de o Estado-juiz verificar *in casu* se houve um mínimo de paridade entre ambos os titulares do mesmo direito fundamental. Como as regras estatutárias de cada associação devem ser do conhecimento de quem se associa e não ocorrendo limitação do direito de exercício de uma profissão, a imposição do modelo estatal do devido processo legal significaria violação da liberdade de associação da pessoa jurídica.

Sejam quais forem os pontos problemáticos da aplicação da teoria pela jurisprudência e de sua fundamentação teórica em acórdãos do STF, não se exclui sua futura utilização, que tem o condão de ampliar os efeitos dos direitos fundamentais e contribuir para sua efetividade, desde que atendidos os testados e válidos critérios metodológicos e jurídico-dogmáticos. A forma leviana como o STF tratou e aplicou essa relevante teoria contribui para o oposto do pretendido.

---

59. "O caráter público da atividade exercida pela sociedade e a dependência do vínculo associativo para o exercício profissional de seus sócios legitimam, no caso concreto, a aplicação direta dos direitos fundamentais concernentes ao devido processo legal, ao contraditório e à ampla defesa". Trecho da Ementa da mesma decisão. Cfr. os comentários em Gorzoni (2009, p. 521–525).

8

AS DIMENSÕES SUBJETIVA E OBJETIVA DOS DIREITOS FUNDAMENTAIS

O Estado de direito desenvolveu-se, pelo menos na Europa ocidental, em seus dois séculos de existência, do caráter liberal clássico para o social-democrata. Esse desenvolvimento não se deu de maneira uniforme em todos os países.[1] Além disso, desde os anos 1980, falou-se muito em crise do Estado social e os dados estatísticos indicam uma diminuição dos recursos estatais dedicados a políticas públicas voltadas para a implementação dos direitos sociais, embora haja fortes diferenças entre países e sucessão de períodos de fortalecimento ou diminuição das políticas públicas.[2]

No século XIX foi dada ênfase aos aspectos liberais do Estado de direito com a fixação do princípio da legalidade e a consequente necessidade de a Administração Pública agir de forma previsível e vinculada a critérios que garantam a liberdade dos indivíduos, com a garantia da igualdade em seu sentido formal (igualdade de todos perante a lei, isto é, igualdade de direitos quando positivados na lei; igualdade na aplicação da lei – e não igualdade de resultados).[3]

Essa opção de política constitucional foi relativizada na primeira metade do século XX e, com maior intensidade, após a Segunda Guerra Mundial e até finais dos anos 1970. A análise dos fatores que demonstraram a insuficiência do Estado de direito liberal para a garantia da efetiva liberdade de todos é complexa e controvertida.

Em linhas gerais, pode-se indicar, primeiro, a ascensão do movimento reivindicatório das classes trabalhadoras que impôs melhorias na distribuição de renda; segundo, fatores macroeconômicos relacionados com as crises do capitalismo industrial e financeiro que implicaram maior intervenção do Estado na economia e, principalmente, o aumento das despesas estatais e do salário indireto recebido em

---

1. Análises econômicas e políticas dessa mudança radical nas funções (e na ideologia) do Estado em: Esping-Andersen (1990); Ewald (1996); Grimm (1996); Huber e Stephens (2010).
2. Cfr. dados e análises em Clayton e Pontusson (1998) e Huber e Stephens (2010, p. 66-82 e p. 202–220).
3. Cfr. Martins (2018b) e Capítulo 5.1.1.

forma de prestações estatais aos trabalhadores no intuito de aumentar o consumo, tonificando a economia. De forma inversa, a crise do Estado social relaciona-se à perda de força do movimento dos trabalhadores e à imposição de receitas políticas neoliberais centradas na limitação da atuação econômica estatal.

De todas as formas, tornou-se historicamente evidente que o simples reconhecimento de liberdades era insuficiente para garantir as promessas do Estado constitucional. Para que liberdade de imprensa com uma massa de analfabetos que trabalhavam 12 ou 14 horas por dia? E qual é a função do direito à propriedade e sua efetiva tutela estatal quando há pessoas que não podem adquirir nem mesmo os bens de consumo necessários para sua sobrevivência?

Assim, o Estado foi convocado a intervir nos processos econômicos com o fim de garantir a liberdade possível para todos por meio da criação de pressupostos materiais para o exercício das liberdades previstas nos textos constitucionais (ensino gratuito, seguro social e contra o desemprego, garantia da promoção da saúde pública e outras medidas de bem-estar social). O Estado passou a ter responsabilidade central nos processos econômicos e nos projetos de mudança social (*desenvolvimento social estadocêntrico*), sem, contudo, questionar o exercício das liberdades tradicionais.[4]

O desenvolvimento apontado trouxe consequências para a dogmática dos direitos fundamentais. Muitas teorias dos direitos fundamentais surgidas principalmente a partir da década de 1960 procuraram redefinir e classificar os direitos fundamentais a partir de seus efeitos, de suas funções e *dimensões*. A tendência contemporânea é distinguir duas dimensões centrais dos direitos fundamentais que não devem ser confundidas com as categorias de direitos fundamentais anteriormente estudadas (Capítulo 4). Trata-se da dimensão subjetiva (às quais pertencem, sobretudo, as funções clássicas[5]) e da dimensão objetiva.

---

4. Cfr. Vieira e Dimoulis (2018).
5. Termo usado originalmente por Bernhard Schlink em ensaio publicado em 1984 com a declarada intenção de resgatar a reputação da função clássica dos direitos fundamentais por excelência, garantir o *status negativus* ou *status libertatis*. Cfr. Schlink (1984) e sua tradução ao vernáculo de Leonardo Martins em Schlink (2017). Em conjunto com o colega Pieroth (cfr. Pieroth e Schlink, 1996, p. 18–21) na obra de direitos fundamentais mais tradicional da Alemanha, aludem – pelo menos desde a primeira edição por nós acessada (a 12ª) – a "funções clássicas dos direitos fundamentais", no plural, por subsumirem àquelas também as funções decorrentes dos *status positivus* e *activus*. A referida obra passou a ser assinada, primeiro, também por dois de seus principais alunos, mantendo-se a classificação (cfr. por exemplo: Pieroth, Schlink, Kingreen e Poscher, 2015, p. 25–28). Desde a 32ª ed. (2016), a obra passou a ser assinada apenas pelos referidos alunos que, apesar de a terem feito algumas mudanças, mantiveram-na: Kingreen e Poscher (2019, p. 38–40).

8.1. Dimensão subjetiva

A dimensão subjetiva corresponde, em primeiro lugar, ao anteriormente estudado *status negativus*. Trata-se da função clássica, uma vez que o seu *conteúdo normativo* refere-se ao direito de seu titular de resistir à intervenção estatal em sua esfera de liberdade individual. Essa dimensão tem um correspondente filosófico-teórico que é a teoria liberal dos direitos fundamentais, que concebe os direitos fundamentais do indivíduo de resistir à intervenção estatal em seus direitos (*Abwehrrechte gegen staatliche Grundrechtseingriffe*).[6]

Na relação jurídica de direito público que se cria entre o indivíduo e o Estado em função das normas que reconhecem direitos fundamentais, o indivíduo pode exercer uma liberdade negativa (liberdade *de* alguma coisa, liberdade de certos imperativos definidos pelo poder público). De forma simétrica, o Estado tem a obrigação negativa *de não fazer* alguma coisa, não intervir na esfera individual, salvo se houver legitimação ou justificação constitucional para tanto.

A dimensão subjetiva aparece também nos direitos fundamentais que embasam pretensões jurídicas próprias do *status positivus*. Quando o indivíduo adquire um *status* de liberdade positiva (liberdade *para* alguma coisa) que pressupõe a ação estatal, tem-se como efeito a proibição de omissão por parte do Estado. Trata-se aqui, principalmente, dos direitos fundamentais sociais. São pertinentes à dimensão subjetiva também os direitos políticos e as *garantias processuais*, entre as quais a mais relevante é a garantia de acesso ao Judiciário para apreciação de toda lesão ou ameaça a direito (art. 5º, XXXV CF). O efeito para o Estado é o dever de fazer algo.

8.2. Dimensão objetiva dos direitos fundamentais

O reconhecimento de uma dimensão objetiva dos direitos fundamentais é mais recente. Mas já tem uma longa história doutrinária e a maioria das (novas) funções dos direitos fundamentais são a ela pertencentes. Em breve, poderá ser também ela considerada como "clássica", como já ocorre com as estudadas garantias de organização. Como "dimensão objetiva" define-se a dimensão dos direitos fundamentais cuja percepção independe de seus titulares, vale dizer, dos sujeitos de direito.[7]

Os direitos fundamentais teriam também uma dimensão objetiva que ofereceria critérios de controle da ação estatal. Esses critérios de controle deveriam ser

---

6. Vide, em geral, Martins (2012).
7. Böckenförde (1990); Dreier (1993, p. 41 ss., com abundante bibliografia); Lizana (2008, p. 163–166). Na doutrina brasileira, há ainda poucos estudos que correlacionam, de maneira unilateral, a dimensão objetiva à compreensão moralista da Constituição como sistema de valores que seriam objetivados e positivados. Cfr. Freitas (2007, p. 34–57); Vale (2009, p. 163–186 e p. 238–246).

aplicados independentemente de possíveis intervenções e violações de direitos fundamentais de determinada pessoa e da consequente reclamação por seu titular. A escolha da expressão *dimensão jurídico-objetiva* (ou *dimensão de direito objetivo*) (*objektiv-rechtliche Dimension*) pelo constitucionalista alemão Horst Dreier é oportuna porque ressalta o aspecto objetivo,[8] mas não afasta nem diminui a importância da dimensão subjetiva.

Há quatro aspectos que pertencem à dimensão objetiva dos direitos fundamentais:

Em primeiro lugar, os direitos fundamentais apresentam, objetivamente, o caráter de *normas de competência negativa*. Esse caráter não afeta a natureza básica dos direitos fundamentais em sua qualidade de direitos subjetivos. Significa apenas que aquilo que está sendo outorgado ao indivíduo em termos de liberdade para ação e em termos de livre-arbítrio, em sua esfera, está sendo objetivamente retirado do Estado,[9] ou seja, independentemente de o particular exigir em juízo o respeito ao seu direito.

Relevante é o conceito objetivo (ou dimensão objetiva) dos direitos fundamentais para o *controle abstrato* de constitucionalidade de normas. Exercer esse controle é dever do Estado que realiza uma espécie de autocontrole em função dos direitos fundamentais, podendo (e devendo) uma série de autoridades estatais provocar seu exercício.[10]

Não é necessário esperar a impetração de um mandado de segurança que questione a constitucionalidade de uma lei de censura com base na liberdade de imprensa para proceder ao controle dessa lei que viola a Constituição. Os legitimados no âmbito do processo constitucional abstrato-objetivo devem dar andamento *ex officio* a esse controle, fazendo o Estado respeitar os limites de sua competência por meio da Ação Direta de Inconstitucionalidade, da Arguição de Descumprimento de Preceito Fundamental ou de outro meio de controle abstrato, cujo julgamento no Brasil é da competência exclusiva do STF, sendo por isso também, ainda que indevidamente,[11] chamado concentrado.

---

8. Dreier (1993).
9. Kingreen e Poscher (2019, p. 40 s.); Silva (2005, p. 151–153).
10. Sobre as ações de controle abstrato da constitucionalidade, cfr. Dimoulis e Lunardi (2011, p. 92–217). Sobre seu correspondente na Alemanha: Martins (2011, p. 13–18 e 2018a, p. 21–26).
11. "Concentrado" é adjetivo que deveria ficar reservado a sistemas de controle judicial de constitucionalidade nos quais também o controle concreto é concentrado como competência de uma única Corte. Não deveria ser utilizado como sinônimo de controle *abstrato* que, no Brasil, é exercido pelo STF e pelos Tribunais de Justiça em paralelo ao controle concreto, exercido por todos os órgãos do Judiciário. Para uma problematização

Em segundo lugar, fala-se em dimensão objetiva dos direitos fundamentais quando esses funcionam como *critério de interpretação e configuração do direito infraconstitucional*. Nesse sentido, tem-se aqui o efeito de irradiação dos direitos fundamentais. As autoridades estatais devem interpretar e aplicar todo o direito infraconstitucional, sobretudo por meio das assim chamadas cláusulas gerais como a boa-fé no direito civil, de modo consoante aos direitos fundamentais.[12]

A doutrina e a jurisprudência nacional referem-se muitas vezes ao princípio da "interpretação conforme a Constituição".[13] Uma importante dimensão desse princípio é a interpretação "orientada pelos direitos fundamentais" ou "conforme os direitos fundamentais" (*grundrechtskonforme Auslegung*).[14] Quando o aplicador do direito está diante de várias interpretações possíveis de uma norma infraconstitucional, deve escolher aquela que melhor se coadune às prescrições dos direitos fundamentais.

A entre nós famigerada e, na jurisprudência do STF, hipertrofiada "interpretação conforme a Constituição" (que se transformou em modalidade legalmente prevista – art. 27 c.c. art. 28, § único, da Lei 9.868/1999 – de dispositivo ou espécie de "modulação de efeitos da inconstitucionalidade") já foi alvo de severas críticas na Alemanha, onde a modalidade de dispositivo representa incremento exagerado do ativismo judicial em detrimento da função legislativa ("efeito de estarrecimento do processo legislativo", relativização do princípio constitucional democrático). A pretexto de se respeitar a vontade legislativa, pode-se determinar uma interpretação da Corte como espécie de quase ato normativo (melhor seria em tais casos declarar a norma nula, dando a oportunidade para nova legiferação pela instância originalmente competente). Em contraposição a isso, a interpretação orientada pelos direitos fundamentais não tem contraindicação dogmática. Ela responde de maneira satisfatória à questão do vínculo específico do Poder Judiciário aos direitos fundamentais, vínculo esse implícito no art. 5º, §1º CF ("aplicabilidade imediata").[15]

Tal interpretação deve ser feita de forma objetiva, ou seja, *ex officio* sem necessidade de provocação por parte do titular do direito. Se a autoridade pública e, em última instância, o Poder Judiciário ignorar esse princípio em um tema de aplicação do direito infraconstitucional, sua atuação viola potencialmente a Constituição.

---

das tipologias classificatórias da justiça constitucional, cfr. Lunardi (2006, cap. 3 e 2013, p. 57–96); Dimoulis e Lunardi (2011, p. 67–91).
12. Cfr. com amplas referências: Martins (2004, p. 113–118).
13. Colnago (2007); Dimoulis e Lunardi (2011, p. 266–271).
14. Pieroth e Schlink (2012, p. 27).
15. Para aprofundamento, vide Martins (2004, p. 101 ss. e 2012, p. 100 ss.).

Em terceiro lugar, há autores que consideram que a dimensão objetiva permite limitar os direitos fundamentais quando isso estiver no interesse de seus titulares. Nesse caso, a limitação do direito fundamental em seu alcance tradicional-subjetivo ocorreria mediante intervenção do Estado com a justificativa de o titular do direito ficar mais bem protegido se não exercer o direito em certas circunstâncias.[16] Esse significado da dimensão objetiva carece de justificativa, pois, dessa forma, o Estado assumiria uma postura paternalista, que alega conhecer o interesse do indivíduo melhor do que ele mesmo. Limitações de direitos fundamentais são medidas onerosas que somente podem ocorrer no âmbito dos conflitos entre direitos fundamentais, mas nunca sob o pretexto de tutelar o próprio titular do direito.

Finalmente, a doutrina alemã vislumbra um quarto desdobramento da dimensão objetiva dos direitos fundamentais. Trata-se do denominado dever estatal de tutela dos direitos fundamentais (*staatliche/grundrechtliche Schutzpflicht*). Esse posicionamento parece-nos problemático e deve ser submetido a uma específica análise crítica, a seguir.[17]

8.3. Deveres estatais de tutela?

8.3.1. Teoria e fundamentação dogmática

O dever estatal de tutela refere-se ao dever do Estado de proteger ativamente o direito fundamental contra ameaças de violação provenientes, sobretudo, de particulares. Trata-se, aparentemente, do êxito da tese segundo a qual, além do Estado, o particular também pode "violar" prescrições de direito fundamental. Há muitas vertentes e interpretações diferentes desse dever.[18]

---

16. Mendes et al. (2008, p. 266), dando o exemplo da obrigação de utilizar cinto de segurança ou da criminalização de drogas no (suposto!) interesse do indivíduo. Isso seria uma espécie de direito fundamental de "proteção contra si próprio" (em geral: Hillgruber, 1992) e um caso de direito que se transmuta em dever. Tal concepção teórica é incompatível com a Constituição Federal, que é, também e até em primeira linha, uma Constituição das liberdades (e não uma Constituição das obrigações dos titulares de direitos fundamentais).
17. A problemática foi amplamente discutida e analisada em Martins (2001, p. 48–63). Mais recentemente, aplicado ao direito fundamental à vida pré-natal: Martins (2014a, p. 101–108).
18. Cfr. analiticamente Dietlein (1992). Entre a bibliografia brasileira, cfr. Sarlet (2009, p. 190–194); Marmelstein (2008, p. 284–289). A aparência é enganosa, pois admitir que os bens jurídico-constitucionais tutelados pelas normas definidoras de direitos fundamentais possam ser "afetados" ou "agredidos" por titulares de direitos colidentes não implica reconhecer que eles, tecnicamente falando, violem a respectiva norma constitucional.

Uma das tendências é aproximá-lo da dogmática do efeito horizontal. Essa tendência parte do princípio de que, segundo a *Grundgesetz* (Lei Fundamental alemã), o Estado é obrigado a observar *e* a proteger a dignidade humana (art. 1 I 2 GG).

A dignidade humana tem caráter geral e absoluto. Uma parte dos autores alemães vê nos direitos fundamentais garantidos pela Constituição simples desdobramentos da dignidade humana. Assim, o Estado teria para cada direito fundamental os deveres de observar e de proteger. A *observância* refere-se à abstenção de comportamento lesivo próprio, ou seja, refere-se à obrigação de não intervenção nas esferas individuais protegidas. A *proteção* refere-se à atuação do Estado no intuito de proteger ativamente os direitos fundamentais em face das possíveis agressões a eles perpetradas por particulares. Em suma, ao Estado seria imposto o dever de tutela fundado nos direitos fundamentais (*grundrechtliche Schutzpflicht*). Caberia às autoridades estatais forçar o respeito aos direitos fundamentais, impondo a abstenção de certas condutas a particulares mediante previsões legislativas nesse sentido.

Estatuir previsões legislativas significa antecipar-se à agressão de direito por particular, sem prejuízo da necessária concretização do dever estatal de tutela pela Administração Pública e pelo Judiciário. Tal caráter preventivo é o que diferencia fundamentalmente o ora estudado dever estatal de tutela do efeito horizontal indireto (Capítulo 7), assim como as funções estatais visadas em primeiro plano: aqui, a legislativa; lá, a jurisdicional.

8.3.2. *Configuração jurisprudencial do Tribunal Constitucional Federal alemão e dogmática brasileira*

A dogmática do dever estatal de tutela foi desenvolvida pela jurisprudência do Tribunal Constitucional Federal alemão. Até hoje, a doutrina alemã tenta sistematizar a matéria. Os contextos jurisprudenciais em que o desenvolvimento se deu são variados. Em alguns casos fala-se de um dever de mera *prevenção de riscos*, em outros do dever de fomentar *a segurança*, chegando a um dever de *proibição* de condutas a ser imposto pelo Estado.[19] O dever de ação do Estado cumpre-se primordialmente pelo Legislativo, que deve cuidar da tutela do direito fundamental em face dos particulares.

Na Alemanha, a dogmática do dever estatal de tutela foi desenvolvida nos seguintes contextos jurisprudenciais:

Em um primeiro contexto, o Tribunal Constitucional Federal referiu-se à necessidade de se defender a vida nascitura contra ameaças oriundas de um aborto realizado ou estimulado por particulares (gestante, médicos, familiares ou amigos

---

19. Sobre essa classificação: Bumke (1998, p. 69 ss).

da gestante). A defesa da vida corresponderia ao dever do Estado de proibir uma conduta de particulares, qual seja, a interrupção do processo gestativo. Ainda segundo aquela Corte, Cumprir-se-ia tal dever, na maioria dos casos, mediante uma proibição e criminalização do aborto, mesmo quando for provocado pela gestante ou por terceiros com seu consentimento. Desse modo, o Estado exerceria seu dever de tutela de forma preventiva (proibir e criminalizar o aborto) e, se for necessário, de forma repressiva-retributiva, sancionando os transgressores. A tese é que o *dever mais amplo* do Estado *corresponde à intervenção mais intensa* na liberdade de quem ameaça o direito fundamental em pauta.

A discussão dogmática sobre o direito fundamental como dever estatal de tutela é muito vasta e parece não ter fim, tamanhas as dificuldades dogmáticas de se lidar com a figura criada pela primeira decisão do Tribunal Constitucional Federal alemão sobre a criminalização do aborto.[20] Trata-se de uma figura relevante para a dogmática dos direitos fundamentais que não pode ser analisada em detalhes aqui.[21]

O segundo contexto jurisprudencial, no qual os deveres em pauta foram tratados, é o relativo ao *desenvolvimento tecnológico* que cria *perigos* muitas vezes *desconhecidos* e *riscos* frequentemente *incontroláveis* para uma série de direitos fundamentais (vida, saúde, equilíbrio ambiental etc.).[22] Como exemplos, citem-se o desenvolvimento da energia atômica, da tecnologia eletromagnética, a poluição ambiental em suas várias formas, o desenvolvimento da informática que, ao permitir a criação de perfis de personalidade, ameaça o direito à privacidade, podendo criar aquilo que é conhecido na Alemanha mediante a expressão *der gläserne Mensch* ("o ser humano de vidro"). O dever de tutela corresponde aqui a um dever de *garantia da segurança* (por exemplo, no caso da defesa de dados) ou ao dever geral de *prevenção de riscos* (por exemplo, no caso da prevenção contra riscos do uso da energia atômica).[23]

O seguinte questionamento revela a necessidade de se verificar a eventual incontrolabilidade que impõe o exercício do dever estatal de promover a segurança:

---

20. BVerfGE, 39, 1 (*Schwangerschaftsabbruch I*). Tradução e comentários da decisão em Martins (2016, p. 176–181).
21. Cfr. de um lado, Hermes (1987) e, de outro, em uma tentativa de reconstruir o dever de tutela como direito de resistência, Murswiek (1985, p. 88). Cfr. também Pietzcker (1990, p. 345–363); Dietlein (1992). A discussão da figura do *Untermaßverbot* (proibição de insuficiência) é controvertida. Há autores que a defendem (Dietlein, 1995; Canaris, 1999) e céticos (Starck, 1993, p. 816–817; Hain, 1993, p. 982–984; Hain, 1996). Para um detalhamento das posições da jurisprudência e da doutrina com apresentação de posição própria: Martins (2001, p. 48–63) e Oliveira (2013, p. 140–143, 210–213).
22. Cfr. com exemplos da jurisprudência alemã: Pieroth e Schlink (2012, p. 29).
23. Cfr. a decisão do Tribunal Constitucional Federal alemão *Mülheim-Kärlich*, traduzida e comentada em Martins (2018, p. 200–205).

Quem levantou os dados pessoais? Para quem os passou? Quais combinações de dados estão sendo feitas? Com que objetivo? O titular do direito à autodeterminação informacional,[24] nesses casos, não pode sequer reagir, pois reagiria contra quem? Quem sabe o que sobre ele? Quando determinadas autoridades e terceiros podem prever os passos da pessoa, também o direito fundamental à intimidade torna-se obsoleto. Para evitar isso, o Estado deve cumprir seu dever de tutela por meio de legislação sobre dados pessoais.[25]

Esse contexto é tratado na doutrina brasileira sob a epígrafe dos "interesses difusos e coletivos". O problema nesse âmbito é que como já se verificou anteriormente, a concretização de tais direitos é insuficiente. Sua instrumentalidade técnico-jurídica que depende, na prática, dos esforços de integrantes do Ministério Público, muitas vezes acaba se perdendo, permanecendo um interesse realmente difuso, mais de ninguém do que de todos. Segurança jurídica é, no entanto, dever do legislador ordinário e, sobretudo, dever constitucional, como mostra a dogmática do dever estatal de tutela. Já chegou a hora de o legislador pátrio sistematizar a matéria dos direitos difusos, melhor definindo e quantificando as obrigações. Em face, por exemplo, dos riscos causados pela exploração da energia nuclear, a interpretação sistemática do art. 5º, *caput* (inviolabilidade do direito à vida), em conjunto com o art. 6º CF (direito social à saúde), fundamenta tal obrigação de fazer imposta ao Estado brasileiro.

Finalmente, um terceiro contexto jurisprudencial refere-se à necessidade de intervenção direta do Estado nos conflitos entre particulares. Tal dever configura-se quando o conflito privado ocorrer entre partes que são tão desiguais a ponto de impedir, na prática, o exercício do direito da parte mais fraca. A intervenção do Estado se dá mediante a criação de normas gerais, mas também mediante ação do Poder Judiciário.

Exemplo: na legislação antimonopólio, o interesse público da disciplina da atividade econômica com a consequente defesa do consumidor coaduna-se com o interesse privado do titular do direito de liberdade empresarial-profissional (art. 5º, XIII CF) ameaçado pelo concorrente gigante, sendo que o Judiciário pode intervir para evitar abusos do poder econômico.

---

24. Sobre as delimitações entre direito à intimidade e à autodeterminação informacional, cf. Martins (2019b).
25. Cfr. Martins (2001), com a análise do *privilégio de imprensa* na Lei Federal de Defesa de Dados na Alemanha. Os órgãos da imprensa (titulares do direito fundamental à liberdade de imprensa) são dispensados do cumprimento de muitos dispositivos da lei. Trata-se de uma colisão entre a liberdade de imprensa e o direito à autodeterminação sobre dados pessoais como desdobramento dos direitos fundamentais da personalidade, para a qual o legislador ordinário alemão procurou oferecer uma solução e cumprir o dever estatal de tutela sem intervir demasiadamente na liberdade de imprensa.

No caso de conflito que envolva os meios de comunicação social, a necessidade de ação do Estado é evidente: todos têm o direito à livre comunicação (social) segundo os art. 5º, IX e 220, *caput* CF. Esse direito abrange a livre produção e veiculação de programas no rádio e na televisão. Sob quais condições será exercida essa liberdade? Pode vir à pauta aqui o problema da chamada função democrática das liberdades de comunicação social (radiodifusão e imprensa)[26] que corresponde a deveres dos órgãos de radiodifusão e de imprensa os quais deveriam contribuir para a formação da opinião pública ao transmitirem informações e opiniões de modo responsável e a garantir o pluralismo na manifestação de opinião ("exigência da diversidade").[27]

Para tanto é necessário regulamentar o funcionamento dos meios de comunicação social, pois os atores do mercado midiático, como titulares do direito fundamental à liberdade de comunicação social (art. 5º, IX CF), não estão vinculados diretamente às liberdades de comunicação social de seus concorrentes, mas tão somente pelo *medium* do Estado legislador (dever de tutela – *Schutzpflicht*) ou Estado-juiz (efeito horizontal indireto – *mittelbare Drittwirkung*). Um dever de consideração e respeito recíprocos (configurado por direitos e obrigações concretas válidas para todos os atores do mercado midiático) somente pode derivar de normas legais infraconstitucionais se e quando o legislador as criar, eventualmente em cumprimento ao seu dever de tutela ou, ao menos, com esse propósito declarado.

Defender a tese da derivação direta de tais deveres da própria Constituição significa esvaziar o sentido da Constituição como pauta e critério do controle de constitucionalidade de intervenções legislativas. Significa também comprometer frontalmente o direito de resistência dos titulares do direito fundamental à liberdade de comunicação que até pode e deve, segundo os art. 220 a 223 CF, servir à livre circulação de informações com o escopo de se viabilizar o processo democrático de formação da opinião pública. Porém, não pode ser em si instrumentalizada àquele fim por mais nobre que seja.[28] Se a Constituição dispusesse sobre relações jurídicas sinalagmáticas entre particulares, tudo o que o legislador estaria fazendo ao definir o alcance dos tais direitos e obrigações dos atores do mercado midiático seria *sempre* configuração ou conformação do texto constitucional, mas não uma intervenção estatal no *status negativus libertatis* de cada ator que deve permanecer sempre sujeita ao controle.

Caso contrário, a dimensão jurídico-objetiva abarcaria por completo a dimensão jurídico-subjetiva. O direito fundamental da liberdade de radiodifusão tornar-se-ia unidimensional, restando comprometido seu caráter de reserva de

---

26. Martins (2012, p. 258–260 e 266 ss.).
27. Tavares (2003, p. 52).
28. Martins (2012, p. 266–277).

liberdade em favor de um "princípio constitucional objetivo" cuja concretização corresponderia exclusivamente a uma reserva *estatal*. Por isso que a regulamentação cumpridora das claras ordens legislativas dos art. 220 a 223 CF, tendo em vista, sobretudo, a diversidade midiática e o combate à formação de monopólios empresariais da opinião pública, implica limites às posições jusfundamentais individuais atingidas, mas não sua definição prévia.[29]

Não obstante, é necessário evitar, em cumprimento ao dever de tutela, o que cabe em primeira linha ao legislador, uma concorrência predatória que diminuiria a qualidade dos programas oferecidos. Deve-se impedir que o único critério seja a audiência (na realidade, os recursos que os publicitários investem nos programas com a maior audiência). No mesmo sentido, é necessário como aludido combater a formação de monopólios ou oligopólios, conforme prevê o art. 220, §6° CF.[30] Aqui, o dever estatal de tutela do direito fundamental da liberdade de comunicação social constitui-se no dever de zelar pela *igualdade de chances e condições de atuação no setor*.

É notório[31] que o legislador brasileiro é omisso, não cumprindo nessa área seu dever de tutela. Há uma legislação fragmentária e antiquada que nem atende às exigências constitucionais nem satisfaz os padrões de regulamentação legislativa que encontramos no direito comparado.[32] Basta observar a estrutura da mídia televisiva brasileira, entregue às mãos de poucos grupos econômicos. Também faltam regulamentações relacionadas ao conflito entre empresas televisivas e produtores independentes.

Essa omissão legislativa viola a liberdade profissional e de comunicação social de muitos indivíduos. O resultado é que "ao lado da defasagem das leis brasileiras, a realidade do país desafia a própria Constituição Federal",[33] pois a diferença de força socioeconômica fundamenta o dever estatal de tutela.

Ao contrário do entendimento de grande parte da doutrina alemã, a dogmática do dever estatal de tutela ainda que derive originalmente da dimensão objetiva,

---

29. Martins (2012, p. 266–277).
30. Correspondendo, igualmente, a limites previstos pelo constituinte às liberdades de comunicação social em sua dimensão subjetiva (art. 5°, IX CF).
31. As inovações legislativas (Leis 12.485/2011 e 13.424/2017) são pontuais, voltadas a atender nichos políticos e mercadológicos específicos e, portanto, insuficientes. É preciso romper tabus teóricos ideológicos. Não se trata de contrapor "controle social da mídia" à liberdade de comunicação social em face da censura que marcam as duas trincheiras político-partidárias, como também teóricas e acadêmicas. Trata-se apenas de cumprir a CF, interpretando-a a partir do "raciocínio da intervenção e limites à intervenção" [Martins (2012, p. 28 ss. e 266 ss.) e Schlink (2017)] conforme principal marco teórico liberal e metodológico da presente obra.
32. Cfr. detalhadamente Tavares (2003, p. 53–66); Farias (2004, p. 213–226); Martins (2012, p. 256–259 e 266–276).
33. Tavares (2003, p. 61).

no entendimento ora seguido, pode ser reconstruída de modo a corresponder à dimensão subjetiva dos direitos fundamentais, no sentido de uma "subjetivação" daquilo que originalmente é objetivo.[34] De fato, o dever de tutela se fundamenta na *ameaça* de direitos proveniente de particulares e cria uma posição jurídico-subjetiva. Os efeitos decorrentes do exercício do dever estatal de tutela são próprios da função clássica dos direitos fundamentais (resistência contra intervenção lesiva que, no caso, provém de particulares e não do Estado). Essa função exige do Estado, em síntese, uma intervenção preventiva antes que a realização de uma ameaça de lesão impossibilite o exercício do direito fundamental. Trata-se de evitar:[35]

> a) a violação que se concretiza a partir de uma ameaça com consequências *irreparáveis*, como no caso da ameaça ao direito à vida;
>
> b) as consequências de uma ameaça que podem se tornar *incontroláveis*, como no caso de desdobramentos imprevisíveis de processos tecnológicos;
>
> c) uma situação que *impossibilite a solução autônoma de um conflito* quando houver vários fatores de colisão de direitos, v.g. caso de conflitos envolvendo atores do mercado midiático heterogêneos quanto à sua força político-econômica, o que compromete suas chances de acesso à formação da opinião pública

---

34. Cfr. Pieroth e Schlink (2012, p. 30).
35. Pieroth e Schlink (2012, p. 30). Cfr., entretanto, seus sucessores de escrita (cfr. retro, nota 4), Kingreen e Poscher (2019, p. 49–54) que desistem dessa tríade de constelações fáticas como estopim de um dever estatal de tutela fundamentado em geral no dever de o Estado não apenas observar, mas também proteger a dignidade humana (art. 1 I 2 GG). Em seu lugar, desenvolveram uma análise que distingue entre "reais" e "falsos" deveres de tutela, ou seja, propõem um conceito bem mais estrito de dever de tutela. No caso dos falsos deveres, tratar-se-ia de "regras que o Estado em todo caso tem de estatuir em razão do seu monopólio da força" (*ibid.*, p. 51). Ou seja, no caso dos falsos deveres, trata-se de constelações triangulares já desenvolvidas sob a epígrafe do efeito horizontal mediato estudado no Capítulo 7 da presente obra, acrescida da determinação de deveres de tolerância por parte de titulares de direito fundamental no contexto de colisões de direitos fundamentais e com proibições cominadas (origem teórica geral: Poscher, 2003). Por sua vez, os reais ou verdadeiros deveres estariam presentes em casos como a Decisão *Schleyer* (BVerfGE 46, 160) ou *Schwangerschaftsabbruch* (BVerfGE 39, 1 e BVerfGE 88, 203), nos quais o Estado já teria regulamentado o conflito e declarado ilícitas condutas lesivas a direitos fundamentais com cominação penal inclusive, ou junto a catástrofes naturais. Relacionar-se-iam, portanto, "à proteção estatal contra comportamento ilícito de terceiros ou golpes do destino" (*ibid.*, p. 49). Sem embargo de sua grande produtividade para o direito administrativo, ao desistir da ênfase no momento preventivo e, portanto, no papel central do legislador, a nova abordagem contribui para aproximar indevidamente o dever estatal de tutela do efeito horizontal indireto.

(ausência de igualdade de chances de comunicação ou de justiça distributiva de acesso aos meios de comunicação).[36]

8.4. O problema do parâmetro de aferição do cumprimento do dever estatal de tutela: dos limites de racionalidade da dogmática jurídica

Se a afirmação do *fundamento* de um dever estatal de tutela nos três casos descritos no final da subseção anterior pode ser amplamente aceita em face da evolução conceitual dos direitos fundamentais que, sob o aspecto jurídico-objetivo, revela a tendência de alcançar, ainda que indiretamente, a conduta de particulares ameaçadora a direitos fundamentais, o mesmo não ocorre com a aferição de seu *cumprimento*.

A despeito de trabalhosas tentativas perpetradas pela doutrina alemã, não se logrou chegar a um parâmetro que atenda a um *standard* de racionalidade estritamente jurídica, como no caso do controle de intervenções estatais convencionais. No caso dessas, como se verá no Capítulo 10, o critério da proporcionalidade entendido como busca do meio de menor gravidade para a liberdade ou igualdade (abstendo-se da proporcionalidade em sentido estrito ou ponderação) oferece tal parâmetro.

No presente caso do controle de constitucionalidade do cumprimento do dever estatal de tutela, tem-se de controlar a constitucionalidade de omissões estatais. Esse controle revela-se especialmente problemático nessa situação porque, ao contrário do que normalmente ocorre com o cumprimento de outros deveres prestacionais do Estado, por exemplo, na concretização de direitos fundamentais sociais do art. 6º CF, o dever de agir implica diretamente uma intervenção em um direito fundamental de *status negativus*. Mais: o próprio direito fundamental que deve ser objeto da proteção é direito fundamental de *status negativus*.[37] Tem-se aqui um caso de uma complexa colisão de direitos fundamentais (Capítulo 9.4.1) porque o efeito perseguido por cada direito fundamental envolvido na colisão é justamente o oposto. De um lado, trata-se do dever direcionado ao Estado de "observar" a liberdade e/ou igualdade, ou seja, de abster-se de intervir ou de tratar desigualmente; de outro, justamente do dever de proteger ativamente.

---

36. Sobre esses respectivamente aludidos conceitos da *kommunikative Chancengleichheit* e *kommunikative Zugangsgerechtigkeit*: Schulz (1998).
37. Daí fazer sentido a asserção de Pieroth e Schlink (2012, p. 30), segundo a qual o dever estatal de tutela pode ser reconstruído como direito de resistência. Já a concretização de um direito fundamental social no máximo implica tratamento desigual no momento da execução das prestações quando houver uma ordem cronológica ou baseada em outro critério de seu atendimento.

Normalmente, o Estado estará legitimado para intervir na liberdade ou tratar desigualmente quando estiver presente a concretização de um limite constitucional ao direito fundamental atingido e sua concretização restar justificada com base no critério da proporcionalidade. Mas, se o propósito da intervenção for o cumprimento de um dever estatal de tutela, a situação torna-se muito mais complexa porque o parâmetro para a aferição da constitucionalidade da medida estatal escolhida é duplo e não somente a liberdade atingida. Acresce-se a ela a liberdade ou direito de igualdade que necessita de proteção ativa do Estado contra agressões provenientes de particulares que ocorrem, em regra, no exercício de uma de suas liberdades de *status negativus*.

A doutrina alemã tentou criar, a partir de uma figura cunhada pelo civilista Claus-Wilhelm *Canaris*,[38] a denominada "proibição de insuficiência" (*Untermaßverbot*), um pretenso parâmetro para se inferir a partir de que momento uma omissão (sobretudo legislativa) seria inconstitucional. A figura existiria em paralelo à tradicional figura da "proibição de excesso (ou exagero)" (*Übermaßverbot*) da intervenção estatal que representa uma tradução ou aplicação correta do critério da proporcionalidade. O legislador estaria no aperto (*in der Klemme*) entre os parâmetros da proibição de excesso e de insuficiência. Correspondentemente, as demais discricionariedades específicas da Administração e do Judiciário também restariam reduzidas. Essa construção foi pronta e acriticamente recepcionada pela doutrina brasileira.[39]

Segundo alguns constitucionalistas alemães, como Christian *Starck*,[40] os dois parâmetros convergiriam, pois no momento da aferição do meio de intervenção de menor gravidade em relação à liberdade intervinda ou tratamento desigual (*Übermaßverbot*), estar-se-ia observando concomitantemente o parâmetro da proibição de insuficiência (*Untermaßverbot*). Essa opinião é infundada porque a observância da proibição de excesso em relação à liberdade intervinda ou tratamento desigual apenas atesta que o meio escolhido pelo legislador atende ao propósito da intervenção, nada dizendo a respeito de suposta "suficiência", ou seja, um determinado "grau" de atendimento ao propósito da intervenção que corresponderia à realização ou cumprimento do dever estatal de tutela.

É esse justamente o ponto frágil da figura da proibição de insuficiência. Como se verá no Capítulo 10, quando da análise do critério da proporcionalidade, a proibição de excesso afere-se pela comparação das intensidades de meios igualmente adequados (que podem ser considerados como meios que fomentam em geral o

---

38. Cfr. Canaris (1984, p. 228).
39. Indicações bibliográficas em Pereira (2011, p. 197–199), que admite a figura, mas recomenda cautela em razão de seu potencial de ampliação das competências do Judiciário.
40. Cfr. Starck (1993, p. 817).

propósito perseguido). Porém, necessário e, portanto, admitido como intervenção justificada será somente o meio de menor intensidade para a liberdade atingida ou para o direito de igualdade (e, indiretamente, para as liberdades correlacionadas ao tratamento igual). Assim, demarca-se uma linha divisória que indica até que ponto – até com que intensidade – o Estado pode intervir. Essa linha divisória corresponde à proibição de excesso. Como também se verá, o critério da necessidade tem seus limites de racionalidade. Mas antes de desistir de controlar *juridicamente* uma intervenção estatal em face de direito fundamental, deve ser esgotado todo o potencial do critério. As grandes dificuldades em relação ao critério da necessidade são de ordem empírica, o que não depõe contra a sua racionalidade como parâmetro estritamente jurídico.[41]

A aferição de tal linha divisória, ainda que heuristicamente, não ocorre junto à figura da proibição de insuficiência. Se tal linha existisse, teria de ser possível saber até que ponto a omissão estatal é permitida. Se o objetivo do critério da necessidade é poupar a liberdade atingida, o objetivo da proibição de insuficiência é garantir o cumprimento do dever estatal de tutela. Este pode ser, no entanto, alcançado de diversas maneiras. Mas a linha divisória, se é que pudesse existir uma, pressuporia buscar o meio mais adequado possível, ou seja, aquele que "com certeza" garantiria o alcance do propósito de proteção específica. Todavia, esse corresponderia *ao mais intenso possível*,[42] rompendo, igualmente com certeza, a baliza da proibição de excesso em face do direito fundamental de liberdade do potencial agressor.[43]

Mas a intensidade não tem limites superiores e, ainda que depois se aplique o critério da necessidade em face da liberdade conflitante ao cumprimento do dever estatal, não é racionalmente comprovável o porquê de ser justamente a escolha do legislador a suficiente. Falta o *ceteris paribus* na comparação entre aplicação do critério da necessidade e a proibição de insuficiência. Na aplicação do critério da necessidade como linha divisória da proibição de excesso, o meio escolhido pelo legislador é comparado com alternativas igualmente adequadas, descendo a linha vertical imaginária da proibição de excesso até se chegar ao meio adequado menos intenso. Na suposta proibição de insuficiência, em que não está em pauta o princípio de se poupar ao máximo o *status libertatis*, mas se tem o escopo de se assegurar a efetividade do meio escolhido, falta logicamente essa linha divisória a ser potencialmente ultrapassada. Ao contrário do meio adequado fulminado pela proibição de excesso que *continua correspondendo a uma intervenção estatal*; no

---

41. Cf. Schlink (1976, p. 192–198) e com mais referências: Cap. 10.6.4.
42. Esse problema lógico é apresentado também por Schlink (2001).
43. Até por isso não merecem anuência, por serem infundadas, as referidas teses do "aperto" em que se encontraria o legislador entre as proibições de *excesso*, de um lado, e de *insuficiência*, do outro; e, também, da convergência entre as duas. Nesse sentido, muito consequente é a exposição da problemática por Kingreen e Poscher (2019, p. 98–99).

campo inferior, uma *medida de proteção inadequada perde sua qualidade de medida de proteção como um todo*. Também a necessidade não tem aplicabilidade por razões lógico-dogmáticas.[44]

Como o legislador tem diversas formas de cumprir o dever estatal de tutela e não se tem como delimitar a intensidade necessária ao seu cumprimento, isso somente pode significar que faz parte de sua discricionariedade legislativa definir de qual meio se valerá para cumprir seu dever de tutela.

A única coisa que se pode racionalmente exigir e justificar é um exame de adequação mais apurado por parte do legislador, diminuindo um pouco sua discricionariedade e aumentando a possibilidade de controle. Mas isso não reabilita a infeliz figura do *Untermaßverbot*. Por essa razão é positivo o fato de o STF não utilizar essa figura em sua atividade decisória, sendo as referências de cunho meramente retórico, sem que se influencie na decisão.[45]

---

44. Cfr. Kingreen e Poscher (2019, p. 99).
45. Cfr. a pesquisa e os comentários da jurisprudência do STF em Rodrigues (2009).

9

LIMITES DOS DIREITOS FUNDAMENTAIS E SUAS COLISÕES

9.1. Introdução

Ao passearmos em um parque, exercemos o direito fundamental de ir e vir. Ao afirmarmos que a política econômica do governo está equivocada, exercemos a liberdade de manifestação do pensamento. O fato de todos exercermos continuamente direitos fundamentais não nos faz pensar nas condições do exercício desses direitos. Ninguém passeia no parque pensando: "sou feliz por poder locomover-me livremente, isto é, sem interferência estatal, no território nacional em tempo de paz e em virtude do inciso XV do art. 5º CF". Interessa à pessoa apenas locomover-se: enquanto ninguém a impedir de fazê-lo, o direito constitucional de locomoção não adquire relevância prática.

Do ponto de vista jurídico-dogmático, os direitos fundamentais tornam-se relevantes somente quando ocorre uma intervenção em seu livre exercício. Se um policial prender a pessoa que passeia e não houver motivo para tanto, a pessoa protestará, procurará um advogado, começará a entrar nos arcanos jurídicos do *habeas corpus* e de seus recursos e passará a ser oficialmente chamada de "paciente".

O estudo dos direitos fundamentais carece de utilidade prática e de profundidade teórica enquanto se limitar a reproduzir e a comentar o conteúdo garantido na Constituição.[1] Somente adquirirá relevância a partir do momento em que

---

1. A nossa exposição afasta-se dessa tendência descritiva que predominou por décadas no Brasil. Distancia-se, também, como já asseverado, de trabalhos que pouco vão além da apologia à inegável conquista para a humanidade que foi o desenvolvimento e a positivação dos direitos fundamentais nas Constituições modernas, assim como ocorreu na "progressista" Constituição Federal de 1988. Ao não enfrentar dogmaticamente a questão dos limites, conflitos e colisões de direitos fundamentais, tais apresentações meramente descritivas e/ou apologéticas da matéria assemelham-se, quando muito, à atividade médica que se limite a estudar a anatomia e a fisiologia do corpo humano, ou seja, o funcionamento normal, negligenciando o estudo do que é mais relevante: a patologia. Um estudo de direitos fundamentais que se limite à interpretação dos conceitos

formular e responder à pergunta: sob quais condições, em quais situações e quem pode restringir um direito fundamental de forma lícita?

Assim, os direitos fundamentais adquirem relevância prática quando são reunidas duas condições. A presença de um óbice em relação ao exercício do direito fundamental e a provocação desse óbice por norma hierarquicamente inferior à Constituição. Pode haver cerceamento potencialmente violador de direitos fundamentais quando a norma está incluída em lei no sentido formal, tratado internacional não constitucionalizado, medida provisória ou norma infralegal (principalmente[2] se não houver lei sobre o tema). A pretensão de resistência pode também se voltar contra a omissão normativa que impossibilita o exercício do direito. No mais, quando a conduta de uma autoridade estatal ferir norma infraconstitucional, não haverá limitação ou cerceamento de direitos fundamentais, mas simples problema de legalidade. Em casos mais raros, a Administração Pública e o Poder Judiciário intervêm diretamente em direitos fundamentais.[3]

Mas, em regra, quando são reunidas essas condições, temos uma *situação de conflito* que pode ser descrita da seguinte maneira:

T se considera titular de um direito fundamental;

E1 (em regra, o Legislador, um órgão da Administração Pública direta ou indireta, do Poder Judiciário) impede o exercício do direito mediante ação ou omissão;

T protesta;

E1 responde: "a Constituição permite o cerceamento do direito fundamental pelo legislador ordinário" ou "a lei não permite o exercício do direito";

T afirma que a lei em questão viola a Constituição;

E1 discorda;

E2, um tribunal responsável pelo controle de constitucionalidade, decidirá se a lei em questão ou sua interpretação/aplicação por *E1* viola a Constituição e, consequentemente, se *T* pode concretamente exercer o direito.

A referência genérica a conflitos envolvendo direitos fundamentais impõe dois esclarecimentos. Primeiro, devemos fazer uma distinção segundo o tipo do conflito. Muitas vezes há um conflito *direto* entre titulares de direitos, como no caso da colisão entre a liberdade de imprensa e o direito à intimidade. Por outro lado, o conflito pode ocorrer também entre um direito fundamental e um *interesse geral*

---

implicados e, na melhor das hipóteses, de sua estrutura sistêmica, é muito insuficiente quando não totalmente inútil em face de problemas concretos (patologia).

2. Porque a lei que a embasa pode ser inconstitucional *ou* pode abrir uma margem discricionária ao legislador executivo, por ele utilizada sem levar em consideração o estudo do efeito irradiante dos direitos fundamentais (Capítulo 7).

3. Cfr., por exemplo, a detalhada explanação de Sachs (2017, p. 69–73).

constitucionalmente tutelado,[4] como são a segurança pública, a proteção ambiental etc. Pode haver também um conflito entre um direito fundamental e um interesse (pelo menos em primeira linha) "estatal em sentido estrito", como a proteção da imagem e a capacidade funcional dos órgãos estatais, a tributação etc.

Tais interesses gerais e/ou estatais podem estar lastreados na Constituição e também podem se desdobrar em direitos fundamentais que justifiquem o aludido cerceamento. A segurança pública é um conceito coletivo (*Sammelbegriff*) que inclui direitos fundamentais (segurança, vida, propriedade etc.) de cada pessoa e faz parte do direito fundamental genérico à segurança.[5] A tributação se justifica porque permite o funcionamento dos aparelhos estatais que possibilitam o exercício dos direitos fundamentais e a redistribuição do produto nacional (implementando direitos sociais). Disso resulta que a limitação de um direito pode se justificar pela necessidade de preservar outros direitos, pelo menos de forma indireta,[6] além de poucos casos envolvendo a defesa de interesses estatais em sentido estrito como a defesa da imagem e da capacidade funcional de seus órgãos ou a defesa de símbolos nacionais constitucionalmente protegidos.[7] Mas, em tais casos, é necessária cautela, pois no Estado constitucional é problemática a ideia de limitar direitos fundamentais para proteger algo abstrato e suscetível de controvérsias políticas como os símbolos nacionais, assim como é difícil justificar porque, v.g., o honra de órgãos estatais merece maior tutela do que a honra das pessoas ditas "comuns".[8] Para uns razão de orgulho patriótico, para outros motivo de crítica por políticas estatais.

Usando como critério o tipo da limitação, diferenciamos entre as *limitações genéricas* e as *casuísticas*. No primeiro caso, a limitação é imposta mediante norma geral, independentemente da ocorrência de conflito concreto. Por exemplo, o

---

4. A terminologia oscila. Podem ser encontradas expressões como *bens e interesses públicos e privados*; *bens constitucionalmente garantidos*, *bens jurídicos da comunidade e do Estado* (Canotilho, 2002, p. 1256); *interesses da comunidade* (Farias, 2000, p. 116–118); *bens constitucionalmente legítimos*, *bens coletivos* (Pereira, 2006, p. 214, 380); *interesses públicos* (Ladeur, 2004, p. 13); *ordem objetiva* (Rusteberg, 2014).
5. Tutelada no art. 5º, *caput* CF. Detalhadamente, Lunardi (2009).
6. Para uma defesa da posição contrária, segundo a qual os bens coletivos não se reduzem a direitos fundamentais, cfr. Queiroz (2002, p. 262–263).
7. Cfr. as decisões do TCF alemão *Bundesflagge* (BVerfGE 81, 278) e *Nationalhymne* (BVerfGE 81, 298) sobre o choque entre liberdade artística e a defesa da bandeira e hino nacionais como bens jurídicos protegidos diretamente pela *Grundgesetz*. Excertos e anotações da primeira citada em Martins (2018, p. 235–242).
8. A *Corte Europeia de Direitos Humanos* rejeitou a tutela privilegiada de autoridades e símbolos estatais mesmo em caso de ataques graves e grosseiros, pois ela afetaria injustificadamente a liberdade de arte e expressão e o pluralismo político. Decisões: *Stern Taulats et Roura Capellare c. Espagne* (51168/15, 51186/15), 13.03.2018; *Matasaru v. The Republic of Moldova* (69714/16, 71685/16), 15.04.2019.

limite de velocidade é legalmente estabelecido. Trata-se de limitação quantitativa imposta à liberdade geral de ação e à liberdade de ir e vir do titular, no intuito de proteger a vida, a integridade e o patrimônio no trânsito, diminuindo as probabilidades e amenizando as consequências de um possível acidente. Essa limitação legal de cunho geral permanece válida, independentemente da presença de veículos na estrada, da capacidade do motorista, do padrão de segurança do automóvel etc.

Já a *limitação casuística* é permitida somente após a ocorrência de um conflito concreto entre dois bens jurídicos, caso em que necessária se faz uma decisão da Administração ou do Judiciário sobre o direito que deverá prevalecer no conflito em apreço.

Para resolver problemas decorrentes do exercício de direitos fundamentais, o operador do direito deve conhecer os limites à sua proteção definitiva[9] e os métodos de solução de colisões entre direitos fundamentais. Podemos, assim, enunciar uma equação de crucial importância:

Estudo dos direitos fundamentais = Estudo e tentativa de solução dos conflitos entre direitos fundamentais e outros bens jurídicos direta (bem jurídico-constitucional) ou indiretamente (reserva legal simples)[10] *protegidos pela Constituição ou conflitos de direitos fundamentais entre si (colisão de direitos fundamentais).*

9.2. Conceitos básicos instrumentais

Os conceitos apresentados neste capítulo são oriundos principalmente da dogmática jurídica alemã dos direitos fundamentais,[11] já amplamente recepcionada em outros países,[12] inclusive no Brasil.[13] Eles servem como instrumentos para que o jurista possa chegar à resposta correta, sob o ponto de vista jurídico-dogmático,

---

9. Uma vez que a proteção *prima facie*, conceito bastante usado por Alexy (1986), diz respeito apenas ao alcance dos direitos fundamentais, sem levar em consideração os bens jurídicos a eles contrapostos.
10. Sobre o conceito, cfr. Capítulo 9.3.2. A reserva legal qualificada poderá ser classificada em uma das duas categorias a depender de quais elementos, sobretudo, se o meio e/ou o propósito da intervenção foram predefinidos pelo constituinte. Pode-se dizer que, se o constituinte predefiniu como propósito a proteção de determinado bem jurídico, tem-se um bem jurídico diretamente protegido pela Constituição. Não obstante, constitui um equívoco sistemático grave acrescentar à aplicação da reserva legal qualificada um direito ou bem jurídico-objetivo constitucional sob pena de se subverter o sentido do sistema de limites positivado em uma Constituição. Cfr. Hufen (2018, p. 113 ss., 129–130).
11. Kingreen e Poscher (2019, p. 80–111); cfr. Kloepfer (2010, p. 81–108).
12. Canotilho (2002, p. 437–481, 1239–1286); Queiroz (2002).
13. Sarlet (2009, p. 384–395); Mendes (2000); Steinmetz (2001); Bornholdt (2005, p. 66–103); Pereira (2006); Freitas (2007), Silva (2009); Santiago (2014).

da questão sobre se uma ação ou omissão atribuída direta ou indiretamente ao Estado violou uma norma definidora de direito fundamental. São instrumentos porque pautam o exame de constitucionalidade específico e a argumentação a ele inerente, facilitando a tarefa de identificar com a maior precisão possível a extensão da violação de quais normas constitucionais.

Área de regulamentação, área de proteção objetiva (comportamento ou *status* jurídicos tutelados) e área de proteção subjetiva (titular) compõem o *tipo normativo* de um direito fundamental (*Grundrechtstatbestand*).[14]

---

14. O conceito de *Grundrechtstatbestand* (substrato ou suporte fático da norma, tipo normativo ou hipótese normativa) é bastante utilizado da dogmática jurídica alemã dos direitos fundamentais (por exemplo, Bumke, 1998, p. 63–69; Bumke, 2004, p. 17 e Lübbe-Wolff, 1988, p. 25–26) e também mencionado no Brasil (Silva, 2009, p. 68; Santiago, 2014, p. 46–57). Foi criticado por Roth (1994, p. 113) com anuência parcial de Dreier (2004, p. 115). A objeção refere-se ao fato de a consequência ligar-se ao estorvo da área de proteção, e não a ela própria. Todavia, em vista da natureza de norma reflexiva dos direitos fundamentais, o tipo normativo implícito é o do estorvo. Não se trata de uma norma imperfeita sem sanções e meramente programática (cfr. Dimoulis, 2011a, p. 115–116). Primeiro, porque junto de toda norma de direito fundamental está presente uma implícita norma de conduta destinada, como vimos, em termos técnicos, somente às autoridades estatais; segundo, porque tais normas de conduta sempre estão acompanhadas da respectiva implícita norma de consequência: a anulação de atos incompatíveis com a norma de conduta. O caráter implícito de ambas as normas (*Tatbestand + Rechtsfolge*) apenas faz revelar as peculiaridades do direito constitucional específico (*spezifisches Verfassungsrecht*) em relação ao que se convencionou chamar de direito comum (*einfaches Recht*), o direito infraconstitucional. Sobre essa diferença e suas pujantes consequências para o controle de constitucionalidade de interpretações e aplicações normativas pelo Judiciário, em geral, Martins (2019a).

Mais duas observações. Sob a perspectiva do direito infraconstitucional penal, o art. 151 do CP é uma concretização e aperfeiçoamento do art. 5º, XII CF, na sua dimensão de dever estatal de tutela (Capítulo 8). O mesmo não ocorre no que diz respeito à dimensão subjetiva de direito de resistência.

Segundo, a dificuldade em se chamar de substrato ou suporte "fático" o resultado da interpretação e consequente definição da área de proteção de um direito fundamental parece decorrer de uma incompleta compreensão da função estatal jurisdicional como restrita à aplicação de regras gerais e abstratas para a solução de lides. A jurisdição constitucional (e parte da comum) não soluciona somente lides (em sentido estrito interorgânicas ou federativas, cfr. Martins, 2011, p. 43–48 e 2018a, p. 34–38). Esclarece também dúvidas quanto à coerência normativa vertical (controle normativo de constitucionalidade). Assim, o substrato "fático" das normas de direitos fundamentais é, a despeito dos problemas terminológicos, a incompatibilidade entre normas constitucionais e infraconstitucionais.

9.2.1. Área de regulamentação

Cada direito fundamental tem como objetivo regulamentar uma situação ou relação real, isto é, um conjunto de fatos que acontecem por razões físicas ou sociais.

Exemplos: o art. 5º, XII CF refere-se a formas de comunicação humana, realizadas com a ajuda de meios técnicos de maior ou menor sofisticação. Trata-se aqui de uma situação social: duas pessoas desejam comunicar-se com privacidade e, não tendo a possibilidade de se encontrar, recorrem ao correio, ao telefone, ao telegrama ou à comunicação que envolve transmissão de dados. O constituinte estabelece que essas comunicações devem ser realizadas sem interferências alheias à vontade dos correspondentes.

O art. 5º, IV CF trata da faculdade das pessoas de livremente expressarem seus pensamentos com objetivos variados, também como parte do fenômeno social da comunicação, porém, dessa vez, não mais interindividual como no caso anterior, mas tendencialmente "social", ou seja, destinada a um número indeterminado de recipientes.[15] Já o art. 5º, IX CF dispõe sobre fenômeno similar, mas não idêntico por contemplar, como sabemos por interpretação sistemática, apenas e, especificamente, a comunicação social, notadamente em seu aspecto institucional, e com isso de modo a determinar algo a respeito do processo e organização empresarial e social da comunicação.[16]

Os incisos XXII e XIII do art. 5º CF incidem sobre o aspecto econômico da vida em sociedade, o primeiro sobre o *resultado* da atividade econômica (propriedade) e o segundo sobre o *processo* com vistas ao resultado (liberdade profissional que engloba a liberdade empresarial).[17]

O art. 5º, XVI CF trata de um comportamento individual e social tradicional, qual seja, da faculdade das pessoas de se reunirem com as mais variadas finalidades em determinado local. Geralmente, as reuniões são feitas com a intenção de se ganhar visibilidade da opinião pública por intermédio de protestos e reivindicações que poderão suscitar e informar processos legislativos (como, no Brasil, as recentes "marchas" a favor da descriminalização de certas drogas),[18] não se limitando, porém, a tais desideratos.[19]

---

15. Martins (2012, p. 266–277).
16. Martins (2012, p. 266–277).
17. Em relação a ambos os direitos, cfr. as detalhadas exposições de Martins (2012, p. 157 ss. e 180 ss.).
18. Cfr. a decisão do STF na ADPF 187, rel. Min. Celso de Mello, Pleno, j. 15.06.2011 e sua análise por Martins (2013, p. 283–304).
19. Cfr. a detalhada exposição de Martins (2017).

Esses exemplos indicam que a *área de regulamentação*[20] *refere-se ao tema* tratado pelo constituinte, ao recorte da complexa realidade social sobre o qual incide a norma jusfundamental. Como esse tema mereceu a atenção do constituinte, dizemos genericamente que ele o regulamentou. Tratou dele com uma norma definidora de direito fundamental, razão pela qual a regulamentação constitucional tem significado jurídico distinto da regulamentação infraconstitucional ou muitas vezes infralegal de um direito comum com vistas à sua aplicabilidade ou à viabilização de seu exercício.

A área de regulamentação de um direito fundamental é composta de dois elementos.

Primeiro, a descrição da situação ou relação fática, de cunho físico ou social (viver, reunir-se, comunicar-se a distância, informar, informar-se, arte, patrimônio etc.). Destaque-se, nesse elemento, o papel hermenêutico de um núcleo semântico da norma, geralmente reconhecível junto de um verbo ("reunir-se") ou a um substantivo expressivo, tal como "arte" (ou "atividade artística" segundo o teor do art. 5º, IX CF). Essa primeira aproximação hermenêutica, apenas um passo preliminar à verificação do *que* e de *quem* deve ser protegido em face do Estado, tem relevância ímpar no exame de constitucionalidade com base em parâmetro jusfundamental. Isso porque repercute o esforço de se estabelecerem hipóteses de violação pelo ato estatal *lato sensu*, verificando-se a eventual relevância de mais um parâmetro, o que indicia uma concorrência entre direitos fundamentais (Capítulo 9.4.2.).

Segundo, a indicação de uma decisão ainda que genérica do constituinte a respeito dessa situação real que indica, grosso modo, o que deve acontecer em relação a ela: a vida deve ser respeitada, a comunicação deve se realizar em condições de liberdade e privacidade sem intervenção de terceiros etc. Como estudado no Capítulo 7, o Estado é destinatário dessa norma de *dever ser*.

Como aludido, o ponto de partida é a análise de um conceito central, declarado ou subentendido pelo teor da norma do direito fundamental que serve de parâmetro ao exame de constitucionalidade, como é o caso do conceito "reunião" do art. 5º, XVI CF derivado do verbo positivado pelo constituinte "reunir-se". Uma reunião pode ser definida como encontro de pelo menos três pessoas, segundo entendimento orientado pelo uso linguístico geral do termo, ou até mesmo de duas pessoas, segundo entendimento lógico-literal, que tenham um propósito *comum*,

---

20. Utilizamos as expressões *área de regulamentação* e *área de proteção*, traduzindo os termos em alemão *Regelungsbereich* e *Schutzbereich*. A maioria dos doutrinadores nacionais refere-se a "âmbito de vida" e "âmbito de proteção" (Sarlet, 2009, p. 387; Silva, 2009, p. 70–73). Encontramos também a tradução do termo *Schutzbereich* como "núcleo de proteção" (Mendes et al., 2008, p. 294).

i. e., que estejam conectadas entre si por esse propósito.[21] A ida de centenas ou até milhares de pessoas a um estádio de futebol para acompanhar um "clássico" do campeonato brasileiro ou para assistir a uma apresentação musical não compõe reunião no sentido do art. 5º, XVI, por estar ausente a referida *comunhão* de propósitos, embora todos os partícipes tenham *o mesmo* propósito. No caso, trata-se de propósitos paralelos "de todos", mas não "comuns", uma vez que os espectadores não precisam uns dos outros para a comunicação social que apenas uma junção de vários corpos em prol dela viabiliza.[22] Por isso, tais eventos de entretenimento não fazem parte da área de regulamentação da liberdade de reunião, mas, certamente, da área de regulamentação de outros direitos fundamentais.[23]

---

21. Cfr., em minúcias, Martins (2017, p. 452–454). Schmidt (2019, p. 332–337) e Kingreen e Poscher (2019, p. 232–234) enfatizam o fato de cada participante precisar dos demais para se alcançar os efeitos da reunião (propósito comum). Michael e Morlok (2016, p. 161–162) sublinham a necessidade da presença física dos reunidos, excluindo da área de regulamentação as reuniões virtuais feitas com auxílio das novas tecnologias da informática. Defendem como número mínimo a dupla, tendo em vista a "função de um direito fundamental do encontro de pessoas: a 'mais valia' da troca de comunicação recíproca e experiência comunitária pode ser alcançada já a dois e carece de proteção, mesmo que na prática a maioria dos problemas jurídicos típicos surjam nas reuniões de mais pessoas", entendimento que deveria prevalecer sobre o uso comum do vernáculo ou mesmo ao uso acadêmico do brocardo *tres faciunt collegium*. Assim, até mesmo a visita a um preso pelo amigo deveria ser medida com base no parâmetro da liberdade de reunião (Michael; Morlok, 2016, p. 160, nota de rodapé 245). Schulze-Fielitz (2004, p. 896), em seus comentários ao art. 8 GG sob menção à decisão paradigmática do TCF alemão (BVerfGE 69, 315, 343), enfatiza o papel da reunião como "expressão de um desenvolvimento comunitário [de personalidade] dependente da comunicação". Por isso, a persecução do propósito comum seria elemento constitutivo da reunião, não se podendo estabelecer critérios rigorosos para a concretização ou uniformidade do propósito dos participantes. Detalhada exposição do estado da arte na doutrina e jurisprudência do TCF alemão: Martins (2020, p. 12 ss.).
22. Cfr. Martins (2017, p. 453).
23. Como a liberdade de locomoção ou o subsidiário direito fundamental à liberdade que abrange o livre desenvolvimento da personalidade e seu principal aspecto da autodeterminação. A figura jurídico-dogmática da área de regulamentação ganha relevância em dois contextos: primeiro, quando o constituinte for restritivo ao retirar da proteção *prima facie* os comportamentos ou situações que, segundo sua decisão, não mereçam proteção e, segundo, para orientar a discussão das concorrências entre direitos fundamentais, no intuito de estabelecer parâmetros específicos (sob medida, por assim dizer) para avaliar a conduta estatal potencialmente violadora da CF (Capítulo 9.4.2.).

9.2.2. Área de proteção

Todavia, não há de se falar que toda e qualquer reunião será protegida contra cerceamentos legislativos, administrativos (por exemplo, dissolução pela polícia) ou judiciais que chamaremos mais adiante de intervenções estatais. Dentro do grande círculo da área de regulamentação (liberdade de reunião), a Constituição Federal decide proteger somente determinadas reuniões, quais sejam, aquelas cujos participantes não portem armas e que possam ser caracterizadas como pacíficas. Assim, a Constituição Federal indicou os casos nos quais uma reunião que faz parte da área de regulamentação *não goza de proteção constitucional, excluindo-os, portanto, da tutela constitucional.*[24]

Dessa maneira chega-se ao conceito de *área de proteção*. A área de proteção será menor que a área de regulamentação toda vez que o constituinte retirou daquele recorte da realidade social no qual incide a norma (área de regulamentação) um comportamento ou situação não contemplados por ela.

Dito de outra forma: o constituinte recorta de todos os comportamentos e situações tematizados pela norma de direito fundamental somente aqueles que pretende proteger. Em muitos casos isso não ocorre, havendo equivalência entre os dois círculos que representam a área de regulamentação e a área de proteção.[25] Nos demais casos, a área de proteção de cada direito é resultado da subtração da área de regulamentação daqueles casos e situações que a Constituição não protegeu.

Em particular, cada vez que a Constituição se valer de locuções como "salvo se", "a não ser que", "sendo vedado", o objetivo pode ser *restringir a área de proteção*, excluindo os casos (comportamentos ou situações) descritos por tais locuções. No mínimo, elas suscitam essa aparência. Contudo, algumas dessas expressões podem introduzir uma reserva legal implícita que, se verificada, tem consequência jurídico-dogmática totalmente diversa da exclusão *ab initio* da proteção de um comportamento por não fazer parte da área de proteção. Se o comportamento ou situação não fizerem parte da área de proteção, a atuação do Estado não precisa se submeter ao processo de justificação constitucional a ser a seguir (Capítulo 9.3., especialmente: 9.3.5.) explanado. Já quando o legislador restringir um direito

---

24. Martins (2017, p. 454–457, 464–468).
25. Schmidt (2019, p. 70) oferece uma boa delimitação dos conceitos quando discorre que, ao se partir da interpretação constitucional, deve ser investigada a área de proteção por meio de uma exegese: "Nela parte-se primeiro de uma (sobrevalente) área de regulamentação. Sob área de regulamentação entende-se a área da vida (natural), dentro da qual o direito fundamental vale e na qual ele [direito fundamental, sua norma definidora] somente então define a área de proteção [jurídica]." A área de regulamentação não faz parte da hipótese normativa. Tem função meramente preliminar, descritiva no processo de exegese do objeto da tutela constitucional.

fundamental com base em uma reserva legal, deverá respeitar um limite reflexo, visto que tanto a fixação da regra abstrata como sua aplicação pela Administração e/ou Judiciário deverão passar pelo referido processo de justificação constitucional.

Os limites aos direitos fundamentais apresentam possibilidades de cerceamento de condutas e situações que fazem parte da área de proteção do direito fundamental. A interpretação dependerá, além da análise gramatical, principalmente do método sistemático. Assim, por exemplo, a locução "salvo" no art. 5°, XII introduz uma reserva legal qualificada, não podendo ser entendida como excludente de um comportamento ou situação da área de proteção.[26]

Também no que tange ao aspecto da titularidade do direito fundamental, o constituinte pode retirar do recorte fenomenológico da realidade social no qual incide a norma constitucional (área de regulamentação) as categorias de pessoas que, por seu soberano critério, não gozam da garantia constitucional do direito fundamental.[27] Distingue-se, nesse ponto, entre a área de proteção material ou objetiva e a área de proteção pessoal ou subjetiva.[28]

Essa distinção é crucial para o operador jurídico, pois, em caso de conflito, mais precisamente, estando presente um estorvo (*Beeinträchtigung*) por ação ou omissão estatal, não é suficiente alegar a regulamentação constitucional de um direito. Se se tratar de um direito fundamental de *status negativus*, o comportamento que não fizer parte da área de proteção não será protegido contra a intervenção estatal. Qualquer reunião não pacífica, por exemplo, pode ser dissolvida em qualquer momento pela polícia, o legislador pode prever as mais diversas sanções, e o juiz aplicá-las sem que seus participantes possam exigir a justificação constitucional ao invocarem seu direito de resistência. Assim, o primeiro filtro utilizado no exame de um *direito*

---

26. Caso contrário, não haveria possibilidade jurídico-dogmática de se controlar a constitucionalidade material da lei que estabelece as hipóteses e a forma "de investigação criminal ou instrução processual penal" (art. 5°, XII CF). Logicamente, a configuração infraconstitucional dessa autorização (que não pode mais ser chamada de reserva legal na acepção técnico-jurídica constitucional) não representaria intervenção na área de proteção do direito fundamental. Assim, sujeitar-se-ia ao livre critério do legislador. Em face de um direito fundamental tão sensível quanto o sigilo das comunicações telefônicas, que pode sofrer intervenções estatais desconhecidas dos titulares, não poderia ser essa a vontade do constituinte, como ocorreu, por exemplo, no caso da exclusão da proteção de marchas paramilitares segundo o teor do art. 5°, XVI CF.
27. Cfr. Capítulo 5.1.4. Lembremos que, mesmo quem não for titular de direitos fundamentais pode gozar de seus direitos e ter seus bens jurídicos protegidos pela ordem jurídica compatível com a Constituição. A diferença é que, no seu caso, não há garantia de direito fundamental de resistência em face de intervenções *legislativas*.
28. Cfr., na discussão alemã, as classificações de Winkler (2010, p. 28–57). Parte da problemática em torno da área de proteção pessoal, como a capacidade para exercer direito fundamental de menores, nascituros ou *post mortem*, foi trabalhada na presente obra no Capítulo 6.

fundamental é a constatação dos exatos limites da sua área de proteção. Devemos saber se o titular de um direito constitucionalmente regulamentado está protegido em determinada situação ou não.

9.2.3. Exercício do direito

Para que seja realizado o exame da conformidade constitucional de uma conduta estatal suspeita de violar direitos fundamentais, deve ser antes verificado se o titular tentou exercer o direito. Quem não deseja sair de casa não pode, evidentemente, queixar-se de sofrer uma limitação de sua liberdade de ir e vir pela polícia.

No entanto, mesmo quando se analisa abstratamente uma medida normativa, deve-se verificar se ela é apta a afetar direitos fundamentais. Se, por exemplo, uma lei estabelecer que jornalistas estrangeiros que criticam o governo serão imediatamente expulsos, a verificação de sua constitucionalidade pode ser realizada antes que um jornalista seja efetivamente preso para fins de expulsão. Nesse caso, antes de afirmar sua inconstitucionalidade, deve ser verificado se essa medida afeta a liberdade de manifestação de pensamento e de comunicação de quem, no futuro, poderia criticar a política governamental.

Em ambos os casos, a problemática da violação de um direito fundamental pressupõe a análise de suas formas de exercício, efetivas ou potenciais. Ora, a expressão *exercício de direito* sugere algo ativo: locomover-se, escrever, protestar, exercer atividade econômica. Pergunta-se, porém, se é obrigatório que o titular dos respectivos direitos realize a conduta por eles positivamente descrita.

A resposta deve ser negativa em três sentidos. Primeiro, porque se trata de direitos, e não de obrigações; ninguém tem o dever de se conduzir da forma descrita na Constituição em referência a um direito fundamental. Na maioria dos direitos fundamentais, há o livre-arbítrio de exercer ou não o direito outorgado. A liberdade decorrente de direito fundamental é, em toda regra, dispositiva. Somente o Estado é obrigado a justificar suas ações/omissões em face da liberdade outorgada, mas não é o indivíduo obrigado a justificar o seu não exercício (*Verteilungsprinzip*).[29] Segundo, porque, como se disse a respeito do exemplo do jornalista, pode-se ter violação de um direito fundamental mesmo quando o titular não o exerce, se a norma limitadora cercear o futuro exercício desse direito. Terceiro, porque se pode configurar uma violação de direito mesmo quando seu titular se abstiver, ou melhor, for obrigado a não se abster de seu exercício concreto.

A terceira observação significa que o direito pode também ser exercido de modo negativo, mediante abstenção de seu titular. Se esse modo ou aspecto negativo do exercício fizer parte da área de proteção, a principal consequência será a

---

29. Schmitt (1993, p. 163 ss.).

possibilidade de violação do direito também quando alguém obrigar o titular do direito a fazer aquilo que a Constituição não impõe. A pessoa que se nega a declarar sua religião exerce a liberdade de crença negativamente. Esse modo de exercício da liberdade de crença merece tutela idêntica à proteção da liberdade de crença de pessoa que declare abertamente sua crença e tenta converter outras pessoas.[30]

Já em outros casos o não exercício "positivo" de um direito adquire a forma de *abstenção*. A abstenção é protegida pela regra de que o não proibido é permitido, mas *não constitui exercício* de direito fundamental. O desempregado que esteja procurando um emprego não exerce negativamente a liberdade profissional nem o desamparado, seu direito de propriedade.[31] Da mesma forma, quem permite que a polícia entre em sua residência fora das hipóteses legalmente previstas, autorizando, por exemplo, que seja realizada uma busca sem a devida ordem judicial, deixa de exercer seu direito fundamental. Em tais casos, não há de se falar em potencial violação do direito fundamental parâmetro do exame respectivamente em pauta.[32]

Todavia, a possibilidade de abstenção não é dada quando estamos diante de direitos-deveres, como ocorre, na ordem constitucional brasileira, com o direito fundamental ao voto e com a obrigatoriedade do ensino fundamental.[33]

No caso do direito fundamental à vida há controvérsias sobre o fato de se saber se o direito compreende também um aspecto negativo. Seria o direito ao suicídio, de maneira direta, assim como com condutas perigosas ou com um estilo de vida gravemente lesivo à saúde. Muitas vezes o direito à vida é interpretado como dever do titular.[34] Consideramos que essa visão é meramente ideológica. Ao garantir o direito fundamental à vida, a Constituição Federal considera-a como *bem disponível*, dependendo sua forma de exercício de decisão de seu titular.

---

30. Martins e Dantas (2016, p. 894).
31. Adamy (2011, p. 199–200). Se o desemprego deixar de ser involuntário, tornando-se opção de vida, essa escolha do titular corresponderá ao exercício negativo da liberdade profissional e oponível contra eventual sancionamento estatal (previsão e/ou aplicação da sanção por "vadiagem"). Isso mostra que o relevante é verificar a obrigatoriedade de exercício do direito imposta pelos órgãos estatais, conforme a terceira observação no texto. Por sua vez, o proprietário obrigado ao uso de sua propriedade imóvel tem atingido o exercício negativo do direito fundamental de propriedade. É o que acontece, por exemplo, em prol da proteção do patrimônio histórico como cumprimento da função social da propriedade com base em uma Lei de Tombamento e no ato administrativo nela baseado. Cfr. Martins (2012, p. 194 ss. 197–200 e 204 ss.).
32. Dito de outra forma: uma correspondente hipótese de violação cairia por terra já nessa primeira fase do exame. Sobre essa metódica, v. Capítulo 11 a 13.
33. No caso dos direitos fundamentais de resistência, o aspecto negativo está sempre presente segundo o entendimento aqui defendido. Trata-se de decorrência do princípio distributivo. Cfr. Martins (2012, p. 29–30, 37).
34. Nunes Jr. em Araújo e Nunes Jr. (2003, p. 104).

Levar a sério o aspecto subjetivo dos direitos fundamentais significa considerar que o indivíduo tem, sim, o direito ("negativo") de deixar de viver se assim o decidir. Isso significa, juridicamente, que o suicídio (e sua tentativa) não pode ser punido ou de qualquer forma sancionado. Em decorrência disso, em princípio, as pessoas que ajudam alguém a suicidar-se, oferecendo, por exemplo, substâncias que permitam pôr fim à vida, não deveriam ser penalizadas, já que sua atuação nada mais é do que participação no exercício de um direito fundamental.[35]

Por essa razão, o art. 122 do Código Penal brasileiro que penaliza o auxílio ao suicídio representa uma intervenção estatal no direito fundamental à vida do suicida, assim como a criminalização de entorpecentes representa uma intervenção estatal no direito fundamental à autodeterminação de consumidores de entorpecentes derivado do direito fundamental à "inviolabilidade da liberdade" do art. 5°, *caput* CF c.c. direitos fundamentais de personalidade do art. 5°, X CF. A norma do art. 122 do CPB decorre de uma equivocada visão objetivista, ao querer oferecer uma espécie de proteção do titular contra si próprio, que equivale a uma indevida curatela geral. Isso *instrumentaliza* o titular dos direitos fundamentais, ignorando sua liberdade que pode ser exercida de maneira negativa, ainda que isso contrarie interesses do Estado e da sociedade ou mesmo considerações de senso comum.[36]

O Estado-legislador penal não cumpriu seu ônus de argumentação, decorrente da regra de que cabe a ele argumentar em caso de limitação ou ameaça de limitação de direito fundamental (*Argumentationslastregel*), conforme será analisado no próximo capítulo.[37] Em razão disso, o art. 122 do CP é inconstitucional em face do direito fundamental à vida garantido pelo art. 5°, *caput* CF.[38]

---

35. A problemática foi tratada também em uma obra artística de grande impacto: o filme *Mar adentro* (Espanha, 2004, dir. Alejandro Almenábar).
36. No mais, tal violação do direito fundamental à vida em sua acepção de liberdade negativa (exercício negativo) configura também violação do princípio da dignidade humana do art. 1°, III CF, porque não considera o sujeito de direito como pessoa, tratando-o como mero objeto. Esse princípio, lamentavelmente desgastado pela exagerada e retórica avocação, deve ser trazido à pauta quando o Estado ignora a autonomia de pessoas em nome de tradicionais e metafísicas concepções de mundo e nas constelações de aplicação dos direitos sociais, para os quais existem normas como as do art. 6° CF. Em face das gritantes mazelas sociais brasileiras, a inflação do uso do princípio da dignidade humana não somente o bagateliza, mas também, em face de sua recorrente ineficácia, faz com que o intérprete chegue à conclusão de que a ordem constitucional brasileira está sedimentada sobre um fundamento erodido. Ampla discussão do argumento e das teorias sobre o conceito de dignidade humana em Martins (2014, p. 256–258) e Martins (2014a, p. 58–62).
37. V. apresentação do conceito abaixo, sob 10.6.4.
38. Trata-se, contudo, de matéria jusfundamental marcada por limites decorrentes de lastros jurídico-constitucionais da bioética. Sobre o exercício negativo do direito à vida e as várias facetas do direito à morte, v. Martins (2014a, p. 89–92).

Quando a abstenção do exercício de um direito fundamental não for restrita a um evento, pode-se estar à frente de uma renúncia ao próprio direito fundamental e não somente ao seu exercício em casos concretos. Isso deve ser analisado sob a epígrafe da possibilidade jurídica da *renúncia a direitos fundamentais*. A questão é complexa e ainda não foi suficientemente tratada na doutrina brasileira.[39]

Vale a regra de que é possível a renúncia do titular em favor do Estado ou de um particular, pela razão simples de que se trata de um direito, e não de uma obrigação. Conforme o brocardo em latim: *volenti non fit iniuria*. O exercício de direitos depende da vontade de seu titular, por mais que uma omissão motive a discordância ou a reprovação moral dos demais.

Quando o não exercício de um direito fundamental prejudica terceiros, por exemplo, quando a entidade que possui imunidade tributária passa a recolher impostos, diminuindo seu patrimônio em prejuízo aos seus membros, devemos entender que a renúncia não é permitida.[40]

Também é problemática a renúncia quando constitui resultado de pressão de terceiros, que fazem depender da renúncia a realização ou a contraprestação de certos benefícios. O exemplo mais lembrado é a exigência de celibato, feita por Igrejas a certas categorias de funcionários e colaboradores, ocorrendo demissão em caso de violação da clausula.[41] Mais comum é a exigência de que certos funcionários, públicos ou não, abstenham-se de manifestar publicamente suas opiniões. A resposta sobre a licitude da exigência de renúncia apenas pode ser dada após exame cuidadoso de cada caso, de sorte a verificar, em particular, qual a justificativa material da limitação e qual a gravidade da ameaça. Como na maioria dos casos a renúncia a um direito fundamental ocorre nas relações entre particulares, podendo ser entendida como acepção da – ou abrangida pela – "autonomia da vontade", instituto não apenas caro ao direito civil como também partícipe da autodeterminação contratual abrangida pelo art. 5º, *caput* CF, a opção pelo particular deve ser a regra. As exceções devem ser submetidas à justificação constitucional, já que os

---

39. Silva (2005, p. 63–65) não responde satisfatoriamente à pergunta sobre ser possível ao indivíduo renunciar ao (futuro) exercício de um direito fundamental, pergunta essa de crucial relevância jurídico-dogmática e filosófica para compreender o papel dos direitos fundamentais no Estado moderno. Marmelstein (2008, p. 438–447) considera permitida a renúncia se for respeitada a "proporcionalidade", utilizando esse termo no sentido moralizante da razoabilidade (verificação do caráter "sincero" e "consciente" da renúncia, p. 441). Cfr. as indicações bibliográficas, jurisprudenciais e as análises de filosofia política em Martel (2011). O mais completo estudo encontra-se em Adamy (2011).
40. Adamy (2011, p. 46).
41. Hufen, 2011 (p. 88–90).

direitos fundamentais, como visto no Capítulo 7, vinculam diretamente apenas o Estado, mas não os particulares entre si.[42]

Considerando-se essa ressalva, o exercício de um direito deixa de constituir pura faculdade do titular, no comentado caso em que o direito constitui também um dever, faltando o aspecto negativo. Em conclusão, e apesar de a existência de casos nos quais falta o aspecto negativo, exercer um direito fundamental significa a faculdade de seu titular de comportar-se ou deixar de se comportar conforme os elementos típico-normativos que se situam na área de proteção do direito. Portanto, em regra, são possíveis a abstenção e a renúncia.

9.2.4. Intervenção na área de proteção do direito

9.2.4.1. Conceito e desenvolvimento de seu papel dogmático. A dupla reflexividade dos conflitos entre direitos fundamentais

Os questionamentos jurídicos começam a partir do momento em que se constata uma "invasão" na área de proteção de um direito fundamental. Tal invasão é realizada, quase sempre, por uma autoridade estatal. A esse respeito devem ser feitos alguns esclarecimentos.

Tem-se um problema, isto é, uma situação de tensão (*Spannungsverhältnis*), a partir do momento em que se constata um choque de interesses entre indivíduos ou grupos que desejam adotar ou efetivamente adotam condutas que são mutuamente exclusivas por razões fáticas: não se pode circular livremente nas ruas em que se realiza uma passeata nem receber uma prestação educacional se os recursos orçamentários foram dedicados ao atendimento de outras pessoas e direitos sociais.

Os envolvidos no choque de interesses invocam em seu favor normas constitucionais que, *prima facie*, oferecem a possibilidade de comportar-se de acordo com o respectivo tipo normativo. Essa situação inicial de conflito constitui a regra no exercício dos direitos fundamentais, já que a formulação genérica dos direitos conduz necessariamente a choques de interesses.

Na segunda etapa, a autoridade estatal competente, alertada pelos interessados ou por iniciativa própria, decide intervir. Limita o exercício de um direito para possibilitar o exercício do outro, para impor um interesse puramente estatal, ou

---

42. A impossibilidade jurídica de renúncia equivale a uma intervenção estatal que deve ser justificada com base em um limite constitucional ao direito fundamental. Assim, por exemplo, a afirmação de um dever objetivo estatal de proteção à liberdade individual contra a vontade do titular (proteção contra si próprio) redunda em paternalismo estatal incompatível com o sistema liberal dos direitos fundamentais positivados nas constituições contemporâneas como é o caso da CF. Cfr. Hufen (2018, p. 53 e 87 ss.).

um interesse difuso coletivo não individualizável (transindividual).[43] Pode também permanecer inerte, impedindo, na prática, o exercício de um entre os direitos fundamentais em conflito. No nosso exemplo, a lei que proibisse as reuniões em determinadas localidades e horários teria interferido na liberdade de reunião em prol do exercício da liberdade de locomoção. Eventual inércia do Estado (ausência de tal lei) teria resultados contrários, mas equivalentes do ponto de vista do conflito, pois a ausência de restrições da liberdade de reunião restringe o direito de ir e vir.

Como foi observado, nessa etapa temos um triângulo formado pelo Estado e por pelo menos dois interesses opostos. Há três possibilidades teóricas de tratamento do conflito. Uma negativa, que se verifica quando o Estado se abstém de regrá-lo. E duas positivas, primeiro, quando se impõe, mediante norma infraconstitucional, a uma das partes a obrigação de deixar de fazer aquilo que se contrapõe ao interesse da outra parte; segundo, quando se obriga a última a tolerar a realização do comportamento do primeiro, contrariando o seu interesse (*Duldungspflichten* = obrigações de tolerância).[44]

Em uma terceira etapa, surge o inconformismo diante da postura do Estado por parte de quem se considera lesado em seus interesses. O interessado contestará a constitucionalidade do regramento ou de sua omissão abstratos ou concretos (pelo Judiciário), invocando as normas constitucionais que garantem seus direitos.

Nesse caso, deve ser feita a análise da conformidade da regra infraconstitucional (ou de sua omissão) com a norma constitucional. A norma constitucional não decide o conflito em si. A Constituição não diz se determinada pessoa em determinadas circunstâncias reais pode ou não se conduzir de certa forma. Mas permite decidir sobre a validade da regra (ou omissão) infraconstitucional que objetiva resolver o conflito. Por isso, as normas que garantem direitos fundamentais são *reflexivas*: regulamentam (limitam) a possibilidade de o Estado regulamentar um conflito de interesses constitucionais ou não (reservas legais para tutela de interesses gerais).[45] São reflexivas, porque há, em primeira linha, identidade entre o criador e o destinatário da norma: o Estado.

No nosso exemplo, se o tribunal considerar inconstitucional norma que proíba as reuniões no horário comercial e descartar sua aplicação, não resolve diretamente o conflito. A não aplicação da norma limitadora do direito de reunião permite que, de forma reflexiva, os interessados realizem as reuniões com a consecutiva limitação da liberdade de ir e vir dos demais. Dessa forma, a decisão sobre a constitucionalidade da medida (ou omissão) estatal em relação a um conflito repercute

---

43. Vale dizer: para a concretização de boa parte da Constituição da sociedade (principalmente o título VIII, da CF: "Da Ordem Social"), caso em que o Estado é "convocado como configurador [da sociedade]" (Kingreen e Poscher, 2019, p. 12).
44. Poscher (2003, p. 183).
45. Poscher (2003, p. 183).

na solução desse conflito: satisfaz a pretensão de uma parte e impede, de forma reflexiva, a satisfação da pretensão da outra (eficácia horizontal *indireta*). Esse é o segundo significado do termo *reflexivo* das normas de direito fundamental. Temos aqui a *dupla reflexividade* que caracteriza os conflitos entre direitos fundamentais.

De forma esquemática, a dogmática dos direitos fundamentais tem como início e como ponto de chegada o choque de interesses causado pela concretização de direitos fundamentais. Inicia com a constatação de um choque de interesses entre titulares de direitos fundamentais, ou entre um titular e interesses gerais que constitucionalmente têm o condão de limitá-los, e dá uma resposta final ao conflito indicando aquilo que cada envolvido pode ou não pode fazer.

Tarefa da dogmática jurídica não é resolver diretamente tais conflitos, mas analisar as intervenções ou abstenções normativas do Estado em relação à sua conformidade constitucional. Para tanto, deve ser realizada uma cuidadosa interpretação da titularidade e do alcance da norma constitucional, assim como da norma ou omissão infraconstitucional. Essa análise permitirá decidir a questão da constitucionalidade que, em seguida, refletirá sobre o conflito, de modo a autorizar determinada conduta dos interessados e, de forma novamente reflexiva, impedir a conduta conflitante.

Não é diferente o caso de choque de interesses que não ocorre diretamente entre particulares, mas entre o interessado e o poder estatal. Encontramos essa situação nas omissões legislativas relacionadas aos direitos sociais. O interessado em receber, *v.g.*, atendimento médico adequado e gratuito não se encontra em conflito com outras pessoas que desejam receber o mesmo tratamento ou outras prestações correspondentes a direitos sociais. O interessado encontra-se diretamente em conflito com as autoridades estatais que não lhe oferecem tal tratamento.

Nesse caso, o conflito envolve diretamente o Estado. Porém, do ponto de vista dos direitos fundamentais, continua presente seu caráter reflexivo. Aquilo que se examina é a conformidade constitucional da conduta omissiva do Estado, isto é, da inércia em implementar um direito social. A inconstitucionalidade por omissão repercute no pedido do interessado ao permitir satisfazer seu interesse, com base na constatação da omissão estatal inconstitucional, mas não diretamente em decorrência de um direito de terceiro interessado.

A diferença é que, nesse caso, falta conflito entre dois titulares de direitos fundamentais e por isso não se manifesta a segunda dimensão da reflexividade. Como dissemos, o impedimento não é causado pela abundância de pessoas que desejam utilizar os mesmos recursos, como sugere a imagem da "fila" ou o anúncio de que "não há vagas" (na escola, no hospital etc.), mas pela omissão estatal em criar condições e estruturas para atender todos os titulares do direito.

Feitos esses esclarecimentos, pode-se definir a intervenção na área de proteção de um direito fundamental como ação ou omissão do Estado que:

a) Impossibilita um comportamento correspondente a um direito fundamental, isto é, abrangido pela área de proteção do referido direito, o que é normalmente perpetrado por órgãos do Executivo ou do Judiciário. Exemplo: confisco de exemplares de um periódico como intervenção na liberdade de imprensa (art. 5º, IX CF); e/ou

b) Liga ao seu exercício uma consequência jurídica negativa, isto é, uma proibição acompanhada de sanção, o que é perpetrado normalmente pelo legislador, mas também por órgãos do Executivo e Judiciário, no âmbito de suas eventuais margens discricionárias predefinidas pelo legislador. Exemplo: definição pelo legislador penal do crime de injúria como intervenção na liberdade de manifestação do pensamento do art. 5º, IV CF.

A intervenção pode se dar, segundo o entendimento contemporâneo,[46] direta ou indiretamente, com ou sem constrangimento. Quando se constata "invasão" na área de proteção de um direito fundamental, ativa-se um mecanismo complexo de defesa ou resistência. Essa invasão é feita por uma autoridade estatal, pois a invasão fática partida do particular não é resistida pela norma constitucional, mas por normas infraconstitucionais[47] que tutelam direitos fundamentais.

Relevante para o presente contexto é a invasão normativa do Estado. Contra ela, os direitos fundamentais oferecem resistência se forem entendidos como "regra reflexiva da liberdade juridicamente ordenada".[48] O caráter reflexivo dos direitos fundamentais se deve, além da conotação vista da dupla reflexividade, e como já também salientado, precipuamente, ao fato de eles vincularem os órgãos que exercem a função legislativa, conforme o art. 5º, §1º CF, e, assim, o próprio ente que os garantem.

Entretanto, nem todo constrangimento feito pelo Estado constitui intervenção no sentido técnico. Concomitantemente ao desenvolvimento da teoria e da dogmática dos direitos fundamentais que reconheceram a existência de funções objetivas, efeitos horizontais e deveres estatais de tutela, o conceito de intervenção também evoluiu, revelando a problemática tendência de perder seus contornos jurídico-dogmáticos.

Segundo o *conceito clássico* da doutrina alemã, a intervenção deveria reunir *quatro requisitos*. Tinha que ser final, intencional, e não representar mera

---

46. Eckhoff (1992).
47. Um dos principais escopos do direito privado é promover a denominada justiça comutativa, fundamentada na troca de equivalentes, da qual fazem parte não somente o direito das obrigações de base contratual, mas também o de base extracontratual. A quase totalidade das normas constitucionais, por sua vez, corresponde à Justiça distributiva que (re)distribui bens e direitos entre as pessoas. Sobre a dicotomia, cfr. as referências de filosofia política em Höffe (2001, p. 84–89).
48. Poscher (2003, p. 315 ss. e 318 ss.).

consequência colateral não desejada pelo Estado. Em segundo lugar, devia ser *direta*, e não consequência indireta da ação estatal. Em terceiro lugar, tinha de configurar um *ato jurídico*, e não ter efeito meramente fático. Por fim, devia ser *imperativa*, i. e., incontornável pela vontade e próprias forças do titular do direito atingido, podendo ser imposta quando e se necessário pela força organizada do Estado ("execução forçada" de ordens de fazer ou proibições).[49]

O conceito clássico sofreu considerável ampliação concomitantemente com a agregação de novos conteúdos e funções pelas normas de direitos fundamentais. A intervenção estatal alcança, segundo o entendimento majoritário hoje vigente, praticamente toda e qualquer ação ou omissão estatal com um mínimo de relevância em face do direito fundamental que é o parâmetro constitucional utilizado para o exame da intervenção (intervenção estatal "em sentido amplo").[50] Assim, a intervenção não se dá apenas por meio de ações que correspondam a um ato jurídico, mas também por todas as ações e omissões que atinjam a liberdade garantida de forma indireta, por exemplo, quando se atinge a liberdade de terceiros, e não somente da pessoa a quem se dirige a intervenção imediata e intencional do Estado.

Basta que a ação ou a omissão do Estado impeça parcialmente a prática de um comportamento correspondente à área de proteção de um direito fundamental para que se configure uma intervenção. Intervenções no direito à privacidade (ou no direito à liberdade do art. 5°, *caput* CF), mediante o armazenamento e a comunicação de dados pessoais entre autoridades do Estado, não ocorrem por meio de imposição pela força, pois os dados são levantados e processados muitas vezes sem o conhecimento dos atingidos.[51] Para configurar a intervenção é necessário

---

49. Bethge (1998, p. 5–56); Kingreen e Poscher (2019, p. 88); Michael e Morlok (2016, p. 249) e Schmidt (2019, p. 79 ss.).
50. Aprofundada problematização e exemplos: Michael e Morlok (2016, p. 249–253); Schmidt (2019, p. 79–85). Kingreen e Poscher (2019, p. 88–90) fazem referência à evolução histórica da ampliação do conceito, identificando-a com o desenvolvimento do Estado liberal para o Estado social e com o advento dos conteúdos jurídico-objetivos dos direitos fundamentais que se somaram aos conteúdos jurídico-subjetivos (cfr., no Capítulo 8, a análise das dimensões subjetiva e objetiva dos direitos fundamentais).
51. Sobre esse exemplo, cfr. a decisão do TCF alemão *Volkszählungsurteil* (decisão sobre a constitucionalidade da Lei do Censo) de 1983 em Martins (2005, p. 233–245) e Martins (2016, p. 55–63). À categoria de medidas estatais realizadas sem a necessidade de exercício ou ameaça de força, encontram-se as atividades de captação de informação pelo Estado e a divulgação de informações ou avisos estatais direcionados ao público nas quais se alerta, por exemplo, sobre suposto caráter nocivo de certas seitas religiosas. Na decisão *Osho*, o TCF alemão aplicou o conceito clássico (*stricto sensu*) de intervenção, consequentemente não reconheceu o caráter de intervenção nas atividades de comunicação social do Estado que prejudicam a imagem de certos grupos: BVerfGE 105, 279 (299 ss.). Excertos anotados em Martins (2018, p. 42–52).

demonstrar tão somente que o impedimento parcial de exercício do direito à privacidade possa ser atribuído a uma *atitude do poder público*.[52]

Historicamente, quanto maior se torna o alcance da área de proteção dos direitos fundamentais, maiores ou mais frequentes serão as possibilidades de o Estado afetar os respectivos direitos fundamentais mediante ação ou omissão.[53] O problema está na definição de um *limite mínimo*, abaixo do qual a ação ou a omissão do Estado não configura intervenção na área de proteção, mas mero estorvo (*Belästigung*)[54] da conduta contemplada na área de proteção do direito fundamental que não carece de justificação constitucional (ao contrário da intervenção). Esse limite mínimo traria maior segurança jurídica ao tratamento da matéria.

Pode-se pensar em casos de bagatela em que a ação do Estado somente incomoda o titular do direito fundamental, por exemplo, quando o controle da documentação dos motoristas pela polícia rodoviária provoca lentidão no trânsito. Está se intervindo no direito de ir e vir dos motoristas não controlados ou se trata de uma simples moléstia cotidiana? E as campanhas publicitárias patrocinadas pelo Estado para promover a boa imagem das Forças Armadas teriam o condão de representar uma intervenção na liberdade de consciência de adeptos radicais do pacifismo?[55]

Quem considera que a fiscalização do trânsito é intervenção cuja constitucionalidade pode ser legitimamente questionada corre o risco de inutilizar o conceito da intervenção em razão de sua demasiada ampliação, já que outro titular poderia alegar que a omissão estatal de construir rodovias com dez faixas e conforme normas de segurança que permitiriam atingir a velocidade de 200 km/h constitui omissão estatal que afeta negativamente a liberdade de ir e vir...

O segundo caso revela mais problemas, estando mais próximo da fronteira entre intervenção e mera moléstia. A resposta depende da interpretação do núcleo da área de regulamentação, i.e., do conceito de consciência, que mostra a interdependência dos conceitos de área de proteção e de intervenção estatal. Interpretando-se restritivamente a "consciência", sensibilidades ou desagrados, como no caso em pauta, poderiam ser considerados excluídos da área de proteção por não corresponder a um imperativo moral inarredável ao qual alguém se submete por escolha e dinâmica do desenvolvimento da personalidade (além de vários outros fatores como educação e socialização). Partindo-se de uma interpretação ampla do conceito de consciência (quase um subcaso da liberdade de manifestação do pensamento), a campanha publicitária estaria tangenciando marginalmente a área

---

52. É a denominada *Zurechenbarkeitsthese* (tese da imputabilidade/atributabilidade), que pode ser utilizada também para considerar pessoas jurídicas de direito privado que exerçam função pública como potenciais violadoras de direito fundamental.
53. Kingreen e Poscher (2019, p. 88–90).
54. Cf. Kingreen e Poscher (2019, p. 89 s.).
55. Ambos os exemplos encontram-se em Kingreen e Poscher (2019, p. 89–90).

de proteção. Não implicaria uma intervenção do exercício negativo da liberdade de consciência. A propaganda pode irritar o pacifista não somente com cenas de guerra e agressividade que se apresentam na tela de sua televisão, mas também com o gasto de dinheiro público com peças publicitárias, especialmente com a promoção de uma instituição que ele rejeita por princípio e imperativo de consciência. Após a irritação resta-lhe a alternativa da mudança de canal e de eventual crítica pública da propaganda.

É diferente a situação do crucifixo presente em salas de audiências forenses. O titular do direito fundamental não adepto da religião católica[56] será sempre submetido à representação que pode lhe causar sério mal-estar, pois imagens de escultura têm o condão de ferir eventual imperativo religioso, por exemplo, um dos mandamentos do Deus judaico-cristão do Velho Testamento bíblico (Êxodo, 20: 4–5) seguido rigorosamente por algumas linhas do cristianismo protestante. Semelhante mal-estar pode ser suscitado em quem não queira contrapor-se a símbolos religiosos como exercício negativo da liberdade de crença.[57] Em paralelo, a ostentação de um símbolo cristão pode ser considerada atentatória à igualdade, já que o Estado não prestigia da mesma maneira todas as crenças (ou sua ausência) e faz surgir dúvidas sobre a imparcialidade do Poder Judiciário.

O mesmo ocorre com todos os direitos fundamentais, pois, abstratamente, qualquer discordância ou crítica poderia ser considerada como injúria que afeta a honra pessoal, qualquer olhar como invasão da privacidade etc. Em tais casos, a atuação estatal até afeta à área de proteção, mas com intensidade ou relevância ínfima. Para evitar os aludidos contrassensos, devemos admitir a existência de *um limite mínimo de intensidade da intervenção*. Se esse limite não for atingido, não há intervenção juridicamente relevante. É tarefa da doutrina e da jurisprudência elaborar esse limite que depende de fatores relacionados com a situação fática em determinada sociedade e momento, de modo a indicar o que deve ser considerado como simples inconveniente.

---

56. Se a cruz é um símbolo que remete à crença de todas as correntes e denominações cristãs, confundindo-se com um símbolo histórico-cultural (origens da cultura e civilização ocidental europeia), o crucifixo – a representação icônico-escultural do momento da morte de Jesus Cristo pregado a uma cruz – é um símbolo que remete o observador imediata e especificamente ao culto do momento da morte, típico da liturgia desenvolvida há quase dois milênios pela Igreja Católica Apostólica Romana. Não convencem as tentativas de se descartar de plano o caráter interventivo no exercício negativo da liberdade de crença consubstanciado pela presença do crucifixo com referência a aspectos culturais e antropológicos ligados à referida herança, ao se classificar o crucifixo como mero objeto pertinente ao patrimônio histórico e cultural de lastro constitucional (art. 215 e 216 CF). Cfr., nesse sentido, as amplas referências e debates com a literatura culturalista e antropológica de Martins e Dantas (2016, p. 900–908).

57. Cfr. Martins e Dantas (2016, p. 897).

A seguir distinguiremos entre as intervenções permitidas que não implicam violação da norma constitucional (parâmetro do controle de constitucionalidade) e as não permitidas que oferecem resposta definitiva ao exame de constitucionalidade. Porém, devemos antes observar qual é o exato papel jurídico-dogmático da discussão sobre as intervenções estatais na área de proteção do direito fundamental.

O exame da *intervenção estatal* representa o *segundo passo* para aplicar uma norma de direito fundamental. Tendo em vista o primeiro significado do caráter reflexivo (vínculo do próprio Estado) e a despeito da intervenção poder ocorrer de modo puramente normativo (controle normativo abstrato), a intervenção estatal é o "fato" que deve ou não ser subsumido ao tipo *normativo (Grundrechtstatbestand)*. O tipo normativo se forma com a definição da área de proteção com base nas formas de exercício e titularidade e nas exclusões preliminares de condutas e situações pelo constituinte (partícipes da área de regulamentação, mas não da área de proteção – *primeiro passo* do exame).

Veremos que o terceiro e decisivo passo é a justificação constitucional da intervenção estatal na área de proteção que será pautada pelos limites constitucionais aos direitos fundamentais. Mas, como também veremos, não basta existir um limite constitucional. Por isso, a escolha terminológica por "justificação constitucional" (*verfassungsrechtliche Rechtfertigung*) – e não mera "justificativa" – é consciente. Trata-se de um processo argumentativo complexo a ser desempenhado. Como destinatário das normas de direito fundamental, o Estado tem o ônus argumentativo, valendo a esse respeito uma regra de atribuição do ônus argumentativo a ele e não aos titulares do direito ou aos julgadores (*Argumentationslastregel*). Poder-se-ia dizer que ao cabo (e somente ao cabo!) desse processo uma intervenção estatal justificada é uma espécie de "causa excludente da antijuridicidade implícita na inconstitucionalidade".[58]

---

58. Por razões didáticas, e sem ignorar a vultosa diferença estrutural entre direito penal e constitucional, poderíamos dizer que definir a área de proteção do direito fundamental equivale à tipicidade da conduta devida pela legislação. A intervenção ocorre quando a ação ou a omissão estatal for "antijurídica" (com possibilidade de responsabilidade objetiva) e as intervenções permitidas pela presença de um limite constitucional aplicado sob observância de requisitos que estudaremos a seguir seriam então causas excludentes da inconstitucionalidade. O paralelismo somente não é perfeito porque, da mesma forma como ocorre na interpretação do princípio da legalidade em face da Administração e do particular, as possibilidades de atuação/comportamento (comissivo ou omisso) são sensivelmente mais reduzidas (não existindo para o Estado sequer algo equivalente à presunção de inocência; ao contrário: *in dubio pro libertate*). Como analisamos no Capítulo 8, os direitos fundamentais são, em sua principal dimensão jurídico-objetiva, regras de competência negativa que reduzem sensivelmente a discricionariedade estatal (já que é inviável reduzi-la a zero). Por essa razão, a teoria liberal clássica, ao entender os direitos fundamentais como direitos de resistência contra intervenções (ações ou

9.2.4.2. Intervenções permitidas (justificação constitucional da intervenção na área de proteção de direito fundamental)

O titular do direito atingido pela ação ou omissão do Estado poderá questioná-la e alegar inconstitucionalidade. Por essa razão, é crucial distinguir entre intervenções permitidas e não permitidas. Depois de constatada a intervenção na área de proteção de direito fundamental, há uma possibilidade de justificação constitucional com base na proporcional concretização de um limite previsto pela própria Constituição ao direito fundamental outorgado (sobre esse terceiro passo do exame de constitucionalidade de possíveis violações, cf. a seguir).

A possibilidade da justificação constitucional de uma intervenção deriva da relação complexa entre as normas constitucionais que outorgam direitos fundamentais e o direito infraconstitucional. O caráter genérico e abstrato das normas de direitos fundamentais (baixa densidade normativa) torna-as dependentes do legislador ordinário, que as concretiza e, como se viu anteriormente, necessariamente as limita mediante a concretização.[59]

Mas o vínculo do legislador aos direitos fundamentais gera um *efeito recíproco*. Ao mesmo tempo que é lícito limitar a área de proteção de direitos fundamentais em razão da existência de reservas legais (Capítulo 9.3.2.), o legislador deve fazê-lo de modo a preservar ao máximo o direito intervindo.

A jurisprudência do Tribunal Constitucional Federal alemão cunhou, no caso de limitações ao direito fundamental da liberdade de expressão, a denominada *Wechselwirkungstheorie* (teoria do efeito recíproco). Segundo essa teoria, uma norma infraconstitucional limitadora da liberdade de expressão do pensamento, ainda que esteja coberta por uma reserva legal, deve ser limitada "de volta" (*Schaukeltheorie*) pelo direito fundamental à liberdade de expressão.[60]

A necessidade da justificação material é fundamentada no vínculo do legislador aos direitos fundamentais e no caráter reflexivo de suas normas definidoras. Como se afirmou quando da análise do choque de interesses envolvendo direitos fundamentais e do conceito dos direitos fundamentais, a reflexividade refere-se ao

---

omissões) estatais, é a que melhor traduz os imperativos normativos decorrentes dos direitos fundamentais. Esse aspecto é menosprezado pelas teorias "objetivistas", como a institucionalista, que enxerga nos direitos fundamentais princípios ordinatórios das diversas ordens sociais e, por isso, trabalha com conceitos quase metafísicos como a tese dos limites imanentes (*Immanenzlehre*), a axiológica, a funcional-democrática e, também, a complexa, exaustivamente diferenciada, mas pouco produtiva teoria principiológica de Alexy. Cfr. a respeito Martins (2012).

59. Poscher (2003, p. 315 ss.).
60. BVerfGE 7, 198, 215 (Lüth). Excertos, anotações e análises em Martins (2018, p. 95–104).

objeto dos exames de constitucionalidade de atos do poder público que são regras regulamentadoras (limitadoras) de direitos, mas não decisões do conflito em si.

As limitações devem ser expressas, ou pelo menos sistemicamente autorizadas, pela Constituição. A análise da constitucionalidade formal e material da concretização dos limites dos direitos fundamentais é conhecida como *justificação constitucional de uma intervenção estatal na área de proteção do direito fundamental*, que tem por consequência avaliar o cumprimento pelo Estado de seu ônus argumentativo.[61]

Uma *intervenção* será *permitida* (constitucionalmente justificada) em *quatro* casos:

a) Se o comportamento não se situar na área de proteção do respectivo direito. Exemplo: reunião de pessoas armadas.[62] Aqui não se tem uma intervenção em sentido técnico-jurídico, uma vez que a ação do Estado que proibiria tal reunião não recai sobre um comportamento individual ou coletivo abrangido pela área de proteção de nenhum direito fundamental. A ação do Estado não chega a configurar uma intervenção na área de proteção, pois não encontra nenhum óbice normativo. Por isso, é *ab initio* constitucionalmente permitida.

O mesmo ocorre se a intervenção situar-se materialmente na área de proteção (área de proteção objetiva), mas a pessoa afetada não for titular do direito fundamental cuja possível violação se examina (área de proteção subjetiva), caso no qual não ocorre intervenção proibida. Exemplo: o art. 7º, § único CF exclui os trabalhadores domésticos de uma série de direitos sociais, mesmo após a aprovação da Emenda Constitucional 72/2013, que lhe reconheceu vários direitos. Se o legislador infraconstitucional mostrar-se omisso em efetivar esses direitos sociais (intervindo mediante omissão na área de proteção), o trabalhador doméstico não pode voltar-se contra tal omissão, já que não é titular dos aludidos direitos fundamentais (sociais).

b) Justifica-se também a intervenção quando uma norma infraconstitucional restringe o direito fundamental de forma permitida pela Constituição mediante concretização de uma "reserva legal" positivada pelo constituinte junto ou logo após a outorga de um direito fundamental. Exemplo: para exercer a profissão de advogado, o bacharel em Direito e titular do direito ao livre exercício de qualquer profissão deve ser submetido a exames de conhecimento e aptidão profissional, especificados em lei. Nesse caso, a intervenção legislativa que limita o acesso à profissão do advogado ao exigir esses exames está "coberta" pelo dispositivo constitucional do art. 5º, XIII *in fine* CF ("atendidas as qualificações profissionais que a lei estabelecer"), que prevê a possibilidade de tal limitação.

---

61. A respeito desse ônus argumentativo, cfr. Martins (2012, p. 33); Schlink (1984).
62. "Todos podem reunir-se pacificamente, sem armas, em locais abertos ao público, independentemente de autorização [...]" (art. 5º, XVI CF).

c) Será também justificada a intervenção se representar a *concretização* de um limite constitucional derivado do chamado direito constitucional de colisão. Essa concretização é realizada, em primeira linha, pelos titulares da função legislativa e o conteúdo da norma limitadora (interventora) deverá ser analisado e, eventualmente, limitado, tendo em vista o vínculo desses órgãos estatais ao direito fundamental atingido.

Destarte, o exame da justificação da intervenção conhece duas etapas. A primeira é formal, pois consiste apenas no reconhecimento da incidência de um limite constitucional concretizado pelo legislador infraconstitucional. A segunda é material, porque limita o efeito da medida legislativa que concretiza o limite constitucionalmente previsto.

d) Temos, finalmente, a possibilidade de intervenção justificada se dois direitos fundamentais ou um direito fundamental do indivíduo e um princípio de interesse geral colidirem quando da aplicação de normas do direito infraconstitucional. Exemplos: a polícia proíbe uma reunião para possibilitar o exercício da liberdade de locomoção (colisão entre direitos fundamentais – Capítulo 9.4.); o diretor de um presídio abre a correspondência dos detentos por razões de segurança pública (relação de tensão entre dois bens jurídico-constitucionais). Nesses casos, o comportamento proibido situa-se na área de proteção, porém, sua proibição ou limitação pode vir a ser constitucionalmente justificada pela existência de uma colisão normativa. Seu pressuposto é a atividade legiferante infraconstitucional do Estado que, ao perseguir a proteção de bens jurídicos constitucionais, acaba tendo de limitar o exercício de dado direito fundamental. Todavia, sua atualização dá-se, em regra, no momento da interpretação e da aplicação judicial de normas infraconstitucionais que, explícita ou tacitamente, regulamentem a colisão entre direitos fundamentais ou entre eles e outros bens jurídico-constitucionais objetivos.[63]

Em síntese: as hipóteses de intervenção sob *b* e *c* são legislativas, e a intervenção sob *d*, administrativa e/ou jurisdicional. A hipótese sob *a*, por sua vez, não configura sequer intervenção no sentido juridicamente relevante do termo, por representar uma ação estatal que não atinge a área de proteção do direito fundamental tangenciado (o alcance da ação estatal ficou adstrito à área de regulamentação, não tendo afetado a área de proteção).

As formas de intervenção permitidas serão examinadas em seguida, quando se detalharão os modos de limitação de um direito fundamental (Capítulo 9.3.).

---

63. Cfr. a exaustiva discussão e aplicação a um caso concreto em Martins (2017, p. 443–444, 476–482).

9.2.4.3. Intervenções proibidas (violação de direito fundamental)

Em não se verificando nenhuma das hipóteses indicadas, temos *intervenções proibidas* que violam dispositivos constitucionais. A violação deve ser constatada por órgão jurisdicional competente. Tem por consequência a anulação de seus efeitos jurídicos (ou remediação dos efeitos fáticos) ou a expedição de uma ordem de fazer ao órgão estatal responsável pela violação (apesar das dificuldades práticas que se verificam, no ordenamento jurídico brasileiro, em relação aos efeitos da Ação de Inconstitucionalidade por Omissão ou mesmo do Mandado de Injunção).

Portanto, para decidir se determinada intervenção na área de proteção de um direito fundamental é permitida ou não, deve-se proceder a um exame detalhado, primeiro, das normas que garantem o direito em questão; segundo, da situação real e dos interesses em jogo; terceiro, das condições de atuação das autoridades do Estado. Para facilitar esse exame, a doutrina alemã elaborou alguns roteiros que apresentamos no final da presente obra, de forma modificada e adaptada às previsões que encontramos no direito constitucional brasileiro (Capítulo 12).

9.3. Limites dos direitos fundamentais: justificação constitucional de intervenções estatais

O direito constitucional prevê vários modos de limitação dos direitos fundamentais. Nesses casos, a área de proteção do direito é invadida *em princípio* de forma permitida (intervenção permitida). Entretanto, essa permissão somente poderá ser definitivamente aferida após um processo de justificação constitucional da imposição concreta do limite previsto na Constituição. Podemos distinguir as seguintes figuras.[64]

9.3.1. Concretização (conformação ou configuração) mediante lei

Nesse caso não há propriamente – ou pelo menos não em tese – limite constitucional a direito fundamental, mas potencial intervenção estatal na área de proteção. Ocorre que alguns direitos fundamentais são enunciados de forma extremamente genérica ou seu conteúdo é abstrato, por não corresponderem a nenhuma faculdade individual ou coletiva de natureza comportamental oponível contra o Estado a despeito de configurarem também direitos de *status negativus*. É o caso da garantia da propriedade (art. 5º, *caput* e inciso XXII CF), pois a Constituição Federal sequer oferece definição de seu conteúdo. Em tais casos, a lei infraconstitucional deve

---

64. Kingreen e Poscher (2019, p. 83–85 e 90–91); Alexy (1996, p. 249–307); na doutrina brasileira, cfr. Pereira (2006, p. 193–216).

concretizar (conformar ou configurar) o direito fundamental, isto é, indicar seu conteúdo e função, tal como faz o Código Civil em relação ao direito de propriedade. Aqui o constituinte oferece ao legislador comum um amplo *poder de definição*. O exercício do direito não é possível sem uma lei infraconstitucional, pois sem tal definição não podemos conhecer a área de proteção, principalmente porque a *área de proteção* do direito fundamental à propriedade *tem cunho normativo* e não comportamental, como ocorre com outros direitos fundamentais de liberdade, *v.g.*, a liberdade de expressão do pensamento do art. 5°, IV CF. Do direito de propriedade como instituto do direito privado podem decorrer vários efeitos concretos, mas ele em si – por não se confundir com posse ou domínio, ao contrário do que ocorre com a faculdade concreta do titular da liberdade de opinião de manifestar um juízo de valor sem temer ser punido por órgãos estatais – não se exerce sem um conjunto complexo de normas infraconstitucionais.

Isso cria um problema.[65] Qualquer concretização de direito pode significar sua limitação. Quando, por exemplo, o legislador define quais bens não podem ser objeto de propriedade particular ou determina como deve ser registrada a propriedade de bens imóveis, faz algo necessário, pois dá concretude ao direito constitucional, que é, por excelência, como já aludido, abstrato, e não comportamental-concreto. Mas, ao mesmo tempo, estabelece limitações em seu objeto e formas de exercício.

Quanto menos depender um direito fundamental da configuração infraconstitucional de sua área de proteção, mais suspeitas de inconstitucionalidade podem ser as leis supostamente concretizadoras, conformadoras ou configuradoras da área de proteção de um direito fundamental. Assim, os direitos fundamentais cujas áreas de proteção possam ser descritas como oportunidade aberta aos seus titulares de se comportarem de determinada forma (comportamentos abrangidos pela área de proteção), sem interferência estatal, tal qual a liberdade de imprensa, são comparativa e historicamente os principais objetos de leis supostamente conformadoras. Leis conformadoras contêm normas que esmiúçam, no plano da legislação ordinária, elementos da área de proteção. Elas podem, inclusive, garantir certos privilégios aos órgãos de imprensa quando do exercício de sua liberdade.[66]

Já os direitos de natureza normativa-abstrata, como o direito de propriedade, não correspondem a nenhuma situação fática, mas tão somente jurídica (lembre-se da distinção civilista entre propriedade e posse ou domínio). Nesses casos, não há como o legislador ficar inerte. Isso porque a propriedade, além de ser um direito de *status negativus*, corresponde (Capítulo 4.6.) à garantia de um instituto de direito privado.

---

65. Sobre o debate na dogmática alemã, cfr. Cornils (2005) e Bumke (2009).
66. Exemplo: não se submeter a todas as regras de uma lei federal de proteção de dados pessoais (Martins, 2001).

Os três adjetivos utilizados no título do presente tópico são todos precisos, pois por essas leis o legislador infraconstitucional dá forma, concretiza e configura a área de proteção de direitos fundamentais definidos de maneira parcimoniosa pelo texto constitucional. Tais leis "bem-intencionadas" efetuam, por vezes, até a ampliação da liberdade. Podem, porém, acabar representando intervenções que sempre carecem de justificação constitucional. A tarefa de distinguir uma lei conformadora de uma lei interveniente não pode ser genericamente resolvida. Pelo contrário, depende da dogmática dos direitos fundamentais em espécie.

Assim, ainda na família dos direitos fundamentais de comunicação social, a tradicional (analógica) liberdade de radiodifusão[67] revela uma terceira categoria de direitos fundamentais de *status negativus*. Encontra-se entre os extremos dos direitos abstratos (de cunho exclusivamente abstrato-normativo) correspondentes a garantias de instituições públicas ou privadas, de um lado, e dos direitos fundamentais comportamentais, como a liberdade de imprensa, potencialmente coprotegida pelo legislador que, eventualmente, ampliará a proteção mínima garantida pelo constituinte, de outro. No caso limítrofe da liberdade de radiodifusão analógica, a mesma legislação infraconstitucional pode ser classificada como conformação da área de proteção ou intervenção estatal. Isso porque a limitação do espectro de transmissão de ondas eletromagnéticas capazes de transmitir sons (rádio) ou sons e imagens (televisão) sempre fez com que o exercício do direito dependesse da configuração de um processo de concessão centralizado que costuma ser alcunhado "serviço público".[68]

Em face de tamanha complexidade, deve ser sempre verificada a eventualidade de a lei concretizadora, sob o pretexto da operacionalização, limitar o direito

---

67. Cfr. Martins (2012, p. 256 ss., 261–263).
68. A alcunha não é nem semântica nem historicamente adequada. Primeiro, não constitui serviço público no sentido administrativista a mera prestação de serviço voltada a um número indeterminado de pessoas, caso contrário, qualquer oferta de serviços ao mercado corresponderia ao conceito. Características centrais do conceito de serviço público são sua indispensabilidade e impossibilidade ou absoluta inconveniência da individualização de sua prestação (ex.: segurança pública e sistema de transporte público). Segundo, do ponto de vista histórico, no Brasil, esse serviço foi originariamente prestado pela iniciativa privada. Contudo, o Estado, destinatário do direito fundamental individual de comunicação social, especificamente, da liberdade de radiodifusão, deve necessariamente participar do processo de organização do sistema privado que pode ser complementado, de maneira conveniente a propósitos contrapostos às liberdades individuais, constituindo-se em uma boa decisão política do constituinte com um sistema público, como ocorreu com sua positivação no art. 223, *caput* CF. Da afirmada conveniência da complementariedade deve ser *de constitutione ferenda* excluída a existência do sistema "estatal", uma aberração sistêmica deliberada pelo constituinte brasileiro. Cfr. Martins (2012, p. 264–265).

de forma inconstitucional (intervenção, e não simples concretização).[69] Destarte, não é possível estabelecer uma linha de demarcação clara entre a concretização e a limitação mediante reserva legal que analisaremos em seguida. Em ambos os casos, o aplicador deve realizar um exame de constitucionalidade antes de aplicar norma que regulamente direitos fundamentais.

9.3.2. Reserva legal

Muitas disposições da Constituição garantem os direitos fundamentais, mas o fazem com importante ressalva ou, tecnicamente falando, com uma reserva legal.[70] Essa reserva permite ao legislador comum introduzir limitações, de maneira a restringir a área de proteção do direito fundamental.[71]

A reserva legal pode ser classificada em duas espécies. Está presente uma reserva legal *simples* (também denominada de plena, absoluta ou ordinária) quando a Constituição indica que o exercício do direito será feito "na forma da lei" ou nos "termos da lei" (exemplos: art. 5º, XV e XVIII CF). Tem-se uma reserva legal *qualificada* (também denominada de limitada ou relativa) quando a Constituição indica pelo menos um dos seguintes elementos: o tipo, a finalidade ou o meio de intervenção autorizados, dos quais o legislador poderá se valer[72] quando da con-

---

69. Kingreen e Poscher (2019, p. 87 ss.); Mendes (2000, p. 217–223).
70. A expressão *reserva da lei* (*Vorbehalt des Gesetzes*) não deve ser utilizada para designar um limite concretamente previsto pelo constituinte para certo direito fundamental. Nesse caso, estamos diante de "reserva legal" (*Gesetzesvorbehalt*). A diferença dogmática é significativa: o princípio da "reserva da lei" independe de previsão constitucional para determinado direito fundamental e diz respeito aos princípios do Estado de Direito (confiança, certeza e segurança jurídicas) (Capítulo 2.3.). Na dogmática atual, funciona também como "limite do limite", tornando-se relevante na discussão da justificação de intervenções em direitos fundamentais outorgados sem reserva legal. É semelhante à reserva (de competência) parlamentar (*Parlamentsvorbehalt*) como proibição de o legislador delegar competência de intervenção à Administração Pública. Mas a reserva parlamentar – assim como a reserva da lei – não se refere à interpretação do alcance e das consequências das limitações específicas a cada direito fundamental, como ocorre com a reserva legal. No caso desta, a expressa previsão constitucional parte de maneira implícita (reserva legal simples) ou explícita (reserva legal qualificada). Nesse sentido, cfr. Schlink (1984), que enxerga nessa contraposição uma "pista" para a construção e fundamentação constitucional do não positivado na *Grundgesetz* critério da proporcionalidade. Cfr. as aprofundadas análises e classificações de Michael e Morlok (2016, p. 279–289).
71. Mendes (2000, p. 223–241); Steinmetz (2001, p. 33–37).
72. O legislador pode também deixar de se valer de reservas legais mesmo quando se tratar de reservas qualificadas. Trata-se de uma faculdade, e não de um dever legislativo. Uma exceção reside na reserva-incumbência (legal qualificada) da função social da propriedade.

cretização do limite constitucional do direito fundamental consubstanciado na reserva legal qualificada (exemplo: art. 5º, XII CF).

Há, porém, algumas poucas reservas legais cuja classificação depende da interpretação de seus elementos conceituais constitutivos. É o caso da reserva legal firmada pelo art. 5º, XIII *in fine* CF: sua classificação como simples ou qualificada dependerá da interpretação que será dada ao conceito "qualificações" que tanto pode ser entendido como "capacitação profissional *stricto sensu*" quanto como "condição" (= ressalva), logo como reserva legal simples que serve para o legislador perseguir como propósito da intervenção os mais variados bens jurídicos.

Seriam as "qualificações" um fim em si mesmas ou, antes, meios de fomento dos mais variados propósitos, como da saúde pública, no caso da regulamentação das profissões médicas, ou da boa administração da justiça, no caso das profissões jurídicas? Esse questionamento torna claro que se trata de uma reserva legal simples, e não qualificada em razão de um *propósito* ou de um *meio* ou (este próximo, todavia, ainda discutível), até mesmo, de um *modo* de intervenção predeterminado constitucionalmente pela fixação da reserva. Trata-se, igualmente, de um questionamento imprescindível à correta aplicação do critério da proporcionalidade que, consoante se verá no próximo capítulo, parte da respectiva correta compreensão do propósito e do meio de intervenção perpetrados pelo legislador e demais órgãos estatais aplicadores do direito.[73]

Finalmente, a autorização de uma limitação pode ser *tácita* ou indireta. Isso ocorre quando a Constituição não utiliza a fórmula "nos termos da lei" ou outra semelhante, mas pela própria formulação conclui-se ser necessário que uma lei intervenha para fixar as condições de exercício do direito e evitar conflitos. A reserva legal tácita apresenta dificuldades teóricas, principalmente em razão de seu caráter indeterminado. Devem-se distinguir duas hipóteses.

Em primeiro lugar, aquilo que muitas vezes se considera reserva legal tácita é, em verdade, a ordem constitucional para uma necessária concretização do direito. Isso ocorre, por exemplo, no art. 5º, X, que assegura à vítima de violação dos direitos de personalidade indenização pelo dano material ou moral. A previsão de indenização afeta o patrimônio (logo, o direito de propriedade) de quem deverá pagá-la e sua liberdade de expressão, pois o objetivo da norma é evitar agressões aos direitos de personalidade, sancionando algumas expressões com o dever de indenizar. Mas essa limitação ocorre em virtude da própria vontade constitucional.

Sobre esta, v. Martins (2007, p. 237 e 2012, p. 197–200). Em uma perspectiva comparada com o correspondente da Lei Fundamental alemã: Martins (2016a).

73. Cfr. em sentido contrário, considerando a reserva legal do art. 5º, XIII CF, como qualificada, a fundamentação em voto do Min. Gilmar Mendes na decisão do STF, RE 603.583, rel. Min. Marco Aurélio, DJe 102, 24.05.2012 (constitucionalidade do Exame da OAB). Discussão crítica dessa classificação em Martins (2012, p. 169, 171–173).

Sem uma lei infraconstitucional seria impossível operacionalizar a responsabilidade por dano moral e material e a Constituição tacitamente ordena a criação de tal lei. Mas isso não equivale a uma reserva legal tácita, pois a lei simplesmente *regulamenta* (concretiza, conforma) aquilo que a Constituição já estabeleceu.

Um segundo exemplo é a referência à lei no art. 5º, VI CF, que não apenas tutela sem limites expressos a liberdade de consciência e crença, mas garante que "aos locais de culto e a suas liturgias" será oferecida proteção (em um Estado secularizado, sobretudo, em face de agressões provenientes de particulares), "na forma da lei".[74] Maior dificuldade classificatória gera a menção à "lei" no art. 5º, VIII *in fine* CF. As alternativas de classificação são, a exemplo do dispositivo anterior, uma ordem de fazer ao legislador em prol do próprio direito fundamental e, com isso, não correspondente ao conceito de reserva legal como limite ao direito fundamental. Como um todo, o art. 5º, VIII CF tutela um aspecto específico da inviolabilidade de crença religiosa ou ideológica (*Weltanschauung*), qual seja sua oponibilidade ao cumprimento de obrigações *legais* a todos imposta. Na hipótese geral do art. 5º, VI CF, a liberdade de consciência e de crença é inviolável, vale dizer, outorgada sem limite constitucional (à exceção do direito constitucional colidente a ser estudado a seguir). Ela opõe resistência a atos administrativos e judiciais que nela intervenham e também em face de uma intervenção legislativa específica do legislador (vedação de lei discriminatória de crenças). Ocorre que leis que fixam obrigações gerais podem representar óbice prévio ou sancionamento posterior à mais ampla liberdade de crença,[75] isto é, uma intervenção estatal. Esse dispositivo seria redundante em relação ao definido no inc. VI não fosse essa caracterização da especificidade.

O efeito por definição da inviolabilidade é que seu titular não pode ser "privado de direitos por motivo de crença religiosa ou de convicção filosófica ou política" (inc. VIII). Assim, a parte final "salvo se as invocar para eximir-se de obrigação legal a todos imposta e recusar-se a cumprir prestação alternativa, *fixada em lei*" deve ser entendida como uma reserva legal qualificada pelo propósito nela implícito de distribuir equanimemente certos deveres fundamentais cívicos com destaque ao

---

74. A maior vulnerabilidade desse direito fundamental não decorre como no início de sua história – quando o Estado moderno ainda em formação, aliado à Igreja Católica, perpetrava uma verdadeira caça aos considerados heréticos – de ações finais, diretas e imperativas do próprio Estado. O ponto de ênfase transmutou-se drasticamente no curso da História. O Estado Constitucional deve funcionar hoje mais como instância neutra, interessada na paz religiosa. Todavia, isso não o impede de perpetrar intervenções, ora legitimamente para assegurar essa mesma paz, ora ultrapassando o limite de sua competência de limitar as posições jusfundamentais atingidas. Cfr. Michael e Morlok (2016, p. 120–122).

75. Note-se que, no dispositivo, o constituinte "esqueceu-se" da inviolabilidade de crença.

serviço militar obrigatório.[76] Dessa maneira, há de se exigir cumprimento do ônus argumentativo pelo legislador que, concretamente, estabelece a prestação alternativa. Por sua vez, tal prestação representa uma intervenção na área de proteção que engloba o direito a recusar-se, por motivo de crença religiosa ou ideológica, a qualquer prestação de serviço obrigatório, rejeitando, também, a alternativa (caso do "*Totalverweigerer*").[77]

Em segundo lugar, há uma hipótese totalmente diferente. Na Constituição Federal existem muitos direitos "sem reserva" que o constituinte garante sem prever a possibilidade de limitação mediante lei infraconstitucional. Um exemplo constitui a primeira parte do art. 5º, XV CF: garante-se nela a liberdade de locomoção no território nacional em tempo de paz sem reserva legal.[78] Um segundo exemplo é a liberdade da atividade artística do art. 5º, IX CF. Um terceiro exemplo é a liberdade científica tutelada pelo mesmo art. 5º, IX CF. Um quarto e mais eloquente de todos os exemplos é o já problematizado direito fundamental à inviolabilidade de consciência e crença geral do art. 5º, VI CF. Em relação ao primeiro exemplo, pergunta-se se isso significa que a Constituição não permitiu nenhuma limitação legal da liberdade de ir e vir, caso no qual a esmagadora maioria da legislação sobre o trânsito seria de plano inconstitucional. Ou, desconsiderando-se as intervenções legislativas específica e tematicamente direcionadas ao direito fundamental,[79] se o tipo penal da lesão corporal do art. 129 do CPB não poderia ser aplicado a um ator de teatro que, a fim de dar mais consistência realista à cena, machuque outro ator em vez de apenas fingir uma luta Ou se, no caso da liberdade de crença, não se poderia aplicar o mesmo tipo penal para mutilações genitais motivadas por mandamentos religiosos.

Para efeitos didáticos, partindo-se do primeiro exemplo, a resposta deve ser dada em três tempos. Primeiro, do ponto de vista da política do direito, a decisão

---

76. Cfr. Martins e Dantas (2016, p. 895–896).
77. Por conta de seu teor mais restritivo, o dispositivo da *Grundgesetz* correspondente ao art. 5º, VIII CF, qual seja, o art. 4, III GG, não abrange a recusa a prestar o serviço alternativo, normalmente em hospitais ou outras entidades filantrópicas estatais ou sob direta fiscalização estatal, pois o que se garante especificamente por ele é que "ninguém será coagido contra sua consciência ao serviço militar com arma" (ou em uma tradução literal: ao serviço *de guerra* com arma). Cfr. Kingreen e Poscher (2019, p. 177).
78. Por sua vez, em relação à segunda parte do dispositivo relativa ao específico significado da liberdade de locomoção como direito do titular de emigrar com seus bens, o constituinte previu uma reserva legal simples. Cfr. a discussão do equivalente direito fundamental na *Grundgesetz* (Art. 11 GG), especialmente tendo em vista essa mesma dicotomia de proteção e limites em Martins (2020, p. 223 ss., 230–232).
79. Correspondentes ao elemento conceitual clássico da intervenção que é ser final, direcionada especificamente contra uma liberdade. A respeito, por muitos: Schmidt (2019, p. 82–83).

do constituinte de não incluir reserva legal à liberdade de locomoção é muito problemática, pois um trânsito sem limitação em relação a meios, formas, horários e velocidade é impensável. Mas o interessante não é lamentar essa omissão, senão pensar em seu significado jurídico-dogmático.

Segundo, há de se, novamente, distinguir-se do problema da limitação, as regulamentações infraconstitucionais que concretizem o direito, de tal sorte a possibilitar seu exercício de forma eficiente e segura (conformação ou configuração da área de proteção, conforme estudado anteriormente, e não limitação). Uma lei que regulamente as condições de exercício da liberdade de ir e vir prevendo, por exemplo, o dever de parar no sinal vermelho não limita o direito, mas tão somente organiza seu exercício por grande número de pessoas. Para tanto, não necessita de expressa autorização constitucional.

Terceiro, encontramos o verdadeiro problema da limitação quando se discute o caso de leis que restringem a liberdade de locomoção, alegando a necessidade de tutelarem outros direitos ou interesses gerais. *Mutatis mutandis* é o que se aplica nos demais exemplos e em quaisquer casos que envolvam direitos fundamentais outorgados sem reserva legal. Diante da ausência de reserva legal podemos considerar constitucional uma lei que proibiria o acesso a uma região por razões de segurança nacional ou impediria a circulação de automóveis no período da noite em uma zona residencial para preservar a tranquilidade dos moradores?

Uma parte da doutrina entende que, mesmo quando falta a previsão de reserva legal, o legislador infraconstitucional pode intervir na área de proteção dos direitos, introduzindo limitações.[80] A teoria do "direito constitucional de colisão" (*kollidierendes Verfassungsrecht*)[81] permite, nessa ótica, limitar a área de proteção de pelo menos três formas.

---

80. Sobre a discussão em torno dos direitos fundamentais sem reserva legal (*vorbehaltlose Grundrechte*), cfr. Misera-Lang (1999).
81. Um esclarecimento terminológico no que tange à tradução da expressão *kollidierendes Verfassungsrecht*: os qualificativos em português "de colisão" ou "colidente" traduzem respectivamente as acepções jurídico-objetiva e jurídico-subjetiva do adjetivo alemão *kollidierend*. Em relação à última, no entanto, não se busca qual o direito (*Recht*) subjetivo pode limitar o direito fundamental outorgado sem reserva legal, mas qual o bem jurídico-constitucional protegido por uma norma da Constituição pode servir de limite. Este pode ser, inclusive, outro direito fundamental, caso em que se tem uma colisão de direitos fundamentais. Na verdade, é tal norma que se busca. Assim, as duas acepções mencionadas são convergentes. Preferiu-se, aqui, a expressão *de colisão* para evitar o equívoco de que se trata da colisão somente de direitos fundamentais entre si.

Primeiro, ao tentar estabelecer uma "concordância prática" entre o direito fundamental sem limite expresso e outro bem jurídico constitucional concreta ou potencialmente atingido pelo exercício ilimitado do direito fundamental.[82]

Segundo, ao justificar intervenções legislativas nas áreas de proteção de direitos fundamentais sem reserva legal com base na teoria dos "limites imanentes" (*grundrechts- oder verfassungsimmanente Schranken*) que decorreriam do princípio da unidade do texto constitucional.[83]

Finalmente, há a possibilidade de delimitação mais estreita da área de proteção de tal sorte a diminuir a possibilidade de choque do exercício da liberdade tutelada com interesses constitucionais ou direitos fundamentais colidentes.[84] Efetivamente, quanto menor for a área de proteção, menores serão as probabilidades de conflito com outros direitos fundamentais – e vice-versa.[85]

Essas propostas dogmáticas enfrentam objeções. O fato de o constituinte não ter autorizado a limitação de um direito fundamental mediante lei infraconstitucional significa que não viu, pelo menos em princípio, problemas no exercício do direito em sua plenitude. Eventuais limitações por meio de normas infraconstitucionais seriam contrárias a essa vontade do constituinte, pois, caso contrário, "a função da reserva legal tornar-se-ia uma incógnita".[86]

Concretamente: se o legislador pode limitar o direito *D1* quando a Constituição garante esse direito "nos termos da lei", e a doutrina lhe oferece exatamente a mesma possibilidade de intervenção limitadora para o direito *D2*, apesar de *D2* não incluir cláusula de reserva legal, essa cláusula perde seu sentido, uma vez que não há mais diferença entre direitos *com* e *sem* reserva legal.[87]

O entendimento que mais condiz com os imperativos da interpretação sistemática é que a não inserção de reserva legal significa que o constituinte autorizou o pleno exercício do direito, não vislumbrou riscos de conflito com outros direitos constitucionalmente tutelados. Eventual limitação legislativa do direito sem reserva

---

82. Barros (2003, p. 168–170). A figura dogmática foi cunhada por Hesse (1995, p. 29) e utilizada para resolver, precipuamente, casos de colisões entre direitos fundamentais (v. Capítulo 10.7). Lerche (1961, p. 163) usa a expressão *schonendster Ausgleich* (equiparação recíproca mais preservadora dos direitos colidentes).
83. Barros (2003, p. 170–172); Steinmetz (2001, p. 43–61). Apresentação da teoria dos limites imanentes na bibliografia nacional em: Pereira (2006, p. 182–193); Freitas (2007, p. 79–138); Silva (2009, p. 164–167) e Santiago (2014, p. 8–10).
84. Kingreen e Poscher (2019, p. 104–107).
85. Sobre a definição mais ampla ou restritiva da área de proteção na doutrina alemã, cfr. a controvérsia entre Kahl (2004) e Hoffmann-Riem (2004). A favor da definição mais ampla, cfr. também Hufen, 2011 (p. 78–80).
86. Pieroth e Schlink (2008, p. 74). Cf. Kingreen e Poscher (2019, p. 106): "A função da reserva legal está também aqui ameaçada".
87. Uma profunda análise é oferecida em Müller (1990).

seria inconstitucional: uma restrição pode ser admitida *in concreto* somente quando se constata um efetivo conflito entre bens jurídico-constitucionais (entre um direito fundamental e um interesse estatal ou difuso ou coletivo com lastro constitucional ou entre dois direitos fundamentais).[88]

Contudo, a análise de casos concretos indica que esse entendimento, apesar de sua justificação sistemática, pode apresentar problemas quando mal compreendido e erroneamente aplicado. Usemos o exemplo do direito fundamental à vida privada tutelado pelo art. 5º, X CF.[89] Esse direito não inclui cláusula de reserva legal. Logo, podemos entender que eventuais conflitos com outros direitos deveriam ser resolvidos em cada caso concreto, mediante decisão da Administração ou do Judiciário, pois em tese não seria constitucionalmente permitida a edição de lei regulamentadora.

O interesse do titular do direito em manter sigilo acerca de informações pertinentes ao núcleo de sua vida privada constitui exercício do direito fundamental do art. 5º, X CF que se encontra em incessante conflito com outros direitos. Basta pensar nas colisões entre a privacidade e a liberdade de manifestação do pensamento ou a liberdade de comunicação social dos jornalistas. Podemos, ainda, ter conflitos entre a privacidade e o dever de tributação ou o direito fundamental à informação em seu aspecto prestacional de informar-se sem obstáculos (que podem ser criados pelo destinatário direto da norma, o Estado) a partir de fontes a todos acessíveis, i. e., pressupondo-se já ser pública a informação. Como se satisfazer com a afirmação de que o constituinte não vislumbrou conflitos nessas hipóteses quando se sabe que esses conflitos fazem parte da substância dos referidos direitos?

Está-se aqui diante de um verdadeiro *dilema* de interpretação constitucional. É preferível admitir a intervenção legislativa mesmo sem autorização constitucional ou confiar nas intervenções pontuais dos demais poderes que serão contínuas e consubstanciais ao exercício do direito à privacidade?

Fazendo a primeira opção, ter-se-ia, aparentemente, uma quebra da sistemática constitucional que quis diferenciar entre direitos fundamentais *com* e *sem* reserva legal.[90] Fazendo a segunda opção, confiaríamos aos poderes Executivo e Judiciário

---

88. Kingreen e Poscher (2019, p. 104–107); Bornholdt (2005, p. 98–99).
89. Pacello (2004, p. 63–69).
90. Carece de fundamento a alegação de que o art. 5º, II CF inclui reserva legal subsidiária (Mendes, 2000, p. 240). O inciso proíbe a restrição de direitos *sine legem* (garantia do Estado de Direito na acepção de legalidade dos atos da Administração e do Judiciário), mas não atribui ao legislador o poder de estabelecer as restrições que desejar. Trata-se de direito fundamental de liberdade geral de todo brasileiro e estrangeiro residente no país (pode e deve ser aplicado c.c. art. 5º, *caput*) contra potenciais arbitrariedades administrativas e/ou judiciais. Não pode ser transmutado em seu oposto, que é a outorga de competência ao legislador para intervir em quaisquer direitos fundamentais. A doutrina

que estão submetidos ao império da lei a competência de impor limitações que o próprio legislador não pode impor! E, mesmo quando não houver lei, o Poder Judiciário, ao decidir repetidamente sobre esses conflitos, acabará cristalizando uma jurisprudência que será, de fato, equivalente a uma lei limitadora. Por que a limitação do direito à privacidade mediante o direito jurisprudencialmente sumulado respeitaria a Constituição mais do que o estabelecimento de limites legais?

Deve-se também levar em consideração que a restrição mediante ato normativo do Poder Legislativo não apenas está em consonância com os princípios da democracia, da segurança jurídica e da economia processual,[91] como também (e principalmente) *não* impede a avaliação de sua própria constitucionalidade pelo Poder Judiciário.[92]

O argumento sistemático há muito desenvolvido por Pieroth e Schlink (delimitação da área de proteção para excluir o choque do exercício da liberdade tutelada com outros direitos ou interesses constitucionais)[93] e mantido pelos autores que os sucederam na atualização da citada obra, Kingreen e Poscher,[94] não exclui, como se verá adiante, a possibilidade de "regulamentação legislativa". Sua solução é no sentido de negar a qualidade de intervenção a tal lei regulamentadora a partir de uma determinação mais acurada – e, com isso, de uma restrição – da área de proteção. Trata-se de um caso no qual o círculo da área de proteção torna-se menor que o círculo da área de regulamentação.

---

alemã classifica o princípio sinônimo da reserva da lei (*Vorbehalt des Gesetzes*) como "limite do limite", mas não como limite (Michael e Morlok, 2016, p. 279; cfr. a seguir 9.3.5). Se aplicada consequentemente, essa visão implicaria total quebra do vínculo do legislador aos direitos fundamentais, de modo a denegar às normas definidoras dos direitos fundamentais o caráter normativo supremo. Isso significaria o retorno ao entendimento sobre direitos fundamentais como meras normas programáticas em grande parte vigente sob a égide da *República de Weimar*.

91. Pacello (2004, p. 66).
92. Trata-se de uma "dialética dos limites" na dogmática dos direitos fundamentais, uma vez que a outorga de direito fundamental é um limite de primeira ordem à atuação estatal na esfera individual e social. Os limites aqui trabalhados configuram limitação de segunda ordem, limitados, por sua vez (limite de terceira ordem), pela categoria dogmática do limite do limite, entre os quais se destacam o critério da proporcionalidade e o princípio da reserva da lei. Essa interpretação sistemática do texto constitucional é aplicável desde o controle de leis aprovadas pelo Congresso Nacional até a decisão judicial, passando pelo controle da Administração Pública. Trata-se, outrossim, da adoção consciente e consequente da teoria da intervenção e limites à intervenção e seu método específico (*Eingriffs- und Schrankendenken*) e da recusa da teoria da ponderação (*Abwägungsdenken*) por ela não ter logrado desenvolver método jurídico próprio. Cfr. Schlink (1984); Martins (2012).
93. Encontrada, por exemplo, já na 12ª ed.: Pieroth e Schlink (1996, p. 83–84).
94. Cfr. Kingreen e Poscher (2019, p. 105–106).

Aqui também é necessária cautela, pois a opção de formular definições bastante restritivas da área de proteção no intuito de evitar conflitos entre direitos fundamentais pode prejudicar unilateralmente o exercício de certos direitos fundamentais. Como aceitar, por exemplo, uma definição da liberdade de expressão como direito de manifestar seu pensamento *desde que* não sejam ofendidos terceiros? Em tal caso, seriam minimizados os conflitos, mas se aceitaria o sacrifício de grande parte da liberdade de expressão do pensamento que deve abranger, em sua área de proteção, manifestações que um terceiro porventura considere ofensivas.[95]

O problema merece estudo específico que, certamente, indicará as deficiências no tratamento normativo-constitucional da reserva legal na Constituição de 1988. Aqui é suficiente indicar que o dilema relacionado com a reserva legal tácita pode ser contornado na prática de duas formas.

a) Mediante interpretação sistemática da área de proteção de cada direito.[96] Assim, por exemplo, poder-se-iam resolver problemas relativos ao fato de a liberdade de consciência e crença (art. 5°, VI CF) ser um direito sem reserva legal, apesar de sua amplitude que cria inúmeros conflitos com outros direitos fundamentais e demais bens jurídico-constitucionais.

Segundo uma opinião (D. Dimoulis), é conceitualmente próxima à liberdade de consciência e de crença o direito à livre manifestação do pensamento que foi outorgado com uma reserva legal (art. 5°, IV e V CF). Isso indica que uma interpretação extensiva da "consciência", tendo em vista sua relação sistemática com a expressão do pensamento, apropria-se indevidamente de elementos pertencentes à área de proteção da liberdade de pensamento e constitui, por isso, um erro sistemático. Todas as manifestações de consciência que pertencem à área de proteção da liberdade de pensamento submetem-se à reserva legal. Por consequência, leva-se indevidamente à tutela específica da liberdade de "consciência" um limite previsto à tutela genérica da liberdade de manifestação de pensamento – um erro sistemático.

Partindo-se de um entendimento diverso em relação a essa afirmada relação de concorrência entre os dois direitos fundamentais, chega-se à impossibilidade dessa espécie de "empréstimo" indevido, mas, às vezes, praticado. Segundo essa opinião (L. Martins), *in casu* ou abstratamente sequer as áreas de regulamentação do art. 5°, IV e VI CF, a despeito da aparência, comunicam-se, pois tanto o conceito de consciência quanto o conceito de crença hão de ser claramente distinguidos do "pensamento", valendo a reserva legal, de plano, exclusivamente, para o segundo caso.[97]

---

95. Christopoulos e Dimoulis, 2009.
96. Detalhadamente, Kingreen e Poscher (2019, p. 105).
97. Embora o inc. V do art. 5° CF possa servir de limite à liberdade de crença por se tratar de "direito constitucional colidente". A relevância prática dessa diferença de limites reside nas exigências voltadas à justificação constitucional: no primeiro caso, o direito

Independentemente dessa divergência de opiniões, torna-se claro que o problema da reserva legal pode ser tratado adequadamente apenas após um paciente trabalho doutrinário e jurisprudencial voltado a identificar os problemas que surgem na prática e a sugerir soluções no âmbito do estudo dos direitos fundamentais em espécie (parte especial da teoria dos direitos fundamentais). Nesse âmbito, deve ser inicialmente esclarecida a questão dos limites da área de proteção de cada direito fundamental para, em seguida, identificar e tentar solucionar os problemas de colisão.

b) Mediante recurso a outras normas constitucionais que autorizam a intervenção apesar da falta de previsão de reserva legal. No caso do conflito entre direito à privacidade e fiscalização tributária, uma lei limitadora da privacidade, ainda que se considere impossível na forma de reserva legal tácita do art. 5º, X, pode ser justificada por meio do art. 145, §1º CF, que autoriza a Administração tributária a identificar o patrimônio, os rendimentos e as atividades econômicas do contribuinte "nos termos da lei".[98] Mas, nesse caso, tem-se um caso típico de direito constitucional de colisão consubstanciado no art. 145, §1º CF como limite constitucional do art. 5º, X CF.

Pergunta-se também qual é o *sentido técnico* do termo *lei* que é utilizado pela Constituição para autorizar a limitação de direitos fundamentais. Abrange o termo toda e qualquer medida normativa dos poderes Legislativo ou Executivo que regulamente uma situação de modo geral (lei tão somente material)? Ou se refere apenas às leis formais-materiais, aprovadas pelos órgãos do Poder Legislativo?[99]

A doutrina considera que o termo *lei* indica as leis no sentido formal-material e as normas constitucionalmente equiparadas a elas, tal como a medida provisória nos estritos limites de sua vigência.[100] Essa afirmação merece adesão, mas se fazem necessários dois esclarecimentos.

Em primeiro lugar, as normas constitucionais que garantem direitos fundamentais referem-se à "lei" tanto de forma negativa como de forma positiva. Quando a Constituição proíbe a edição de lei limitadora de um direito fundamental refere-se ao termo de forma negativa. Encontramos essa figura em alguns dispositivos do art. 5º CF, que proíbem, por exemplo, ora que a lei prejudique a coisa julgada (inciso XXXVI), ora que ela tenha efeitos retroativos *contra reo* em matéria penal (inciso XL). Nessas hipóteses, o termo *lei* deve ser interpretado de maneira mais ampla possível. Se o constituinte proibiu a interferência normativa limitadora na

---

de personalidade à imagem não precisará ser examinado em sua qualidade de direito fundamental, mas de mera posição jurídico-subjetiva.
98. Cfr. Sampaio (1998, p. 383–384); Pacello (2004, p. 67).
99. Sobre a distinção entre lei em sentido formal e lei (tão somente) em sentido material, cfr. Dimoulis (2007, p. 204–207).
100. Silva (1998, p. 422).

área de proteção de um direito fundamental, tal intervenção não pode ocorrer, a maior razão, sob o pretexto de que a medida não é intitulada "lei", mas "decreto" ou "portaria"! Não faria sentido jurídico o constituinte encarregar a Administração pública de competência que não reconheceu ao legislador formal.

A Constituição se refere à "lei" de forma positiva quando autoriza a limitação do direito fundamental mediante ato legislativo. Nessa hipótese, há verdadeira reserva legal. O raciocínio interpretativo deve ser o inverso, pois essa medida limitadora deve satisfazer determinados requisitos. Historicamente, o constituinte autorizou a limitação mediante lei em razão das garantias democráticas. Era a lei que oferecia uma medida tomada pelo Parlamento, na sua função de principal órgão de representação popular (publicidade, debate, vontade da maioria dos representantes populares). Até aqui, tratava-se de uma lei em geral entendida como *pro libertate*, visto que se enxergava na Administração Pública o principal ente violador das liberdades, razão pela qual havia, no constitucionalismo alemão do século XIX, a equiparação conceitual entre direito fundamental e "reserva da lei".[101]

Nesse sentido, a reserva legal constitui uma reserva (de competência) parlamentar (*Parlamentsvorbehalt*). Apesar das dúvidas sobre o caráter autenticamente representativo dos órgãos do Poder Legislativo,[102] essa exigência continua sendo válida, pois não há outra autoridade estatal que satisfaça de melhor forma esses requisitos. Por isso, o termo *lei*, implícito no adjetivo *legal*, deve ser interpretado no sentido de lei formal, aprovada pelo Parlamento.[103]

O segundo requisito diz respeito à forma de aplicação dessa interpretação no sistema de fontes jurídicas do ordenamento brasileiro, tendo em vista a organização federativa do Estado. A particular abrangência das competências legislativas da União (art. 22 CF) indica que a lei limitadora será quase sempre votada pelos órgãos do Congresso Nacional com a devida participação do Presidente da República no processo legislativo. Mas isso não exclui a possibilidade de a reserva legal ser concretizada em lei de origem estadual e municipal, no âmbito das respectivas competências. Desde que o ente subnacional tenha competência formal, critério de avaliação de uma lei que concretiza a reserva legal não é a suposta "simetria", muitas vezes utilizada pelo STF para impedir que os Estados e Municípios legislem

---

101. *Vide* a discussão no Capítulo 2.3., sobre a compreensão *equiparadora* dos direitos fundamentais à reserva da lei (*Vorbehalt des Gesetzes*). Foi apresentada uma fórmula simplificadora de evolução conceitual: na Alemanha, no século XIX e até 1933, "direitos fundamentais = reserva da lei"; sob a égide da *Grundgesetz*, "direitos fundamentais = reserva da lei *proporcional*": Schlink (1984, p. 459 ss.) cuja afirmação foi reproduzida em Pieroth e Schlink (1ª ed.: 1985) e na obra sucessora: Kingreen e Poscher (2019, p. 91 e 93–94).
102. Há abundante bibliografia a respeito, cfr., por exemplo, Blanke (1998).
103. Cfr. Pereira (2006, p. 301–310).

de forma inovadora e divergente. Parâmetro decisivo é a Constituição Federal. Se lei de certo Estado veda as máscaras em passeatas e essa limitação não se encontra em outros Estados, não se deve criticar a discrepância que é inevitável e mesmo desejada em uma Federação. Deve-se apenas verificar se a restrição está em consonância com a Constituição Federal.

Em âmbito federal, o termo *lei* abrange as leis complementares, ordinárias e delegadas (art. 59 CF), todas votadas pelo Congresso Nacional. Em relação aos direitos fundamentais, tendo todas a mesma capacidade de limitação. A Emenda Constitucional não se inclui no mecanismo da reserva legal, já que a limitação de um direito fundamental mediante Emenda pode modificar diretamente a área de proteção estabelecida pela Constituição.

A reserva legal pode também ser concretizada por medida provisória que, conforme previsão constitucional, possui "força de lei" (art. 62, *caput* CF). Nesse caso, devem ser respeitadas as limitações impostas pela Constituição que são de cunho tanto material (proibindo-se, notadamente, a limitação dos direitos fundamentais de nacionalidade e cidadania e dos direitos políticos – art. 62, §1º, I CF), como formal (em particular o limite temporal de vigência, fixado no art. 62, §§3º e 4º CF).[104]

Observe-se, finalmente, que há controvérsias dogmáticas sobre a possibilidade de o Legislativo delegar ao Poder Executivo o estabelecimento de normas limitadoras dos direitos fundamentais.[105] No Brasil, tal delegação é seguramente possível em âmbito federal mediante lei delegada, pois isso é expressamente autorizado pela Constituição (art. 68 CF). Em casos não previstos constitucionalmente, parece-nos problemático admitir tal delegação.

A doutrina alemã desenvolveu, para controlar essa delegação, a "teoria da essencialidade" (*Wesentlichkeitslehre*), segundo a qual a delegação, para intervir na área de proteção de um direito fundamental, deve atender a três condições: (a) existência de lei ordinária delegadora em si constitucional; (b) as decisões "essenciais" (daí teoria da "essencialidade") sobre pressupostos, contextos e consequências das intervenções devem ser disciplinadas pelo *próprio* Poder Legislativo (*Parlamentsvorbehalt* – "reserva parlamentar"), sendo vedada sua delegação; (c) a essencialidade das intervenções mede-se a partir da intensidade com a qual tais intervenções atingirão os direitos fundamentais.[106]

Limitações de direitos fundamentais também ocorrem no âmbito do direito penal no caso de normas penais incompletas que punem condutas concretamente

---

104. O limite máximo é de 120 dias, acrescentados a esse lapso temporal os períodos de recesso parlamentar. Assim sendo, uma medida provisória pode vigorar por aproximadamente cinco meses.
105. Cfr. Kingreen e Poscher (2019, p. 91–93).
106. Cfr., com exemplos, Kingreen e Poscher (2019, p. 92).

descritas por atos normativos do Executivo. Assim, por exemplo, a Lei 11.343/2006 tipifica como crime o fato de:

> Art. 33. Importar, exportar, remeter, preparar, produzir, fabricar, adquirir, vender, expor à venda, oferecer, ter em depósito, transportar, trazer consigo, guardar, prescrever, ministrar, entregar a consumo ou fornecer drogas, ainda que gratuitamente, sem autorização ou em desacordo com determinação legal ou regulamentar: Pena – reclusão de 5 (cinco) a 15 (quinze) anos e pagamento de 500 (quinhentos) a 1.500 (mil e quinhentos) dias-multa.

O art. 1º, § único, da mesma lei, estabelece: "Para fins desta Lei, consideram-se como drogas as substâncias ou os produtos capazes de causar dependência, assim especificados em lei ou relacionados em listas atualizadas periodicamente pelo Poder Executivo da União."

Assim, a pessoa que vende determinada substância somente comete crime sancionado com pena privativa de liberdade e suas repercussões em sua liberdade de ir e vir (e em outros direitos) se um ato normativo do Legislativo ou de órgão do Poder Executivo incluir essa substância no rol obrigatoriamente taxativo das drogas no sentido do tipo penal do art. 33 Lei 11.343/2006. No que diz respeito à possibilidade de isso ocorrer mediante ato do Poder Executivo, tem-se uma restrição de direitos fundamentais determinada em decorrência de uma delegação do poder de legislar fora das hipóteses constitucionalmente previstas. Trata-se de situação de constitucionalidade muito questionável.[107]

9.3.3. Direitos fundamentais sem reservas legais e direito constitucional de colisão

Em não havendo reservas legais que expressamente autorizem a limitação pelo legislador de um direito fundamental, este poderá ainda ser limitado, conforme visto, pelo chamado direito constitucional de colisão ou colidente (*kollidierendes Verfassungsrecht*). Não há de se falar em direito fundamental "ilimitado", em nenhuma hipótese.[108]

O recurso a esse limite é absolutamente vedado quando o constituinte, ao prever o conflito, no caso concreto do exercício da liberdade outorgada na norma

---

107. Sobre os problemas de constitucionalidade da legislação brasileira sobre entorpecentes, cfr. Sucasas (2004); Dimoulis (2009 e 2013) e o breve ensaio de Martins (2015a).
108. A garantia da dignidade humana do art. 1º, III CF seria uma exceção se a considerássemos um direito fundamental. Contudo, o constituinte positivou-a, de modo ainda mais claro do que o fez constituinte alemão, como "princípio fundamental" do Estado democrático de direito brasileiro. Cfr. Martins (2014a, p. 58–63).

de direito fundamental, estabeleceu uma reserva legal simples ou qualificada. Nesse caso, a única limitação possível é aquela decorrente da correta aplicação da reserva legal, com especial observância dos pressupostos definidos nas reservas legais *qualificadas*. Não se trata, portanto, de limites sobrepostos, mas alternativos: o limite do direito constitucional de colisão é apenas permitido no caso dos direitos fundamentais sem reserva.

Esse esclarecimento é de suma importância para se respeitar a vontade do Constituinte. É no vínculo do legislador aos direitos fundamentais que se busca a razão jurídico-dogmática dessa diferenciação, pois esse vínculo tem gradações de maior ou menor poder discricionário concedido pelo constituinte ao legislador ordinário para restrição do direito fundamental outorgado. Essa liberdade é mais ampla no caso dos direitos fundamentais com reservas legais simples, menos ampla no caso dos direitos fundamentais com reservas legais qualificadas e restritíssima no caso dos direitos fundamentais sem reserva. Esse questionamento é, de resto, relevante do ponto de vista jurídico-dogmático, porque ele prepara a correta aplicação do critério da proporcionalidade como limitação ao poder do legislador e demais órgãos estatais de limitarem os direitos fundamentais atingidos por intervenções estatais (limite do limite), conforme se verá no próximo capítulo.

Os dois reconhecimentos da não cumulatividade dos limites (e sua implícita indisponibilidade por parte do operador jurídico que analisa a intervenção) e do grau máximo de limitação do poder do legislador de cercear o direito fundamental sem reserva impõem um cuidado máximo na verificação de um direito constitucional de colisão. Não se pode enxergar em qualquer norma constitucional, por exemplo, em uma simples regra de competência, tal direito capaz de limitar um direito fundamental sem reserva.[109]

Absolutamente vedados são bens jurídicos sem lastro constitucional direto e explícito. Porém, tendo em vista a caracterização da Constituição brasileira como "dirigente", a tarefa torna-se ainda mais complexa, porque são raros os interesses jurídicos que não tenham lastro constitucional direto. Nesse campo, ainda faltam critérios dogmaticamente aceitos e produtivos para possibilitar a diferenciação. Por exemplo, pode-se dizer que a norma penal que sanciona a conduta de apologia ao crime ao proteger bens jurídicos tão difusos como a ordem pública ou a capacidade funcional de órgãos estatais de polícia tem tal lastro constitucional direto?

---

109. A decisão do TCF alemão *Osho* (BVerfGE 105, 279) [excertos e anotações no vernáculo em Martins (2018, p. 42–52)] foi muito criticada por ter derivado de um título de competência do Governo Federal positivado no art. 65 GG um bem jurídico-constitucional capaz de ser contraposto como limite constitucional à liberdade de crença prevista, no art. 4 I GG, sem reserva legal. Sobre a referida crítica, cfr. por todos, com amplas referências, o panorama do debate oferecido por Hufen (2018, p. 391).

A Constituição Federal, ao prever, em seu art. 102, §1º, o procedimento da arguição de descumprimento de preceito fundamental parece querer dispor sobre essa diferenciação entre normas constitucionais que contenham preceitos fundamentais e outras que não. Essa criação pelo constituinte brasileiro nada diz, contudo, sobre uma eventual hierarquia entre normas constitucionais que seriam preceitos fundamentais e outras que não os seriam. Sem embargo, isso traz consequências teóricas para os exames de constitucionalidade de atos estatais infraconstitucionais contra um tipo de norma e outro.

Também para a definição do limite proveniente de direito constitucional de colisão pode-se buscar aqui a legitimação formal da verificação desse limite: intervenções lastreadas em preceitos fundamentais (direito constitucional objetivo) e direitos fundamentais seriam intervenções cobertas por esse limite. São, *a priori*, formalmente autorizadas no caso de limitarem direitos fundamentais sem reserva, mas precisam ainda passar pelo crivo do critério da proporcionalidade (Capítulo 10).

Ainda resta o problema da definição dos preceitos fundamentais. Tal definição seria relevante para a identificação de tais preceitos que podem servir de limites a direitos fundamentais aparentemente ilimitados porque outorgados sem reserva. Esse é um problema geral de interpretação da Constituição Federal de 1988 e não pode ser aqui resolvido. Do ponto de vista prático, parece-nos pouco provável que um dia o STF, ao julgar uma ADPF, chegue a considerar uma norma constitucional descumprida como "não fundamental".[110]

Independentemente disso, há duas tarefas cruciais. Primeiro, a fundamentação constitucional do direito fundamental de colisão como limite de direitos fundamentais sem reserva. Segundo, o estudo de seus significados e pressupostos dogmáticos (menor competência interventiva do legislador, admissão em casos restritos etc.).

9.3.4. Limites constitucionais gerais e abstratos em casos excepcionais

Vista sob o ângulo dos direitos fundamentais, a Constituição Federal estabelece um duplo sistema de legalidade em sentido amplo: a legalidade normal com plena vigência dos direitos fundamentais e a legalidade excepcional, em caso de graves conflitos ou ameaças à estabilidade da ordem política e social.

No âmbito da legalidade excepcional, a Constituição Federal altera as competências das autoridades estatais, reforçando em particular os poderes de ação do Poder Executivo federal. Ao mesmo tempo, prevê uma série de restrições aos direitos fundamentais. Tais restrições seriam claramente inconstitucionais em

---

110. Cfr. Dimoulis (2005, p. 16–18).

regime de normalidade: são autorizadas no âmbito do regime excepcional, em virtude de expressas previsões constitucionais.

A Constituição Federal prevê e regulamenta três situações excepcionais de gravidade crescente. Igualmente crescentes são as limitações de direitos fundamentais permitidas em cada uma destas.

a) *Estado de defesa* (art. 136, §§1º e 3º CF). Um decreto do Presidente da República especifica os direitos que deverão ser restringidos e o tipo de restrição. As restrições podem se referir aos seguintes direitos: reunião, locomoção, sigilo de correspondência e de comunicação telegráfica e telefônica, propriedade de bens públicos e atividade econômica relativa a serviços públicos.[111]

b) *Estado de sítio* conforme art. 137, I CF. O estado de sítio permite, além da restrição, a suspensão de uma série de direitos fundamentais. Ocorre mediante decreto do Presidente da República e pode se referir aos seguintes direitos fundamentais (art. 139 CF): locomoção, reunião, sigilo de correspondência e de comunicações, informação e liberdade de imprensa e radiotelevisiva (liberdade de radiodifusão), inviolabilidade do domicílio e propriedade.

c) *Estado de sítio* conforme art. 137, II CF. Pode sofrer restrição ou suspensão *qualquer* direito fundamental. Para tanto, a Constituição Federal não estabeleceu uma permissão expressa, mas a ampla possibilidade de limitação resulta da formulação do art. 139, *caput*: "na vigência do estado de sítio decretado com fundamento no art. 137, I, *só* poderão ser tomadas contra as pessoas as seguintes medidas". Isso significa, aplicando o *argumento a contrario*, que, em caso de decretação da mesma medida nas hipóteses especificadas no art. 137, II CF, *todos* os direitos são passíveis de restrições. Essa é a hipótese do estado de sítio que poderíamos denominar de "maior", pois pode causar, em tese, a total suspensão dos direitos fundamentais.

Em todos os casos, vale a regra segundo a qual qualquer limitação de um direito constitucionalmente garantido mediante previsão infraconstitucional deve estar acompanhada de *justificativa concreta*, sob pena de inconstitucionalidade. Assim, por exemplo, mesmo a decretação do estado de sítio em caso de guerra dificilmente justificaria a limitação da liberdade de crença ou do direito à honra.

A inconstitucionalidade pode ser constatada pelo Judiciário ao avaliar a justificativa em face da situação real e jurídica do momento, julgando, v.g., *habeas corpus* em favor de preso que alega restrição inconstitucional de seus direitos.

Observe-se, finalmente, que, em alguns casos, a Constituição especifica as condições sob as quais pode ocorrer uma limitação, devendo o decreto respeitar esse "limite dos limites". Assim, por exemplo, no estado de defesa, a prisão preventiva não pode superar os dez dias sem autorização do Poder Judiciário (art. 136, §3º, III CF).

---

111. O dispositivo menciona ainda a restrição à "propriedade de bens públicos", mas nesse caso não temos um direito fundamental afetado.

9.3.5. Limites dos limites

Já afirmamos que a possibilidade de limitar um direito fundamental mediante intervenções em sua área de proteção não é ilimitada. Se fosse reservado ao legislador o poder de concretizar as reservas legais conforme seu entendimento, os direitos fundamentais abstratamente garantidos poderiam perder seu significado prático. A garantia constitucional restaria, em última instância, inócua, abandonando-se, na prática, o princípio da supremacia constitucional.

Para citar exemplos extremos, seria claramente inconstitucional proibir o casamento aos menores de 60 anos, sob o pretexto de que a Constituição encarrega o legislador comum da concretização dos requisitos e impedimentos do casamento, incluindo a determinação de idade mínima. Igualmente inconstitucional seria uma lei regulamentadora da reentrada de estrangeiros residentes no país (art. 5º, XV da CF, direito esse exercido "nos termos da lei") que impusesse o pagamento de uma taxa de entrada no montante de um milhão de reais.

Isso indica que é proibido proibir o exercício do direito fundamental além do necessário ("proibição de excesso"), conforme preceito derivado da dogmática dos *limites dos limites* (*Schranken-Schranken*)[112] elaborada no direito constitucional alemão.

---

112. Kingreen e Poscher (2019, p. 94–104) descrevem o papel de restrição da discricionariedade para intervir na área de proteção dos direitos fundamentais desempenhados pelos "limites dos limites". Apresentam um rol de sete categorias direta ou indiretamente positivadas no texto constitucional. Entre as indiretamente positivadas estão:
– Os próprios direitos fundamentais (na lógica da limitação dialética entre poder estatal e liberdade: os direitos fundamentais representam limites ao poder estatal, limites estes não absolutos, pois foram previstas no texto constitucional reservas legais, além da possibilidade de direito constitucional colidente. Por sua vez, os direitos fundamentais limitam a possibilidade de o legislador limitá-los para que a função limitadora em si do direito fundamental não reste sem objeto).
– A reserva de lei editada pelo Parlamento.
– O critério da proporcionalidade.
– A observância dos princípios de Estado de Direito da clara determinação da hipótese normativa (*Bestimmtheitsgebot*).
As restrições (limites dos limites) positivadas no art. 19 I e II GG são:
– Garantia do conteúdo essencial (art. 19 II GG).
– Proibição de lei limitadora regulamentadora de caso concreto (art. 19 I, 1 GG).
– Dever de indicação explícita (ou dever de citação) do direito fundamental a ser limitado pelo legislador (art. 19 I, 2 GG, restrição interpretada restritivamente pelo TCF alemão).
Cfr. Canotilho (2002, p. 449–458); Mendes (2000, p. 241–251); Santiago (2014, p. 101–105).

Na Alemanha, o art. 19 II GG traz uma limitação formal que é de difícil concretização e deu azo a teorias particularmente problemáticas.[113] Segundo esse dispositivo, "em caso algum pode um direito fundamental ser atingido em seu conteúdo essencial". O *conteúdo essencial* funciona como limite, isto é, como "obstáculo" de determinadas restrições aos direitos fundamentais (na terminologia alemã: "óbice do conteúdo essencial" – *Wesensgehaltssperre*).[114]

O problema reside justamente em saber o que seria esse conteúdo essencial de um direito fundamental e quais as medidas estatais capazes de atingi-lo. Há duas teses a respeito: a tese de que tal conteúdo essencial seria relativo. Relativo porque deveria ser fixado em cada caso específico,[115] e a teoria de seu caráter absoluto.[116]

No debate brasileiro, a necessidade de preservar o conteúdo essencial (também denominado "núcleo" ou "núcleo essencial" do direito) é indicada por muitos autores.[117] Tais autores consideram que a teoria foi recepcionada pelo ordenamento jurídico brasileiro; a maioria deles tem predileção pela teoria relativa.[118] Contudo, a ausência de disposição expressa e a particular dificuldade em se estabelecer o conteúdo nuclear de um direito fundamental levam à conclusão de que *inexiste* tal requisito limitador das intervenções legislativas. Como se verá, todas as limitações impostas a um direito fundamental pelo legislador devem satisfazer o critério da proporcionalidade que tutela conteúdos essenciais do direito a ser respectivamente restringido. Mas a isso não deve ser acrescentado um dever autônomo de preservar um suposto núcleo que aumentaria o risco de avaliações subjetivas da constitucionalidade de leis regulamentadoras.

Outras limitações do legislador resultam dos limites impostos pelas reservas legais qualificadas. Nesse caso, a decisão do legislador deve se adequar ao propósito estabelecido pelo poder constituinte, assim como a eventuais outras condições

---

113. Häberle (1983).
114. Cfr., por exemplo, Stelzer (1991, p. 100).
115. Maunz (1999, n. 16–25).
116. Stern (1994, p. 865 ss.). Para a apresentação da teoria do núcleo essencial absoluto como problema "residual", cfr. Schlink (1976, p. 78) e Schlink (2001). Para uma apresentação de ambas as teorias, assim como da diferenciação entre o enfoque objetivo (preservação do direito) e o subjetivo (preservação da possibilidade de exercício do direito por todos os seus titulares), cfr. Stelzer (1991, p. 47–103); Queiroz (2002, p. 211–216); Freitas (2007, p. 192–204).
117. Farias (2000, p. 96–101); Barros (2003, p. 100–104); Steinmetz (2001, p. 160–164); Barcellos (2005, p. 142–146); Pereira (2006, p. 366–382); Freitas (2007, p. 204–205); Silva (2009, p. 183–207); Mendes et al. (2008, p. 315–331) e Santiago (2014, p. 89–101).
118. Pereira (2006, p. 376–377) e Silva (2009, p. 206). Não se posicionam a respeito da melhor versão teórica Mendes et al. (2008, p. 319–321), considerando, porém, como "inequívoca" a recepção da teoria do núcleo essencial pela Constituição de 1988. Posição eclética pouco convincente em Santiago (2014, p. 105–121)´.

que ele esteja impondo (meio específico de intervenção, por exemplo). Outra espécie de *limite dos limites* encontra-se na necessidade de o legislador respeitar o requisito de *generalidade da lei* (art. 19 I, 1 GG). Por fim, no direito comparado, o constituinte alemão positivou um terceiro limite do limite explícito: o dever de o legislador "citar" o direito fundamental que a lei especificamente restringirá após sua entrada em vigor (art. 19 I, 2 GG), garantindo-se que o legislador seja obrigado, ao tomar consciência do caráter interventivo em um específico direito fundamental de sua atuação, realizar uma espécie de autoexame ou exame preventivo da constitucionalidade da lei restritiva do direito fundamental expressamente citado.[119]

Ao lado desses limites constitucionais positivos imponíveis à competência formal legislativa de restringir direitos fundamentais, trabalha-se, na dogmática jusfundamental alemã, com pelo menos mais quatro limites dos limites não expressos em sua *sedes materiae* que é o art. 19 I e II GG: um primeiro mais teórico representado pelos próprios direitos fundamentais na limitação recíproca de seus limites;[120] a reserva da lei parlamentar; o princípio da determinalidade ou taxatividade decorrente do princípio do Estado de Direito que a lei interventora deve observar[121] e o critério da proporcionalidade. O último mencionado é um limite criado pela jurisprudência do Tribunal Constitucional Federal alemão: a concretização da reserva legal e de quaisquer outras intervenções na área de proteção deve passar pelo crivo do *critério da proporcionalidade*. Em termos simples, deve ser examinada a relação entre os meios interventivos e os fins que o Estado persegue com a intervenção, ou seja, deve ser analisada (e, antes disso, definida) a necessidade de cada intervenção. No próximo capítulo, veremos que a função limitadora dos limites pautada no critério da proporcionalidade é aceita de forma unânime pela doutrina e jurisprudência brasileira.

9.4. Colisão e concorrência de direitos fundamentais

As figuras jurídico-dogmáticas da colisão e da concorrência de direitos fundamentais devem ser estritamente distinguidas, mesmo porque desempenham

---

119. Windthorst (2013, p. 269–271). Fazendo referência ao contexto da resposta do constituinte da *Grundgesetz* à fragilidade dos direitos fundamentais em face do legislador que deveria passar então a levá-los sempre seriamente em consideração, Cfr. Hufen (2018, p. 123–124). Cfr. também Münch e Mager (2018, p. 52–53): "função de aviso"; com enfoque na dogmática específica: Classen (2018, p. 76); Ipsen (2019, p. 53–54); Manssen (2019, p. 55–56); Petersen (2019, p. 25–26) e, finalmente, com ótimo quadro sinótico ao final (p. 221) com as hipóteses de aplicação: Epping (2019, p. 219–221).
120. Em detalhes: Michael e Morlok (2016, p. 279–282).
121. Michael e Morlok (2016, p. 282–285).

papéis dogmáticos a serem enfrentados em momentos diferentes do exame de constitucionalidade e, portanto, muito distintos entre si.

A colisão deve ser enfrentada somente no momento da possível justificação de uma intervenção estatal, como aqui feito, porque um direito fundamental de outro titular de direito pode estar limitando o exercício do direito fundamental atingido pela medida ou omissão estatal.

A concorrência, por sua vez, diz respeito a um problema bastante diverso que no exame de constitucionalidade tem caráter de questão preliminar e, por isso, muitas vezes, é tratado no exame de admissibilidade (interesse processual de agir). No âmbito da concorrência, determina-se o parâmetro de avaliação. Isso ocorrerá quando houver concorrência entre mais de um parâmetro e, assim, o titular puder se valer de mais de um direito fundamental contra uma mesma intervenção estatal porque ela teria supostamente (o exame demonstrará a procedência ou não dessa presunção) atingido mais de um direito fundamental do mesmo titular.

Destarte, embora a concorrência não pertença ao complexo temático dos limites, será sucintamente estudada logo após a colisão, tendo por escopo evitar a referida confusão terminológica, ainda muito comum na doutrina. A contraposição também serve à melhor compreensão do papel jurídico-dogmático da colisão, que é afirmada de maneira muito frequente e leviana na doutrina e jurisprudência e normalmente resolvida com a "técnica" obtusa da ponderação.

9.4.1. *Colisão*

Ninguém pede racionalmente a desapropriação das terras de um latifundiário porque tem inveja de sua riqueza. E nenhuma autoridade estatal decide proibir que uma revista popular publique fotografias de ricos e famosos em praias e residências privadas se não houver motivo para tanto e, principalmente, reclamação dos interessados ricos e famosos.

As colisões e restrições nascem, como já constatado, porque o exercício de um direito fundamental entra em conflito com outro ou com outros preceitos constitucionais (bens jurídico-constitucionais). A desapropriação de imóveis rurais objetiva, entre outros, buscar garantir direitos fundamentais dos sem-terra e a proibição de publicar determinadas fotografias é ditada pela necessidade de se protegerem a privacidade e a imagem em sua qualidade de direitos fundamentais.

Tarefa da doutrina jurídica e dos tribunais é traçar os limites que permitam o exercício harmônico daqueles direitos fundamentais colidentes, por mais difícil que seja a definição dos critérios para a solução da colisão.

Tem-se, assim, a figura da *colisão* entre direitos fundamentais no caso concreto. "Há colisão de direitos fundamentais quando, *in concreto*, o exercício de um direito fundamental por um titular obstaculiza, afeta ou restringe o exercício de um direito fundamental de um outro titular."[122]

Exemplo: a polícia proíbe o acesso de automóveis ao centro do Rio de Janeiro porque acontece uma manifestação de desempregados. Aqui, não temos nem uma proibição geral de entrada e de circulação na cidade nem uma lei que restrinja o acesso. Mesmo se a tivéssemos, a regra de harmonização deveria ser entendida como uma solução prévia do legislador (programa normativo de compreensão de uma colisão entre direitos fundamentais) passível de amplo controle abstrato quando de sua aplicação, de modo a suscitar a necessidade da justificação de ambas as intervenções implícitas no referido programa normativo de compreensão da colisão. Em vista da situação do momento, o exercício da liberdade de reunião impossibilita o pleno exercício da liberdade de ir e vir. Mas essa medida deve ser avaliada aplicando-se o critério da proporcionalidade para identificar os meios necessários para se preservar o direito de reunião sem limitar demasiadamente a liberdade de ir e vir, a liberdade profissional e econômica e outros direitos.[123]

A doutrina pode contribuir na fixação de limites ao estudar os casos típicos de colisão e propor soluções.[124] A decisão final cabe ao Poder Judiciário que deverá, para que sua decisão seja juridicamente correta, *justificar*, isto é, *fundamentar* o modo de limitação dos direitos em conflito (Capítulo 10.8.). A Constituição Federal impõe, em seu art. 93, IX, que todas as decisões dos tribunais sejam fundamentadas e a necessidade de fundamentação deriva também do próprio significado dos direitos fundamentais no Estado democrático de direito (art. 1º, *caput, in fine* CF). O frequente desrespeito do imperativo de fundamentação na prática jurisdicional que se exprime com fundamentações incompletas e de cunho retórico não pode ser justificado com a simples referência à sobrecarga que enfrenta o Poder Judiciário. A fundamentação é dever, e não simples faculdade do juiz.[125]

---

122. Steinmetz (2001, p. 139).
123. O problema da limitação da liberdade de reunião, apesar de sua particular relevância prática, não é ainda adequadamente tratada pela jurisprudência brasileira. Cfr. a decisão do STF que suspendeu decreto que proibia o uso de carros de som no centro do Distrito Federal (ADI 1.969, rel. Min. Ricardo Lewandowski, *DJ* 31.08.2007), assim como a decisão que considerou tutelada pela Constituição a "marcha da maconha" (ADPF 187, rel. Min. Celso de Mello, *DJe* 102, 28.05.2014). Análise em Martins (2013, p. 277–305). Ver, também, as considerações sobre a situação jurídica no Brasil e na Alemanha em Martins (2017), Martins (2020).
124. Kingreen e Poscher (2019, p. 104–107) e Mendes (2000, p. 282–311).
125. Dever que decorre originalmente do art. 1º, *caput, in fine* CF, representando o respectivo expresso mandamento do art. 93, IX CF uma especificação desnecessária. Aqui cabe uma observação contundentemente crítica à decisão do novo legislador processual civil de supostamente positivar no art. 11, *caput* do referido estatuto legal o dever de fundamentação de decisões judiciais e a espécie de roteiro ou definição negativa da

As principais ferramentas para decidir sobre casos de conflito são duas. Primeiro, a *interpretação sistemática da Constituição*, isto é, sua interpretação como conjunto que permite levar em consideração todas as disposições relacionadas com o caso concreto e entender quais são os parâmetros que o constituinte mesmo estabeleceu. Segundo, o *critério da proporcionalidade*, objeto de análise no próximo capítulo.[126]

9.4.2. Concorrência

Ocorre concorrência, conforme já salientado, quando o titular de direito puder se valer de pelo menos dois direitos fundamentais contra a mesma intervenção estatal, ou visto da perspectiva da intervenção, quando a intervenção atingir dois direitos fundamentais do mesmo titular. É certo que basta haver a violação de um direito fundamental para que a intervenção estatal seja inconstitucional e enseje a declaração de nulidade do ato estatal que a representa.[127] Todavia, pode ocorrer a presença de uma *concorrência meramente aparente*. Em tal caso, torna-se necessária a escolha de um direito fundamental como único parâmetro de julgamento. Se a concorrência não for aparente, mas real, o exame completo da constitucionalidade

---

fundamentação de uma decisão judicial no art. 489, §1°, ou seja, dos elementos que, se presentes, identificam uma decisão judicial como não fundamentada. Essa legislação simbólica ou de natureza indevidamente "didática" (formulação de tais critérios é papel da dogmática!) é representativa de um estado por assim dizer quase "pré-falimentar" das ciências jurídicas brasileiras. Ou terá mesmo o legislador inovado? Vivemos no direito brasileiro uma esquizofrenia entre fábricas de princípios não decorrentes de sistema normativo para encobrir arbitrariedades "hermenêuticas" e, em sentido oposto, a positivação de deveres estatais obviamente implícitos no sistema constitucional.

126. Sobre as reservas legais implícitas, cfr. Capítulo 9.3.2.
127. Há, entretanto, na Justiça constitucional, outros efeitos de decisões que reconhecem a inconstitucionalidade de leis:
– declaração de incompatibilidade, com efeito de anulação, ou seja, sem retroagir no tempo ou até mesmo com prazo para transição legislativa;
– declaração de lei "ainda constitucional" com apelo ao legislador para melhoria da situação jurídica;
– interpretação conforme a Constituição. Tais "variantes de dispositivo" ou "técnicas de decisão" foram desenvolvidas por Tribunais Constitucionais Europeus e recepcionadas pela doutrina e jurisprudência brasileira. Cfr. Mendes (1990, p. 150–162); Martins (2005, p. 107–113); Colnago (2007); Meyer (2008, p. 37–146); Dimoulis e Lunardi (2011, p. 266–281); Martins (2011, p. 94–101); Laurentiis (2012). Especificamente sobre a interpretação conforme a Constituição, cfr. o panorama sobre sua rigorosa aplicação na jurisprudência do TCF alemão, modelo do qual o STF muito se afastou com seu uso frequentemente arbitrário da figura, em: Martins (2019, p. 258–259, especialmente a explicação e as decisões referidas na nota de rodapé 285).

pressupõe a análise da intervenção em face de todos os direitos fundamentais concorrentes.

Klaus Stern distinguiu entre concorrências *aparentes* e *ideais*.[128] Somente as últimas dão ensejo à duplicidade ou multiplicidade de parâmetros de julgamento. No caso da concorrência *aparente*, a aplicabilidade de um parâmetro afasta os demais, conforme a regra de prevalência da norma específica em face da geral (*lex specialis derrogat legi generali*).

A doutrina alemã distingue também entre duas formas de especialidade de um direito fundamental: a lógica e a normativa.[129]

No caso da *especialidade lógica*, a norma específica contém todos os elementos típicos da norma genérica e pelo menos mais um. Um exemplo seria a relação de especificidade entre o direito fundamental à inviolabilidade do domicílio (art. 5º, XI CF), o direito à privacidade (art. 5º, X CF) e o direito geral de liberdade (art. 5º, *caput* CF). O primeiro direito fundamental mencionado do art. 5º, XI CF reúne todos os elementos típicos dos seguintes mais o elemento da privacidade "espacial", i. e., aquela que se dá estritamente no âmbito do domicílio. Por isso, o art. 5º, XI CF tutela direito fundamental mais específico em relação à privacidade do art. 5º, X, que, por sua vez, é mais específica que o direito fundamental geral de liberdade (art. 5º, *caput* CF). Essa última liberdade será o parâmetro aplicável apenas quando os direitos mais específicos não forem aplicáveis ao caso (tutela subsidiária).

A *especialidade normativa* está presente quando os elementos típicos das duas normas aparentemente concorrentes se interseccionam somente em parte, sendo que uma das duas normas tem uma proximidade material maior ao caso em pauta.

É o que ocorre, segundo uma opinião (L. Martins), no caso da aparente concorrência entre liberdade de consciência e crença e a liberdade de manifestação do pensamento. A manifestação da consciência compartilha apenas do elemento típico "expressão de aspectos da personalidade intelectual" do titular do direito. A manifestação da consciência e da crença, no entanto, está revestida de caráter de cogência moral e/ou religiosa para o titular que não está presente na liberdade de manifestação do pensamento. Disso resulta que os conceitos de "pensamento" e de "consciência" e, principalmente, "crença", que traz a conotação da transcendentalidade religiosa ou ideológica, não são compartilhados pelas normas supostamente concorrentes.[130] Não se verifica, entretanto, concorrência ideal porque a

---

128. Stern (1994, p. 1365 ss.).
129. Cfr. com alguns dos exemplos aqui utilizados: Kingreen e Poscher (2019, p. 107–109).
130. "Consciência é uma postura moral, que co-constitui a identidade pessoal de alguém, prescrevendo-lhe, subjetiva e vinculantemente, em uma concreta situação, considerar a prática de certas ações como sendo 'boas' ou 'justas'; e deixar [de praticar outras ações] como [sendo] 'más' ou 'injustas'. Nesse sentido, não há uma decisão de consciência em uma avaliação tomada conforme as categorias 'belo/feio' ou 'verdadeiro/falso'" [Kingreen

eventual maior proximidade material de uma manifestação intelectual concreta ao fenômeno da consciência afasta a aplicabilidade da liberdade de manifestação do pensamento. Semelhante seria a situação no caso de uma procissão religiosa, que tanto poderia ser entendida como protegida pela liberdade de reunião (art. 5º, XVI CF) como pela liberdade de consciência e crença (art. 5º, VI CF).

Segundo outra opinião (D. Dimoulis), temos aqui um caso de especialidade lógica. A liberdade de manifestação do pensamento seria um direito genérico e de função subsidiária, que não deve ser invocado na presença de direitos específicos

---

e Poscher (2019, p. 176)]. Como os juízos de valor ou opiniões políticas, econômicas, estéticas, literárias, filosóficas e congêneres são protegidos pela liberdade de manifestação do pensamento do art. 5º, IV CF, tem-se que tais avaliações subjetivas, por sua natureza não são também "constituintes" da identidade pessoal, *não* fazem parte da área de proteção da liberdade consciência e crença do art. 5º, VI e VIII CF. Esta não acrescenta nada àquela, ao contrário do que ocorre na concorrência entre a liberdade profissional e a liberdade de comunicação social, no caso do jornalista profissional. Opiniões pessoais protegidas pelo art. 5º, IV CF podem mudar a cada alteração de contexto social ou conforme cada nova oportunidade. Por sua vez, as convicções pautadas na consciência, na crença ou visão de mundo não são mutáveis sem a presença de uma revolução psíquico-moral experimentada pelo titular do direito. Que um *codex* ideológico possa se consolidar como consciência ou confissão ideológica ("*weltanschauliche Bekenntnis*", como a do art. 4, I GG) em nada muda o afirmado quanto à delimitação entre os dois fenômenos (entre *suas* áreas de regulamentação). De resto, deve estar presente uma união coerente e incindível entre *pensar, expressar e agir* de acordo com a consciência ou crença que não está presente nos meros "achar", "pensar", "considerar", típicos do objeto tutelado pelo art. 5º, IV CF. Embora os dois direitos fundamentais em apreço tenham sido tutelados conjuntamente na primeira emenda à Constituição Federal norte-americana, em 1791, a liberdade de crença e consciência, de obediência absolutamente acrítica a imperativos ético-morais e religiosos, teve um desenvolvimento diferenciado em relação à liberdade do discurso submetida desde o início ao debate, à lógica da persuasão retórica com elementos mais ou menos racionais, ao *market place of ideas*. Até mesmo o exercício negativo das liberdades e a correspondente resistência do titular em face de intervenções estatais são muito diversas em razão da diferença ontológica apontada: enquanto na liberdade de manifestação do pensamento (que ao contrário da liberdade de consciência e crença não protege o livre pensar em face de tomadas de influência pelo Estado), o exercício negativo atualiza-se pela recusa do titular em manifestar qualquer juízo de valor (eventualmente por uma simples questão de conveniência política ou cálculo profissional). Na liberdade de consciência, isso ocorre de modo nitidamente diverso. Por exemplo, o exercício negativo do não católico, em face de símbolos como o crucifixo, ou do ateu, em face de um juramento oficial em que conste a menção a Deus, dá-se a partir de uma logicamente necessária revelação da consciência ou crença. Tal revelação implica um "desnudamento" intelectual completo que revela as camadas mais íntimas da personalidade. No caso normal da liberdade de manifestação do pensamento, o titular do direito não revela mais do que a "panturrilha" da personalidade e, ainda assim, apenas para o observador atento que, caso tenha interesse, terá de, pelo menos nesse primeiro momento, "imaginar" a consciência "nua" do interlocutor.

que tutelam certas formas de exteriorização de pensamentos, como é o caso da liberdade de crença.[131]

A consequência prática dessa divergência quanto à classificação do tipo de concorrência entre os direitos fundamentais à livre manifestação do pensamento e à inviolabilidade da liberdade de consciência e crença reside na predeterminação da necessidade ou não de aplicar também o parâmetro supostamente mais genérico da liberdade de manifestação do pensamento. Isso porque, uma vez fixada como hipótese de violação um suposto parâmetro específico, não há mais como questionar a constitucionalidade da intervenção estatal, caso seja justificada em face do parâmetro mais específico (*Sperrwirkung*). Imaginemos uma lei que, sem intuito de proselitismo oficial, prescreva que todas as pessoas jurídicas de uma dada localidade, incluindo, portanto, as sociedades filantrópicas e religiosas preencham determinado cadastro. Admitindo-se a especificidade lógica e, destarte, aplicando-se exclusivamente o art. 5º, VI CF, a lei poderia ser constitucional, uma vez que no bojo do exame, em sua segunda fase, negar-se-ia o caráter interventivo (as informações pedidas não afetariam os valores do bem versus mal que marcam tais liberdades, sendo objetivas, podendo, no máximo, revelar alguns juízos de valor do titular). Admitindo-se a especificidade normativa, a depender de que aspecto da área de proteção esteja em avaliação, a negação do caráter interventivo não impediria o recurso ao parâmetro da liberdade de manifestação do pensamento. O resultado seria identificar uma intervenção no exercício negativo da liberdade, suscitando o necessário controle de sua proporcionalidade.

Em síntese, no caso, a afirmação da especificidade lógica em detrimento da normativa poderia tornar um direito fundamental outorgado sem reserva uma espécie de bloqueio da aplicabilidade do parâmetro genérico subsidiário. A consequência seria uma proteção inferior quando comparada à proteção destinada apenas a titulares da liberdade de manifestação do pensamento, um resultado notoriamente indefensável.

A especialidade normativa pode gerar inseguranças. Em caso de dúvida, deve ser sempre afirmada a concorrência ideal, de tal sorte a dever ser a intervenção estatal justificada com base nos dois (ou mais) direitos fundamentais. Isso faz com que a justificação constitucional tenha de ocorrer com base *também* no parâmetro do direito fundamental de proteção mais forte que é o caso dos direitos fundamentais sem reserva legal, como a liberdade artística (art. 5º, IX CF) e de consciência e crença. No exemplo anteriormente analisado, porém, foi justamente o direito fundamental teoricamente mais limitado que é a liberdade de manifestação do pensamento (com intervenções em tese mais facilmente justificadas) constitucionalmente que, em tese, levaria à conclusão da inconstitucionalidade. Isso porque

---

131. Cfr. Tavares (2020, p. 486–487).

os limites previstos para os direitos concorrentes variam e, com isso, também as condições concretas de sua justificação também. Em sede de conclusão nem sempre um direito outorgado com reserva legal terá a justificação constitucional de seu uso pelo legislador ordinário mais facilmente justificada do que uma lei que ao buscar proteger bem jurídico colidente atinja direito fundamental outorgado sem reserva legal.

Uma concorrência ideal se verifica entre os direitos fundamentais da liberdade de expressão e da liberdade artística que podem oferecer resistência contra intervenções estatais no âmbito de um filme engajado politicamente. Uma intervenção estatal na liberdade de expressão cinematográfica (art. 5º, IX CF) no caso de um filme chocante culturalmente poderia até ser justificada com base nos limites constitucionais àquele dispositivo decorrentes do art. 5º, V, X e, principalmente, dos art. 220-221 CF. Se a área de proteção da liberdade artística fosse tangenciada, a aplicação de tais limites não poderia ser justificada. Em tais casos, como a intervenção em um direito fundamental não pode ser justificada, a medida estatal há de ser declarada inconstitucional. O exame das possíveis violações (hipóteses) deve ser o mais exaustivo possível, correspondendo à tarefa de um parecer jurídico-constitucional. Obviamente, basta que o ato objeto do controle seja inconstitucional apenas em face de um direito fundamental para que ele deva ser, em regra, declarado nulo.

Exemplos de concorrência aparente (não ideal): Normalmente, a liberdade de imprensa que tem lastro no art. 5º, IX CF ("atividade de comunicação") afasta a aplicabilidade da liberdade profissional no caso da profissão do jornalista, quando a medida estatal atingir o trabalho jornalístico em sentido estrito (especificidade lógica); a liberdade profissional empresarial afasta a aplicabilidade do direto de propriedade quando se resiste a uma intervenção que atinja o processo de produção econômica (art. 5º, XIII CF), e não a propriedade consolidada (especificidade normativa).

Polêmica é a tese de que o direito fundamental geral de liberdade, em sua acepção de liberdade geral de ação (*allgemeine Handlungsfreiheit*), possa servir de parâmetro naqueles casos de resistência contra intervenções que se encontrem fora da área de proteção de um direito fundamental específico, como ocorre no caso da dissolução de reuniões não pacíficas. Tais reuniões não são protegidas pelo art. 5º, XVI CF, mas poderiam ser consideradas como subsidiariamente protegidas pelo art. 5º, *caput* CF ("direito à liberdade").

Parte da doutrina considera que a aplicabilidade da liberdade geral seria afastada nesse caso. Kingreen e Poscher sustentam,[132] com razão, que tal enten-

---

132. Kingreen e Poscher (2019, p. 108), prosseguindo a explanação em Pieroth, Schlink, Kingreen e Poscher (2015, p. 84 s.). O TCF alemão, no caso *Cannabis* (BVerfGE 90, 145), não admitiu a existência de um direito fundamental "ao entorpecimento" como expressão da autodeterminação, como "livre desenvolvimento da personalidade"

dimento é incompatível com o entendimento amplo do art. 2 I GG como "direito fundamental da liberdade geral de ação". Como no caso da interpretação do art. 5º, *caput* CF, o art. 2 I GG, oferece proteção subsidiária, sendo que essa proteção é limitada implicitamente por toda a ordem formal e materialmente compatível com a Constituição. É o que se conclui do art. 2 I *in fine* GG, em razão de seu claro teor: "toda pessoa tem o direito ao livre desenvolvimento de sua personalidade, *desde que não se choque contra a ordem jurídica constitucional*" (grifo nosso). Mesmo entendimento merece ter o art. 5º, *caput, in fine* CF em razão da remissão aos 78 incisos submetidos ao *caput* pela expressão "*nos termos seguintes*". O não afastamento do art. 5º, *caput* CF como parâmetro do exame de constitucionalidade de uma medida estatal que proíba preventivamente, dissolva ou sancione uma reunião não pacífica tem relevância prática porque permite que a teoria dos "limites dos limites" (Capítulo 9.3.5.) discuta a concretização do limite imposto. O afastamento do parâmetro, por sua vez, impossibilita qualquer questionamento da medida estatal nesse campo.

Na prática, podem surgir problemas concretos semelhantes que tornem a definição de um ou mais parâmetros do exame de constitucionalidade de ato do poder público uma relevante questão preliminar. Trata-se de perscrutar se se está diante de uma concorrência ideal (necessidade do exame com base em todos os parâmetros afirmados) ou não (definição do parâmetro específico com a peculiaridade apontada). Apenas com essa definição dá-se o primeiro passo de um exame de constitucionalidade jurídico-dogmaticamente correto.

---

protegido pelo art. 2 I GG. Mas reconheceu a pretensão subsidiária do titular do direito fundamental do art. 2 I GG à "liberdade geral de ação", segundo sua pacífica jurisprudência iniciada pela decisão *Elfes* (BVerfGE 6, 32) e refundada (na discussão com o juiz *Dieter Grimm*, que apresentou sua opinião discordante sobre o alcance de tal "liberdade geral de ação") na decisão *Reiten im Walde* (BVerfGE 80, 137). Na decisão *Cannabis*, o TCF alemão reconheceu na lei penal uma intervenção na liberdade geral de ação que, após uma aplicação questionável do critério da proporcionalidade, julgou justificada. Corretamente, o TCF alemão trouxe à pauta como direito fundamental concorrente (concorrência "ideal") o direito fundamental à igualdade (art. 3 I GG), julgando, novamente de modo questionável (aplicação leviana do critério da proporcionalidade), o tratamento desigual verificado como justificado constitucionalmente. Cfr. excertos das decisões citadas, acrescidos de introdução ao caso e anotações em: Martins (2016, p. 51–55 e 63–74).

10

O CRITÉRIO DA PROPORCIONALIDADE COMO MÉTODO PARA A JUSTIFICAÇÃO DE INTERVENÇÕES EM DIREITOS FUNDAMENTAIS E PARA SOLUÇÃO DE SUAS COLISÕES

10.1. Natureza da proporcionalidade entre princípio, regra e critério

A ideia da proporcionalidade encontra-se enraizada no pensamento jurídico--constitucional contemporâneo. Associada a princípios fundamentais do Estado de Direito, relaciona-se conceitualmente com a moderação e o sopesamento de argumentos e interesses, remetendo às aspirações de equidade e justiça.

O nosso estudo de dogmática não analisará as acepções jussociológicas e jusfilosóficas do termo nem as formas de utilização da proporcionalidade em outros ramos do direito, em particular no direito penal e administrativo.[1] Aqui interessa seu desenvolvimento *jurídico-constitucional* feito pela jurisprudência do Tribunal Constitucional Federal alemão,[2] já a partir da década de 1950 e prontamente recepcionado pela doutrina daquele país.[3]

Nas últimas décadas, a proporcionalidade foi exportada para várias partes do mundo,[4] inclusive para os países do sul da Europa,[5] que determinaram em larga medida, mas não exclusivamente, suas formas de recepção no Brasil[6] e em outros

---

1. No direito penal o debate clássico refere-se à moderação as penas que deveriam ser proporcionais ao delito. Já no direito administrativo trata-se de tentativas de fiscalizar a legalidade e oportunidade das decisões do Executivo.
2. BVerfGE 19, 342, 348–349.
3. Lerche (1961) e Clérico (2001).
4. Sobre a aplicação em vários países europeus, cfr. Ellis (1999). Sobre Canada e Israel, cfr. Cohen-Eliya e Porat (2013, p. 139–148).
   A discussão foi além do eixo cultural-jurídico ocidental, sendo recepcionada a proporcionalidade por países como Coreia do Sul e Japão. Cfr. Yi (1998).
5. Itália: Cognetti (2011); Espanha: Beilfuss (2003).
6. Cfr. Sarmento (1999, p. 35, 57 ss.); Mendes (2000, p. 246–275); Mendes (2000a); Bonavides (2002, p. 356–397); Barros (2003); Guerra Filho (2001); Steinmetz (2001,

países da América Latina.[7] Conheceu também aplicação na jurisprudência de tribunais supranacionais e internacionais.[8]

Na Alemanha, como veremos, a vinculação dos órgãos dos Três Poderes, e, principalmente, do legislador aos direitos fundamentais, obrigou o Poder Judiciário a encontrar um critério para avaliar intervenções estatais que dificultem ou impeçam o exercício desses direitos, decidindo que tais intervenções somente são admitidas à medida que respeitem o mandamento de proporcionalidade.

O vínculo do legislador aos direitos fundamentais, isto é, sua obrigação de observá-los e respeitá-los ao estatuir regras gerais e abstratas, está intimamente ligado ao surgimento da ideia da proporcionalidade no direito constitucional. Com uma abrangência material que, em termos históricos, conheceu um grande crescimento nos dois últimos séculos, os direitos fundamentais representam, ao garantir a liberdade individual, verdadeiros óbices à atuação do Estado em razão de interesses coletivos.

Para harmonizar o interesse individual com o interesse coletivo, as Constituições modernas impõem, como se constatou no Capítulo 9, limites aos direitos fundamentais, limites esses que devem ser mais bem delineados pelo legislador ordinário. O que poderia ser o vínculo do legislador aos direitos fundamentais senão o dever de intervir no exercício dos direitos tão somente de forma proporcional, pergunta, retoricamente, Schlink em artigo publicado em 1984.[9]

Entenderemos a proporcionalidade como *mandamento constitucional que objetiva verificar a constitucionalidade de intervenções estatais a um direito fundamental mediante a avaliação de sua licitude e da licitude dos fins pretendidos, assim como da adequação e necessidade da intervenção para fomentar determinada finalidade.*

Para justificar essa definição e aferir o real significado da proporcionalidade no direito constitucional contemporâneo, há de se apresentar sua concepção original, elaborada na Alemanha. Em seguida, analisaremos a forma de sua recepção por parte da doutrina e da jurisdição constitucional em outros países.

Essa primeira aproximação induz o estudioso a crer que se está diante de um princípio direcionador do controle de constitucionalidade. Os princípios podem

---

p. 139–172); Silva (2002); Sarmento (2003, p. 77–121); Ávila (2003, p. 104–117); Martins (2003); Barcellos (2005); Pereira (2006, p. 310–366); Rothenburg (2008); Silva (2009, p. 167–182); Branco (2009); Silva (2011); Leal (2014); Tavares (2020, p. 640–656). Reconstrução doutrinária e jurisprudencial em Oliveira (2013, p. 97–115); Laurentiis (2017); Pinheiro, 2019.

7. Argentina: Ciancardo (2004); Chile: Lizana (2008, p. 264–280); Colômbia: Rentería, 2010; México: Gil (2009); Peru: Castro, 2009.
8. Ramos (2005, p. 142–147); Tesauro (2012); Reich (2012).
9. Schlink (1984, p. 457–468). No vernáculo, v. a tradução com preâmbulo em forma de *abstract* de L. Martins: Schlink (2017).

ser, conforme o entendimento dominante hodiernamente,[10] mais ou menos concretizados ou observados, sendo suscetíveis de ponderação e "otimização". Opõe-se a eles o conceito de regra jurídica que só conhece a resposta bipolar: regra cumprida/ regra descumprida.[11]

A atribuição de caráter aberto e principiológico à proporcionalidade por muitos doutrinadores explica em grande parte o interesse da doutrina e jurisprudência pela ideia. Em primeiro lugar, quando se indaga sobre as razões do "êxito" da proporcionalidade, chega-se à sua caracterização como uma forma de resposta a problemas concretos e conflitos envolvendo direitos fundamentais que apresenta a vantagem de ser particularmente aberta a concretizações nacionais, sem deixar de ser racional.[12] Além disso, o caráter principiológico permite a adaptabilidade a situações concretas, isto é, a mudanças nas formas de justificação e nos resultados, mesmo no interior do mesmo ordenamento jurídico. Um estudioso da jurisprudência do Tribunal de Justiça da União Europeia constatou que, a depender do caso e dos interesses envolvidos, o Tribunal atribui à proporcionalidade *quatro* significados diferentes:

a) sopesamento de argumentos a favor e contra uma norma feito pela Corte;

b) reconhecimento da liberdade discricionária dos Estados, devendo ser as medidas apenas razoáveis;

c) sopesamento entre direitos fundamentais que podem levar a variados resultados;

d) indicação das medidas que a Corte considera "proporcionais", impondo-as ao Estado como se legisladora fosse.[13]

Essa indefinição do princípio é nefasta para a segurança jurídica e a previsibilidade, mas torna a proporcionalidade popular. Ela é estudada com predileção e parece corresponder à atual postura de integrantes do Poder Judiciário que consideram o emprego de técnicas "abertas" de ponderação uma forma para aumentar a intensidade de intervenção do Poder Judiciário no campo das decisões legislativas sobre os direitos fundamentais.

---

10. Cfr., no âmbito da teoria dos direitos fundamentais, Alexy (1990); Alexy (1996, p. 87–112). Sobre o entendimento da doutrina brasileira, cfr. Rothenburg (1999); Negreiros (1999, p. 337–343); Silva (2009, p. 43–64).
11. Cfr. Alexy (1996, p. 77–79). Segundo a precisa formulação de Sieckmann (1990, p. 18), "a aplicação de regras ocorre por meio de subsunção de um caso ao seu tipo legal e da dedução da consequência jurídica [...]. A aplicação de princípios exige por sua vez uma ponderação entre princípios colidentes".
12. Cfr. Schlink (2001, p. 445). Zucca (2007) realiza uma leitura dos problemas hermenêuticos dos direitos fundamentais a partir da perspectiva de seus contínuos e multiformes conflitos, atribuindo centralidade à proporcionalidade.
13. Reich (2012, p. 93–102).

Nosso ponto de partida é exatamente o oposto. A proporcionalidade não constitui princípio, no sentido dado a este último termo por teóricos do direito como Robert Alexy. Mesmo para quem adota a bipartição entre regras e princípios,[14] a proporcionalidade apresenta muito mais natureza de regra,[15] tendo conteúdo claro e fixo, conforme veremos a seguir.

10.2. Determinações originais do conceito de proporcionalidade na dogmática alemã dos direitos fundamentais

O conceito foi inicialmente elaborado pela jurisprudência do Tribunal Constitucional Federal alemão. Segundo decisão prolatada na década de 1960, o "princípio" (*Prinzip*) da proporcionalidade "resultaria da própria substância dos direitos fundamentais".[16] Em seguida, o mesmo tribunal afirmou que, por essa razão, a proporcionalidade, embora não positivada no texto constitucional, possui *status* constitucional.[17]

Na atividade decisória desse Tribunal observam-se oscilações na interpretação da proporcionalidade, que provocam, às vezes, o abandono do critério puramente jurídico da proporcionalidade em prol de considerações de cunho meramente político e subjetivo.[18] Não obstante, o Tribunal Constitucional Federal alemão conquistou reconhecimento na comunidade jurídica, em razão das extensas

---

14. Cfr. as críticas em Poscher (2003, p. 75–84, e 2007); Lopes (2003); Martins (2008).
15. Cfr. as críticas ao caráter principiológico da proporcionalidade e a insistência em seu caráter de regra ou "critério" em Silva (2002); Rothenburg (2008; 2014, p. 106–107); Silva (2009, p. 167–169); cfr. Tavares (2020, p. 648-). Sarmento (2013, p. 153) qualifica, ao contrário, a proporcionalidade como "autêntico princípio".
16. BVerfGE 19, 342, 348. A definição se repete em 1983, na decisão sobre a constitucionalidade da Lei do Censo: BVerfGE 65, 1, 44 (*Volkszählungsurteil*). Vide também: Martins (2016, p. 55–63).
17. BVerfGE 23, 127 e 133.
18. Bastante polêmica foi, nos anos 1960, na Alemanha a decisão *Mephisto* (BVerfGE 30, 173) – cfr. excertos analisados por Martins (2018, p. 225–339) – considerada por muitos autores um *Entgleisung* (descarrilamento) do TCF alemão. Houve também decisões que não puderam abstrair considerações políticas *stricto sensu*, como aquelas tomadas no intuito de proibir partidos de esquerda ou direita radical. Mas, nesse caso, a própria *Grundgesetz* abre caminho ao prever o procedimento constitucional para proibição de partido político para que o Tribunal entre no mérito político *stricto sensu*. Sobre os pressupostos processuais desse difícil processo constitucional, cfr. Martins (2011, p. 49 e 2018a, p. 38–39), com referências às duas decisões que levaram à proibição, nos anos 1950, dos partidos SRP – *Sozialistische Reichspartei* (partido radical de direita) e KPD – *Kommunistische Partei Deutschlands* (partido radical de esquerda).
    Poderíamos, a título de comparação, perguntar quais foram os mais discutíveis acórdãos do STF. A resposta é muito difícil em razão do caráter pouco sistemático, conjuntural

fundamentações dogmáticas de suas decisões. Um sistema, ainda que imperfeito, foi erigido, acompanhado por uma doutrina atenta e crítica que questiona, esclarece e desenvolve temas discutidos e decididos pelo Tribunal.

No âmbito da elaboração doutrinária, *Grabitz*[19] *afirmou, em 1973, que a proporcionalidade deriva do princípio do Estado de direito, posicionamento esse repetido muitas vezes pelos doutrinadores brasileiros.*[20]

No entanto, o princípio do Estado de direito garante tão somente a legalidade dos atos da Administração e a necessidade formal de reserva legal para intromissões estatais (intervenções) na esfera individual.[21] Ele não revela nada sobre o conteúdo, isto é, sobre os limites interventivos de leis concretizadoras das reservas legais.[22] Em razão disso, o princípio do Estado de direito é insuficiente para descrever o efeito e fundamentar a validade da proporcionalidade como critério do controle de constitucionalidade.

Schlink[23] *ocupou-se da matéria em estudo publicado em 1976, que ofereceu a primeira sistematização abrangente da jurisprudência do TCF alemão com uma interpretação bastante original, completada em 1984 pelo já citado artigo Liberdade como resistência à intervenção estatal. Da reconstrução da função clássica dos direitos fundamentais.*[24]

Ponderação significa, para Schlink, o próprio processo de aplicação da proporcionalidade ao caso decidendo,[25] sendo que, na passagem do Estado de direito clássico, do século XIX, para o contemporâneo, Estado democrático e constitucional, a exigência da reserva legal transformou-se na exigência da reserva de lei

---

e politicamente influenciável que se manifesta em grande parte da atividade decisória daquele Tribunal. Cfr. as considerações críticas em Vieira (1994).

19. Grabitz (1973, p. 568, 581).
20. Cfr. Mendes (1990, p. 43): "No direito constitucional alemão, outorga-se ao princípio da proporcionalidade (*Verhältnismäßigkeit*) ou ao princípio da proibição de excesso (*Übermaßverbot*) qualidade de norma constitucional não escrita, derivada do Estado de direito."
21. Dimoulis (2007, p. 139–145).
22. Mendes (1999, p. 43) leva em consideração, partindo da obra de Pieroth e Schlink, a distinção entre reserva de *lei* e reserva de *lei proporcional*, mas não critica a derivação do critério da proporcionalidade a partir do princípio do Estado de direito. Procedente é a asserção somente se o termo derivação significar "derivação histórica". Sem dúvida o princípio do Estado de direito é antecedente histórico da proporcionalidade. Mas, do ponto de vista da técnica de aplicação do direito (dogmática), a asserção de Grabitz é incorreta.
23. Schlink (1976).
24. Schlink (1984). Cfr. em português, na tradução de L. Martins: Schlink (2017).
25. Schlink (1976, p. 192–198).

proporcional.[26] Se antes o legislador podia constitucionalmente relativizar tudo o que o constituinte fixara como direito fundamental, exigindo-se dele apenas que o constituinte tivesse autorizado tal intervenção mediante reserva legal, atualmente o vínculo do legislador aos direitos fundamentais impõe concretizar a reserva legal de forma que seja também proporcional.

A ideia da proporcionalidade da intervenção já existia em antigo estudo de Peter *Lerche*, publicado no início da década de 1960, cujo subtítulo se refere ao *vínculo do legislador aos princípios da proporcionalidade e necessidade (Zur Bindung des Gesetzgebers an die Grundsätze der Verhältnismäßigkeit und Erforderlichkeit)*.[27] O autor define a proporcionalidade como princípio constitucional ao lado do princípio da necessidade. O objetivo de ambos é impedir o excesso das medidas legislativas que interfiram na liberdade individual. Poupa-se a liberdade individual quando se proíbe o excesso da medida interventiva estatal. Esse foi o pensamento, simples e lógico, do autor que construiu a figura dogmática do *Übermaßverbot* (proibição de excesso ou exagero). A proporcionalidade (*Verhältnismäßigkeit*) e a necessidade (*Erforderlichkeit*) seriam seus elementos constitutivos.[28]

A ideia do *Übermaßverbot* sugere a existência de uma escala de intensidades na intervenção. Haveria determinado limite de intensidade que, segundo ele, não poderia ser ultrapassado sem desrespeito a mandamentos constitucionais. Pode-se imaginar uma espécie de linha divisória: na escala de intensidade da intervenção até o ponto imediatamente anterior ao ponto do *Übermaßverbot*, a medida estatal não desrespeita o princípio, sendo considerada constitucional. Uma vez atingido o ponto do "exagero", valeria a proibição constitucional (inconstitucionalidade da medida).

A visão de Lerche, segundo a qual o vínculo do legislador significa que ele não pode exagerar na intensidade de intervenção na liberdade individual,[29] contribuiu para o desenvolvimento da dogmática da proporcionalidade e dos direitos fundamentais, que em certo momento (o da justificação da limitação constitucional) praticamente se confundem.[30]

O alicerce estrutural dogmático de Lerche foi utilizado pela jurisprudência do TCF alemão e pela doutrina de maneira às vezes tortuosa. Responsável por tais

---

26. Schlink (1984, p. 457, 459–460).
27. Lerche (1961).
28. Lerche (1961, p. 21, 162 ss.).
29. A referência à proibição do excesso ou exagero (*Übermaßverbot*) tem sido utilizada como fórmula de tradução do critério da proporcionalidade. O atendimento a essa proibição se dá pela aplicação do critério da proporcionalidade em sentido amplo, que procede à seleção de medidas igualmente adequadas ao propósito perseguido pelo Estado e que possivelmente cerceiem a liberdade de modo menos intenso (critério da necessidade).
30. Schlink refere-se ao "método da ponderação como dogmática dos direitos fundamentais" (1976, p. 192).

caminhos foi, principalmente, o entendimento dos direitos fundamentais pelas correntes teóricas axiológicas ("teoria dos valores").[31] Muito tempo e esforço foram despendidos com a insistência na tese de que o texto constitucional relativo aos direitos fundamentais ofereceria um sistema de valores que deveriam ser respeitados e que permitiriam hierarquizar e quantificar os direitos fundamentais de acordo com o seu valor abstrato ou revelado no caso concreto.[32]

Nesse âmbito, a realização do exame da proporcionalidade é apresentada como processo que tem, sucessivamente, natureza eliminatória (adequação), classificatória (necessidade) e axiológica (proporcionalidade em sentido estrito), caracterizado por um afunilamento progressivo.

Lerche concebeu os princípios da necessidade e da proporcionalidade como elementos constitutivos de sua figura do *Übermaß*. Isso significa que várias medidas de intervenção no direito fundamental podem satisfazer o requisito da proporcionalidade que, em seu sentido literal, indica tão somente o relacionamento correto entre duas grandezas, entre o objetivo da intervenção legislativa e o meio empregado (o termo *verhältnismäßig* indica uma situação que respeita as proporções). Mas, entre todas as medidas que estão relacionadas de forma adequada com o seu fim, somente uma satisfará também o requisito da necessidade (*Erforderlichkeit*).

O conceito de *Verhältnismäßigkeit* era para Lerche, portanto, muito mais próximo do conceito atual de adequação do que do conceito atual de proporcionalidade em sentido estrito, que carece de disciplinamento metodológico, correspondendo a uma ponderação axiológica entre dois bens jurídicos conflitantes que está carregada de subjetivismo. Só faltou a Lerche hierarquizar cronologicamente os dois princípios para identificar sua figura do *Übermaßverbot* com a necessidade. Se somente uma medida pode se revelar necessária, todas as demais ultrapassariam o limite da proibição de excesso. Com efeito, a tarefa da aferição da proporção ou adequação consiste na identificação de medidas que em razão de sua inadequação são também desnecessárias. Logicamente, se um remédio não é adequado para

---

31. Cfr. a teoria institucionalista defendida por Häberle (1983). Na República de Weimar, a *Wertlehre* (teoria dos valores) foi desenvolvida em particular por Rudolf Smend (1928). Modernamente, Alexy (1990, p. 49, 55) admite que a teoria principiológica "pode ser vista como uma teoria axiológica que se livrou de hipóteses inconsistentes". No Brasil, esse salto qualitativo de racionalidade na esteira de Alexy encontra-se, entre outros, recepcionado por Negreiros (1999, p. 337, 348–351); Barcellos (2005); Silva (2009); Branco (2009). Uma visão panorâmica das principais teorias dos direitos fundamentais é oferecida por Martins (2012, p. 8–43).

32. O ensejo jurisprudencial foi dado pela complexa e fundamental decisão Lüth: BVerfGE 7, 198 [cfr. Martins (2018, p. 95–104)], em que o TCF alemão fala na suposta existência de um sistema axiológico dos direitos fundamentais. A tese recebeu mais críticas do que adesões. Entre os principais críticos: Schmitt (1979) e Böckenförde (1992, p. 67 ss.). Cfr. a crítica à filosofia axiológica alemã em Podlech (1970, p. 201–209).

baixar a febre, nunca poderá ser considerado necessário para essa finalidade (o meio inadequado não se habilita para o exame ou passo seguinte e definitivo, segundo o entendimento aqui defendido, que é o exame da necessidade).

Até hoje, a ausência de fundamento explícito para a proporcionalidade na Lei Fundamental gera problemas. *Schlink*, considerado por seus críticos como ferrenho positivista, fundamenta, como salientado, o critério no próprio vínculo do legislador. Pergunta, retoricamente, de que outra maneira se poderia concretizar esse vínculo do legislador aos direitos fundamentais nas hipóteses em que (na Alemanha quase todos os direitos fundamentais) o constituinte outorgou o direito com a ressalva legislativa, a reserva legal, se não controlando o mérito ou conteúdo do estabelecido pelo legislador a partir da análise da relação entre propósitos perseguidos e meios utilizados em vista dos subcritérios da adequação e necessidade, tendo em vista a racionalidade (adequação) e preservação (necessidade) da liberdade ou igualdade atingida.[33]

10.3. Recepção do conceito de proporcionalidade em Portugal e no Brasil

Como dissemos no início do capítulo, a proporcionalidade foi recepcionada e adaptada em muitos países. Interessa aqui fazer referências à forma de sua recepção em Portugal, que influenciou decisivamente sua recepção no Brasil, apesar de haver na recente bibliografia brasileira cada vez mais análises diretamente inspiradas no debate alemão, revelando um desenvolvimento bastante profícuo.

---

33. Schlink (1984, p. 459–460). Pieroth, Schlink, Kingreen e Poscher (2015, p. 70) derivam com muita precisão das reservas legais qualificadas (cfr. Capítulo 9.3.2) a exigência de proporcionalidade na relação entre meios e propósitos implícitos na lei limitadora: "é justamente nas exigências de conteúdo [da lei] que o vínculo do legislador se revela [...]. Nas reservas legais qualificadas, resta claro como são as exigências de conteúdo [provenientes] dos direitos fundamentais endereçadas ao legislador. Elas estatuem o vínculo do legislador quando ordenam ou proíbem determinados propósitos e meios junto a alguns direitos fundamentais [...] em face de certas situações [...]. O vínculo consiste também no fato de que, de um lado, são os propósitos e, de outro, os meios que são ordenados ou proibidos. Por tratarem de propósitos e meios, as reservas legais qualificadas exigem uma conexão entre meio e propósito, i. e., exigem que a lei de fato funcione como meio para o alcance do propósito perseguido pelo legislador. Assim, elas possibilitam o reconhecimento do que significa vínculo do legislador naquelas hipóteses, nas quais as reservas legais qualificadas não estão presentes. Também nelas [quando há reservas legais simples, n. dos autores], o legislador persegue propósitos e se vale para tanto de meios [para alcançá-los]. Como nas reservas qualificadas faltam proibições ou ordens de determinados propósitos e meios, permanece a exigência de uma relação pertinente entre meio [aplicado] e propósito [perseguido] e permanece o vínculo a esta exigência". Cfr., igualmente: Kingreen e Poscher (2019, p. 93).

A ideia da proporcionalidade está presente, há décadas, na doutrina³⁴ e jurisdição constitucional portuguesas.³⁵ Quando a doutrina portuguesa fala em "nítida 'europeização' *do princípio da proibição do excesso* por intermédio do cruzamento das várias culturas jurídicas europeias"³⁶ está se referindo à (suposta) homogeneização de um conceito de origem heterogênea.

O resultado é a construção de um conceito eclético que reúne em si elementos de duas tradições jurídicas antagônicas no que tange à teoria das fontes do direito. Fala-se, nesse sentido, do surgimento do conceito a partir do princípio do Estado de direito ou da própria natureza dos direitos fundamentais, mas também de sua qualidade de regra da razoabilidade (*rule of reasonableness*).³⁷

Doutrinadores portugueses indicam corretamente que a proporcionalidade no século XIX objetivava limitar o poder de polícia do Estado constitucional, limitando-se a combater "sintomas de patologias administrativas – arbitrariedade, exorbitância de actos discricionários da administração", não podendo ser entendido como "princípio material de controlo das actividades dos poderes públicos". Mas, ao mesmo tempo, consideram que a proporcionalidade objetiva garantir a imposição de um direito mais justo.³⁸

Nessa ótica, a aplicação do princípio se deu tanto na Inglaterra com seu sistema de *common law* como no sistema de *civil law* continental europeu de forma praticamente idêntica. Lá, poder-se-ia "confrontar-se os poderes públicos com o sentido substantivo do *manifest unreasonableness*"; aqui com o exame da "adequação dos meios administrativos [...] à prossecução do escopo e ao balanceamento concreto dos direitos ou interesses em conflito".³⁹

Trata-se de uma tentativa de unificar tradições divergentes. O resultado é a formação de um conceito de escassa utilidade para a dogmática dos direitos fundamentais. Esta última necessita de precisão, e não de referências genéricas a ideais tais como a harmonização e o balanceamento que abrigam todos os subjetivismos possíveis, de modo a entender a proporcionalidade com uma abstração idealista, como uma "constante busca do equilíbrio entre o exercício do poder e a preservação dos direitos dos cidadãos".⁴⁰ É evidente que tal "equilíbrio" não pode ser racionalmente definido. Sua busca se limita à ocorrência de fórmulas retóricas para defender determinada escolha como equilibrada, correta ou mesmo "justa".

---

34. Cfr. Canotilho (2002, p. 266–273, 455–456).
35. TCP 200/2001, DR II, 27.6.2001.
36. Canotilho (2002, p. 267).
37. Canotilho (2002, p. 267–269).
38. Canotilho (2002, p. 269).
39. Canotilho (2002, p. 268).
40. Gomes (2003, p. 37).

A *imprecisão* e o *sincretismo* caracterizam também a recepção da teoria da proporcionalidade no Brasil. Entre outros problemas, ocorre a tentativa de redução da ideia da proporcionalidade a um mero exame de razoabilidade que seria intrínseco à tradição de *common law* e também aceito em vários países europeus. Nesse sentido, afirma-se que os princípios da proporcionalidade e da razoabilidade são praticamente sinônimos.[41] Outros autores consideram que o princípio tem suas raízes nos ideais jusnaturalistas,[42] mas atualmente se fundamenta no princípio constitucional do Estado de direito, reproduzindo-se uma fórmula pouco refletida da jurisprudência e de parte da doutrina constitucional alemã.[43]

A tese da origem jusnaturalista, além de infundada, uma vez que o "progenitor" do critério é a norma positiva do direito constitucional alemão, o art. 1 III GG (vínculo, sobretudo, do legislador aos direitos fundamentais), prejudica sobremaneira a compreensão técnico-jurídica do caráter de regra decisória da proporcionalidade. A combinação entre o princípio do Estado de direito que, entre nós, significa o império da lei e a "inspiração" jusnaturalista acaba esvaziando o critério de seu significado dogmático.

A imprecisão torna-se evidente na definição usual encontrada na doutrina brasileira, segundo a qual a proporcionalidade seria um princípio constitucional não positivado que proibiria o exercício de um poder de polícia arbitrário.[44] O rigor da medida estatal dar-se-ia na proporção razoável do direito individual atingido.[45]

---

41. Barroso (1998); Rocha (2002, p. 357–359); Di Pietro (2002, p. 80–83); Gomes (2003, p. 37). Cfr. Mello (2000, p. 81): "Em rigor, o princípio da proporcionalidade não é senão faceta do princípio da razoabilidade"; cfr. as observações críticas em Sarlet (2009, p. 400–401). Uma comparação sistemática desses dois métodos de fiscalizar a constitucionalidade encontra-se em Cohen-Eliya e Porat (2013, p. 64–81).
42. Fernandes (2003, p. 51 ss.). Não faltam autores que consideram que a ideia da proporcionalidade já se encontrava no denominado "Código de Hamurabi" e na Bíblia [Gomes (2003, p. 41)]. Além do erro metodológico dessa visão [cfr. a crítica em Sabadell (2003)], a busca de tais "origens" desvirtua o significado da proporcionalidade. Não se busca constatar se as pessoas reagem de forma racional e se o legislador estabelece, por exemplo, penas leves para infrações que considera leves e penas graves para infrações que considera graves. Aquilo que se busca é elaborar uma ferramenta jurídica confiável para responder ao problema concreto da limitação do legislador infraconstitucional.
43. Barros (2003, p. 100); Bonavides (2002, p. 363–364). Bonavides propõe, em paralelo, duas outras fundamentações da proporcionalidade. Indica uma longa série de artigos constitucionais que garantem setorialmente ou indiretamente a proporcionalidade e, em seguida, apresenta-a como "princípio constitucional ou princípio geral do direito" que se fundamenta no §2° do art. 5° CF (p. 395–397). Cfr. em sentido semelhante Gomes (2003, p. 61–72).
44. Fernandes (2003, p. 51).
45. Mendes (1999, p. 42–43); Barros (2003, p. 88).

Ora, a indicação do vínculo lógico entre uma providência legislativa e seu fim não acrescenta nada ao estudo do Estado de direito. No sistema legalista continental europeu sempre se partiu do dogma da busca da "vontade do legislador"[46] como premissa básica da interpretação-aplicação do direito. Perscrutar essa vontade significa analisar o vínculo lógico entre a medida legislativa e seu fim. Por isso, restam infrutíferas as tentativas de estender o critério eminentemente constitucional a todos os ramos do direito infraconstitucional, como uma espécie de "dever de proporcionalidade", a ser observado no momento da aplicação ou concretização da norma jurídica. Não obstante, nesse âmbito da interpretação e aplicação de normas, o mandamento constitucional de proporcionalidade estará presente se tal interpretação e aplicação pela Administração ou Judiciário representarem intervenções estatais na área de proteção de algum parâmetro jusfundamental.[47] Pressupõe, portanto, todos os passos do exame demonstrados no Capítulo 9.

"Onde houver proteção a bens jurídicos que concretamente se correlacionem e uma relação meio-fim objetivamente demonstrável, haverá campo aplicativo para o dever de proporcionalidade".[48] Esse pensamento representa uma verdadeira capitulação incondicional da dogmática da proporcionalidade como importante elemento constituinte da dogmática geral dos direitos fundamentais!

Com efeito, trata-se de uma redução do critério da proporcionalidade à condição de mero instrumento (retórico) do antigo e sempre questionado método da interpretação teleológica objetiva. Uma "relação meio-fim" no âmbito da tutela de bens jurídicos em conflito será *sempre*, mesmo na pior das ditaduras, "objetivamente demonstrável".

Não pode ser, portanto, no campo da interpretação teleológica que a proporcionalidade encontrará sua aplicação. A interpretação teleológica não é caracterizada pela verificação da relação entre meio e propósito, própria do critério da proporcionalidade. Assim, não há um aspecto material da proporcionalidade que represente uma justificação teleológica, da qual decorreria uma "limitação a direito individual [...] com o objetivo (de) efetivar valores relevantes do sistema constitucional".[49] Essa tese subverte o sentido do controle de proporcionalidade, visto que pode ser apta a ampliar a margem de ação da medida estatal limitadora ou restritiva do direito individual.

Como consequência de tais incertezas e imprecisões, vislumbra-se o risco para a segurança jurídica da aplicação de um princípio aberto que somente exige

---

46. Tanto a filosofia como a sociologia jurídica analisam esse dogma com um olhar crítico. Cfr. Aguiar (1990, p. 22–25).
47. Cf. um exemplo em Martins (2017, p. 443 ss., 478–481).
48. Ávila (1999, p. 172).
49. Fernandes (2003, p. 53).

a aplicação da ideia de justiça ao caso concreto por meio da ponderação de bens ou valores jurídicos.[50]

Isso ocorre quando se adota uma definição extremamente ampla da ponderação como "técnica jurídica de solução de conflitos normativos que envolvem valores ou opções políticas em tensão, insuperáveis pelas formas hermenêuticas tradicionais".[51] Nesse âmbito, a ponderação é apresentada como método ao qual se recorre quando não for possível decidir mediante subsunção de determinados fatos a normas.[52]

Na realidade, quando a interpretação do direito vigente não oferece resposta concreta sobre um problema (exemplo: a Constituição Federal não indica quais requisitos deve satisfazer um turista indiano para poder entrar no Brasil, tendo deixado essa questão ao poder discricionário do legislador ordinário), a decisão depende de uma opção política, isto é, das preferências dos legisladores em relação a valores, finalidades, imperativos sociais etc.

Faz parte da competência *exclusiva* do legislador decidir em favor deste ou daquele valor, não cabendo ao aplicador do direito legislado decidir de maneira diferente. Se o fundamento da proporcionalidade em sentido amplo não é o princípio do Estado de direito, mas o vínculo do legislador aos direitos fundamentais, a exclusão da proporcionalidade em sentido estrito encontra respaldo no princípio do Estado de direito (império da lei), assim como no princípio democrático e no princípio democrático-funcional.

Se a Constituição não permite censurar a decisão do legislador que, eventualmente, estabeleceu a obrigação dos estrangeiros de apresentar passaporte válido e visto de entrada, também não é possível aplicar a ponderação, ou qualquer outro método, a não ser que se deseje oferecer uma roupagem jurídica a uma opção político-subjetiva, em violação aos princípios constitucionais anteriormente mencionados.

Quando se pergunta, por exemplo, se o direito brasileiro permite que um turista indiano, que se encontra no aeroporto de Natal com passaporte válido, mas sem visto de entrada, pode entrar no País, as possíveis respostas são duas: positiva ou negativa. Ambas são obtidas mediante subsunção jurídica que pressupõe interpretar todas as normas pertinentes e realizar um processo probatório em relação aos fatos (verificar se o interessado possui visto registrado em consulado brasileiro, se não

---

50. Essa é a proposta de Branco (2009). O autor considera que a finalidade da ponderação é "realizar o justo" (p. 309), baseia-se na identificação e comparação de "princípios, valores e interesses" (p. 207) e realiza uma hierarquização de direitos cujo peso aumenta "quanto mais intimamente disser respeito a necessidades básicas da vida e da autonomia do indivíduo" (p. 209).
51. Barcellos (2005, p. 23).
52. Barcellos (2005, p. 31).

foi vítima de furto de seus documentos, se não perdeu os documentos no momento do desembarque, se está isento dessa obrigação por ser, v.g., agente diplomático etc.). Isso sempre é possível, não havendo espaço para encontrar a solução jurídica correta sem recorrer à subsunção.[53]

Muitas vezes, a interpretação sistemática indica que a Constituição não dispõe nada de concreto a respeito da situação e a norma infraconstitucional é muito abstrata. Nesses casos, a decisão concreta depende de avaliações (discricionariedade) do aplicador (que, no exemplo em pauta, eventualmente suspeitará que o passaporte seja falso, decretará a prisão do passageiro que considera, justificadamente ou não, procurado pela Justiça, poderá pedir confirmação junto dos Consulados brasileiros na Índia para constatar se o passageiro realmente obteve visto etc.). Mas isso não afasta o método da subsunção: constitui um de seus possíveis resultados.

Quando não se leva em consideração a inafastabilidade da subsunção e se acredita nas "virtudes" da ponderação,[54] comum e metaforicamente apresentada pela imagem da balança, na qual se pode misturar variados pesos e medidas, de sorte a permitir a obtenção de uma resposta concreta que não resulte necessariamente das normas vigentes, ocorre a referida "capitulação" da dogmática jurídica, mais especificamente da dogmática geral dos direitos fundamentais. Nesse âmbito, a argumentação perde sua natureza jurídica e a aplicação do direito se realiza mediante subterfúgios. Transforma-se em discussão política ou moral realizada por órgãos que não são legitimados constitucionalmente para tanto, como indica o art. 2º CF[55] e, em geral, das normas constitucionais sobre as competências do Poder Judiciário.

Segundo a perspectiva adotada no presente trabalho, consideramos necessário evitar que a proporcionalidade dilua-se dentro de uma visão geral da ponderação, reduzindo-se a uma figura retórica, conforme pode ser observado na jurisprudência do STF sobre a matéria.[56] Lembre-se também que o sistema de controle de constitucionalidade brasileiro causa problemas de insegurança jurídica que não se

---

53. Sobre as características da subsunção e sua inafastabilidade no âmbito da interpretação jurídica, cfr. Dimoulis (2007, p. 93–103).
54. Cfr. a crítica em Bornholdt (2005, p. 104–105).
55. A verificação da ofensa de normas constitucionais como a do art. 2º CF pertence às tarefas mais difíceis da dogmática constitucional. Cfr. Bastos e Martins (1989, p. 468 ss.).
56. Cfr. a título indicativo as seguintes decisões do STF: MC na ADI 223, rel. Min. Paulo Brossard, *DJ* 29.06.1990, p. 6.218; MC na ADI 855, rel. Min. Sepúlveda Pertence, *DJ* 01.10.1993, p. 20.212; HC 76.060, rel. Min. Sepúlveda Pertence, *DJ* 15.05.1998, p. 44; Questão de ordem na Reclamação 2.040, rel. Min. Néri da Silveira, *DJ* 27.06.2003, p. 31; AgRg no AI 455.244, rel. Min. Carlos Velloso, *DJ*, 02.09.2005, p. 36. Ver também as decisões de outros tribunais brasileiros indicadas em Tavares (2020, p. 652–655). O caráter retórico da jurisprudência do STF sobre a proporcionalidade é demonstrado por Silva (2002, p. 23, 31–34).

apresentam em países onde uma Corte detém o monopólio da declaração vinculante da inconstitucionalidade, como ocorre na Áustria ou na Alemanha.

Tais problemas revelam-se em sede de controle *incidenter tantum* de efeito *inter partes*. Se todo juiz pudesse deixar de aplicar norma por entendê-la inconstitucional, surgiriam as mais diversas fundamentações que dificilmente podem ser trazidas a um sistema fechado que as legitime. Tal dificuldade indica a necessidade de a doutrina brasileira refletir e remodelar a recepção do conceito de proporcionalidade, tendo em vista a sua aplicabilidade que deve ser satisfatória do ponto de vista dogmático-constitucional e decisiva do ponto de vista decisório-pragmático.

10.4. Caráter decisório e fundamento constitucional do critério da proporcionalidade

A proporcionalidade deve ser entendida como elemento disciplinador do limite à competência constitucional atribuída aos órgãos estatais de restringir a área de proteção de direitos fundamentais, isto é, como resposta jurídica ao problema do vínculo do legislador aos direitos fundamentais, configurando um *limite* de seu poder limitador.

Trata-se do limite *material* por excelência imposto ao poder do Estado de restringir a área de proteção de um direito fundamental. A determinação da inconstitucionalidade da ação do legislador não pode se limitar a critérios formais, sob pena de perda da concretude e da utilidade de seu vínculo aos direitos fundamentais. Sua decisão política de tutelar (de certa maneira, privilegiar) um bem jurídico-constitucional em detrimento de outro somente pode prevalecer se a forma dessa escolha poupar ao máximo possível o direito restringido.

O ramo jurídico de incidência é, portanto, o direito constitucional específico (*spezifisches Verfassungsrecht*)[57] que abrange o *modus*, a maneira de interpretação e aplicação (ou o afastamento) de normas infraconstitucionais quando se alega violação de um direito fundamental.

---

57. Apesar da dificuldade de se determinar o conteúdo do "direito constitucional específico", o TCF alemão e a doutrina processual constitucional daquele país insistem na fórmula para determinar o âmbito da competência daquela Corte constitucional em face da jurisdição ordinária. Cfr. Schlaich e Korioth (2015, p. 201–203); Martins (2011, p. 77–78) e, por último, em diálogo com o problema do conceito de "questões constitucionais" inserido (mas, tanto quanto observável, até hoje ainda não devidamente enfrentado) no art. 102, §3º CF: Martins (2019a). Tais dificuldades foram apontadas como um dos motores do processo de constitucionalização do ordenamento jurídico. Cfr. Schuppert e Bumke (2000, p. 72 ss.).

Generalizar o critério, transformando-o em um "dever estatal de proporcionalidade" *lato sensu*, significa desistir da limitação de competência de um tribunal constitucional em face da matéria constitucional específica.[58]

Isso significa que o critério da proporcionalidade não pode ser aplicado à subsunção de norma infraconstitucional propriamente dita. Se o juiz criminal, por exemplo, entender, com base na prova colhida, que se aplicam determinadas agravantes ou atenuantes, a fixação da pena não é problema suscetível de solução com recurso à proporcionalidade como critério constitucional.[59] Dito de outra forma, a proporcionalidade não é analisada aqui, nem deveria ser entendida no âmbito da dogmática dos direitos fundamentais, como regra de equidade, prudência, ponderação, reciprocidade, moderação, bom-senso, razoabilidade, equilíbrio ou qualquer outra qualidade ou virtude dessa natureza. A proporcionalidade é analisada como instrumento juridicamente configurado e delimitado para identificar e resolver problemas de constitucionalidade de atos infraconstitucionais.[60]

Ainda que haja dúvidas quanto à fundamentação constitucional da proporcionalidade no Brasil,[61] consideramos que sua aplicabilidade se justifica com base em dois argumentos *normativos*.

Primeiro, em virtude do vínculo direto do legislador aos direitos fundamentais, previsto no art. 5°, §1° CF. Vincular o legislador significa exigir que ele respeite ao mesmo tempo todos os direitos fundamentais. Em caso de colisão entre direitos, isso equivale ao poder e dever de limitar os direitos fundamentais na estrita medida do necessário para, se e quando possível, otimizar seu exercício. Na maioria dos casos, a intervenção estatal em um direito colidente será justificada, e não a intervenção no outro. O caminho para tanto é respeitar o critério da proporcionalidade. Existe, nesse contexto, um argumento de cunho sistemático que deduz a proporcionalidade da própria essência do sistema dos direitos fundamentais, garantindo seu respeito por meio de sua limitação racionalmente controlada.

---

58. A consequência imediata é a descaracterização do sistema concentrado (ou isolado) de controle de constitucionalidade (ainda inexistente no Brasil mesmo após a EC 45/2004) com a mistura entre os papéis do juiz natural de questões constitucionais e os juízes naturais de questões jurídicas ordinárias. Referências ao sistema e doutrina alemães em Martins (2019a, p. 42–43). Cfr. Schlaich e Korioth (2015, p. 149–150).
59. Se um ordenamento jurídico incluísse entre os critérios de fixação da pena a proporcionalidade entre a gravidade do fato e o *quantum* da sanção, o réu poderia alegar que o juiz, ao aplicar a pena, desrespeitou esse critério. Mas, nesse caso, teríamos alegação de ilegalidade, mas não de inconstitucionalidade, como ocorre com a violação de direitos fundamentais.
60. Cfr. a crítica de Ávila ao "postulado inespecífico" da ponderação de bens (2003, p. 86–87).
61. Barros (2003, p. 93–100); Steinmetz (2001, p. 155–172); Rothenburg (2014, p. 107–110). Ávila (1999, p. 171) observa: "O dever de proporcionalidade [...] não resulta de um texto específico, mas da estrutura mesma dos princípios, sem que isso lhe retire a força normativa". A mesma posição é admitida por Steinmetz (2001, p. 172).

O segundo possível fundamento normativo sob a vigência da Constituição de 1988 encontra-se no art. 5º, §2º CF, que permite reconhecer garantias de direitos fundamentais que não sejam expressamente previstas na Constituição, mas que decorram dos princípios por ela adotados.[62] Nessa perspectiva, a proporcionalidade decorre da necessidade de se harmonizar: (a) o exercício de direitos fundamentais com bens jurídicos conflitantes contemplados pelo texto constitucional como seus limites; e (b) os direitos fundamentais que colidem mediante controle das respectivas e muitas vezes implícitas intervenções legislativas. Na substância, porém, tem-se aqui também o vínculo do legislador como fundamento dogmático, porque este é decorrente dos princípios adotados pela Constituição Federal (art. 5º, §2º CF).

Ainda que se considere insatisfatória essa fundamentação, o recurso à proporcionalidade se impõe como *meio normativo para resolver conflitos que surgem na aplicação de normas constitucionais de maneira subsidiária*. Isso ocorre quando houver aparente impossibilidade de aplicar os critérios clássicos de solução de antinomias (superioridade, posterioridade, especialidade). A antinomia estará presente quando o limite constitucional a direito fundamental for direito constitucional colidente (outro direito fundamental ou outros bens jurídico-constitucionais "objetivos": segurança, saúde pública, salvaguarda da funcionalidade dos órgãos constitucionais etc.). Porém, nos casos em que o limite é a reserva legal, o bem jurídico tutelado por sua configuração infraconstitucional não é necessariamente um bem jurídico-constitucional. A antinomia se resolve com a correta aplicação do critério da proporcionalidade.

Por exemplo, o Código de Ética e Disciplina da Advocacia veda, em seus art. 28 a 34, a publicidade ostensiva de escritórios advocatícios. Dessa maneira, limita um direito fundamental de resistência (liberdade profissional dos advogados, art. 5º, XIII CF) com base em uma reserva legal simples, estabelecida no mesmo dispositivo constitucional por intermédio da expressão *atendidas as qualificações que a lei estabelecer*. O legislador, ao se valer da reserva legal, pode ter em vista um propósito lícito do ponto de vista constitucional, provavelmente a proteção da imagem da classe advocatícia em razão da dignidade ou caráter não comercial de sua atividade profissional ou apenas o desestímulo da cultura do litígio, que sobrecarrega o Judiciário. Todavia, esse propósito lícito não tem o condão de representar um bem jurídico constitucional. Não obstante, o constituinte autorizou a proteção de um bem jurídico sem índole constitucional ao não declinar como propósito a proteção de um bem jurídico constitucional. Logo, o critério da proporcionalidade reflete o vínculo do legislador ao direito fundamental específico e concretiza o princípio da supremacia constitucional, resolvendo a antinomia com base na avaliação do *cumprimento* pelo legislador das exigências de uma correlação entre meios e propósitos caracterizada como adequada e necessária.

---

62. Bonavides (2002), p. 396.

Por isso, a delimitação do âmbito de aplicação de cada norma deve se basear ao final, isto é, após a delimitação da área de proteção do direito fundamental atingido (ainda que a pretexto de se defender direito fundamental colidente) e a verificação da legitimidade formal da intervenção estatal na área de proteção (correspondência ao limite constitucional do direito fundamental atingido), no critério da proporcionalidade. Constatando que certo ato ou omissão estatal encontra amparo em determinada norma constitucional (limite constitucional ao direito fundamental atingido), mas, ao mesmo tempo, contraria outra norma constitucional (por exemplo, a vedação legislativa de usar celular em presídios justifica-se por considerações de segurança pública, mas limita o direito à vida privada dos presos), a proporcionalidade resolve o conflito, sendo um *critério* para aplicar o direito em casos de aparente ou real antinomia.[63] Dessa maneira, a proporcionalidade permite ao julgador oferecer uma resposta fundamentada, de maneira a preservar a unidade e funcionalidade do ordenamento jurídico e a afastar inseguranças.

Observemos que a proporcionalidade foi expressamente proclamada como elemento do Estado de Direito e critério de limitação dos direitos fundamentais em alguns países. Isso ocorre na Grécia,[64] na Suíça,[65] na África do Sul[66] e, em certa medida, em Portugal.[67]

---

63. De maneira semelhante, Ávila (2003, p. 80–81, 105) compreende a proporcionalidade como postulado normativo-estruturante que permite a aplicação de outras normas. Ver também Silva (2009, p. 168–169), que se refere a "regra de segundo nível", "meta-regra" ou "regra especial". Seguindo o mesmo raciocínio, Rothenburg (2008, 2014), opta pelo termo *critério* que decorre fundamentalmente da necessidade de se harmonizarem normas abstratas com bens jurídicos protegidos por normas de nível hierárquico superior, tais quais as normas definidoras de direitos fundamentais (Rothenburg, 2014, p. 109). Rivers (2014, p. 413) chega a considerar a proporcionalidade "exigência intuitiva da razão humana".
64. Constituição de 1975: "Art. 25, 1. "Todas as formas de limitações que podem ser impostas constitucionalmente aos direitos humanos devem estar diretamente previstas na Constituição ou na lei, desde que haja previsão de reserva legal, e respeitar o princípio da proporcionalidade (*analogikotita*)".
65. Constituição Federal de 1999: "Art. 5.2. A atuação do Estado deve servir o interesse público e ser proporcional". "Art. 36, 3. As limitações dos direitos fundamentais devem ser proporcionais (*verhältnismäßig*)".
66. Constituição de 1996. "Art. 36. 1. Os direitos da Declaração de direitos somente podem sem limitados mediante lei de aplicação geral e na medida em que a limitação for razoável e se justifica [...] levando em consideração todos os fatores relevantes, incluindo [...] d) a relação entre a limitação e o seu propósito e e) a existência de meios menos restritivos que atingem o propósito".
67. Constituição de 1976: "Artigo 266, 2. Os órgãos e agentes administrativos estão subordinados à Constituição e à lei e devem actuar, no exercício das suas funções, com respeito pelos princípios da igualdade, da proporcionalidade, da justiça, da imparcialidade e da boa-fé".

A proclamação expressa resolve as dúvidas sobre o fundamento constitucional e o caráter vinculante da proporcionalidade. Mas não muda radicalmente a situação em comparação com os ordenamentos sem garantia explícita. A menção de um termo no texto constitucional não permite identificar os critérios e procedimentos para aferição da proporcionalidade de certa limitação. Cabe à doutrina determinar esse conteúdo, o que mostra a semelhança da situação normativa encontrada entre países que positivaram e aqueles que não positivaram a proporcionalidade.

Não representa um fundamento satisfatório da proporcionalidade sua menção em leis ordinárias que a estabeleçam como critério para tomada de decisões pela Administração Pública ou do Poder Judiciário.[68] Tais referências infraconstitucionais, além de padecerem do já mencionado problema da indefinição do conteúdo da proporcionalidade, não podem, em vista da hierarquia das normas, justificar limitações de direitos garantidos pela própria Constituição.

Em conclusão, o fundamento constitucional do critério da proporcionalidade é o (comezinho) controle da discricionariedade legislativa aberta pelo limite constitucional (reserva legal ou direito constitucional colidente), isto é, o mesmo que concretizar o vínculo do legislador aos direitos fundamentais e aplicar o critério da superioridade para solução da aparente antinomia. Essa necessária limitação de competência ou poder discricionário com base no critério da proporcionalidade ocorre também no controle da decisão administrativa e da decisão judicial, como se verá no tópico a seguir. Em havendo antinomia "ideal" ou real, vale, como se verá (*ceteris paribus*), a decisão política de quem é competente para tomá-la de maneira vinculante: o Poder Legislativo. Quando um tribunal declara inconstitucional uma lei que harmonize direitos ou decida por um direito fundamental em dada constelação de colisão com base em uma decisão "mais justa", "mais condizente com o espírito da Constituição", na "notória superioridade deste ou daquele direito", em suposta presença de "ameaça à dignidade humana" ou quaisquer outros "valores ou princípios constitucionais" prevalecentes, estaremos muito provavelmente diante de mais um caso de decisionismo judicial. O critério da proporcionalidade, quando corretamente entendido e aplicado, evita esse decisionismo e concretiza o imperativo da separação de poderes (art. 2º CF).

---

68. O art. 20, § único, da Lei de introdução às normas do direito brasileiro impõe que a motivação de uma decisão administrativa ou judicial demonstre "a necessidade e a adequação da medida imposta ou da invalidação de ato, contrato, ajuste, processo ou norma administrativa, inclusive em face das possíveis alternativas". O CPP impõe que o juiz tome certas decisões atendendo o "princípio" da proporcionalidade (art. 156, I, e 438, §2º).

10.5. Diferenciação em razão do autor da intervenção estatal

Todos os órgãos estatais (Legislação, Administração/Governo, Jurisdição) estão igualmente vinculados aos direitos fundamentais. Consequentemente, suas intervenções devem passar pelo crivo do critério da proporcionalidade. Essa constatação foi designada como "vigência tríplice da proporcionalidade" que abrange o *dever* de elaboração de leis proporcionais pelo legislador, de sua interpretação e implementação proporcional pelo Executivo (pressupondo-se, aqui, que o legislador tenha deixado uma margem discricionária, ainda que mínima à Administração Pública)[69] e de sua interpretação e aplicação igualmente proporcional pelo Judiciário.[70]

Não obstante, há de se notar uma diferença material (além das diferenças formal-processuais em face da ação ou remédio adequados) entre as intervenções do órgão legislativo e as intervenções dos demais "poderes".

As primeiras são avaliadas diretamente em face da medida ou parâmetro fixado pela norma constitucional que garante um direito fundamental. A intervenção abstrata exige uma verificação abstrata da relação entre o propósito e o meio da intervenção. Não se perguntará se foi limitado de forma constitucionalmente aceita o direito fundamental de quem desejava participar de uma manifestação em horário e localidade que o legislador comum proibiu, mas se a decisão legislativa de proibir as reuniões em determinados horários e localidades está de acordo com a previsão constitucional da liberdade de reunião.

Em sendo a norma de proibição inconstitucional, a medida administrativa nela baseada (a aplicação da norma em pauta) também o será. Ocorre, assim, como já salientado, que o titular do direito fundamental aproveitará da possível declaração de inconstitucionalidade de forma reflexa, podendo, no futuro, reunir-se nesses horários e localidades ou recebendo eventual indenização por danos sofridos em razão da proibição inconstitucional.

No restante, o controle não é abstrato, já que não se ponderam abstratamente os bens e direitos que se encontram atrás do propósito e meio da intervenção. A questão não é determinar se a liberdade de ir e vir tem um peso ou valor maior ou menor do que a liberdade de reunião. Interessa apenas constatar se condiz com a Constituição a relação empírica entre o propósito perseguido (possibilitar o exercício da liberdade de ir e vir) e o meio adotado pelo legislador (proibição de reuniões em determinados horários e localidades).

O exame da constitucionalidade de uma intervenção legislativa corresponde a um processo trifásico: (a) definição e análise do objeto tutelado pelo direito fundamental (área de regulamentação e proteção) que é atingido pela medida legislativa

---

69. Cfr. Martins (2017, p. 440–443).
70. Cognetti (2011, p. 311).

(análise do *parâmetro* do controle de constitucionalidade); (b) análise da medida legislativa como intervenção (ação ou omissão) estatal na área de proteção do direito potencialmente violado (análise do *objeto* do exame de constitucionalidade); (c) análise da possibilidade de justificação da intervenção em face da aplicação dos limites constitucionais. O principal controle de respeito dos limites constitucionais é feito mediante análise da proporcionalidade.

Já o exame das intervenções de órgãos do Executivo e Judiciário requer um processo bifásico: (a) verificação do fundamento legal da medida interventora e de sua constitucionalidade (incluindo o exame de proporcionalidade); (b) "ponderação (*lato sensu*) concreta", ou seja, a busca metodologicamente orientada da verificação se a medida administrativa ou judicial, embora baseadas em normas não inconstitucionais, violam o direito fundamental por não satisfazerem o critério da proporcionalidade.[71]

Isso é possível e necessário em razão da margem interpretativa das cláusulas normativas gerais, abertas e constituídas de conceitos indeterminados que cabe à Administração e/ou ao juiz. Ambos têm um poder discricionário que, dependendo da previsão legislativa, pode ser maior ou menor, mas que sempre existe. O critério da proporcionalidade corresponde aos limites externos da discricionariedade, isto é, da liberdade de decisão do aplicador-concretizador.

Nesse contexto, o STF não admite Recurso Extraordinário contra medida administrativa ou judicial que contrarie dispositivo legal concretizador de preceito constitucional, alegando tratar-se de "mera ofensa reflexa ou indireta à Constituição".[72] Essa jurisprudência é duplamente criticável:

Em primeiro lugar, porque se a medida que afeta a área de proteção de direito fundamental não tem base legal válida, revela-se inconstitucional em razão da norma constitucional que prescreve a legalidade dos atos da Administração (art. 37 CF) e a submissão do juiz à lei (constitucionalmente compatível).

Em segundo lugar, porque, ainda que se pudesse falar em "ofensa reflexa" (ou indireta), não há como desprezá-la, tendo em vista o princípio da subsidiariedade da jurisdição do STF[73] no julgamento de um Recurso Extraordinário, caso no qual já foi atendida a subsidiariedade em razão do exigido prequestionamento,[74] como pressuposto processual específico, criado, inclusive, por Súmula do STF.[75]

---

71. A jurisprudência do TCF alemão sobre a permissibilidade de expressões potencialmente injuriosas do exército ("Soldados são Assassinos – *Soldaten sind Mörder*") (BVerfGE 93, 266) assentou claramente a distinção entre exame da constitucionalidade da norma abstrata e de sua aplicação. Cfr. Grimm (1995, p. 1967 ss.). Tradução dos principais excertos e comentários em Martins (2018, p. 111–119).
72. RE 233.929, rel. Min. Moreira Alves, *DJ* 17.05.2002.
73. Greco Filho (2003, p. 331–332, 339–340).
74. Dinamarco (2003, p. 144–145).
75. Sobre os requisitos do Recurso Extraordinário, cfr. a análise crítica em Tavares (2003a).

Uma vez conhecido o Recurso Extraordinário e constatada inconstitucionalidade, reflexa ou não, a única decisão correta é o seu provimento. Caso contrário: quem seria competente para afastar a ofensa, ainda que "indireta", à Constituição após o não provimento do Recurso Extraordinário? Como aceitar a eventualidade de se perpetuar uma ofensa a direito fundamental com a chancela do Poder Judiciário pela única razão de ser oriunda de norma de força jurídica infralegal?

Logo, qualquer medida administrativa inconstitucional não revogada pelos juízes em tese competentes (e, portanto, responsáveis para tanto) deve ser final e definitivamente revogada pelo STF. Justamente quando se tem um sistema de limites constitucionais a direitos fundamentais – utilizando reservas legais (Cap. 9) e podendo o legislador ordinário nelas se pautar quando intervém em direitos fundamentais para cumprir sua agenda política – revela-se a impropriedade dessa jurisprudência da irrelevância de ofensas meramente reflexas. Não há como avaliar a constitucionalidade de um ato normativo infralegal sem identificar seu lastro legal, isto é, a concretização legislativa da reserva legal, e sem se enfrentar seu mérito mediante rigorosa interpretação. Esta se processa perscrutando, entre outros: a) se a concretização da reserva legal pelo Legislativo é em si constitucional (intervenção estatal em direito fundamental justificada porque proporcional); b) se o legislador formal poderia delegar certa competência ao legislador material (amplitude da discricionariedade); c) se o legislador material (Executivo) fez uso correto de tal discricionariedade, intervindo de maneira justificada no(s) direito(s) fundamental(is) parâmetro(s).[76] Provavelmente inspirado na jurisprudência constitucional lusitana, que parece ter cunhado o conceito, sem, contudo, deixar de fiscalizar a inconstitucionalidade reflexa, o STF se vale de um conceito mal interpretado para, de maneira flagrantemente leviana (passivismo judicial),[77] deixar de realizar o controle de medidas normativas da Administração Pública. O resultado é desastroso: o legislador formal acaba sendo mais controlado do que a Administração Pública direta em face de afirmadas inconstitucionalidades.

10.6. Elementos constitutivos ou subcritérios da proporcionalidade

O Estado intervém na área de proteção do direito fundamental porque, como qualquer outro agente, persegue um escopo. Deve ser verificado se há proporcionalidade entre esses dois polos da ação, o fim e o meio, ou se se manifesta um desequilíbrio que indique a carência de se justificar constitucionalmente a medida adotada. Essa descrição genérica apresenta o já apontado risco de se conceber a

---

76. Em geral: Martins (2017, p. 443–444, 476 ss.).
77. Lunardi e Dimoulis (2016).

proporcionalidade como um mandamento de bom-senso que impõe evitar desequilíbrios, desperdícios e excessos de qualquer natureza.

Esse entendimento pode ser sintetizado no célebre aforismo que proíbe "matar pardais com canhões" e em semelhantes imperativos de prudência, "ponderação" e razoabilidade no sentido corriqueiro desses termos.

Do ponto de vista da dogmática constitucional, a proporcionalidade deve fiscalizar o poder estatal de forma racional. A sua formulação aqui proposta não prescinde da avaliação de medidas por parte do aplicador do direito constitucional. Aliás, a crítica do "automatismo" na aplicação do direito endereçada aos adeptos do positivismo jurídico nunca passou de bravata ingênua de adeptos do moralismo jurídico e de correntes jusnaturalistas.[78] Obviamente, o juiz não decide automaticamente: sempre exerce certo poder discricionário. Mas uma avaliação ponderada, detida e fundamentada da conformidade constitucional de uma medida não pressupõe aquela carga axiológica sobre a qual se referem os adeptos das correntes axiológicas, hodiernamente alcunhadas principiológicas ou funcionalistas.

O exame da proporcionalidade valoriza a harmonia entre os titulares das funções legislativa e jurisdicional, ao mesmo tempo que se observa o princípio da democracia no Estado constitucional de direito contemporâneo. Nesse âmbito, a proporcionalidade deve ser entendida como regra ou critério decisório para problemas de concretização dos direitos fundamentais, principalmente se colimando o seu efeito clássico de representar óbice à ação estatal (*negative Freiheit*).

O vínculo do legislador aos direitos fundamentais significa, como visto, que ele deve observar a proibição de excesso (*Übermaßverbot*) ainda que esteja, formalmente falando (atendendo aos princípios do Estado de direito e da separação dos poderes), autorizado a limitar o exercício de um direito fundamental.

Para ser aplicado como critério dogmático para a solução de conflitos constitucionais, a proporcionalidade deve ser corretamente localizada. Tal localização dogmática pressupõe, em primeiro lugar, realizar o processo de avaliação trifásico (no caso de intervenções legislativas) ou bifásico (no caso de intervenções dos demais poderes) já analisada no Capítulo 9.

A aplicação do critério da proporcionalidade constitui uma ponderação *lato sensu* (*Abwägung im weiteren Sinne*),[79] pois se trata do estabelecimento da relação entre duas grandezas. A análise desse relacionamento não implica, no entanto,

---

78. Dimoulis (2006, p. 53–56, 245–255).
79. Schlink (1976).

uma ponderação abstrata entre bens jurídicos.[80] A ponderação é meramente fática. Como veremos, a ponderação ocorre entre fins e meios juridicamente possíveis.[81]

Do ponto de vista de seu conteúdo, o exame de proporcionalidade deve ser realizado em *quatro* passos sucessivos. A seguir, proceder-se-á a uma apresentação detalhada desses passos que estruturam e, segundo o entendimento da presente exposição dogmática, esgotam o exame da proporcionalidade.

10.6.1. Licitude do propósito perseguido

Em primeiro lugar, deve ser avaliada a licitude (legalidade ou legitimidade) do propósito da medida de intervenção na área de proteção do direito fundamental atingido. Devemos esclarecer que o uso dos termos *legalidade* ou *legitimidade* dos fins perseguidos pela medida é corriqueiro na bibliografia, mas não deixa de ser problemático por várias razões.

Primeiro, aquilo que se analisa não é o caráter legal em si do fim, algo que equivaleria a um contrassenso, já que, na maioria dos casos, objeto de análise é uma medida legislativa formalmente válida e, como tal, os fins que ela persegue (e também meios aos quais recorre) são, por definição, legais. A questão versa sobre a justificação constitucional da lei ou outro ato normativo que limite o direito fundamental, não interessando a "legalidade" da medida no sentido estrito.

Segundo, tampouco interessa, nesse contexto, avaliar o caráter legítimo do fim (e do meio) do ponto de vista filosófico-axiológico (valor do fim e do meio) ou do ponto de vista da sociologia jurídica (aceitação da medida estatal pela população). Apesar de o termo *legitimidade* ser corriqueiro na bibliografia nacional e internacional (e ter sido, inclusive, utilizado em anteriores publicações dos autores do presente trabalho), não será utilizado aqui para evitar compreensões equivocadas.

No contexto da dogmática dos direitos fundamentais, a referência à "legitimidade" *nunca* tem conotações materiais, semelhantes àquelas que adquire o termo quando se fala, por exemplo, da "legitimidade do governo", contrapondo-a

---

80. Ao contrário, Häberle (1983, p. 38–39) insiste em estabelecer, conforme sua teoria institucional dos direitos fundamentais, uma ponderação abstrata entre bens jurídicos, acabando, na prática, por representar um dos mais destacados seguidores do moralismo jurídico. Cfr. a crítica de Schlink (1976, p. 128 ss.) (*Abwägungsenthusiasmus*). Cfr. a contundente e direcionada à nova "roupagem" da teoria institucional como ciência cultural do direito constitucional, crítica de Schlink (1984a). Cfr. a retomada em minúcias da crítica à teoria outrora institucionalista, hoje culturalista cosmopolitista por Martins (2012, p. 15–25).
81. Essa distinção aparece claramente em Alexy (1996, p. 100–104), que se refere às possibilidades fáticas (adequação e necessidade) e jurídicas (ponderação *stricto sensu*) de otimização dos direitos fundamentais.

à perspectiva da mera legalidade. Aqui interessa única e exclusivamente a questão formal da conformidade entre o fim (também o meio) e o ordenamento jurídico vigente.

Por isso empregaremos o termo *licitude* do fim (e do meio), dando a esse termo o sentido de autorização constitucional para sua busca. Procura-se saber se o fim é constitucionalmente admitido[82] e, em seguida, se o mesmo vale para o meio escolhido. Constitucionalmente admitido não significa que ele necessariamente deva ter "dignidade constitucional" no sentido de ter lastro direto em norma constitucional e corresponder, assim, a um bem jurídico-constitucional. Basta, ao contrário, que ele – uma vez fixado, por exemplo, por órgão administrativo, jurisdicional ou ainda por dispositivo legal material – não se choque contra nenhum dispositivo em sentido formal (ordem jurídica constitucional – *verfassungsmäßige Ordnung*).[83] É nesse sentido que o propósito há de ser lícito.

Evidentemente, devemos levar em consideração os princípios de solução de antinomias entre as fontes do direito. Assim, por exemplo, uma intervenção legislativa não se torna ilícita se contrariar vedação contida em decreto. Da mesma maneira, uma lei pode, de maneira lícita, modificar lei anterior que estabelecia certa vedação. Assim, a questão será sempre saber se os fins e os meios utilizados pela autoridade estatal são lícitos no sentido de sua não contradição com normas hierarquicamente superiores e condizentes com a Constituição.

Não obstante, há alguns propósitos que são "ilícitos" já constitucionalmente falando, ou seja, cuja ilicitude decorre literal ou sistematicamente do texto da Constituição, como o caso do cerceamento da liberdade de expressão do pensamento pelo Estado em prol de uma opinião ou posição ideológica "oficial" de interesse

---

82. Na doutrina alemã, indaga-se se "o propósito perseguido pelo Estado pode ser 'em si' perseguido" [Kingreen e Poscher (2019, p. 95)]. Essa formulação poderia dar azo a equívocos somente no caso da definição tautológica anteriormente referida do propósito legal, segundo o qual propósito legal seria aquele que é definido em lei. Obviamente, não basta a validade formal da lei (regras de competência, observância do procedimento legislativo constitucionalmente prescrito), pois esta já deve ser aferida muito antes de se chegar ao controle da proporcionalidade, que é controle material por excelência. Com a expressão do poder ser "em si" perseguido, os autores denotam que propósitos e meios, independentemente da relação entre os dois, que ao final deverá ser caracterizada como adequada e necessária para que a intervenção possa ser considerada definitivamente justificada, devem primeiro, como polos da relação de adequação e necessidade, passar pelo crivo da licitude. Trata-se de um exame preliminar à verificação da presença ou não de proporcionalidade (adequação e necessidade do meio em face do propósito) entre os dois.

83. Sobre o conceito na jurisprudência do TCF alemão: Martins (2016, p. 51–55) (*Elfes*) e, na íntegra, a tradução ao vernáculo do voto discordante de *Dieter Grimm* (certamente o voto divergente mais conhecido da jurisdição constitucional alemã): *ibid.*, p. 63 ss., 71–74 (*Reiten im Walde*).

puramente estatal (vedação de "proselitismo ideológico estatal" e dever estatal de neutralidade ética).[84] Nesse caso, não há a necessidade de se verificar uma ilegalidade *stricto sensu*, pois a dogmática da área de proteção do direito fundamental à liberdade de expressão do pensamento já encerra tal vedação. O "proselitismo estatal" atingiria o próprio sentido (até histórico) da outorga. Essa outorga do art. 5°, IV CF implica desistência de uma competência estatal, qual seja, de tomar partido no embate das opiniões, restringindo a expressão de algumas em favor de outras.[85]

Propósitos ilícitos não podem ser perseguidos, pois eles configuram inconstitucionalidade já nessa primeira etapa do exame de proporcionalidade. Em alguns casos, a ilicitude do propósito é patente, uma vez que deriva, como já descrito, da própria Constituição, e não somente da ordem jurídica a ela submetida (direito infraconstitucional).

Voltando ao exemplo de propósitos ilícitos no contexto do cerceamento da liberdade de manifestação do pensamento e, nesse contexto, da especialmente vulnerável liberdade de comunicação social (subdivisível nas liberdades de informação, radiodifusão, imprensa, *new media*),[86] assim como da liberdade de reunião, ainda mais drásticos que o mencionado "proselitismo estatal": se um governo proibisse, por exemplo, a circulação de jornais e as reuniões públicas de partidos da oposição, estar-se-ia diante de um objetivo constitucionalmente inaceitável, ainda que tenha sido estabelecido (explícita ou implicitamente) em lei. A ofensa decorre diretamente da interpretação do direito fundamental à livre manifestação do pensamento,[87] no caso, mais especificamente do direito fundamental à comunicação social na sua vertente da liberdade de imprensa dos veículos críticos e da liberdade de reunião em face das reuniões públicas convocadas pelos partidos de oposição.[88]

Em outros casos, pode-se estar diante de um propósito que encontra amparo em certa norma constitucional, apesar de sua licitude parecer intuitivamente problemática. Pense-se em uma possível norma de direito penitenciário que imporia a todos os detentos se desnudarem três vezes por dia diante dos guardas e demais

---

84. Cfr. a exposição monográfica de Huster (2002). Sobre o princípio aplicado à definição do conceito de arte relevante para a determinação do alcance da liberdade artística: Martins (2015, p. 33–37).
85. Uma exceção ao reconhecimento tradicional da dogmática da liberdade de expressão do pensamento são as intervenções baseadas em deveres estatais de tutela (*Schutzpflichten*), em prol do direito fundamental à saúde. Isso ocorre com os "avisos", impostos pelo Estado, em relação aos malefícios provenientes do consumo de certos produtos. Se a tomada de partido "ideológico" pelo Estado estiver fundada em um dever estatal de tutela, o propósito da intervenção corresponde àquele dever que é constitucional, caso em que estaria presente a licitude constitucional.
86. Martins (2012, p. 256–263).
87. Cretella Jr. (1974, p. 113 ss.).
88. Sobre o último caso, v. o estudo de caso de Martins (2017, p. 463–483).

detentos da cela no intuito de verificar se não escondem armas, entorpecentes ou outros objetos que poderiam facilitar uma rebelião ou fuga. O propósito perseguido com essa medida talvez encontre amparo no direito à segurança garantido no *caput* dos art. 5º e 6º CF ou na garantia da capacidade funcional de órgãos de segurança pública para a prevenção e repressão do "tráfico *ilícito* de entorpecentes e drogas afins" (art. 5, XLIII e 144, II CF, grifo nosso),[89] apesar de tal medida ter o condão de violar a dignidade humana em sua acepção concreta, positivada pelo constituinte como direito dos presos à integridade moral (art. 5º, XLIX c.c. 1º, III CF).

Em tais situações, há duas possibilidades.

A primeira seria realizar uma interpretação sistemática deduzindo do conjunto das normas indicadas a ilicitude constitucional do propósito que, de certa forma, seria contaminado pelo fato de termos uma situação de constrangimento e menosprezo dos detentos que contraria a dignidade humana. Se a ilicitude do propósito decorresse de violação da dignidade humana (o que é duvidoso no caso do parágrafo anterior),[90] o exame deveria ter terminado na afirmação da intervenção. Considerando a dignidade humana em sua dimensão jurídico-subjetiva (como direito fundamental), uma intervenção nela não é passível de ser justificada, pouco importando o *status* jurídico do propósito perseguido. Implica sempre violação constitucional direta. Mas é justamente assim que se procede no exame em estilo de parecer: o intérprete avança no exame, prossegue em seus passos e, de repente, deve voltar seu olhar analítico a uma fase anterior.[91]

A segunda solução, pelo exposto mais indicada, seria afirmar a licitude do propósito e constatar a inconstitucionalidade no âmbito do exame dos demais

---

89. Esse propósito definido pela constituinte e *mutatis mutandis* também o mandamento de criminalização do art. 5º, XLIII CF não obstam a completa descriminalização e legalização das drogas. Trata-se de uma regra de competência que pressupõe a escolha do legislador penal pela tipificação das condutas de indústria, comércio e afins de drogas. No mais, mesmo sendo declarados inconstitucionais os correspondentes tipos penais, fatalmente subsistiria, tal qual ocorre com o tabaco, a indústria e comércio ilegais ou paralegais. Sua persecução penal estaria então livre de quaisquer questionamentos por haver indústria e comércio legalizados. Consequentemente, não se verificaria mais uma intervenção por arrastamento no art. 5º, *caput* CF dos consumidores.

90. No direito alemão, os direitos gerais de personalidade têm como lastro, ao contrário da liberdade geral de ação, o parâmetro combinado do art. 2 I c.c. 1 I GG, sendo que o último mencionado (art. 1 I) tutela a dignidade humana. Trata-se de uma diferença relativa à proteção do *status* de pessoa do titular ou de seu livre-arbítrio geral, sendo possível a justificação da intervenção no direito geral de personalidade, mas não na dignidade humana. Lá, portanto, somente a aplicação solitária do parâmetro da dignidade humana do art. 1 I GG leva à impossibilidade da justificação. Cfr. por todos: Hufen (2018, p. 131 ss.; 176–177).

91. Procedimento recomendado por Kingreen e Poscher (2019, p. 98) no contexto da aplicação do critério da necessidade quando o resultado parecer equivocado.

requisitos da proporcionalidade e, seguramente, do requisito da necessidade (havendo meios mais brandos para alcançar o mesmo objetivo de forma igualmente eficiente, como a instalação de detectores de metal).

A primeira possibilidade apontada é muito questionável porque parte de um equívoco causado pela confusão entre a exigência de licitude do propósito e seu – supostamente necessário – lastro constitucional. Este, de fato, não é necessário. Ao Estado é vedado o fomento de propósitos ilícitos. Mas a condição de licitude não significa que o propósito deva ser necessariamente a tutela de um bem jurídico constitucional, muito embora tal bem esteja frequentemente presente, sobretudo em face do caráter de Constituição do Estado e sociedade (Constituição dirigente) que tem a Constituição Federal.

Pode ocorrer também que o propósito declarado não seja o propósito real. Consoante a hermenêutica jurídica tradicional, há de se buscar aqui a "vontade" do legislador, o que requer particular esforço interpretativo sem garantia de êxito. Todavia, há casos nos quais a análise do contexto fático de edição de uma medida deixa claro que seu propósito declarado constitui um simples pretexto para atingir outras finalidades constitucionalmente proibidas, ou simplesmente ilegais, constatando-se uma discrepância censurável entre finalidades manifestas e latentes. Outra exigência é a necessidade de se particularizar (individualizar) ao máximo possível o propósito perseguido, sob pena de, definindo-se como propósito algo genérico como a "segurança pública", em vez de um elemento ou acepção mais concreta dentro do universo da segurança pública, comprometer a qualidade do controle.[92]

Por fim, havendo reserva legal qualificada pelo propósito predefinido pelo constituinte, faz parte desse primeiro tópico do exame da proporcionalidade verificar se o propósito perseguido pelo legislador ao concretizar a reserva legal qualificada corresponde ou não ao propósito predefinido. Se não houver correspondência, antecipa-se a conclusão da falta de justificação constitucional da intervenção estatal na área de proteção do direito fundamental utilizado como parâmetro.

Em síntese, a primeira tarefa do operador do direito ao se valer do critério da proporcionalidade como instrumento de controle da constitucionalidade de intervenções estatais em direitos fundamentais constitui-se, portanto, em um procedimento de várias etapas:

(a) interpretar e definir o real propósito da autoridade estatal (ou demais agentes no exercício de funções estatais ou equivalentes);

(b) verificar se se trata de um propósito lícito;

(c) se houver reserva legal qualificada pelo propósito, verificar se o propósito lícito também corresponde ao propósito predefinido pelo constituinte.

---

92. Semelhantemente analisam em detalhes o propósito com vistas à verificação da presença ou não de sua legitimidade: Michael e Morlok (2016, p. 303–305).

10.6.2. Licitude do meio utilizado

O segundo passo é a avaliação da idoneidade apriorística ou isolada do meio empregado em relação à sua licitude. Assim como o fim perseguido não pode ser proibido pelo ordenamento jurídico, o meio em si considerado (independentemente de sua relação com o fim) não pode ser reprovado pelo ordenamento (legal) constitucional (*verfassungsmäßige Ordnung*). Nesse caso, a definição da licitude não requer o mesmo esforço interpretativo que requer a licitude do propósito, já que o meio e seu impacto são manifestos, não havendo possibilidade de uma ilicitude latente como pode ocorrer com os propósitos.

Um exemplo permite ilustrar a ilicitude do meio: a autoridade estatal que manteria como reféns os filhos de um suspeito de ser chefe de uma quadrilha que comete crimes de particular gravidade pode estar perseguindo vários propósitos lícitos, tais como facilitar a prisão do suspeito, evitar que a quadrilha continue cometendo crimes, garantir a efetividade da persecução penal etc. Mas, agindo dessa forma, o Estado emprega meios ilícitos. Isso é facilmente verificável, dado o caráter já penalmente ilícito de tais condutas, como ocorre na maioria dos meios ilícitos.

Para perseguir um propósito lícito, o Estado não pode se valer de meios ilícitos – uma verdade comezinha do Estado de Direito que também vale no processo de aplicação do critério da proporcionalidade.

A referência a essas duas formas de exame preliminar da proporcionalidade deixou claro que se trata de formas de fiscalização relativamente simples e pouco exigentes cujo resultado será, na grande maioria dos casos, negativo, pois dificilmente uma autoridade estatal limitará um direito fundamental sem perseguir um propósito lícito ou empregando meios que o próprio ordenamento jurídico veda. O caráter mais produtivo desses primeiros passos parece mesmo residir na definição precisa desses dois polos. Trata-se de definir com precisão e clareza qual é o fim perseguido pela intervenção e quais os meios utilizados para tanto.

Mas, mesmo em se desconsiderando essa última virtude, a simples constatação da licitude dos fins e dos meios não significa que esse exame seja inútil, exatamente como o fato de a esmagadora maioria da população nunca cometer crimes contra a vida não permite concluir que são inúteis as normas penais que os sancionam, nem ignorar o fato de que tais crimes ocorrem!

Um exemplo real de emprego de meios constitucionalmente ilícitos para perseguir propósitos de incontestável licitude deu-se em 2002, após a entrada em vigor no Brasil do tratado internacional conhecido como Estatuto de Roma, que instituiu o Tribunal Penal Internacional. Esse texto prevê a possibilidade de "entrega" de brasileiros e de aplicação da prisão perpétua, medidas essas explicitamente vedadas pela Constituição Federal (art. 5º, LI e XLVII, *b*).

Parte da doutrina argumentou em favor de sua constitucionalidade. Apontou o fato de se tratar de medidas que são adequadas para tutelar os direitos humanos. Com elas, estariam sendo perseguidos os fins lícitos de punição de pessoas que agridam violentamente direitos humanos ao cometerem crimes contra a humanidade e assemelhados, assim como o fim lícito de intimidar possíveis agressores, de tal modo a demonstrar que o Brasil encontra-se na vanguarda dos países que se preocupam com a efetiva proteção dos direitos humanos.[93]

Esses argumentos podem convencer do ponto de vista da política do direito (aquela que se ocupa com o que deve ser objeto de iniciativa legislativa, submetendo-se ao processo legislativo próprio das democracias representativas), mas não permitem concluir pela constitucionalidade do Estatuto. Seus partidários realizaram tão somente um controle da *licitude dos propósitos* e afirmaram (ainda que de forma superficial e sem suficiente base empírica) a *adequação política* dessas medidas que, na verdade, suspendem direitos fundamentais. Não avaliam, contudo, as medidas do ponto de vista dos titulares dos respectivos direitos fundamentais que sofrem uma intervenção inconstitucional em alguns de seus direitos fundamentais. A "inconstitucionalidade em si" resta clara em face do emprego de *meios ilícitos* que indicam a inconstitucionalidade (parcial) do Estatuto de Roma,[94] vício esse reconhecido pelo STF.[95]

Cabe aqui um esclarecimento.[96] Os dois primeiros passos não implicam um exame de proporcionalidade no sentido relacional-comparativo do termo (exame da relação entre meios e fins). O exame isolado da licitude dos meios e dos fins é um clássico exame de constitucionalidade ou mera legalidade de uma medida estatal que não inclui análises de proporcionalidade. Mesmo assim, consideramos esses passos como subcritérios da proporcionalidade por três razões.

Primeiro, porque a análise da licitude de fins e meios em si enseja, em boa parte dos casos, uma rigorosa interpretação e um profundo detalhamento do(s) propósito(s) perseguido(s) e do(s) meios de intervenção estatal empregado(s). Isso facilitará a aferição da adequação e necessidade do(s) meio(s) de intervenção estatal empregado(s) em face do(s) propósito(s) perseguido(s). Como já aludido, antes se interpreta o real – e não o declarado – específico propósito do legislador para depois classificá-lo quanto à licitude. Propósitos genéricos como "proteção do consumidor", "proteção do meio ambiente", "segurança pública", "garantia da funcionalidade dos órgãos estatais" ou mesmo "garantia da ordem pública"

---

93. Ramos (2000); Japiassú (2004).
94. Sabadell e Dimoulis (2003 e 2009, p. 47–55, 61–67); Tavares (2020, p. 421–426).
95. Petição 4.625, decisão monocrática do Min. Celso de Mello, *DJe* 145, 03.08.2009.
96. Agradecemos as observações críticas do Professor André Ramos Tavares sobre o tema. Cfr. seu posicionamento em Tavares (2020, p. 648–651).

carecem de cuidadosa especificação pelo operador do direito para que os exames da adequação e da necessidade dos meios em relação aos respectivos propósitos possam revelar-se profícuos.

Deve-se assim, por exemplo, no caso do lugar-comum "proteção do meio ambiente", identificar precisamente o propósito do legislador (saneamento de um rio, diminuição percentual da emissão de CO_2 na atmosfera etc.). Em vez de falarmos genericamente em "defesa da infância e juventude" como propósito para limitar liberdades de radiodifusão, podemos, por exemplo, identificar como propósito a concretização do princípio (não positivado, mas lícito!) da separação entre programação e publicidade de produtos voltados a essa faixa etária na televisão aberta. Se como propósito for tomado de modo genérico a "proteção da infância e juventude", o exame de adequação não filtrará praticamente nenhum meio lícito implementado pelo Estado como inadequado. Por outro lado, alternativas menos onerosas (eventualmente não adequadas em face do propósito real específico!) não faltarão. Isso significa que a confirmação da constitucionalidade ou não do meio de intervenção adotado poderá restar arbitrária. Ter-se-ia uma subversão da proporcionalidade como critério de solução jurídica, pois ela permite uma análise jurídica muito mais rigorosa do que seria aquela levianamente iniciada sem essa preocupação. Com efeito, se não admitirmos a análise interpretativa do propósito, tendo em vista sua licitude específica como parte do exame de proporcionalidade, esse exame não excluirá o risco de se disfarçar uma ponderação ilegítima entre interesses, bens jurídicos, princípios ou valores. No mais, como esse mesmo exemplo revela, tanto a relação entre meios e fins é dinâmica quanto também o é a caracterização de cada uma dessas duas grandezas em si a serem relacionadas. Com efeito, o princípio da separação entre programação e publicidade de produtos voltados à referida faixa etária na televisão aberta, poderia ser entendido como meio empregado para o alcance do propósito mais genérico da proteção da infância contra o *product placement*.[97] Como essa técnica publicitária visa a seduzir ao consumo de maneira eticamente reprovável por se valer de mensagem publicitária não identificada como tal e voltada a um público que em razão da imaturidade intelectual e social não pode autodefender-se de tais investidas da publicidade, sua repressão pela medida que ordena a nítida separação provoca uma situação concreta com pretensão de fomentar a situação do propósito perseguido. Para a devida apreensão dessa dinâmica, cabe uma interpretação bastante cuidadosa do propósito da intervenção legislativa. Na dúvida, deve-se trabalhar com os dois escalonamentos da relação meio – fim (que se torna meio) – fim. Assim, resolve-se a proporcionalidade como sempre com a avaliação da relação em cada etapa com vistas a filtrar os meios inadequados e a

---

97. Essa espécie de fungibilidade entre meios e fins já foi há tempos apontada criticamente por Huster (1993, p. 147 ss.) e especialmente trabalhada por Martins (2001, p. 129–131).

estabelecer as relações de impacto (intensidade) do uso de cada meio na liberdade, em cada relação meio-fim.

Segundo, porque a verificação da proporcionalidade entre meios e fins somente pode ser feita, também em razão do verificado, após o exame da licitude de ambos de maneira isolada. Seria contrário à lógica considerar "adequada" uma intervenção legislativa que a Constituição ou mesmo a lei ordinária proíbe taxativamente!

Terceiro, porque o exame da licitude de meios e fins não deixa de ser relacional, pois se baseia na análise da relação entre certa ação ou omissão estatal e as normas constitucionais – e infraconstitucionais que, por sua vez, também sejam compatíveis com a Constituição (toda a ordem jurídica constitucional – *verfassungsmäßige Ordnung*)[98] – que a autorizam ou não. Nos dois primeiros passos do exame da proporcionalidade, a ação ou omissão estatal é comparada com normas constitucionais e normas infraconstitucionais, observados os critérios da superioridade, posterioridade e especificidade, que dizem respeito à licitude de meios e fins. Nos dois passos sucessivos, a mesma ação ou omissão estatal é comparada com outras normas constitucionais e critérios empíricos-normativos que permitem avaliar sua adequação e necessidade, como veremos logo em seguida.

10.6.3. Adequação do meio utilizado

No terceiro passo de exame da proporcionalidade avalia-se a relação entre o meio (intervenção) escolhido pelo Estado (principalmente pelo legislador ou órgão dos demais poderes no âmbito das discricionariedades abertas pelo legislador) e o propósito por ele perseguido. Somente meios adequados, isto é, idôneos, para alcançar ou pelo menos promover determinado fim são "proporcionais" a esse fim.[99] Constatando-se a adequação encontramos uma justificativa constitucional que permite realizar o teste seguinte da necessidade. Caso contrário, antecipa-se, aqui também, a conclusão pela inadequação do meio interventivo; logo, pela desproporcionalidade da intervenção; logo, pela não justificação constitucional da intervenção

---

98. Essa é a interpretação consolidada sobre o significado da tríade de limites expressos no direito fundamental subsidiário do art. 2 I GG: "Todos têm o direito ao livre desenvolvimento da personalidade, desde que não violem direitos de outrem e não se choquem contra a ordem constitucional ou a lei moral". O TCF alemão considera que a ordem constitucional já abarca os dois outros limites dos direitos de outrem e da lei moral. Desse modo, verifica em seu exame se o meio de intervenção na liberdade geral de ação e nos direitos de personalidade seja legal e constitucionalmente compatível nos sentidos amplo e estrito; formal e material. Por todos, cfr. Sachs (2017, 243–245 e 254); Hufen (2018, p. 186–188, 239–242), além da síntese introdutória na dogmática do art. 2 I, GG, oferecida por Martins (2016, p. 49–51).

99. Parte da doutrina refere-se aqui ao critério da "idoneidade" (Pereira, 2011, p. 174).

estatal na área de proteção de direito fundamental; logo, pela inconstitucionalidade do ato objeto do controle em face do parâmetro jusfundamental aplicado.

Adequado será um meio se houver uma conexão fundada em hipóteses comprovadas sobre a realidade empírica entre o estado de coisas conseguido pela intervenção e o estado de coisas no qual o propósito puder ser considerado realizado.[100] Todos os meios empregados pelo Estado e que não implicarem essa conexão empiricamente comprovável são considerados desproporcionais e, por via de consequência, inconstitucionais.

A aludida conexão empírica intermediada por hipóteses comprovadas sobre a realidade impõe distinguir duas situações. Pertencem à primeira os *casos fáceis*. Se o objetivo do Estado é diminuir o número de acidentes de trânsito, a limitação de velocidade nas rodovias é uma medida que contribuiu para a diminuição dos acidentes em geral e do número dos acidentes fatais em particular, conforme pode ser comprovado por incontáveis estatísticas. Uma lei que imponha limites à velocidade permite alcançar esse fim, sendo segura a conexão entre o estado de coisas presente e o estado de coisas almejado. A eventualidade de muitos motoristas desrespeitarem a limitação e a polícia não realizar os devidos controles, deixando a lei de produzir os efeitos desejados, não impugna sua adequação, pois não afeta, em geral, a sua idoneidade como medida.[101]

Tampouco torna-se inadequada a medida em razão da expectativa, estatisticamente comprovada, de que muitos acidentes fatais acontecerão apesar do respeito da limitação da velocidade, em razão da imperícia dos motoristas, de falhas técnicas, da situação das estradas etc. A medida apresenta idoneidade para diminuir

---

100. Cfr. Schlink (1976, p. 193).
101. O critério da adequação não se confunde com a teoria juspenalista da adequação social. Constatamos isso comparando as adequações do (revogado) tipo penal do adultério, e da tipificação dos crimes relacionados a entorpecentes.

    No primeiro caso, pudesse ser considerada a prática do adultério abrangida por algum direito fundamental, quiçá pelo direito fundamental subsidiário do art. 5°, *caput* CF à liberdade (o que, na falta de um pacto do casal no sentido da infidelidade sexual recíproca dificilmente poderia ser demonstrado), a tipificação da conduta aparece como meio interventivo ao alcance do propósito lícito de se prevenir a dissolução do casamento provocada por infidelidade unilateral de um dos cônjuges. Como tal poderia ser, no limite, considerada inadequada em razão de sua baixíssima efetividade social.

    No caso das drogas, ao contrário, está patente uma intervenção estatal na área de proteção do direito fundamental à autodeterminação, afluente da inviolabilidade da liberdade no sentido do art. 5°, *caput* c.c. art. 5°, X CF. Em segundo lugar, a verificação de inadequação social (eventual comprovação da tendência de impunidade de usuários e traficantes de classe média e alta), ainda que seja indício de inadequação no sentido do subcritério relacional da proporcionalidade, será irrelevante quando se pauta no alcance da área de proteção do direito fundamental atingido em termos de liberdade *individual*. É o *impacto na liberdade do indivíduo* que deve nortear o exame de adequação.

o número de acidentes e amenizar suas consequências e isso é suficiente, já que corresponde ao fim perseguido que é a melhoria da segurança nas estradas e não, evidentemente, a inocorrência absoluta de casos de acidentes com vítimas fatais!

A segunda hipótese se refere aos *casos difíceis*. Como comprovar que a reserva de vagas nas universidades públicas destinadas a grupos sociais discriminados e excluídos é apta a produzir os desejados e legítimos fins (favorecer sua inclusão e a diminuição do preconceito ou mesmo as mais abstratas "compensações históricas")?[102] Ainda que se apresentem dados empíricos extraídos da experiência de outros países com passado escravocrata, como saber se a medida terá efeitos semelhantes no Brasil? A maior razão, como saber qual procedimento de escolha e qual porcentagem de vagas terão o efeito desejado?

Não é possível oferecer uma resposta conclusiva sobre a adequação da introdução de um sistema de quotas, a não ser realizando a própria experiência no Brasil e constatando cientificamente seu impacto social. Significa isso que a adequação de medida legislativa nesse sentido não possa ser avaliada no momento de entrada em vigor da lei? Tal avaliação é possível por duas razões.

Em primeiro lugar, em caso de dúvidas ou de impossibilidade de se constatar objetivamente a adequação da medida, deve ser respeitada a vontade do legislador ordinário, ainda que não seja possível, em razão das circunstâncias, comprovar com certeza científica a adequação: *in dubio pro legislatore*. É o que pode ser reconhecido também em face da política criminalizadora de drogas intensificada especialmente a partir da década de 1970. Havia incerteza quanto ao prognóstico. Por isso, valeu a presunção de adequação, também conhecida como prerrogativa de decisão de prognóstico que cabe exclusivamente ao legislador.[103] Passado certo tempo, a adequação poderia ter sido seriamente questionada. Em nossos dias, dados empíricos mostram que o modelo interventivo "war on drugs" mostrou a inadequação da política em face do principal propósito lícito perseguido pelo legislador que é o fomento da saúde pública exposta a risco de periclitação que partiria do consumo de drogas.[104]

Em segundo lugar, como "meio adequado" deve ser entendido aquele que hipoteticamente leva ao alcance do propósito, em havendo indícios para tanto que autorizem prognósticos, e não aquele que possa garantir com certeza tal resultado.

---

102. Um lastro constitucional do propósito seria o art. 3º, IV CF, que estabelece como um dos objetivos fundamentais da ação estatal "promover o bem de todos". O Estado poderia fomentar pelas ações afirmativas outorga de vantagens a determinados grupos de pessoas ou situações para eliminar discriminações baseadas na cor da pele ou em outros critérios.
103. Opinião unânime no direito alemão. Por todos, cfr. Sachs (2017, p. 193 ss.).
104. Cfr. Martins (2017, p. 476, n. rod. 137) e em forma de ensaio jornalístico: Martins (2015a). *Mutatis mutandis* comprovou-se também a inadequação da criminalização do aborto. Cfr. Martins (2014a, p. 98–108).

Por isso, afirma-se ser suficiente que o meio *fomente* o alcance do seu propósito,[105] sendo formulada a seguinte regra negativa: "Quando houver colisão entre direitos fundamentais e/ou bens coletivos e o meio empregado não puder fomentar (*fördern*) o propósito não ilícito da medida, então a medida será desproporcional."[106]

Nesse sentido, uma política de ações afirmativas em favor de grupos excluídos parece, em princípio, adequada, desde que seja comprovada sua contribuição para o alcance da finalidade, ainda que sua plena eficácia nem seja per se suficiente para tanto nem passível de comprovação. O problema está, evidentemente, na definição da intensidade requerida desse "fomento", sobretudo quando se tem em vista o requisito da *igual adequação* dos meios que serão selecionados (habilitados) para o exame seguinte da necessidade.

Sem analisar tais controvérsias,[107] assente-se apenas que deve ser realizado como aludido um prognóstico sobre as consequências fáticas do emprego da medida estatal interventiva. Esse prognóstico não deve ser aleatório ou discricionário. Toda vez que a decisão política do legislador implicar restrição ou suspensão de direitos fundamentais, a justificativa não pode se limitar a referências à sua legitimação democrática ou capacidade política de resolver conflitos sociais. A escolha da medida legislativa, ainda que não perca sua natureza e legitimidade política, deve se mostrar adequada no sentido explicitado, pautando-se em hipóteses comprovadas sobre a realidade empírica, ou seja, na fundamentação da escolha da medida, em prognósticos de especialistas ou peritos.

A depender do caso, tais prognósticos podem ser mais ou menos complexos. Exigir, por exemplo, que os estrangeiros já residentes no País, ao retornarem de férias passadas em seu país de origem, devam comprovar de forma fidedigna sua identidade mediante documentos públicos e, principalmente, exibição de passaporte válido é uma medida de intervenção no direito de entrar no país livremente (art. 5º, XV CF). Não há dúvidas sobre sua idoneidade em relação à fiscalização do fluxo de pessoas, implementação de diretrizes das políticas migratórias do país e garantia de um padrão mínimo de segurança. Isso é comprovado pela experiência e prática internacional de mais de um século[108] e não necessita de particular análise e comprovação.

Em outros casos, a constatação da adequação de uma medida depende de detalhados e complexos estudos. Basta pensar na avaliação das condições de segurança legalmente impostas às indústrias cujo funcionamento apresente riscos para

---

105. Clérico (2001, p. 26); Guerra Filho (2000, p. 84–85); Silva (2002, p. 21, 36–38); Ávila (2003, p. 108–113).
106. Clérico (2001, p. 26).
107. Cfr. Clérico (2001, p. 35–63).
108. Torpey (2000).

a população ou no já citado caso da avaliação das normas que estabeleçam ações afirmativas. No primeiro caso, a avaliação deve envolver estudos técnicos especializados e dificilmente compreensíveis pelo operador do direito. No segundo caso, devem ser realizados estudos empíricos, entre outros, de cunho comparativo. Aqui temos o problema do direito fundamental à igualdade dos não contemplados pelas ações afirmativas, assim como problemas macros, relativos ao custo e à duração dos programas. Esses problemas devem ser apreciados em sede de adequação da ação afirmativa na qualidade de meio de intervenção na liberdade dos não contemplados (tratados desigualmente e, por isso, inversamente em desvantagem e também em face dos já estudados deveres de tutela).

Pode-se finalmente pensar em casos nos quais a comprovação da adequação de uma medida legislativa restritiva de direitos torna-se praticamente impossível. Um exemplo oferece a determinação das penas privativas de liberdade. Como comprovar que a pena cominada de 4 a 30 anos em caso de roubo (art. 157 do CP) seja adequada para tutelar o direito fundamental à propriedade, à integridade corporal e à vida? Aqui temos um duplo problema que afeta o exame de adequação.

Em primeiro lugar, é impossível comprovar que a pena privativa de liberdade fomente fins de prevenção, havendo infinitas controvérsias entre os especialistas do direito penal e da criminologia sobre a possibilidade de verificação empírica dos efeitos da pena.[109] Em segundo lugar, a Constituição Federal não indica as finalidades da pena criminal, o que dificulta a realização de um exame de adequação que pressupõe, como visto, a fixação de um propósito lícito.

Assim, devemos distinguir duas hipóteses. Primeiro, as *situações que criam divergências quanto aos prognósticos apresentados*. A dogmática e a jurisprudência alemã conhecem a já aludida figura da *Prognosenentscheidung*, a decisão de prognóstico.[110] Essa decisão, uma opção por um entre dois ou múltiplos prognósticos possíveis, faz parte do poder discricionário (*Ermessenspielraum*) do legislador, ou seja, pertence à sua margem discricionária que é de natureza (e responsabilidade) política. Havendo prognósticos controvertidos e posicionamentos diferentes entre os especialistas, o legislador pode e deve assumir a responsabilidade política de escolher a proteção ou fomento de um interesse (bem jurídico) em detrimento do outro com ele conflitante.

Trata-se de competência própria dos órgãos do Poder Legislativo que se adapta funcionalmente à sua estrutura e forma de sua legitimação política como poder lastreado em mandato eletivo popular. Essa competência justifica-se plenamente em razão da abertura conceitual das normas constitucionais que garantem direitos

---

109. Cfr., a título de exemplo, as controvérsias empíricas e teóricas apontadas em Santos (2005, p. 1–38).
110. Referência em Clérico (2001, p. 46–51).

fundamentais. O legislador é o destinatário, por exemplo, do imperativo de afastar riscos à vida ou à saúde decorrentes do funcionamento de indústrias; a ele cabe decidir quais medidas são idôneas, se o constituinte não se pronunciou a respeito.

A resposta não deve ser diferente na segunda hipótese, em que há fortes *controvérsias sobre os propósitos de determinada medida* e dificuldade técnica, científica ou outra em avaliar a adequação do meio escolhido e utilizado. Em tais casos, também, o legislador tem a capacidade e a competência para escolher meios que considere adequados para o alcance de propósitos lícitos.

Em relação a isso, deve-se observar que o poder discricionário do legislador não afasta a *competência fiscalizadora-revisional das autoridades jurisdicionais*, pois que continuam responsáveis pelo controle de constitucionalidade. A primazia do legislador não pode significar que a competência do órgão jurisdicional que controla a escolha do prognóstico reduza-se ao controle mínimo de verificação da razoabilidade (ou não irracionalidade da medida), como às vezes se afirma.[111]

O controle apurado da adequação da medida absorve o controle de razoabilidade. Uma medida não razoável jamais poderá ser considerada adequada, mas muitas medidas razoáveis podem revelar-se inadequadas para alcançar o propósito almejado. De todas as formas, o caráter abstrato da norma constitucional confere particular poder de concretização ao legislador, que não deve ser usurpado pelo Poder Judiciário.

Vale aqui a regra do ônus argumentativo, porque o objeto processual é puramente jurídico-constitucional e não factual, como no caso do ônus da prova. Na dúvida sobre a adequação de uma medida para alcançar o propósito, quem decide é o legislador. O Poder Judiciário deve aceitar sua decisão se no processo não for comprovada a inadequação da medida. A regra do ônus argumentativo, porém, abre espaço para que quem afirme (incluindo o titular do direito – *vide* a seguir) a desproporção da intervenção possa também demonstrá-la.

Em caso de controvérsias e incertezas sobre a adequação de uma medida, deve também ser levada em consideração a perspectiva do titular do direito afetado pelo meio interventivo. Quando, a título de exemplo, houver controvérsias entre os especialistas sobre a adequação da pena privativa de liberdade para tutelar direitos fundamentais das vítimas de determinado crime, a pergunta que deve ser formulada não é tão somente "quem decide?" (o legislador ou o juiz). É também necessário adotar a perspectiva do titular de direitos (réu e condenado), pois ele sofrerá, em caso de incerteza, uma intervenção em seu direito sem que haja possibilidade de comprovar positivamente a adequação dessa intervenção.

Em tal caso de controvérsia/incerteza pode ser aplicado o critério interpretativo geral *in dubio pro libertate*. Se não for possível comprovar-se de forma satisfatória

---

111. Barroso (1998, p. 65–78).

que o meio interventivo fomenta o propósito almejado, sua aceitação equivale a uma limitação do direito fundamental sem justificação. Como restringir o direito fundamental à liberdade sem ter certeza de que isso pelo menos fomentará o propósito da intervenção (proteger direitos de vítimas de crimes)?

Surge assim um *dilema* do critério da proporcionalidade. Em caso de dúvida sobre a adequação da medida, deve-se decidir a favor da pessoa que alega lesão de seu direito ou da autoridade estatal competente e legitimada?

No debate internacional, foi sustentado que à autoridade estatal que limita direitos fundamentais cabe o ônus da prova de que a limitação é justificada (*burden of justifying rights limitations*). Se não oferecer prova cabal para tanto, a limitação é inconstitucional.[112] Pressuposto jurídico-filosófico desse posicionamento é que os direitos dos indivíduos têm primazia e que apenas sujeitam-se a restrições que o Estado comprove serem imprescindíveis. O posicionamento diametralmente oposto é que o ônus da prova caiba ao indivíduo ou coletivo que impugna a constitucionalidade de certa restrição.[113] Pressuposto jurídico-filosófico dessa compreensão é que o legislador democrático pode e deve limitar direitos fundamentais para que seja possível sua harmonização com bens jurídicos conflitantes e o próprio convívio social.

Esses posicionamentos decorrem de um equívoco jurídico. A constitucionalidade de limitações impostas a um direito não envolve, como no caso dos litígios intersubjetivos, a necessidade de prova de fatos e alegações que incumbem a certa parte na relação jurídico-processual, caso em que devem ser estabelecidas regras sobre a distribuição do ônus da prova, tal qual determinado, por exemplo, pelo art. 373 CPC e pelo art. 156 CPP. A questão é objetiva: a tarefa do intérprete restringe-se a verificar a constitucionalidade ou não de certa norma. A partir do momento em que uma limitação a direito fundamental for judicializada, cabe apenas ao Judiciário verificar a compatibilidade da limitação infraconstitucional com o direito fundamental eventualmente atingido. O brocardo *iura novit curia* (cabe ao juiz conhecer e aplicar o direito) indica que o juiz (especialmente o juiz natural constitucional) não pode delegar sua tarefa de constatar a constitucionalidade de certa norma a uma das partes, fazendo o processo objetivo depender da diligência e destreza de um dos litigantes. O exame da adequação (e também o ainda a ser analisado exame da necessidade) realiza-se no âmbito de uma *complexa relação de primazia das decisões do legislador* que deve ser limitada, por um lado, pelos poderes fiscalizadores do Judiciário e, por outro lado, pelo fato de a atividade decisória de ambos os poderes ter de respeitar os direitos fundamentais.

---

112. Chan (2013).
113. Rivers (2014, p. 412 e *passim*).

Tendo esclarecido que o dilema não deve ser tratado com o conceito do ônus da prova, típico dos processos subjetivos, devemos também indicar que, na prática do direito, esse dilema raramente se coloca de forma dramática. Na maioria dos casos, há possibilidade de comprovar a adequação de forma empiricamente satisfatória sem que haja necessidade de se recorrer a uma regra de preferência ou uma presunção. O dilema se revela em sua plenitude apenas quando o meio de intervenção, cuja adequação é questionável, for o *único* adequado[114] ou se todos os meios alternativos tiverem sua adequação seguramente refutada. Nos demais casos o dilema será resolvido no passo seguinte do exame da necessidade, no qual a perspectiva do titular do direito fundamental atingido será trazida plenamente à pauta, pois a intensidade da intervenção há de ser medida com base em sua sensibilidade, no impacto e intensidade da intervenção verificáveis – sempre que, ou na maior extensão possível[115] – a partir daquela. Por isso, é de bom alvitre colocar a máxima *in dubio pro libertate* somente no exame de necessidade, afirmando aqui a primazia da competência do legislador de experimentar com a realidade, permitindo que ele aprenda também a partir de prognósticos não confirmados (processo de *trial and error – tentativa e erro*). Um exemplo: imagine-se uma intervenção imposta por uma lei ambiental na liberdade profissional e econômica. Seu escopo seria promover a tutela ambiental. Concretamente, podemos examinar a adequação do meio prescrito pelo art. 17 da Lei 11.105/2005, que regulamentou os incisos II, IV e V do § 1º do art. 225 CF, disciplinando atividades que se relacionam a organismos geneticamente modificados e criando a Comissão Técnica Nacional de Biossegurança.

---

114. Enquanto sua adequação não for científica e definitivamente refutada, ele terá de ser considerado "o" meio necessário. É justamente isso que marca a racionalidade do critério da necessidade como definidor da linha divisória entre intervenções justificadas e não justificadas alcunhada de vedação de excesso, diferenciando-a como demonstraram Kingreen e Poscher (2019, p. 98–99) da irracionalidade da chamada vedação de insuficiência. Em relação a uma medida protetiva em cumprimento a dever estatal de tutela de um direito fundamental de resistência no contexto de colisão de direitos fundamentais, sempre haverá várias medidas que fomentam o propósito de proteção. Mesmo quando houver uma única medida protetiva, sua "caracterização [...] como necessária não tem conteúdo [próprio]" (id.).
115. No âmbito do controle concreto ou incidental, devem-se ouvir os atingidos; no âmbito do controle abstrato, trabalha-se com máximas de experiência quando não for possível, com mínima segurança, colher o diagnóstico diretamente dos interessados. Nesse caso, uma pena restritiva de liberdade sempre será mais intensa do que uma multa ou condenação à concessão do direito de resposta em casos de intervenção na liberdade de opinião, por exemplo. Incidentalmente, porém, uma determinada pessoa atingida poderia entendê-lo diferentemente. Cfr. Schlink (2001).

A Lei 11.105 representa uma intervenção na área de proteção de direitos fundamentais como o da liberdade científica,[116] mas, sobretudo, na área de proteção do art. 5º, XIII CF, que tutelou a liberdade profissional e a liberdade econômica do art. 170 CF, ambos com reserva legal, aqui concretizada pela lei em pauta.

O art. 1º dessa lei explicita seu escopo: estimular o avanço científico e proteger a vida e a saúde do homem, dos animais e das plantas, assim como o meio ambiente. Trata-se de propósitos evidentemente lícitos, ainda que relativamente vagos. Tais propósitos mais vagos suscitam um problema que a doutrina analisa como dilema do controle da proporcionalidade derivado da relação meio-propósito e que deve ser interpretado, como salientado, em favor da liberdade intervinda. Isso porque, quão mais amplo, abstrato ou vago for o propósito perseguido pelo Estado, mais opções de meios adequados deverão ser consideradas no exame da adequação e, em seguida, da necessidade.[117] O ônus da precisão do propósito cabe a quem intervém na liberdade individual, e não ao titular do direito fundamental.[118]

As regras criadas pela lei podem ser entendidas como meios utilizados de intervenção. Estes não esgotam o universo dos meios utilizáveis potencialmente adequados ao fim declarado da intervenção. Cada meio previsto na lei deve ter a sua adequação testada em face do propósito legalmente fixado ou de eventuais subpropósitos ou propósitos mais específicos que eventualmente possam ser deduzidos de uma norma ou de um conjunto de normas (de uma seção, por exemplo) individualmente consideradas.

O meio de intervenção adotado pelo art. 17 da Lei 11.105 estabelece que toda "instituição" que utiliza técnicas e métodos de engenharia genética ou trabalha com organismos geneticamente modificados "deverá criar uma Comissão Interna de Biossegurança – CIBio, além de indicar um técnico principal responsável para cada projeto específico".

Para aferir a adequação dessa medida, dever-se-ia aprofundar-se na atividade específica da CIBio, que constitui um órgão interno de fiscalização da atividade da própria empresa.[119] Decisivo é saber se o funcionamento da Comissão e a indicação de um técnico principal responsável por cada projeto específico são uma contribuição real para alcançar o principal propósito da lei, declarado em seu art. 1º, tendo em vista hipóteses comprovadas sobre a realidade, ou seja, na experiência empírica passada. Se essas medidas permitiram, no Brasil e em outros países, detectar, avaliar e evitar riscos de saúde e ambientais, se levaram empresas do setor a adotarem padrões de qualidade e de segurança internacionalmente admitidos, se impediram

---

116. Exposição monográfica com estudo desse caso em Martins (2014).
117. Hirschberg (1981, p. 169).
118. Martins (2001, p. 132).
119. Soares (2001, p. 22–39); Machado (2003, p. 968–976).

decisões ditadas pela busca do lucro sem levar em consideração as consequências, então deverá ser considerada adequada a obrigatoriedade de criação de tal órgão.

Tal juízo de adequação pode ser feito com relativa facilidade em razão do propósito declarado (e, nesse caso, real) do legislador que é bastante amplo. Mas deve sempre se fundamentar em elementos concretos e dados sobre experiências do passado, e não em simples suposições ou alegações de senso comum no sentido de que, quanto mais precauções e responsáveis houver, melhor será o resultado. Pois, em tal caso, o titular dos referidos direitos fundamentais teria de assumir um ônus com evidentes repercussões financeiras inutilmente. Em resumo, o exame da adequação habilita certos meios como aptos para o exame da necessidade. A adequação não pode ser confundida com o mero exame de razoabilidade. As hipóteses sobre a realidade que podem ser confirmadas indicam o nexo entre o estado de coisas conseguido pela intervenção e o estado de coisas idealizado (realização do propósito da intervenção) e caracterizam o meio como adequado. A observância do critério da adequação é, portanto, mais exigente do que a verificação da mera razoabilidade da medida estatal em face de seu objetivo.

Não há de se confundir também o conceito de razoabilidade com a exigibilidade (*Zumutbarkeit*) que, na jurisprudência do Tribunal Constitucional Federal alemão, aparece, na maioria das vezes, como sinônimo da proporcionalidade em sentido estrito.[120] Não obstante esse entendimento jurisprudencial, a exigibilidade somente se torna dogmaticamente útil quando indica a posição mínima do titular de direitos fundamentais em face da pretensão interventiva do Estado, posição que representa um último óbice (absoluto) à intervenção do Estado na liberdade, mas que não se define a partir de uma ponderação de valores.[121]

10.6.4. Necessidade do meio utilizado

Coerentemente com o sentido de garantia do critério da proporcionalidade, qual seja, poupar a liberdade tutelada pelo direito fundamental ao máximo possível, o subcritério da necessidade do meio utilizado é o decisivo. Esse subcritério permite realizar o controle mais profundo e exigente, decidindo se o meio é, em última instância, proporcional ao(s) propósito(s) perseguido(s).

Com efeito, o exame da adequação, apesar de sua utilidade dentro da construção dogmática, pode levar à aceitação de meios fortemente repressivos. No exemplo de uma empresa que polui o meio ambiente seria adequado o legislador

---

120. Cfr. Silva (2002, p. 28).
121. Kingreen e Poscher (2019, p. 95 ss., 96–98). A ponderação de valores é muitas vezes misturada conceitualmente com a garantia do núcleo essencial do art. 19 II GG. Cfr. Schlink (1976, p. 192 ss.).

estabelecer como sanção a revogação definitiva da autorização de funcionamento, pois, nesse caso, a empresa nunca mais poluiria. Da mesma forma, se um funcionário faltar um dia injustificadamente ao trabalho, a previsão legal de sua demissão por justa causa seria adequada para que ele nunca mais cometesse essa falta. E, se no Brasil fosse permitida a pena de morte, como ainda ocorre em alguns Estados, sua cominação legal para qualquer delito ou contravenção teria de ser considerada adequada para evitar futuras transgressões pelo menos por parte dos atingidos pela medida extrema.[122]

Valendo-se do último exemplo (*argumentum ad absurdum*), pode-se dizer que o resultado da intervenção (morte dos autores de qualquer delito ou contravenção), tem uma conexão pautada em hipóteses sobre a realidade empírica com a consecução do propósito (impedimento da reincidência criminal, ainda que restrita apenas aos detidos, processados, condenados e com pena executada). Isso indica que o exame de adequação permite aceitar uma ampla gama de meios interventivos acarretando o risco de permitir medidas que, já intuitivamente, pareçam desproporcionais. Mas a intuição, obviamente, não basta quando se trata de realizar um exame de constitucionalidade em face de parâmetro jusfundamental. Para se verificar a proporcionalidade nessa fase adiantada do exame, faz-se necessário verificar também a necessidade do meio utilizado, pesquisando se não há *outro meio* (meio alternativo) que o Estado possa utilizar, mas que satisfaça duas condições:

a) O meio alternativo deve ser menos gravoso para o titular do direito que sofre a limitação em seu direito fundamental. Isso permite descartar os meios que sejam também adequados, mas igualmente ou mais gravosos (*requisito da menor gravidade*).

b) O meio alternativo deve ter eficácia igual ou semelhante ao meio escolhido pela autoridade estatal, que passou pelo crivo da adequação, permitindo alcançar o estado de coisas no qual o propósito possa ser considerado realizado. Dito de outra maneira, o meio alternativo menos gravoso deve ser adequado da mesma forma que o meio mais gravoso escolhido pela autoridade (*requisito da igual adequação*).

Em resumo, entre todos os meios que permitam alcançar os propósitos lícitos, somente o que gravar o direito fundamental com menor intensidade será o necessário. Todos os demais são desnecessários, sendo desproporcionais. Se o legislador (ou aquele órgão estatal que aplica a norma no âmbito de sua competência) tiver escolhido um meio mais gravoso do que o necessário, sua escolha deve ser considerada inconstitucional porque desproporcional *lato sensu* e, portanto, porque

---

122. Nesse caso, o meio de intervenção em si não é permitido pelo próprio texto constitucional, segundo o art. 5º, XLVII, *a*) CF.

não configura uma intervenção estatal justificada na área de proteção do direito fundamental que serve de parâmetro ao exame da constitucionalidade.[123]

Do ponto de vista cognitivo-metodológico,[124] a aferição da necessidade segue as regras do ônus argumentativo. Essas regras ordenam a argumentação, de cujo sucesso depende a conformidade da medida estatal com o direito fundamental atingido. A argumentação baseia-se na premissa segundo a qual o Estado pode intervir na liberdade individual somente quando a intervenção for necessária para o alcance de um propósito lícito, ao mesmo tempo que a "posição mínima" do indivíduo reste protegida.[125]

A argumentação realiza-se com base em afirmações que podem ser falseadas pelos agentes argumentadores (legislador, juiz, participantes do processo). A premissa da necessidade da medida estatal resulta da existência de uma lei ou outro ato normativo que pode ser, em qualquer tempo, falseada[126] por quem demonstre a existência de pelo menos um meio que seja, a um só tempo, menos intenso e que, igualmente, permita alcançar o propósito da intervenção (menor gravidade e igual adequação).

A aferição da necessidade mediante um "teste comparativo"[127] dinamiza o controle de constitucionalidade, pois o relaciona aos fatos reais e às mudanças sociais. Uma medida considerada hoje constitucional poderá ser futuramente considerada inconstitucional em face do avanço do conhecimento científico, técnico ou à modificação da situação social. Como exemplo, podem-se indicar as decisões judiciais na área ambiental que declaram inadequadas ou desnecessárias medidas outrora consideradas constitucionais, fundamentando essa mudança no aprimoramento da ciência e da tecnologia.[128]

---

123. Resta clara a imprescindibilidade de um correto exame da área de proteção do direito fundamental parâmetro. Sem a devida subsunção na primeira fase do exame, não há como se acertar nessa fase final. Cfr. em face da liberdade de reunião um exemplo da relevância do acoplamento estrutural entre definição e subsunção dos fatos à área de proteção do direito e a aplicação de seus limites em Martins (2017).
124. Schlink (1980, p. 75, 95, 98).
125. Schlink (1976, p. 76 ss., 192 ss.). Sobre a figura da "posição mínima" e sua proximidade conceitual com a dogmática do conteúdo essencial absoluto dos direitos fundamentais, cfr. Martins (2001, p. 148).
126. Sobre o procedimento do falseamento de premissas consideradas válidas, cfr. os trabalhos filosóficos de Popper (2005) e sua aplicação jurídica em Martins (2001, p. 143 ss.).
127. Silva (2009, p. 171).
128. Já o contrário não é possível. Uma intervenção hoje considerada inconstitucional por ser desnecessária jamais poderá se tornar constitucional no futuro, salvo, em caso de notório erro do prognóstico relativo à medida menos gravosa, o que depõe contra a aberração teórica que configura a Ação Declaratória de Constitucionalidade. O pedido de tal ação é, nesse mister, juridicamente impossível em face do critério da necessidade. Todavia,

Na área ambiental, o problema maior refere-se às inevitáveis colisões entre um direito fundamental de liberdade (*status negativus*) e um direito fundamental à prestação da tutela estatal contra agressões de particulares (ou seja, de natureza ou dimensão diversa do direito fundamental social à saúde do art. 6º CF). Uma vista perfunctória da jurisprudência ambiental do STF mostra que ela se ocupa tão somente da adequação como eficácia, não avaliando problemas de necessidade.[129]

Muito mais difícil é considerar que uma medida inconstitucional possa ser sanada em razão de mudanças posteriores à sua criação. Mas isso pode ocorrer em direitos fundamentais de cunho normativo, como o direito de propriedade, que encontra seus limites em sua "função social" (art. 5º, XXIII CF). Uma lei hoje considerada inconstitucional por intervir desproporcionalmente na propriedade, mais precisamente em posições jurídico-reais estabelecidas (*status quo*, direito adquirido de propriedade), poderia ser avaliada diferentemente após a decorrência de certo lapso temporal e mudança das orientações políticas prevalecentes na sociedade, em um sentido mais socialista, principalmente tendo em vista que a função social da propriedade foi cunhada pelo constituinte, segundo a opinião de um dos autores da presente obra,[130] não como simples reserva legal à disposição do legislador, mas como mandamento destinado ao legislador ordinário que promove intervenções em posições patrimoniais atuais e marca o novo conteúdo do próprio direito fundamental de propriedade.[131] Em outras palavras: tal mudança de orientações político-econômicas poderia encontrar respaldo no processo legislativo e acabar cunhando um novo conteúdo a esse direito fundamental abstrato.

Mas, nesse caso, do ponto de vista dogmático, o legislador não concretiza limite da função social,[132] mas perpetra como aludido uma transformação permitida constitucionalmente do conceito e do conteúdo jurídico infraconstitucional da propriedade. Coerentemente, em face de relações jurídico-reais futuras, mais

---

    como a Ação Declaratória foi inserida no texto constitucional por emenda constitucional, não há de se falar em inconstitucionalidade, mas em política constitucional desastrosa do constituinte brasileiro.

129. ADC 42, rel. Min. Luiz Fux, *DJe* 175, 13.08.2019 ("cabendo ao Judiciário a análise racional do escrutínio do legislador, consoante se colhe do julgado da Suprema Corte Americana"); ADI 1.086, rel. Min. Ilmar Galvão, *DJ* 10.08.2001; MC na ADI 1.856, rel. Min. Carlos Velloso, *DJ* 22.09.2000; RE 153.531, rel. Min. Marco Aurélio, *DJ* 13.03.1998; ADI 2.007, rel. Min. Sepúlveda Pertence, *DJ* 24.09.1999.
130. Cfr. as posições e o debate no Capítulo 4.7, *f*.
131. Trata-se da faceta central do complexo conteúdo dogmático do direito fundamental de propriedade entre direito de resistência (art. 5º, *caput* CF) e garantia institucional (art. 5º, XXII CF). Sobre o vínculo e discricionariedade do legislador em face dessa categoria de direito fundamental, cfr. Martins (2014); especificamente em relação ao direito de propriedade: Martins (2012, p. 180 ss.) e Martins (2016a).
132. Cfr. Martins (2007).

especificamente de propriedades adquiridas sob a égide da nova marca institucional-normativa dada pelo legislador, a proporcionalidade não encontra aqui nenhuma aplicação, pois não haverá mais intervenção, mas nova definição do conceito de propriedade pelo legislador da lei civil sobre o direito real!

No mais, não precisa ser ora analisado se uma transformação do instituto civil da propriedade que redefina substancialmente seu conteúdo, socializando-o em grande parte, traz consequências também para o exame da necessidade das intervenções em relação às posições jurídico-reais anteriores, sobretudo em face do problema em pauta da comparação de intensidades de intervenção.[133]

A intensidade, medida básica para aferir o meio necessário, deve ser auferida a partir da percepção da intervenção por parte de seu titular.[134] No controle de constitucionalidade concreto, relacionado a uma lide judicial específica, deve-se medir a intensidade a partir das petições e declarações da parte. No controle abstrato, como não é possível localizar e ouvir todos aqueles cujos direitos serão potencialmente afetados pelas medidas legislativas, a aferição da intensidade da medida estatal e de suas alternativas deve se basear em dados empíricos e em máximas de experiência.

Muitas vezes, a comparação entre as várias medidas possíveis permite constatar com clareza que a opção do legislador intervém no direito de maneira mais intensa do que alternativas de efeito igual. Quanto mais o intérprete argumentar com base em dados empíricos (exemplo: estatísticas) e em máximas de experiência irrefutáveis, mais satisfatória será a comprovação.

Exemplo: a fixação do limite de velocidade em 120 km/h em determinada rodovia no intuito de diminuir os acidentes é uma medida menos intensa para os titulares do direito de livre locomoção (art. 5º, XV CF) e da liberdade geral de ação (art. 5º, *caput* CF)[135] do que a fixação do limite em 100 km/h. Se a limitação em 120 km/h prevenir o mesmo número de acidentes que a limitação em 100 km/h, sendo isso comprovado por dados estatísticos decorrentes da observação e análise do tráfego mediante projeção matematicamente correta, a opção do legislador pelo

---

133. Sobre esse ponto, cfr. Martins (2007, p. 243–245).
134. Cfr. Schlink (2001, p. 445 ss.).
135. É um caso interessante de concorrência entre dois ou mais parâmetros (poder-se-ia trazer o direito fundamental de propriedade também à pauta) que poderá ser resolvido com aplicação do parâmetro mais abrangente, do direito à liberdade geral de ação, quando se interpreta com mais acuidade a faculdade individual de acelerar um automóvel. É certo que ela corresponde ao uso do automóvel (propriedade) para se deslocar de um ponto A ao ponto B (livre locomoção). O objetivo é, contudo, deslocar-se *de modo mais rápido (e não apenas se deslocar)*. É um uso social do automóvel correspondente à liberdade geral de ação. Recomendando a verificação do "uso social" da liberdade para se estabelecer o parâmetro jusfundamental do exame: Kingreen e Poscher (2019, p. 295).

limite inferior seria desproporcional porque mais intensa do que o necessário, logo, inconstitucional.

Em relação aos componentes conceituais do subcritério da necessidade devem ser feitas duas observações:

a) *Identificação dos meios adequados*. Para que seja realizado o exame da necessidade é imprescindível que o avaliador da constitucionalidade estabeleça uma lista completa dos possíveis meios que possibilitem alcançar o propósito almejado pela intervenção. Deve se tratar de meios que demonstrem adequação ao propósito, mas respectivamente intervenham no direito com intensidades diferentes. Sem exaustivas pesquisa e descrição desses meios e de seu impacto não é possível decidir sobre a necessidade de adotar-se o meio escolhido. Para encontrar esses meios, é imprescindível levar em consideração experiências jurídicas do passado, soluções adotadas em outros países, assim como pesquisas empíricas e materiais colhidas no debate entre especialistas sobre a questão (juristas ou não) para que seja possível a realização da comparação.

As formas de estabelecer essa lista de alternativas dependem do caso concreto. Pode-se precisar apenas de uma consulta técnica, como ocorre quando se trata de comparar métodos de redução de poluentes como intervenções no direito fundamental à liberdade empresarial. Em outros casos, pode ser necessária uma pesquisa empírica e de direito comparado, como ocorre com a avaliação de meios aptos a garantir a segurança pública perante possíveis agressões terroristas, quando as medidas tomadas pelo legislador restringirem as liberdades da população (privacidade, locomoção etc.).

Há também situações nas quais é suficiente uma simples reflexão de senso comum, como no caso de medidas que limitem a liberdade de imprensa para resguardar outros direitos como a honra pessoal: fiscalização e/ou apreensão de material jornalístico em redações, de um lado, e fixação judicial *a posteriori* da obrigação de indenizar ou de publicar contraexposição às expensas do órgão da imprensa em cuja liberdade se intervém, de outro. Mas em todas as hipóteses as afirmações sobre a eficiência comparativa dos meios devem ser verificadas de forma empírica, comprovando seu impacto na realidade.[136]

No comentado exemplo da Lei da Biossegurança, será necessário o meio escolhido pelo legislador somente se não houver outro igualmente adequado, mas que grave menos a liberdade profissional e econômica, por exemplo, a submissão dos projetos de pesquisa e produção a uma comissão central, financiada por todas as empresas do setor, capaz de fiscalizar as atividades com custo menor do que uma comissão permanente em cada empresa, incluindo as de menor porte e capacidade econômica. Outra possibilidade seria considerar que o exercício das tarefas

---

136. Schlink (1976, p. 193–194).

fiscalizadoras por parte de órgãos da Administração Pública criados pela mesma lei seria igualmente adequado (eficiente), onerando muito menos as empresas do setor. A resposta poderá ser dada com suficiente segurança apenas após cálculos econômicos e avaliação de experiências estrangeiras e nacionais concretas no setor em discussão ou em outros semelhantes.

Por isso, diz-se que o exame da necessidade significa a *busca* do meio que mais poupe (o mais ameno) a liberdade intervinda (*Suche nach dem schonendsten Mittel*).[137] Em termos metodológicos, basta trazer à pauta um meio que represente menor gravame para a liberdade intervinda para que a necessidade do meio escolhido reste definitivamente falseada.[138]

b) *Comparação dos meios adequados*. Na realização do exame da necessidade há o problema da mensuração do impacto ou gravidade dos meios. Isso envolve *três* problemas. Primeiro, saber qual entre os meios propostos é o menos gravoso para o titular do direito (*grau de intensidade*). Segundo, encontrar formas para medir sua relação com o fim almejado (*grau de adequação*). Terceiro, relacionar o problema da intensidade com o problema do investimento estatal que pressupõe a tomada de certa medida (*grau de custo estatal*).

O primeiro problema se apresenta quando se está diante de uma lista de meios adequados que são heterogêneos e impossibilitam uma classificação linear que possibilita a comparação. Como comparar, por exemplo, no controle normativo abstrato, a intensidade de uma pena privativa de liberdade de curta duração e uma pena de multa de valor muito elevado? A comparação tende a depender de posicionamentos subjetivos do avaliador, assim como de considerações casuísticas que envolvam situação patrimonial, preferências e projetos de vida de condenados, tornando precária ou pelo menos arriscada uma afirmação.[139]

O segundo problema diz respeito ao *grau de adequação* do meio em relação ao propósito. O grau de adequação é apenas aparentemente um problema pertinente

---

137. Expressão cunhada por Lerche (1961) que, ao lado de outra expressão cunhada por Hesse (1995), "concordância prática", tem sido revisitada por várias correntes teóricas e dogmáticas que, todavia, as alocam, diferentemente do que ocorre aqui, no exame da proporcionalidade em sentido estrito (a seguir, no texto). Certo é que ambas também têm sido trazidas à pauta mais no contexto da colisão de direitos fundamentais, como uma porta de entrada da ponderação destituída de racionalidade jurídica (a seguir, no texto). Contudo, pode-se entender que a tarefa do controlador da constitucionalidade em casos de colisão seja reconhecer uma dupla intervenção estatal, devendo cada qual ser justificada com a busca do meio interventivo adequado respectivamente menos intenso em face do respectivo propósito de proteção do direito colidente, dispensando-se a ponderação. Nesse sentido: Martins (2001).
138. Sobre a medida estatal como "instância de falseamento" e método epistemológico implícito no exame da necessidade, Cfr. Martins (2001, p. 145–146).
139. Cfr. Dimoulis (1996, p. 332–337).

ao exame da adequação, porque nele examina-se o meio escolhido pelo Estado de modo exclusivo (não comparativo). A questão da adequação recebe resposta binária, afirmando-se ou negando-se a presença dessa condição. Pensando metaforicamente, tem-se uma espécie de concurso entre candidatos ao posto de "intervenção estatal justificada constitucionalmente na área de proteção de um direito fundamental". Na primeira fase (adequação), faz-se o exame eliminatório do candidato avaliado que é o meio efetivamente escolhido pelo Estado. Se o candidato não for apto não se qualificará à segunda fase correspondente ao exame da necessidade. Realiza-se a avaliação classificatória, sendo o critério de desempate final entre candidatos igualmente aptos o primeiro aspecto do impacto do meio de intervenção na área de proteção do direito fundamental, mas não mais um impacto como eficácia ideal ao alcance do propósito. Isso põe em xeque o papel do grau exigido de adequação do meio de intervenção: irrelevante no exame de adequação e inadmissível no exame da necessidade.[140]

Ao se analisar a adequação do meio escolhido pelo legislador, não se requer compará-lo a possíveis meios alternativos que não foram por ele escolhidos. Quando, ao contrário, analisa-se a necessidade da intervenção do meio escolhido pelo legislador, enfrenta-se o problema da dificuldade de se medir a relação de adequação do propósito com todos os meios que integram a lista das alternativas encontradas e trazidas à pauta para comparação.

Realizar esse exame pode revelar-se difícil, já que meios diferentes tendem a ter impacto (eficácia) diferente. A doutrina alemã se refere à necessidade de que o meio menos gravoso (aquele encontrado pelo avaliador/aplicador do critério da proporcionalidade e que impugnou a escolha de meio feita pelo órgão do poder público) seja *igualmente* adequado ao alcance do propósito perseguido. Daí falar-se em requisito da "igual adequação".

Usemos o anterior exemplo da previsão da pena de morte para todos os crimes. Sem dúvida, ela oferecerá maior certeza, senão absoluta certeza, quando se deixa de pensar no aspecto da prevenção geral e se baseia no aspecto retributivo da pena, ou

---

140. Perquirir o grau de adequação faz cair na cilada lógico-dogmática da chamada vedação de insuficiência – cfr. Schlink (2001): não há comparabilidade quando o objetivo for garantir a efetividade da proteção. Isso porque "enquanto a intervenção inadequada permanece uma intervenção, apenas uma intervenção que justamente não é adequada, a medida de proteção inadequada não continua sendo uma medida de proteção; mas, pelo contrário, uma medida de proteção inadequada não é uma medida de proteção" [Kingreen e Poscher (2019, p. 99)]. A lógica do critério da proporcionalidade, em sentido amplo (em oposição ao terceiro passo da proporcionalidade em sentido estrito, cfr. a seguir, no texto), reside nesse duplo filtro gradualmente aplicado. Como o que se precisa demonstrar é a maior observância possível da liberdade negativa dos titulares que sofreram a intervenção, estabelecer exigências de grau mais ou menos elevado à adequação deturpa ou subverte o sentido do critério!

seja, no momento após uma efetiva execução dos infratores, da consecução do fim (afastar o risco de futuras agressões) do que qualquer outra pena cuja adequação pode ser afirmada com maior grau de incerteza! Como, então, atender-se aqui tal requisito de *igual* adequação? A complexidade do problema aumenta em razão do fato de que meios diferentes podem afetar outros direitos fundamentais, mediante intervenções estatais que devem ser justificadas com base em outra relação meio-propósito. No caso em comento, a pena de multa afeta direitos fundamentais patrimoniais, a pena de prisão, liberdades fundamentais, e a pena de morte o próprio direito fundamental à vida. Dessa forma, o exame da necessidade envolve elementos heterogêneos que, mais uma vez, dificultam a resposta.

A despeito da vasta literatura jurídica especializada alemã ora mencionando sem grande convicção, ora reivindicando sem mais fundamentos a necessidade de se aferir a igual adequação que nos remete ao problema da dificuldade de se identificar diferentes graus de adequação, deve-se consequentemente descartar essa exigência de igual adequação em face da grande precariedade envolvida nos exames empíricos que medem eficácia e efetividade de medidas interventivas as mais variadas.

Pense-se nas dificuldades de se medir e de se comparar entre si com mínimo de precisão racional medidas de ordem macroeconômica. Também o primeiro problema da comparação com base na intensidade do meio interventivo sofrido pelos titulares do direito é de difícil solução com vistas à sua aplicação segura. Contudo, seu norte que é poupar as liberdades atingidas, falando-se em macroeconomia até para saber o preço do alcance do propósito em termos de sacrifício de liberdades, é diretamente fundamentado no vínculo do legislador aos direitos fundamentais. O mesmo não pode ser dito do grau de adequação do meio tendente à satisfação do propósito. Voltando à metáfora do concurso: o critério avaliativo para a consecução da única vaga não é mais o acúmulo de conhecimento revelado pelo candidato "oficial". Nessa segunda fase, exige-se de todos os candidatos aptos (adequação) uma mais-valia: a capacidade de interpretar e aplicar os conhecimentos para solução de problemas concretos, apresentando o resultado em forma escrita. Nesse sentido, não mais interessa o resultado auferido na primeira fase. Um candidato que tenha, em uma escala de 0 a 100 pontos, tirado ao menos a nota de corte (digamos, 63) poderá ser o primeiro colocado (meio necessário), desbancando o candidato oficial que eventualmente alcançou nota 73 na primeira fase.

O terceiro problema diz respeito às diferenças no investimento estatal, que implicam o emprego de diferentes meios (grau de custo estatal). Isso se torna evidente no caso da Lei de Biossegurança. Encarregar o Estado de todas as tarefas de fiscalização pode garantir o mesmo resultado que o funcionamento de comissões internas financiadas pelas empresas. Isso poupa a liberdade profissional e econômica das empresas, mas é muito mais oneroso para o Estado, sendo que essa onerosidade repercutirá, cedo ou tarde, nos direitos fundamentais patrimoniais, aumentando a tributação.

A opinião dominante da doutrina alemã considera que o exame de necessidade deve ser realizado entre meios igualmente onerosos aos cofres públicos, desprezando os menos interventivos que impliquem em maiores investimentos do Estado. Em nossa opinião, essa restrição não pode ser aceita como premissa inquestionável. Devem ser considerados também meios mais onerosos ao Estado. O problema está na definição do limite relativo ao *quantum* da maior onerosidade. Pelo que consta, não houve ainda tratamento dogmático dessa questão e parece-nos que, ainda que isso tivesse sido feito, não ofereceria uma solução clara e segura.

As incertezas e dúvidas sobre a racionalidade do exame da necessidade relacionam-se com a própria estrutura do exame da proporcionalidade que consiste no consecutivo aprofundamento da intensidade do controle das medidas legislativas (e administrativas e judiciais no âmbito de suas discricionariedades eventualmente abertas pelo legislador ordinário).

Conforme avançamos no exame da licitude dos propósitos e meios na direção da adequação e, em seguida, da necessidade, o controle torna-se mais exigente. Com isso, aumentam-se, nos casos difíceis anteriormente descritos, as incertezas e a margem para críticas de subjetividade. Nesse sentido, por exemplo, determinação legal da constatação de identidade do réu é muito menos exposta a críticas de subjetivismo do que a constatação judicial de sua participação no crime que, por sua vez, é muito mais objetiva do que a decisão do julgador sobre a culpabilidade. E isso procede a despeito de ser tal decisão, em outros ordenamentos jurídicos, um problema do denominado direito comum (*einfaches Recht*). Não constitui, portanto, um problema de direito constitucional específico (*spezifisches Verfassungsrecht*)[141] sobre o qual exclusivamente repousa o critério ora estudado, exceto quando decisões judiciais representarem violação de uma ou mais garantias penais outorgadas no art. 5° CF.

Isso revela, mais uma vez, os pressupostos jurídico-dogmáticos da aplicação do critério da proporcionalidade. Em síntese:

I. verificar quais direitos fundamentais foram aparentemente atingidos pela medida estatal, objeto do exame (parâmetro do exame);

II. em havendo mais de um parâmetro, estabelecer a relação entre eles (tipo de concorrência, ideal ou aparente; possibilidade de solução preliminar);

III. perscrutar o alcance da área de proteção do direito fundamental com as peculiaridades de cada direito, segundo as várias dogmáticas de cada direito fundamental;

---

141. Martins (2011, p. 40–43).

IV. verificar se a medida estatal representa uma intervenção na área de proteção do direito;
V. perscrutar se o direito parâmetro do exame pode ser limitado constitucionalmente e por qual espécie de limite;
VI. estabelecer os limites dos limites que vêm à pauta;
VII. estabelecer a relação meio-fim que pode ser muito complexa.

Esses passos devem ser percorridos em face de cada parâmetro, sendo imprescindível definir bem o alcance do direito fundamental supostamente violado.

Por isso, formula-se muitas vezes a crítica segundo a qual o critério da necessidade seria uma forma disfarçada de realizar uma ponderação (exame de proporcionalidade em sentido estrito),[142] critério que, como se verá em seguida, é particularmente problemático.

Avaliar a necessidade de uma intervenção é, como visto até aqui, muito mais complexo e arriscado do que afirmar sua licitude ou adequação. Mas a crítica não procede se for feita de forma absoluta e como argumento para carimbar como irracional o controle da necessidade ou para habilitar o exame da proporcionalidade em sentido estrito como igualmente legítimo a despeito dos problemas de racionalidade que suscita: ambos os exames seriam admissíveis, mesmo tendo problemas de racionalidade e subjetivismo. Em nossa opinião, devemos tomar a direção oposta, eliminando do exame de necessidade qualquer "teste" eivado de subjetividade que gera irracionalidade jurídica. Tais decisões, ainda que supostamente baseadas na comparação entre a intensidade das intervenções, não representam consequente aplicação do critério decisório da necessidade.

O critério da necessidade somente pode consistir em uma revisão técnico-constitucional-material da decisão política do legislador sem substituí-la por uma decisão política jurisdicional. Sua racionalidade não pode ser negada com a simples referência a uma suposta transferência da ponderação do terceiro plano da proporcionalidade em sentido estrito para o plano do exame da necessidade da medida estatal. A grande maioria dos problemas envolvendo a justificação de intervenções estatais na liberdade individual é resolvida, senão de forma peremptória, pelo menos heuristicamente pelo critério da necessidade. É justamente esse caráter heurístico que traz dinâmica ao exame, representando sua principal virtude: a busca da defesa constitucional da liberdade individual ou, como afirmou Schlink,

---

142. Essa crítica foi formulada na obra de Hirschberg (1981, p. 158–165, 174–175). Huster (1993) salienta as dificuldades do estabelecimento da relação meio-fim e, destarte, da aplicação do critério da necessidade, quando a medida for o direito à igualdade. Tais dificuldades não impugnam, entretanto, a produtividade do critério também para a aferição da constitucionalidade de tratamentos desiguais (correspondente dogmático da intervenção na liberdade, substituindo os dois primeiros passos anteriormente mencionados).

a dificuldade de aferição de um dado empírico nada atesta sobre a produtividade metodológica e procedência dogmática do critério.[143]

Isso ocorre também em consonância com o sentido dogmático do critério da proporcionalidade e dos direitos fundamentais como um todo: o custo jurídico sofrido pelo titular de um direito para o alcance de propósitos estatais lícitos deve ser o mínimo e há de ser sempre redefinido tendo em vista, de um lado, as nuances do impacto concreto da medida estatal no direito fundamental atingido e, de outro, a própria redefinição jurídica (*Begriffswandlung*) dos direitos fundamentais.

Trata-se, portanto, de um procedimento revisional-jurídico, e não político. O parâmetro da revisão jurídica é a decisão política suprema do constituinte transformada em norma constitucional.

10.7. Críticas à proporcionalidade com ênfase nos problemas de racionalidade do subcritério da proporcionalidade *stricto sensu*

A maioria dos doutrinadores e muitos tribunais constitucionais consideram que, após o exame da adequação e da necessidade de uma intervenção, o julgador deve realizar uma ponderação direta dos direitos que se encontram em conflito, avaliando qual possui o maior "peso" no caso concreto e, por essa razão, deve prevalecer.[144]

Nesse âmbito, o objetivo é examinar "se a importância da realização da finalidade justifica a intensidade de uma intervenção nos direitos fundamentais".[145] A proporcionalidade em sentido estrito sugere o uso da metáfora da balança: realiza-se uma ponderação de princípios, valores ou bens jurídicos, supostamente determina-se o respectivo "peso" (metáfora para grau de importância), devendo prevalecer aquele que, na situação concreta, apresentar uma maior urgência ou importância.

Enquanto a maioria da doutrina não apenas adota o critério, mas também o apresenta como algo evidente e acima de qualquer questionamento,[146] parece-nos necessário apresentar as recorrentes e insistentes críticas já formuladas.

---

143. Cfr. Schlink (2001).
144. Cfr. a definição do critério da ponderação *stricto sensu* pelo TCF alemão: BVerfGE, 90, 185. O TCF continua aplicando o subcritério da ponderação. Cfr. a decisão que declarou a inconstitucionalidade parcial de lei que autorizava o abate de aviões suspeitos de participarem de ataques terroristas: BVerfGE 115, 118 (*Luftsicherheitsgesetz*). Na doutrina, cfr. Alexy (1996, p. 100–104, 143–154); Clérico (2001, p. 140–250); Canotilho (2002, p. 270); Steinmetz (2001, p. 152 153); Silva (2002, p. 40–41); Barros (2003, p. 84–86); Sarmento (2003, p. 89–90, 96 e 2013, p. 162–166); Ávila (2003, p. 116–117); Pereira (2006, p. 346–357); Silva (2009, p. 174–179).
145. Clérico (2001, p. 140).
146. Exemplo: Pereira (2011, p. 189–197). Ciente da crítica "francamente minoritária": Sarmento (2013, p. 166).

Uma objeção inicial decorre da observação da prática decisória. A jurisprudência atesta a inutilidade prática do exame da proporcionalidade no sentido estrito. Por exemplo, sua utilização na jurisprudência do TCF alemão tem sido dispensável, pois o Tribunal limita-se, em regra e a despeito das longas e bem estruturadas análises, a confirmar a proporcionalidade *stricto sensu* do meio tido como necessário.[147] O mesmo ocorre no Brasil, onde não conhecemos decisão do STF que tenha afirmado a adequação e a necessidade de uma intervenção para, em seguida, declarar sua inconstitucionalidade com base na ponderação em sentido estrito. Ora, se o resultado do exame da necessidade sempre coincide com o da proporcionalidade no sentido estrito, isso torna duvidosa a fundamentação autônoma e a própria utilidade da segunda figura.

Independentemente desse indício prático há outras críticas formuladas na doutrina. Nos últimos anos foram publicados muitos estudos sobre a questão, principalmente em inglês e alemão. Esses escritos manifestam um interesse renovado, incessante, pela proporcionalidade. Oferecem análises históricas sobre o surgimento da teoria, estudos empíricos da jurisprudência ou realizam comparação de abordagens justeóricas e constitucionais. Seu objetivo em comum é *refletir criticamente sobre aspectos da teoria, reexaminando sua racionalidade e utilidade prática.*[148]

Muitas das objeções concentram-se no subcritério da proporcionalidade em sentido estrito que nos interessa mais especificamente aqui. Mas não faltam análises críticas da proporcionalidade em geral. Nosso objetivo é duplo: desejamos alertar as leitoras e os leitores sobre a existência dessa bibliografia que questiona o senso comum da proporcionalidade, formulando um convite para o aprofundamento. Em paralelo, apresentaremos a seguir algumas dessas críticas, a fim de avaliarmos sua pertinência.

---

147. BVerfGE 7, 377, 414–415; 21, 173, 179; 69, 209, 218; 75, 249, 267. Nessas decisões, que examinam a constitucionalidade de atos estatais em face da liberdade profissional (sobre o estado da arte, v. Martins, 2021), o TCF alemão, ao discorrer sobre o "valor" do propósito perseguido pelo legislador (em sede de exame de proporcionalidade em sentido estrito: *balancing*), sempre acabava por confirmar a necessidade do meio de intervenção utilizado. Não trazia nada de novo àquilo que fora conseguido com base no critério da necessidade. Uma exceção se encontra em BVerfGE 97, 228, 259 ss. Cfr. a análise em Martins (2001, p. 166–167).

148. Em ordem cronológica: Pulido (2003); Ladeur (2004); Zucca (2007); Tsakyrakis (2009); Bongiovanni et al. (org.) (2009); Kumm (2010); Rückert (2011); Klatt e Meister (2012, 2014, 2015); Barak (2012); Jestaedt (2012); Müller (2013); Bomhoff (2013); Cohen-Eliya e Porat (2013); Oliveira (2013); Kyritsis (2014); Jestaedt e Lepsius (Org.) (2015); Petersen (2015); Quispe (2016); Jackson e Tushnet (Org.) (2017); Urbina (2017). Ver também as traduções de debates da doutrina alemã em Campos (org.) (2016).

Na bibliografia nacional, cfr. a ambiciosa reconstrução de Laurentiis (2017), assim como os estudos (em ordem cronológica): Silva (2011, 2011-a); Schuartz (2005, p. 179–228); Costa-Neto (2015); Duarte et al. (org.) (2013); Leal (2014).

10.7.1. Crítica à ponderação de valores (teoria axiológica dos direitos fundamentais)

No exame da proporcionalidade de intervenções em direitos fundamentais, a ponderação se dá entre vantagens e desvantagens jurídicas para os bens jurídicos encontrados atrás da intervenção e do propósito perseguido pelo Estado. Em décadas passadas, procurava-se, no sistema constitucional alemão, fixar um sistema axiológico, uma escala dos valores constitucionais que pudesse servir de medida para a ponderação ou exame de proporcionalidade em sentido estrito.[149]

Encontramos essa visão em decisões do STF dos últimos anos. Afirmou-se, por exemplo, que existem "sobredireitos" cujo peso específico é superior àquele dos demais direitos, sendo mencionado como exemplo a liberdade de imprensa.[150] Em outra decisão, foi comparado o peso dos direitos à saúde e à tutela ambiental em face da liberdade profissional e econômica, considerando-se os primeiros como mais valiosos.[151]

Essas decisões não oferecem justificação jurídico-racional nem mesmo indicação normativa-constitucional dessa posição de prevalência. Em particular, não foram enfrentadas objeções óbvias, como o fato de que, para muitos, a privacidade e a liberdade econômica prevalecem em relação à liberdade de imprensa e a saúde. Se não fosse assim, não poderíamos explicar por que, por exemplo, as pessoas se amontoam em poluídas e estressantes megalópoles em vez de optarem por zonas rurais.

Do ponto de vista jurídico, tal ordem de valores não pode existir. Primeiro, porque as Constituições que conhecemos não estabelecem uma classificação de direitos fundamentais, de tal modo a indicar qual prevaleceria em relação aos demais em caso de colisão. Os bens jurídicos constitucionais conflitantes não foram

---

149. Uma formulação alternativa dessa ideia encontra-se em Tsakyrakis (2009). Apontando problemas de racionalidade e objetividade do critério da proporcionalidade, o autor sugere substituí-la pela ponderação moral dos direitos em conflito. No mais, segundo ele, o julgador poderia optar pelo direito que considere moralmente prevalecente no caso concreto.
150. Ementa da ADPF 130, rel. Min. Carlos Britto, *DJe* 208, 05.11.2009: "Os direitos que dão conteúdo à liberdade de imprensa são bens de personalidade que se qualificam como sobredireitos. Daí que, no limite, as relações de imprensa e as relações de intimidade, vida privada, imagem e honra são de mútua excludência, no sentido de que as primeiras se antecipam, no tempo, às segundas; ou seja, antes de tudo prevalecem as relações de imprensa como superiores bens jurídicos e natural forma de controle social sobre o poder do Estado, sobrevindo as demais relações como eventual responsabilização ou consequência do pleno gozo das primeiras". Cfr. análise crítica dessa decisão por Martins (2012, p. 239–277).
151. Voto da relatora Min. Cármen Lúcia na ADPF 101, *DJe* 01.06.2012.

hierarquicamente sistematizados pelo constituinte. Isso significa que todos são dotados da mesma dignidade normativo-constitucional.[152] Sua hierarquização concreta pode ser tão somente *política, deve ficar, assim, a cargo do legislador, mas não do magistrado.*

Segundo, porque a tarefa de hierarquização não pode ser desempenhada pela doutrina jurídica. Além de eventuais preferências subjetivas, é impossível justificar por que determinado direito fundamental corresponderia a "valores" superiores. Mesmo no caso do direito à vida, que costuma ser apresentado como o mais valioso, ignora-se o fato de que a maioria das Constituições admite a guerra e muitas permitem a aplicação da pena de morte em nome de interesses coletivos. Qual é o sentido de proclamar a vida como "valor supremo" (*Höchstwert*) do ordenamento constitucional, como fez o TCF alemão se, logo em seguida, a mesma decisão admite que o legislador ordinário é constitucionalmente autorizado a determinar "intervenções" no direito à vida para preservar outros direitos fundamentais e direitos constitucionais colidentes?[153]

Na Constituição Federal brasileira, o direito fundamental à vida, outorgado no *caput* de seu art. 5°, aparece no mesmo patamar de, pelo menos, mais quatro direitos fundamentais "matrizes" (liberdade, igualdade, segurança e propriedade que se desdobram em vários outros direitos fundamentais outorgados nos incisos do art. 5°). A vida até aparece como primeiro direito fundamental mencionado, mas a sua igual submissão aos "termos seguintes" (art. 5°, *caput, in fine*) derruba qualquer tentativa de hierarquização. Uma hierarquização, em todo caso, não decorre do texto (interpretação textual-gramatical) ou do contexto (interpretação sistemática) constitucional.[154]

Isso indica o fracasso das propostas axiológicas,[155] sendo aconselhável abandonar essa forma de compreensão da ponderação no sentido estrito.

---

152. Os direitos fundamentais e demais bens jurídico-constitucionais têm antecedentes históricos variados. Alguns direitos, tais como a liberdade de locomoção contra prisão arbitrária e a liberdade religiosa, remontam ao século XVII, considerados os primeiros direitos humanos a serem impostos contra o poder dos soberanos. Em momento seguinte, surgiram a liberdade de expressão e de imprensa para, somente no século XX, assegurarem-se constitucionalmente os direitos da personalidade (esfera íntima, proteção de dados pessoais). A gênese histórica diversa dos direitos de liberdade tem sido indicada como fator que impede uma hierarquização. Cfr. Hofmann (1998 e 1999). Contudo, o argumento decisivo é a ausência de tal hierarquização nas Constituições.
153. BVerfGE 115, 118 (139) – *Luftsicherheitsgesetz*.
154. Os demais cânones (interpretação genética, histórica e teleológica) não dizem nada a respeito, nem poderiam afastar o inequívoco entendimento derivado do texto e contexto constitucionais.
155. Uma proposta alternativa é a de Peter *Häberle*, que tenta embasar sua teoria institucional dos direitos fundamentais na preservação do dificilmente definível "conteúdo essencial"

10.7.2. Crítica à ponderação principiológica

Ao terem abandonado a visão valorativa, autores como Alexy procuraram racionalizar a proporcionalidade e a proposta da ponderação. Para tanto, elaboraram uma teoria principiológica dos direitos fundamentais. Tarefa da proporcionalidade em sentido estrito seria realizar a otimização jurídica dos direitos, em contraposição à otimização fática, realizada por intermédio dos subcritérios da adequação e da necessidade.[156]

A proposta de Alexy insere na ponderação, além do sopesamento axiológico propriamente dito, elementos fáticos ligados ao caso concreto.[157] Mas, em ambos os casos, falta uma medida objetiva, cientificamente comprovada para a ponderação, por mais rebuscados que pareçam os modelos apresentados por Alexy[158] e seus seguidores.[159]

Alguns autores defendem a abordagem principiológica e a ponderação alexyana, observando que a carga de subjetividade na decisão dos juízes pode diminuir, graças ao trabalho da doutrina e também mediante a consolidação jurisprudencial de certos entendimentos.[160] Isso convence, pois cabe à doutrina sistematizar e padronizar entendimentos, promovendo sua uniformização (mas também sua revisão!). Contudo, essa observação não responde ao problema e muito menos o resolve. A dificuldade principal não diz respeito à subjetividade dos julgadores que é inerente ao exercício do poder discricionário. Pergunta-se, antes de tudo, *quem* deve tomar essa decisão (discricionária e de cunho político).

Assim, não é suficiente dizer que o método da ponderação seja marcado por "limites de racionalidade", admitindo que a decisão do julgador sempre terá elementos subjetivos e não passíveis de consenso e de controle intersubjetivo,[161] nem formular o desejo de seguir no caminho do sopesamento, cuidando-se de se aperfeiçoarem os instrumentos argumentativos.[162] É necessário entender que, a partir do momento em que começa a subjetividade na interpretação (o que sempre ocorre na ponderação *stricto sensu*), o julgador excede os limites de seu poder, pois

---

dos direitos fundamentais. Cfr. Häberle (1983) e a crítica de Müller (1994).
156. Alexy (1996, p. 100–101).
157. "Imperativo de otimização em face das possibilidades fáticas" (Alexy, 1996, p. 101).
158. Alexy (1996, p. 143–157).
159. Cfr., entre outros, Borowski (1998); Silva (2011, 2011-a, 2016); Leal (2014). Defesa dessa perspectiva com críticas pontuais em Klatt e Meister (2012, 2014, 2015).
160. Tese de Sarmento (2003, p. 147).
161. Tese de Pulido (2003) e Silva (2011, p. 367).
162. Tese de Leal (2014): "a proporcionalidade e a fórmula do peso são convites ao desenvolvimento das melhores respostas possíveis, entendidas aqui como o produto da satisfação de um dever de justificação, para questões previamente definidas" (p. 205).

apresenta como eventualmente inconstitucional uma norma que simplesmente não é de seu agrado.

Outro equívoco dos defensores do modelo principiológico consiste em afirmar que certas cautelas metodológicas permitem encontrar a melhor forma de harmonização dos direitos fundamentais, graças aos conhecimentos, às capacidades técnicas do julgador, à sua vinculação a precedentes e à sua capacidade de promover um diálogo interinstitucional.[163] Na verdade, o controle de constitucionalidade *não* deve se preocupar com as melhores soluções (ótimas)[164] nem com a identificação da mais capacitada ou eficiente autoridade estatal. A pergunta é tão somente se certa intervenção (ou omissão) estatal é inconstitucional. O julgador que enfrenta essa questão não pode se valer de seu poder decisório para ajustar ou calibrar decisões segundo seu próprio entendimento.

Dito de outra forma, a proporcionalidade *stricto sensu* tem o condão de ferir tanto o princípio da separação de funções estatais quanto o princípio democrático: ponderar em sentido estrito significa tomar decisões políticas, e não jurídicas. E ignorar que, acima das relações empíricas entre intervenção e propósito estatal, está a ponderação *stricto sensu* do legislador. Tal ponderação cabe somente ao legislador, em consideração à sua legitimação democrática e constitucional organizacional.

Intersecções orgânicas no exercício da função legislativa não elidem o caráter normativo do art. 2º CF. Há uma presunção de atribuição de competência em favor do órgão tradicionalmente especializado para o exercício daquela função quando a Constituição, na parte especial organizacional, silencia. A legitimação democrática é atributo da adequação funcional dos órgãos do Poder Legislativo em face da atividade legiferante estatal.

Logo, a proporcionalidade *stricto sensu* na acepção principiológica não apenas carece de "critérios seguros ou objetivos que possam afastar a discricionariedade de seu aplicador",[165] mas também se revela como construção *irracional*, dada a impossibilidade jurídica de quantificar e comparar os direitos fundamentais, decidindo qual possui maior "peso" ou importância no caso concreto.[166] Como

---

163. Silva (2011, p. 368–378).
164. Que configura um muito questionável desiderato da teoria principiológica por reduzir a discricionariedade legislativa a praticamente zero. Cfr. a crítica em Poscher, 2010.
165. Assim, Tavares (2020, p. 651), em um dos poucos escritos que criticam esse subcritério no Brasil.
166. Afirmou-se que o convite alexyano a sopesar não é, *per se*, irracional, desde que haja um critério para realizar a comparação; o subjetivismo e a indeterminação da resposta não seriam sinônimos de irracionalidade, mas de variabilidade: Schauer (2012, p. 309–311). Concordamos que a ponderação não é, abstratamente falando, irracional. O problema está no fato de que a racionalidade abstrata deve estar acompanhada da racionalidade em vista dos imperativos legais e das competências. A ponderação *stricto sensu* não é

acreditar que um juiz possa comparar de forma confiável a "valia" de um direito e a "desvalia" do outro[167] ou que tenha a capacidade de avaliar se um direito possui "*peso* suficiente"?[168] E como admitir o manuseio da proporcionalidade no sentido estrito como "mandamento de uma ponderação mais justa"?[169]

Em artigo de 2020,[170] Poscher reiterou, com argumentos complementares que contemplaram o desenvolvimento da discussão desde os últimos trabalhos de Schlink a respeito,[171] o problema da incomensurabilidade dos bens jurídico-constitucionais tais quais os direitos fundamentais decorrente da impossibilidade de se estabelecerem escalas de preferências intersubjetivas. Qual poderia ser senão esse o critério legitimador do poder de cassação por órgão jurisdicional constitucional dos sopesamentos dos bens e das ponderações entre eles pelos titulares de mandato popular com assento no Parlamento?

Com vênia para certo abuso dos recursos metafóricos que de todo modo impregnam o debate: Nem a doutrina nem o Poder Judiciário são detentores de uma balança de precisão ("ponderômetro"!) que permitiria medir e comparar direitos e decidir o que é mais "justo". Persistir em tal crença, como o faz parte da doutrina,[172] aplaudida pelos órgãos da justiça constitucional, que veem na proporcionalidade *stricto sensu* um meio para ampliar seus poderes de criação do direito, prejudica a credibilidade da dogmática jurídica e a estrutura do Estado constitucional.[173]

---

racional como método decisório *em vista* do papel do julgador no Estado constitucional: "leva à negação da discricionariedade judicial" – Jestaedt (2012, p. 171); transforma "uma questão de discricionariedade política em questão de interpretação de direitos fundamentais" – Oliveira (2013, p. 228).
167. Crença expressa em: Ávila (2003, p. 116).
168. Crença expressa em: Silva (2002, p. 41).
169. Hufen (2011, p. 121).
170. Cfr. Poscher (2021).
171. Schlink (1984 e 2001).
172. Uma incondicional defesa da expansão dos poderes do Judiciário mediante interpretações criativas encontra-se em Queiroz (2002).
173. Além dos escritos de Bernhard Schlink e Leonardo Martins já mencionados, a tese da irracionalidade e dos riscos de insegurança jurídica que gera o sopesamento encontra-se em Rückert (2011); Jestaedt (2012) e Oliveira (2013, p. 169–172). A teoria principiológica dos direitos fundamentais, que tem a pretensão de ser também uma teoria do direito, ao mesmo tempo em que influencia os estudos jurídicos mundialmente, foi severamente criticada na Alemanha, a ponto de Poscher (2010) intitular um artigo "Teoria de um fantasma. A busca malsucedida da teoria principiológica por seu objeto" [Poscher (2007 e 2009)]. Na base da teoria principiológica encontra-se a diferenciação categorial entre duas espécies normativas, as regras e os princípios. Os direitos fundamentais seriam mandamentos de otimização e, como tais, também princípios: Alexy (1996). Sieckmann (1990, p. 65), aluno de Alexy, mostrou que os mandamentos de otimização têm exatamente as mesmas características das regras (estrita subsunção e cumprimento definitivo). Desde

10.7.3. Críticas políticas

Contra o emprego do critério da proporcionalidade *stricto sensu* no controle de constitucionalidade é formulada também uma crítica política de inspiração neoliberal. Afirma-se que os inevitáveis conflitos entre os direitos que garantem espaços de liberdade devem ser resolvidos de forma espontânea pela sociedade, por meio de mecanismos de mercado e de acordos entre os interessados. Nesse sentido, seria inaceitável que o Estado, após ter garantido certas liberdades, venha a restringi-las pela via de decisões legislativas ou judiciais.[174]

Essa crítica atinge não somente a ponderação no sentido estrito, mas o critério da proporcionalidade em geral. Decorre de uma rejeição generalizante ao "Estado intervencionista",[175] e não nos parece convincente.

Do ponto de vista político e teórico, é reintroduzido o mito da "mão invisível" que promete resolver os conflitos, deixando, na prática, os mais fracos nas mãos dos socialmente mais fortes. Juridicamente, essa posição desconhece as normas constitucionais que impõem a intervenção do legislador. Mesmo quando não há expressa reserva legal, os direitos fundamentais são garantidos pelo Estado e isso indica que, diante de uma colisão, o Estado possui a competência para decidir qual direito deve prevalecer. Uma omissão estatal provocaria antinomias jurídicas, criaria uma situação semelhante ao "estado de natureza" que o direito estatal tem a missão tradicional de impedir.

Basta pensar no exemplo da colisão entre dois direitos de liberdade individual. Como admitir que o legislador não tenha a competência para resolvê-la e que o Judiciário não deva posicionar-se no mérito, alegando que os interessados devem proceder à negociação direta, como sugere a perspectiva neoliberal?[176] A autocomposição de certos conflitos pode revelar-se como meio adequado e necessário aos propósitos de observância e eventualmente de proteção dos direitos fundamentais de liberdade colidentes, mostrando o devido específico exame que qualquer outra

---

então, Alexy e seus seguidores procuram princípios, normas jurídicas que, segundo eles, teriam a dimensão do peso ou importância além da comezinha dimensão da validade, chegando à solução artificial de construir um nível de dever ser ideal ao lado do dever ser real para salvar sua teoria do completo descrédito. Em verdade, a referida busca por princípios, como categoria de normas jurídicas qualitativa e estruturalmente totalmente distintas das normas regras, como a crítica muito bem sintetizada e desenvolvida por Poscher entre outros nas contribuições citadas, revelou-se até hoje infrutífera. Em suma, trata-se de uma autocontradição teórica insanável. Para uma descrição pormenorizada e mais fontes dessa autocontradição da escola jurídico-constitucional principiológica, cfr. Martins (2012, p. 82–85).

174. Ladeur (2004).
175. Ladeur (2004, p. 15).
176. Ladeur (2004, p. 29, 43, 79).

medida interventiva estatal está eivada de inconstitucionalidade. Mas isso pode ser a conclusão de um detalhado e metodologicamente orientado exame, mas não pressuposto com fulcro em uma cosmovisão ideológica (*Weltanschauung*, no sentido do art. 4 I GG, cuja outorga também encontra-se implícita no art. 5º, VI, c.c. art. 5º, VIII CF).[177] O problema agrava-se quando se traz à pauta a necessidade da conformação de direitos fundamentais prestacionais, junto aos quais a ausência de regulamentação estatal impossibilitaria o exercício dos respectivos direitos.

Isso indica que a objeção política contra a proporcionalidade, que acaba por questionar a própria atuação do Estado no exercício de suas competências constitucionais, constitui um paradoxo no Estado constitucional de direito. Esquece-se de que a liberdade individual negativa combinada com a dignidade humana, cuja acepção primeira e mais racional também é negativa, ambas no centro do sistema normativo constitucional, apenas podem ser concebidas no contexto de um Estado constitucional democrático de direito como juridicamente criadas e ordenadas. Alude-se aqui, se não a um paradoxo, que seria dessa vez não politicamente motivado, ao menos a uma relação intrinsecamente dialética: não há liberdade individual forte sem um Estado (constitucional democrático de direito) igualmente forte.[178]

Ontologicamente, o Estado constitucional não diferencia as pessoas, é eticamente neutro, observa sempre a liberdade individual (sem prejuízo das manifestações coletivas de liberdade) e não é um fim em si mesmo.

10.7.4. Crítica holística

Uma última forma de rejeição geral do modelo de ponderação como método de solução de conflitos entre direitos fundamentais encontra-se em autores que pressupõem a existência de um Todo que possui significado único e impede que surjam conflitos genuínos entre direitos e interesses.

Adeptos dessa visão podem argumentar que a moral não é construída com base em uma multiplicidade de valores potencialmente conflitantes entre si, mas expressa um ideal único que guia o aplicador do direito na busca da solução certa. Essa solução somente pode ser una, sob pena de termos uma moral contraditória. Quem adota essa visão, promovida e apelidada por Ronald Dworkin como *teoria da unidade do valor*,[179] não pode admitir ponderações entre direitos ou interesses, pro-

---

177. No direito alemão, cfr. com riqueza de detalhes inclusive históricos: Hufen (2018, p. 362–391).
178. Trata-se de uma relação dialética que somente deixa de ser reconhecida por teóricos do liberalismo político quando se deixam levar por debates de índole essencialmente ideológicos, unilateralmente propugnadores do chamado "Estado mínimo". Nesse sentido, cfr. a exposição, explicitada no subtítulo da obra, de Martins (2012).
179. Dworkin (2011).

curando prevalências e conciliações. Deve buscar a solução que, por ser a "melhor" é imposta pelo sistema unitário da moral em cada caso. É o que faz um adepto dessa visão, negando que os direitos fundamentais possuam limites. Considera-os como valores "absolutos" e afirma (sem oferecer nenhuma prova para tanto): "na situação concreta é possível perceber quem tem o direito e quem não o tem".[180]

Um raciocínio estruturalmente semelhante é desenvolvido por autores que consideram a Constituição como um Todo que indica a solução correta não mediante ponderações e tentativas de conciliação, mas por meio de uma avaliação holístico--sistemática que permitiria desvendar o verdadeiro sentido da Constituição em cada caso. Estamos diante de uma visão de nítida inspiração hegeliana que constitui o fundamento filosófico para a recusa do Ministro Eros Grau em aplicar o princípio da proporcionalidade para resolver problemas de direitos fundamentais.[181]

A refutação dessas críticas pressupõe um paciente trabalho filosófico que não pode ser feito aqui e não interessa ao estudioso da dogmática dos direitos fundamentais. É suficiente mencionar dois elementos de crítica.

Primeiro, do ponto de vista histórico e sociológico, a Constituição Federal de 1988 não expressa anseios e valores únicos. É um documento que condensa, de maneira visivelmente aditiva e contraditória, os mais diversos valores e projetos de sociedade. Procurar aplicá-la na perspectiva de uma unidade moral ou jurídica não corresponde aos dados reais.

Segundo, do ponto de vista pessoal, quem reivindica a tutela de seus direitos fundamentais não recebe uma resposta adequada, isto é, juridicamente plausível e passível de legitimação quando sua pretensão é negada com invocação de conceitos e interesses abstratos como o "interesse geral" ou a "moral". Ele espera que sejam indicados outros interesses ou direitos concretos e justificada sua prevalência no caso. Dito de outra maneira, em sociedades liberais e pluralistas, cuja Constituição

---

180. Ommati (2015, p. 61–63). Defesa incondicional na crítica dworkiniana à proporcionalidade em Murata (2016).

181. "O juiz deve resolver a contradição entre dois princípios jurídicos em relação a um caso concreto referindo-se à infraestrutura, apurando qual deles assume, no caso concreto, importância mais significativa em relação aos dados da infraestrutura. Infelizmente a doutrina esqueceu as lições de Poulantzas, para quem a ordem jurídica não compõe um sistema, é uma estrutura no interior de outra estrutura mais ampla; um todo *significativo* pleno de contradições, que a lógica formal não consegue explicar, mas constitui uma *totalidade de sentido*, uma *coerência interna de significação*; a infraestrutura é o fundamento da estruturação interna do direito. O plano do *dever ser* é um espelho, um reflexo do plano do *ser*. Tudo a confirmar que, em verdade, não interpretamos apenas textos normativos – e sempre na sua totalidade – mas, além deles, a realidade [...]. A interpretação da Constituição é, sempre, interpretação do texto da *Constituição formal*, todo ele, e da *constituição real*, hegelianamente considerada." Voto do Min. Eros Grau na ADPF 101, rel. Min. Cármen Lúcia, *DJe* 01.06.2012.

garante a multiplicidade de opiniões e condutas, não se pode manter a ficção da unidade moral-jurídica. Isso indica que a crítica holística à ponderação é insatisfatória, além dos graves problemas de fundamentação de conceitos tão abstratos como a "moral".

Apesar da referência à "Constituição real" que foi segundo o citado julgador "hegelianamente considerada", não há nada mais alienado em termos de trabalho empírico-normativo do que uma argumentação constitucional pautada na filosofia política do idealismo alemão do início do século XIX. Mesmo em termos políticos, não há nada mais conformista do que a dialética hegeliana. Mas o que realmente espanta é a omissão do STF, estampada no voto em tela, de desempenhar a tarefa, que lhe foi confiada pela CF, de efetuar como última e, às vezes, exclusiva instância judicial o controle material de constitucionalidade com rigor jurídico. Destilar suposta cultura humanista e filosófica como ocorre com frequência em votos de membros daquela Corte, muitas vezes dispensáveis em face do caso decidendo, para, como nessa decisão, descartar um critério arduamente construído na pesquisa e jurisprudência nacional e estrangeira, é um "desserviço" para dizê-lo de modo eufemístico.

10.7.5. Conclusões

A relação entre decisões pautadas em critérios vinculantes estabelecidos por normas jurídicas e decisões ditadas por considerações de oportunidade política é disciplinada, pelo menos em nível infraconstitucional.

Nesse mister, valem *três* regras. Primeiro, as considerações e finalidades políticas, por mais urgentes e consensuais que sejam, nunca devem contrariar normas jurídicas vigentes, sob pena de ilegalidade ou inconstitucionalidade, algo que exprime o disciplinamento jurídico da política, isto é, sua submissão ao império da lei.

Segundo, praticamente todas as normas jurídicas deixam amplos espaços discricionários que devem ser preenchidos conforme avaliações políticas da autoridade competente.

Terceiro, entre todas as autoridades estatais, o legislador ordinário é o primeiro concretizador da Constituição e, consequentemente, o órgão que possui o maior poder discricionário de tomada de decisões com critérios políticos, não podendo as demais autoridades estatais contrariar suas decisões por simples motivo de discordância ou inconveniência política (que pode também se apresentar como discordância moral, científica, estética etc.).

Aplicadas ao controle de constitucionalidade das limitações de direitos fundamentais, essas considerações indicam a necessidade de se evitarem construções teóricas e decisões que desrespeitem essa forma de divisão de tarefas. A necessidade de autocontenção do Poder Judiciário no exercício de suas competências corresponde à necessidade de se respeitar o espaço político que foi concedido ao legislador pela própria Constituição. O critério para tanto é o próprio texto constitucional. O Judiciário nunca poderá, recorrendo a "ponderações", decidir de forma a contrariar a decisão do legislador, exceto quando isso fundamentar-se diretamente no texto constitucional.

O fato de uma Constituição ser "aberta" em razão da baixa densidade de suas normas e da possibilidade de conflitos entre direitos fundamentais e outros bens jurídicos não significa que o Judiciário pode decidir da "melhor forma" quando o legislador já se posicionou, fechando o espectro de abertura que a Constituição deixou ao seu poder discricionário. O órgão jurisdicional controla a observância dos parâmetros formais e materiais da decisão política, os quais são oferecidos pela Constituição, não podendo fazer política fora de seu âmbito de competência. Essa é uma regra constitucional absoluta que não admite exceções (art. 1º, § único c.c. o art. 2º CF).

Para exercer direitos fundamentais envolvidos em conflito será sempre necessário o sacrifício de pelo menos parte de um.[182] Mas, nesse caso, deve-se preferir a decisão com base na medida ou no parâmetro complementar oferecido pelo direito à igualdade (análise da simetria da situação de conflito)[183] ou, respeitando a prerrogativa política do legislador se se estiver diante de controle de constitucionalidade abstrato, à aplicação da proporcionalidade em sentido estrito.

O exame de proporcionalidade e a hermenêutica constitucional, em geral, devem respeitar suas próprias limitações, evitando intervir no campo do poder discricionário do legislador. O Poder Judiciário não é um legislador que decide politicamente em instância recursal. Ele somente pode modificar a decisão legislativa se houver um argumento racional o qual permita fundamentar a incompatibilidade entre a lei e a Constituição.

Nessa ótica, a proporcionalidade em sentido estrito (ou teste de exigibilidade) deve ser rejeitada como elemento do exame da proporcionalidade, já que, a despeito da opinião dominante tanto no Brasil quanto em outros países, tem dado azo à usurpação judicial da competência de decisão política própria do Poder Legislativo.

Como dissemos, do ponto de vista material, os direitos fundamentais são heterogêneos e isso impede um sopesamento que somente seria possível entre

---

182. Daí explica-se o ceticismo em torno de teses tradicionais como a da concordância prática (*praktische Konkordanz*) ou da compensação mais poupadora possível (*schonendster Ausgleich*), respectivamente de Hesse (1995, p. 29) e de Lerche (1961, p. 162). Não ocorre, de fato, um balanceamento entre liberdades ou entre a liberdade e o bem comum (social, coletivo) no caso concreto. Se, por exemplo, um Recurso Extraordinário for parcialmente provido, sua consequência será sempre a declaração de violação de certo direito e a não violação de outro invocado pelo recorrente. Em conclusão, não há meio termo entre violação e não violação de direitos fundamentais.
183. Schlink (1976, p. 24 ss., 214 ss.); Martins (2001, p. 45).

elementos comensuráveis.[184] Já do ponto de vista formal, os direitos fundamentais possuem a mesma força jurídica e isso impede a hierarquização. Isso indica a impossibilidade de se efetuar uma ponderação baseada na Constituição.

Por isso, quando o julgador constata que uma restrição é adequada e necessária, deve encerrar o exame de constitucionalidade ainda que discorde da opção do legislador.

10.8. Necessidade de fundamentação e autocontenção das decisões judiciais sobre ponderação

Encerramos com uma reflexão teórica. A dogmática dos direitos fundamentais encontra-se em uma posição aparentemente paradoxal. Deve elaborar discursos de interpretação e aplicação do direito constitucional que não se deduzem diretamente do texto normativo constitucional. Isso vale tanto em relação ao resultado como em relação à fundamentação.

No que se refere ao *resultado*, a Constituição não *determina* que uma lei que autorize, por exemplo, a importação de pneus usados é inconstitucional.[185] Implicitamente, parece dizer o contrário ao tutelar essa atividade de importação no âmbito da liberdade profissional e econômica (art. 5º, XIII, c.c. art. 170, § único CF).

No que se refere à *fundamentação*, a Constituição não determina diretamente que a importação de pneus usados prejudica o meio ambiente. Mas ela determina que a liberdade profissional (no mesmo art. 5º, XIII, c.c. art. 170, § único CF) poderá ter de atender a certas condições estabelecidas pelo legislador.[186] Agora, quem

---

184. Em original análise do princípio da proporcionalidade, Walter Claudius Rothenburg (2008) adota a "divisão quadripartida" dos subcritérios da proporcionalidade, rejeitando o subcritério da proporcionalidade *stricto sensu*. Mas considera necessário realizar ponderações, comparando o peso dos direitos fundamentais em conflito, no âmbito do exame da adequação e da necessidade nas quais o autor incorpora a proporcionalidade *stricto sensu*. Assim, Rothenburg concorda do ponto de vista sistemático com a nossa posição, mas adota, na substância, a proposta de ponderar os pesos dos direitos (2014, p. 104–105).
185. Cfr., no entanto, o julgamento pelo STF da ADPF 101, j. 24/06/2009, rel. Min. Carmen Lúcia.
186. Os escolhidos tempo e modo do verbo "poder" denotam um necessário comedimento: a reserva legal do art. 5º, XIII CF é uma reserva legal *simples* (vide Capítulo 9.3.2). As "qualificações" devem ser entendidas como condições a serem impostas pelo legislador de acordo com seu exame de conveniência em vista dos propósitos por ele definidos, mas não como propósitos em si. Essa interpretação é autorizada tanto pelo cânone hermenêutico sistemático (c.c. art. 170, § único: "É assegurado a todos o livre exercício de qualquer atividade econômica [...] *salvo nos casos previstos em lei*", destaque nosso) quanto pela análise dos antecedentes históricos (1824, 1891, 1934, 1937, 1946 e 1967), uma vez que os constituintes já se valeram do termo *condições* em vez de *qualificações*, o que revela um

analisa as normas em pauta e constata o prejuízo ao meio ambiente pela importação de pneus usados são os operadores do direito (aplicador da norma jurídica e literatura jurídica ou doutrina). Isso decorre de estudos científicos, tendo em vista considerações políticas e econômicas e outros elementos que aparentemente não se relacionam com a interpretação de um texto normativo.[187]

Mas o paradoxo é tão somente aparente, pois esses discursos doutrinários procuram dar sentido e coerência ao texto constitucional. Sem esses discursos, permaneceríamos no nível de afirmações contraditórias: a Constituição permite e não permite a importação de pneus usados como atividade protegida pela liberdade profissional e vedada pelas normas da tutela ambiental! A resposta concreta depende

---

uso sinonímico. Dizer que se trata de uma reserva legal simples significa dizer que faz parte da discricionariedade legislativa a escolha do "se" e do "como" intervir na área de proteção do direito fundamental, cabendo ao operador controlar o "como" com base no critério da proporcionalidade. Em geral, a opção pelo "se", exceto se houver mandado constitucional legislativo, faz parte exclusivamente da discricionariedade política do legislador.

A controvérsia em torno da decisão do STF sobre a obrigatoriedade do diploma de jornalista (RE 511.961, rel. Min. Gilmar Mendes, *DJe* 118, 25.06.2009) revela os riscos de se discutir politicamente o mérito de uma decisão jurídica: primeiro, a obrigatoriedade do diploma arduamente defendida por entidades representativas de classe deveria ser medida como intervenção nas respectivas liberdades de comunicação social (*lex specialis*), e não na liberdade profissional (*lex generalis*); segundo (e aqui o mais importante), mesmo que se admitisse como parâmetro a liberdade profissional, esta é direito de resistência. Isso significa que a intervenção legislativa baseada na reserva legal é uma *opção* do legislador, não uma obrigação (pela dimensão jurídico-objetiva: ausência do chamado "mandato de legislação", como há implicitamente no art. 5º, XXIII CF, que determina a todos os órgãos estatais – a começar pela primeira função estatal, a legislativa – garantir que "a propriedade atenderá a sua função social"). Pela dimensão jurídico-subjetiva, não há pretensão a uma prestação legislativa baseada no art. 5º, XIII CF (não é direito de *status positivus*). Os críticos da citada decisão transmutam liberdade negativa em dever do Estado de criar óbices a outros possíveis titulares! Com o pretexto de se garantir o bom nível das publicações (como se diploma universitário no Brasil fosse nesse caso um meio adequado!) e promoção de um trabalho ético da imprensa (de novo: como se o diploma fosse em face desse propósito um meio adequado!), buscam salvaguardar certas reservas de mercado que interessam aos já diplomados e aos donos de faculdades privadas de jornalismo. Esse caso demonstra que a correta aplicação do critério pressupõe um rigoroso exame da área de proteção e intervenção estatal dos direitos fundamentais que vêm à pauta. Como resultado, os argumentos meramente políticos não fundamentam a decisão. Cfr. Martins (2009a, p. 218–238) e Martins (2012, p. 278–308).

187. O tema foi discutido no STF e os fortes danos ambientais causados pelos pneus usados foram comprovados (ADPF 101, rel. Min. Cármen Lúcia, *DJe* 01.06.2012). A respeito, *vide* os comentários de Martins (2011a). Cfr. também os dados apresentados na audiência pública sobre o tema em: [stf.jus.br/portal/cms/verTexto.asp?servico=processoAudienciaPublicaAdpf101].

da apresentação de argumentos a favor ou contra que possam convencer por atenderem os requisitos de uma fundamentação adequada.[188] São tais requisitos:[189]

– A utilização de todas as *normas jurídicas* que incidam sobre o tema, e não somente dos dispositivos (em particular dos "princípios") que apoiem a opinião do julgador.

– A referência à *doutrina* e à *jurisprudência*, nacional e estrangeira, sobre o tema sem parcialidade, isto é, sem mencionar ou valorizar tão somente as opiniões em consonância com a opinião de cada magistrado. Somente tal exposição imparcial e completa permite um diálogo crítico capaz de indicar quais são os melhores argumentos (e por quais razões).

– O aproveitamento de *dados empíricos* que permitam fundamentar alegações e prognósticos.

Mas a boa fundamentação não elimina o risco de certas construções doutrinárias distanciarem-se do texto constitucional e permitirem o subjetivismo, transformando-se em reflexões sobre o correto, de modo a confundir a aplicação judicial do direito com a aplicação de receitas políticas ou morais. Para minimizar tais riscos, os operadores do direito devem adotar a postura da *autocontenção*, que corresponde ao reconhecimento da *prioridade constitucional do legislador formal-parlamentar*.[190]

A regra básica é: na falta de critério constitucional para resolver um conflito normativo, o legislador é o único habilitado a concretizar as normas constitucionais, usando o poder discricionário que lhe conferiu a Constituição em virtude do caráter abstrato de suas normas. *Objeto da revisão judicial não é a ponderação, mas a verificação de eventual desrespeito de norma constitucional pelo legislador.*

A proporcionalidade, como exame de adequação e necessidade, *serve* para aferir esse desrespeito específico; a proporcionalidade, como exame de adequação e necessidade, *não serve* para substituir a decisão política do legislador pela decisão política do órgão jurisdicional constitucional.

---

188. Entre os poucos estudos nacionais dedicados ao dever de fundamentação das decisões judiciais, cfr. Melo (2010).
189. Cfr. detalhadamente Dimoulis e Lunardi (2011, p. 332–336).
190. Análises e bibliografia em Dimoulis e Lunardi (2011a); Dimoulis (2011).

Segunda Parte
Dogmática Aplicada Dos Direitos Fundamentais.
Instrumentário e Exemplos Jurisprudenciais

11

INTRODUÇÃO AO MÉTODO DE TRABALHO JURÍDICO APLICADO À TEORIA GERAL DOS DIREITOS FUNDAMENTAIS

A redação de pareceres em direito constitucional tem o escopo de preparar a decisão judicial dogmaticamente correta. Esta interessa a todos, pois concretiza dois princípios fundamentais de todo ordenamento jurídico: a certeza e a segurança jurídicas.

A redação de um parecer distingue-se substancialmente da redação de uma decisão judicial que se estrutura com base na tríade "relatório – fundamentos – dispositivo" (art. 489 do CPC). As decisões judiciais devem ser fundamentadas. Não importa se o fundamento sucede ou precede o dispositivo da decisão: o juiz parte, uma vez encerrada a fase probatória do procedimento, de uma conclusão preconcebida, o que é perfeitamente coerente com o princípio do *livre convencimento*. Esse princípio refere-se, também e, sobretudo, às provas aduzidas aos autos, mas, subsidiariamente, desde que respeitado o vínculo do Judiciário à lei e à ordem constitucional,[1] à interpretação do direito. Como visto principalmente no Capítulo 7, essa questão pode tocar o problema do controle de constitucionalidade incidental de normas e de sua interpretação judicial, refletindo uma espécie de autocontenção judicial desde a primeira instância. Disso decorre a relevância de uma correta compreensão do princípio do livre convencimento judicial, especialmente relevante para o desenvolvimento da teoria geral dos direitos fundamentais.

Nesse sentido, a liberdade de convencimento judicial é sensivelmente maior na apreciação do conjunto probatório trazido aos autos de um processo. Ela é cerceada apenas por um comezinho dever de fundamentação relacionado à necessária demonstração da relação de causalidade entre o uso de determinados instrumentos de prova trazidos e os fatos então tidos como verificados, provados, pelo juiz do feito. Especialmente por não haver um sistema legalmente definido que hierarquize os instrumentos em face de seu respectivo valor probatório, o juiz

---
1. Martins (2012, p. 100–102).

pode considerar o depoimento de uma testemunha mais valoroso no que tange à prova de fatos controversos do que, por exemplo, a juntada de um instrumento particular de contrato, ainda que, abstratamente, as provas documentais tenham valor probatório maior do que provas testemunhais. Em sua sentença, o juiz apresenta de maneira sistemática suas razões referindo-se a cada conexão estabelecida entre um específico instrumento de prova e o fato considerado provado. É óbvio que equívocos podem ocorrer junto desse livre convencimento, razão pela qual nosso sistema processual pautado no princípio do Estado de direito prevê ao menos o duplo grau de jurisdição, mesmo que este em si não seja uma garantia constitucional processual.[2]

Diferente é o caso da apreciação judicial da situação jurídica, ou seja, uma vez considerados provados os fatos, da verificação de qual deva ser a consequência jurídica de sua adequação típico-normativa. Aqui, o princípio do livre convencimento judicial reduz-se às discricionariedades abertas pelo legislador. Aplicando-se o vínculo do Judiciário aos direitos fundamentais como importante instituto da teoria geral dos direitos fundamentais, essa discricionariedade torna-se, como visto, ainda mais reduzida. Nesse contexto, como todo poder constituído, também o órgão judiciário tem toda sua apreciação do sistema jurídico normativamente cerceada pelo parâmetro legal e – quando relevante em face dos fatos trazidos à sua apreciação – também pelo então imprescindível exame de constitucionalidade de leis e interpretações. Aqui, tem de ser, no mencionado sentido, autorrestringida, especialmente, a sua própria interpretação, sob pena de se aplicar potencialmente um entendimento jurídico indefensável do ponto de vista jurídico-dogmático e,

---

2. As garantias constitucionais processuais do art. 5º CF, precipuamente a inafastabilidade da via jurisdicional em caso de lesão ou ameaça de lesão a direito (inc. XXXV) e as garantias do devido processo legal (inc. LIV), ampla defesa e contraditório (inc. LV), não predeterminam ao legislador ordinário condições para a configuração infraconstitucional de tais garantias. Pelo contrário, a configuração concreta dessas garantias constitucionais em conformidade com a natureza dessa categoria de direito fundamental (cfr. Capítulo 4.8), inclusive de como se deva entender o conceito de "recursos" inerentes à ampla defesa (inc. LV *in fine*) faz parte de sua margem discricionária decisória. Isso significa que o legislador nacional ou um tratado internacional devidamente incorporado define concretamente o que deva ser o devido processo legal, podendo, por exemplo, determinar que a ampla defesa e o contraditório desenvolvem-se e esgotem-se em único grau de jurisdição. Tal decisão política pode ser criticada em vista de sua conveniência, mas não é impugnável com base nos aludidos parâmetros constitucionais. De outro modo, haveria uma antinomia insolúvel naquelas lides em que o juiz natural (art. 5º, LIII CF) seja o órgão jurisdicional de última instância, o STF. Assim, as partes sucumbentes podem se valer dos recursos "cabíveis", na exata extensão de sua respectiva previsão legal. Uma fonte infralegislativa não pode inovar na criação de recursos, ao menos contra decisões terminativas, que não estejam previstos pela legislação processual. Um exemplo foram os Embargos Infringentes julgados pelo STF na famigerada AP 470.

havendo indevido benefício para uma das partes litigantes como em regra acontece, de se cometer como qualquer funcionário público crime de prevaricação.[3]

Todavia, não precisa haver na fundamentação da decisão judicial uma *problematização exaustiva da situação jurídica* do caso, que é o objeto da análise científica.

A análise exaustiva deve ser feita em um parecer técnico-jurídico constitucional. Por outro lado, quando houver questão jurídica em sentido estrito (que vá além da análise do material probatório trazido aos autos e consequente subsunção dos fatos provados às normas aplicáveis), basta que o juiz sustente e fundamente a tese da decisão. A redação do parecer cumpre, portanto, como aludido, o papel da análise jurídico-científica. Em rigor, no parecer, não se defende esta ou aquela tese jurídica, mas se analisa, de maneira imparcial, a situação jurídica do caso.

Outrossim, o parecer técnico-jurídico constitucional não se ocupa das provas, tarefa do juiz de primeira instância por excelência, sujeita à revisão do tribunal de segunda instância, mas das hipóteses jurídicas a serem testadas em face do caso concreto, ou seja, pressupondo-se os fatos descritos como verdadeiros (formal ou materialmente falando, dependendo do ramo jurídico). Destarte, o estilo de parecer pressupõe a fixação de hipóteses derivadas da descrição do caso e suas respectivas análises. As hipóteses serão confirmadas ou rechaçadas à guisa de conclusão do parecer. Tal produção intelectual auxilia o aplicador do direito (seja ele órgão da Administração Pública, seja do Poder Judiciário) a fazê-lo em consonância com a Constituição.

O método de desenvolvimento do parecer é lógico-dedutivo. Parte-se da hipótese, fixam-se as premissas de sua verificação (ou falsificação, dependendo do método cognitivo adotado), procede-se às subsunções cabíveis (adequação típica do caso concreto à norma abstrata) de acordo com esquemas argumentativos desenvolvidos em consonância com uma interpretação sistemática da Constituição e sua relação com o resto do ordenamento jurídico para chegar-se às conclusões. No sentido inverso, o aplicador do direito parte destas e utiliza, daquilo que fora desenvolvido no parecer, os elementos que levaram às conclusões, deixando de lado os elementos que levaram às hipóteses rechaçadas. Diz-se que o estilo de decisão seria como uma imagem refletida no espelho do estilo de parecer.

---

3. Uma última condição da presença da hipótese penal daquilo que, no sistema alemão, é chamado de *richterliche Rechtsbeugung* – um conceito conhecido por razões históricas (crime bastante cometido no III. Reich por um Judiciário subserviente à ideologia do Partido Nacional-Socialista dos Trabalhadores Alemães), até hoje não esquecido apesar de sua ocorrência muito rara – é o dolo na espécie. Apesar da medida objetiva implícita no brocardo latino *iura novit curia*, no contexto jurídico-social brasileiro é difícil provar o dolo na espécie em razão do caráter pouco técnico, "humanista" e ideologizado da formação jurídica brasileira. Resultado é o risco de perecimento do Estado de direito. Cfr. a crítica em Martins (2017, p. 458, n. 82).

Nos pareceres sobre a constitucionalidade de intervenções estatais em direitos fundamentais deve ser seguido o esquema argumentativo desenvolvido pela dogmática constitucional alemã, que impõe o exame sequencial:
1°) da área de proteção normativa;
2°) da intervenção estatal; e
3°) da justificação constitucional da intervenção.
Em suma:

Redação de um parecer jurídico-constitucional	Redação de uma decisão judicial
Parte-se de hipóteses a serem testadas	Parte-se da conclusão (hipótese provada)
Seguem "testes" de todas as hipóteses → conclusões intermediárias → *conclusão* final	Segue fundamentação da conclusão

Fonte: Elaborada pelos autores.

Dominar o estilo de parecer significa demonstrar aos seus destinatários os pressupostos e o raciocínio jurídico perpetrados por seu autor. Em tese, um parecer técnico-jurídico deveria poder ser compreendido por qualquer cidadão que tenha uma razoável formação geral. Trata-se de esclarecer uma situação jurídica que, em regra, é complexa, dividindo seus componentes e explicitando-os. Parte-se de hipóteses porque sua razão é investigar todas as possibilidades jurídicas que um caso oferece.

Assim como alguém procura uma oficina mecânica porque seu automóvel não dá partida e exige do mecânico uma justificação minuciosa dos vultosos custos alegados, não se satisfazendo com um simples "é um problema no carburador" ou "a vela da ignição está queimada", mas quer que o mecânico demonstre o caminho percorrido entre a hipótese de causa do problema e a verificação final, revelando as funções dos componentes envolvidos e as consequências de cada mau funcionamento até chegar à não partida do automóvel, o destinatário do parecer tem *mutatis mutandis* a mesma pretensão ao esclarecimento da situação jurídica.

Por isso, aprender e exercitar o estilo de parecer tal qual aqui feito significa preparar o jurista para resolver problemas concretos, no caso, problemas de controle de constitucionalidade em face de direitos fundamentais, revelando exatamente as causas específicas do problema; nada mais, nada menos. Trata-se de apresentar um diagnóstico preciso que se contraponha às infelizmente ainda muito comuns afirmações genéricas de inconstitucionalidades. Assim como um pequeno tumor cancerígeno no estômago de um paciente não justifica a retirada de todo o seu estômago, que de resto muito provavelmente lhe custaria a vida, assim também há de se precisar no que a inconstitucionalidade exatamente se consiste.

A relevância prática do método de solução dos casos em estilo de parecer é evidente: determina-se se – e em que extensão – o ato objeto do controle de constitucionalidade não pode ter validade em face de um parâmetro constitucional específico.

A redação de um parecer envolve três passos fundamentais, quais sejam, o conhecimento da matéria, a aplicação desse conhecimento e a apresentação redacional:[4]

a) *Conhecer a matéria* significa dominar ampla e sistematicamente a dogmática dos direitos fundamentais. Para se chegar a tal conhecimento, não basta um aprendizado pontual, tal qual feito em relação a conteúdos aprendidos até o nível secundário de escolaridade. Como a quantidade de informação é, na universidade e, sobretudo, na vida profissional, infinitamente maior, o processo de constante e ininterrupto aprendizado deve privilegiar o *entendimento* das matérias estudadas. Devem-se questionar sempre o sentido e o propósito de uma norma e de uma posição ou teoria jurídica. Somente o conhecimento sistemático da matéria relativa aos direitos fundamentais permite a solução razoável de um caso apresentado para exame.

b) Mas não basta o conhecimento. O passo seguinte da *aplicação do conhecimento* apresenta talvez as maiores dificuldades para a redação de um parecer bem-sucedido. Não se trata de aproveitar a oportunidade para mostrar ao destinatário do parecer o notório saber jurídico do seu autor. Apresentação de definições, correntes doutrinárias ou jurisprudenciais e teorias que não tenham relevância direta para o caso enfraquecem a produtividade do parecer e, se este for avaliado como exercício acadêmico, levam à perda de pontos. Por isso, o momento da aplicação do conhecimento para a solução de um caso apresentado pressupõe que o autor do parecer reconheça, em primeiro lugar, quais os problemas jurídicos que o caso contém. Depois, deve verificar qual o significado desses para a solução do caso, passo esse importante para a dosagem da respectiva problematização com a discussão, por exemplo, mais ou menos exaustiva de correntes doutrinárias e jurisprudenciais opostas para, finalmente, em terceiro lugar, solucionar os problemas reconhecidos na exata extensão que o seu significado (verificado no segundo passo) o exigir.

A boa aplicação do conhecimento justifica-se em termos de economia de tempo. Quem procura um especialista em qualquer assunto quer uma resposta a um só tempo completa e precisa, ou seja, uma resposta que não se afaste de seu objeto. Reconhecer os aspectos relevantes do caso e não se afastar de sua discussão é indispensável para o êxito de um parecer. Não se podem fazer longas e inúteis introduções sobre origens históricas de um instituto jurídico, como infelizmente é a prática dos trabalhos acadêmicos brasileiros (do trabalho de conclusão de curso até a tese de livre docência!).

---

4. Cfr. em geral sobre esses três passos fundamentais: Valerius (2005, p. 4–10).

Digressões e o pensamento associativo podem ser profícuos no discurso literário e artístico, carregado que é, como não poderia deixar de ser, de *pathos*. A avaliação da situação jurídica do caso pressupõe sempre o pensamento lógico-dedutivo. Trata-se, em suma, de aplicar a norma abstrata ao caso concreto. Qualquer digressão tem de ser justificada com base em uma necessidade "descoberta" no caso, ou seja, deve ter lastro direto no primeiro ato do reconhecimento dos problemas jurídicos e seus elementos constitutivos por parte do autor do parecer.

c) Finalmente, com íntima relação ao segundo passo, a boa aplicação do conhecimento há de ser trazida em uma *forma apropriada*. Ela dispensa toda e qualquer formulação retórica. A linguagem deve ser clara e enxuta e a forma é aquela já anteriormente salientada do estilo de parecer. Na Alemanha, essa forma é seguida em todas as áreas jurídicas desde o primeiro semestre até o Segundo Exame de Estado. Esse último habilita o estudante, já transformado em prático nas estações de formação (Administração, Ministério Público, Advocacia, Magistratura) depois do êxito no Primeiro Exame de Estado, em jurista pleno, habilitando-o a seguir qualquer carreira jurídica sem a necessidade de quaisquer outros exames ou concursos.

Há, portanto, um amplo consenso no "como" um problema jurídico deva ser solucionado e como essa solução deve ser apresentada. Um autor pertencente à literatura especializada em introduzir ao estilo de parecer comparou-o ao salto triplo do atletismo, no qual a meta é alcançar a maior distância possível.[5] Os estágios do salto triplo são descritos pelos vocábulos em inglês *hop – step – jump* que corresponderiam, segundo a metáfora do mesmo autor, ao *conhecimento – aplicação* do conhecimento – *apresentação*. Quem pisar em falso já no primeiro estágio do *hop* jamais terá um bom desempenho final, ainda que se recupere nos estágios seguintes. Todavia, somente o êxito no estágio final do salto propriamente dito (*jump*) é que garante o sucesso da empreitada.

Não há como exaurir o estudo do método de solução de problemas jurídicos com base no estilo de parecer e a técnica nele envolvida. Tratar de maneira exaustiva desse tema pressupõe examinar criticamente todo o ensino jurídico brasileiro que ainda se baseia na memorização de conceitos e opiniões e a sua reprodução pelo avaliando em provas acadêmicas e concursos públicos. Não obstante, são apresentados a seguir três passos relevantes e específicos para a redação de um parecer técnico-jurídico bem-sucedido:

a) *Introdução e construção da(s) premissa(s) maior(es)*: trata-se de estabelecer o que se vai a seguir avaliar e qual hipótese deverá ser testada. No campo do controle de constitucionalidade de atos estatais, trata-se de apresentar, como introdução, a possibilidade de o ato *X* ter violado norma de direito fundamental *N* (ou várias normas). Testa-se, primeiro, a admissibilidade do controle (pressupostos

---

5. Valerius (2005, p. 4 ss.).

processuais e demais condições do instrumento processual) para depois testar a possibilidade de violação dos direitos envolvidos.

Para cada parte do problema, deve ser fixada, portanto, uma premissa maior, que, no caso que aqui interessa, poderia ter a seguinte redação: O ato X poderia representar uma violação do direito fundamental de S previsto pela norma N (indicar o parâmetro, ou seja, a norma específica da Constituição Federal). Parte-se para a hipótese seguinte somente depois de concluído o exame da primeira. Também as sub-hipóteses, presentes quando se avalia um tipo normativo específico, devem ser explicitadas de maneira precisa, completa e clara. Introduções e explicitações das hipóteses revelam ao leitor o processo do raciocínio (*Gedankengang*). Por isso, o ideal é alcançar uma alta densidade informativa. Todas as hipóteses (premissas maiores) devem ser redigidas com o uso do verbo no modo *subjuntivo* ou fórmula equivalente para demonstrar que o autor está buscando uma resposta a uma questão implícita no caso e por ele reconhecida como problemática e, por isso, digna e carecedora de detida e aprofundada análise a seguir.[6]

b) *Construção da premissa menor*: sob esse tópico, discute-se propriamente a problemática ou cada um de seus elementos constitutivos delimitados pela premissa maior.

Nesse ponto, é trazido à pauta cada aspecto jurídico relevante, discutindo-se quando necessário uma ou várias correntes doutrinárias. A seleção do que é relevante para ser discutido é resultado da interpretação do caso concreto proposto (objeto do parecer), valendo aqui também o que já se disse sobre o segundo passo da *aplicação do conhecimento*. Por isso, exposições históricas são apenas excepcionalmente admitidas em um trabalho jurídico-dogmático, precisamente no caso de haver necessidade de uma interpretação histórica de um elemento normativo, o que somente será o caso quando os demais métodos hermenêuticos mais eloquentes, quais sejam, o textual, o contextual-sistemático e o genético (materiais/protocolos do processo legislativo), não forem suficientes.

Com relação ao estilo redacional, utiliza-se, nesse ponto de se explicitar uma definição, o modo indicativo do verbo porque ela implica uma validade geral, e não somente para o caso concreto. Feitas as definições e discussões na medida do necessário, chegam-se às subsunções, ou seja, às respectivas verificações da presença ou não no caso concreto dos pressupostos normativos abstratamente apresentados. Subsume-se o caso concreto sob uma norma ou elemento típico-normativo[7] com

---

6. Às questões não problemáticas o texto do parecer dedica assertivas compostas de verbos conjugados no indicativo. O subjuntivo funciona com um recurso linguístico-estilístico que revela ao leitor tratar-se de introdução a uma hipótese ou sub-hipótese a ser testada. Cfr. a seguir, no texto.
7. Uma observação sobre a importância da subsunção e a busca da verdade no processo. Pouco importando a família de fontes do direito adotada por um Estado de direito (*civil*

validade geral e abstrata. Também aqui, deve-se valer o autor do parecer do modo indicativo do verbo. Nesse ponto do parecer reside o seu desempenho por excelência, sendo que a dosagem entre discussão suficiente e argumentação precisa e convincente representa a verdadeira "arte" do jurista.

Conhece-se a grande dificuldade que leigos têm de apresentar os fatos e matérias sobre os quais o parecer deve ser escrito. Por isso, pressupõe-se para efeitos do exercício acadêmico que a matéria jurídica e fatos ou "o caso" (*Sachverhalt*) já esteja devidamente filtrado, ou seja, que informações irrelevantes ou descabidas – porque sobre as quais não pode repousar uma avaliação jurídica (exemplo: sensações, crenças, humor e outros subjetivismos do titular do direito quando não fizerem parte de um tipo normativo específico) – não estejam incluídas na formulação do caso. Como se trata de avaliar a situação jurídica, não há de se duvidar dos fatos lá elencados, pois a prova dos fatos não é o objeto de um parecer técnico-jurídico, mas da instrução processual que se pressupõe encerrada ou extrajudicialmente consolidada com a presunção de que uma narrativa seja verdadeira.

Sobretudo, é nessa fase da discussão da premissa menor, mais especificamente da subsunção da matéria do caso a definições e elementos típico-normativos, que se demonstra o poder de argumentação do autor do parecer. Não raro, mais de uma posição sobre a presença ou não dos elementos abstratos é defensável. É imprescindível nesse momento apresentar todas as posições defensáveis que levariam eventualmente a conclusões opostas, realizando uma confrontação de teses e antíteses, que revelem, ao cabo, quais são os motivos ou razões fundamentais (*tragende Gründe*)[8] da opção do autor.

c) *Conclusões intermediárias, conclusão final*: para cada hipótese (premissa maior) colocada deve haver uma conclusão intermediária, que é a resposta a ela. A formulação deve ser totalmente precisa, feita no modo indicativo do verbo. Não há lugar para orações subordinadas nas conclusões intermediárias, quanto menos na conclusão final que, no âmbito da nossa teoria geral aplicada, é a resposta final à questão se houve ou não inconstitucionalidade em face da violação de direito fundamental.

---

ou *common law*), a subsunção, às vezes muito ingenuamente demonizada por linhas justeóricas nacionais, é o instrumento metodológico final de aplicação do direito, fazendo parte, cada qual com suas peculiaridades, tanto do parecer quanto da correta decisão judicial à qual aquele serve ou ao menos deveria servir. Cfr. em geral sobre o papel da subsunção: Dimoulis (2016, p. 117–131). Embora o instituto do *amicus curiae* venha sendo mal utilizado no Brasil como opinião jurídica que atende aos interesses de parte processual, e não como instrumento de busca e asserção do direito (*Rechtsfindung*), missão de qualquer juiz no Estado constitucional de direito somente pode ser a busca da "verdade jurídica". Sobre o papel da verdade no direito, v. a profunda pesquisa de Poscher (2003); cfr. as observações, mais céticas em Dimoulis e Lunardi, 2007.

8. Sobre o papel polêmico de tais razões fundamentais na jurisprudência do Tribunal Constitucional Federal alemão, v. Martins (2011, p. 107–110 e 2018a, p. 75–77).

Por fim, duas observações quanto ao estilo redacional:

a) Um bom parecer prescinde da retórica. O autor deve ser extremamente parcimonioso em citações literais de autores consagrados quando da discussão da premissa menor no seu primeiro estágio da discussão dos conceitos e apresentação de definições. Argumentos puramente de autoridade não têm vez no parecer. Construções retóricas como "Conforme a muito sábia preleção do magnífico/excelentíssimo Procurador/Desembargador/Ministro X" são absolutamente dispensáveis, pois não contribuem para o convencimento racional. Os cargos exercidos pelos autores citados não interessam no contexto de um parecer jurídico-científico ou ao menos técnico-jurídico.

Tais expressões devem ser substituídas por fórmulas mais simples como "conforme X", ou, melhor ainda, "sustenta-se", "segundo uma opinião" (que pode ser seguida dos adjetivos majoritária/minoritária), com menção do autor em nota de rodapé. A opinião poderá ser parafraseada ou mesmo citada literalmente, na extensão de sua relevância para a solução do caso. Além disso, escrever que um autor consagrado "afirmou" algo representa um amadorismo comparável ao gol contra do futebol. Não se trata de "afirmar" algo, mas de *demonstrar* a coerência e consistência de uma posição em face de determinados parâmetros. O verbo "afirmar" desvaloriza a assertiva porque denota que o citado não foi além da mera opinião. Qualquer um pode afirmar qualquer coisa...

b) Já foram apresentadas as diferenças entre os estilos de parecer e de decisão judicial. Cabe, nesse ponto, lembrar que na solução do caso ambos os estilos farão parte da redação final do parecer. Além de as definições e conclusões serem redigidas no modo indicativo do verbo, próximas, portanto, ao estilo de decisão judicial, os pontos não ou muito pouco problemáticos do caso deverão ser somente salientados. Quando um ponto prescindir de problematização, ele deverá ser, se tanto, mencionado no modo indicativo do verbo. A ressalva "se tanto" na oração anterior tem sua razão de ser, pois os pontos que não são absolutamente problemáticos não devem ser *sequer* mencionados.

Assim, a dosagem do grau de relevância reconhecida e subsequente problematização de tópico restará clara na forma como o autor do parecer o trará à pauta, como: (a) verdadeira hipótese que ainda deve ser detalhadamente discutida (testada) ou (b) tão somente afirmada porque a presença de seus pressupostos é óbvia ou, ainda, (c) por intermédio do silêncio de um ponto que em outro caso poderia ser tematizado. Lembre-se que, ainda que o estilo de decisão seja, conforme dissemos, o reflexo do estilo de parecer (a decisão parte das conclusões do parecer), somente o estilo de parecer permite exaurir uma hipótese de trabalho, não se limitando a uma afirmação seguida ou não de uma oração subordinada adverbial causal, por exemplo.

12

ROTEIROS PARA O CONTROLE DE CONSTITUCIONALIDADE MATERIAL EM FACE DE DIREITOS FUNDAMENTAIS

Para facilitar[1] a tarefa de organização sistemática das matérias objeto de parecer técnico nas diversas áreas jurídicas, a doutrina alemã disponibiliza certos esquemas (*Schemata*) ou roteiros dos tópicos a serem, em geral, examinados. A determinação dos tópicos concretamente examinados dependerá, no entanto, das peculiaridades do caso concreto, tendo em vista tudo o que foi escrito no tópico anterior sobre as problematizações das premissas menores.

Os roteiros a seguir permitem controlar, de maneira racional e lógica, a constitucionalidade de uma medida ou omissão normativa que afete direitos fundamentais. Esses roteiros foram originariamente desenvolvidos no âmbito da doutrina constitucional alemã[2] e são apresentados com as devidas adaptações e modificações que, a juízo (e com exclusiva responsabilidade) dos autores da presente obra, correspondem a imperativos do direito brasileiro.

Esses roteiros abrem espaço para a fundamentação clara e exaustiva de cada passo do controle de constitucionalidade de uma medida estatal. Sua aplicação previne exposições desordenadas, sumárias e/ou baseadas em argumentos de autoridade, extraídos da doutrina e da jurisprudência, como frequentemente se observa em análises doutrinárias e decisões judiciais.

Não obstante, tais roteiros permanecem praticamente desconhecidos no debate acadêmico e nas práticas decisórias brasileiras.[3] Isso não deixa de surpreender, pois essa forma de avaliar a constitucionalidade faz parte do direito positivo brasileiro. Tanto o Decreto 4.176 de 2002 como o Decreto 9.191 de 2017 que o substituiu, ao estabelecer normas sobre a elaboração de atos normativos, incluem

---

1. Os aspectos jurídico-processuais são excluídos da apreciação porque a presente exposição é de teoria geral dos direitos fundamentais, e não de direito processual constitucional.
2. Cfr. os roteiros desenvolvidos por Pieroth, Schlink, Kingreen e Poscher (2015, p. 3–5, 86–88, 140); Kingreen e Poscher (2019, p. 109-111, 168-169).
3. Cfr. apresentação parcial de seu conteúdo em Mendes (2000, p. 315–317); Barros (2003, p. 182–184); Mendes et al. (2008, p. 357–358).

na lista dos elementos de conformidade constitucional a serem verificados uma série de requisitos que são diretamente inspirados nos roteiros da doutrina alemã.[4]

O reconhecimento da relevância e da pertinência dessa forma de realizar o controle de constitucionalidade oferece mais uma razão para confirmar a necessidade de incluir-se, na aplicação do direito e no ensino do direito constitucional, o estudo desse instrumento que contribui para o exame racional e sistemático das intervenções e omissões estatais.

Em relação ao uso dos roteiros, observamos que o exame de cada medida estatal deve ser feito na ordem indicada. Respondendo "não" à primeira questão, resta supérfluo o exame das demais. Igualmente supérfluo é, nos dois primeiros roteiros, o exame da terceira questão quando se responde de forma negativa à segunda pergunta. Finalmente, no âmbito da terceira questão, o exame deve ser realizado gradativamente, seguindo a ordem lógica que, partindo da avaliação de requisitos precipuamente formais, leva à análise mais profunda e exigente, que se relaciona com a proporcionalidade da medida estatal que afeta a área de proteção de um direito fundamental.

Seguindo a opção teórica fundamentada no texto, excluímos do exame de proporcionalidade o último passo que consiste na análise da proporcionalidade *stricto sensu*. Consoante o entendimento aqui firmado, tal exame carece de racionalidade e fundamento constitucionais.

Exame de constitucionalidade de lei que restringe direitos *negativos* (*de resistência*) e *políticos*

1. O comportamento ou *status* jurídico contemplado pela lei situa-se na área de proteção de um direito fundamental?
2. A lei intervém na área de proteção do direito fundamental contemplado pela lei?
3. A intervenção verificada é justificada constitucionalmente (intervenção permitida)?
    3.1. Há validade formal da lei (competência, respeito das regras do processo legislativo, vigência)? Trata-se de lei (também) em sentido formal ou de ato normativo infralegal (lei em sentido – apenas – material)?
    3.2. A lei é geral?
    3.3. A lei é clara, concreta e determinada o bastante?
    3.4. A lei interventora encontra respaldo (é coberta pelo) no tipo de reserva legal do direito fundamental ou pelo menos no chamado direito constitucional de colisão?

---

4. Anexo I, n. 9 do Decreto 4.176; Anexo, n. 10 do Decreto 9.191.

3.5 Em se tratando de lei apenas em sentido material, foi observado o princípio da reserva parlamentar, ou seja, ela tem respaldo em lei formal que tenha diretamente disciplinado os pressupostos essenciais (teoria da essencialidade) da intervenção estatal?
3.6. A lei respeita o critério da proporcionalidade?
    3.6.1. O propósito da intervenção perpetrada é constitucionalmente admitido (lícito) e, se for o caso, corresponde ao propósito predefinido na reserva legal qualificada?
    3.6.2. O meio de intervenção escolhido é constitucionalmente admitido (lícito) e, se for o caso, corresponde ao meio predefinido na reserva legal qualificada?
    3.6.3. O meio de intervenção escolhido é adequado ao alcance do propósito almejado?
    3.6.4. O meio de intervenção escolhido é necessário para o alcance do propósito almejado?

Observação: haverá violação de um direito fundamental se respondermos "sim" às duas primeiras questões e "não" a pelo menos um dos itens da terceira.[5]

Exame de constitucionalidade de medida administrativa ou judiciária que restringe direitos *negativos (de resistência) e políticos*

1. O comportamento ou status jurídico contemplado pela medida situa-se na área de proteção de um direito fundamental?
2. A medida intervém na área de proteção do direito fundamental contemplado pela medida?
3. A intervenção verificada é justificada constitucionalmente (intervenção permitida)?
    3.1. A medida tem fundamento legal? (no mais, observância das mais condições retro apresentadas, cfr. retro: 12.1.3.1).

---

5. Esse roteiro pode ser utilizado para a redação de um parecer técnico-jurídico constitucional sobre uma alegada ou simplesmente possível violação de direitos fundamentais. Como o escopo de tal parecer é examinar a hipótese de violação em todos os seus elementos que encontrarem respaldo no caso concreto sobre o qual recai o exame, só devem ser problematizados os subtópicos 3.1 a 3.3 apresentados no texto quando eles tiverem respaldo no caso concreto, ou seja, quando a problematização for derivada de uma presença não óbvia e o caso examinando ensejá-lo.

3.2. A medida aplica a lei (fundamento legal) em conformidade com a Constituição? (nesse estágio do exame, deve-se abrir a discussão subdividida conforme retro apresentado, sob 12.1.3.2–3.6).6
3.3. A medida é clara, concreta e determinada o bastante?
3.4. A medida respeita o critério da proporcionalidade? (nesse estágio do exame, a definição da relação meio-propósito estabelece-se a partir das eventuais discricionariedades previstas no próprio fundamento legal da medida).7
  3.4.1. O propósito da intervenção é constitucionalmente admitido (lícito) e, se for o caso, corresponde ao propósito predefinido na reserva legal qualificada e concretizado no fundamento legal?
  3.4.2. O meio de intervenção é constitucionalmente admitido (lícito) e, se for o caso, corresponde ao meio predefinido na reserva legal qualificada e concretizado no fundamento legal?
  3.4.3. O meio de intervenção é adequado ao alcance do propósito almejado?
  3.4.4. O meio de intervenção é necessário para o alcance do propósito almejado?

Observação: haverá violação de um direito fundamental se respondermos "sim" às duas primeiras questões e "não" a pelo menos um dos itens da terceira.

Exame de conformidade a direitos fundamentais de igualdade (direito geral de igualdade do art. 5º, *caput* CF e direitos especiais de igualdade como o do art. 5º, I CF)

1. Constata-se tratamento desigual (tratamento dos iguais de modo desigual)?
   1.1. As pessoas, grupos de pessoas ou situações são comparáveis?
   1.2. As pessoas, grupos de pessoas ou situações são tratados desigualmente?
2. O tratamento desigual é constitucionalmente justificado?
   2.1. Há validade formal da lei? (no mais, observância das mais condições retro apresentadas, cfr. retro: 12.1.3.1).
   2.2. A lei está em conformidade com os critérios constitucionais que permitem uma diferenciação?
   2.3. A lei é clara, concreta e bem determinada o bastante?

---

6. Cfr. a aplicação, no contexto da proporcionalidade de intervenções administrativas e judiciais no direito fundamental à liberdade de reunião do art. 5º, XVI CF, por Martins (2017, p. 478–482).
7. Martins (2017, p. 478–482).

2.4. Foi respeitado o critério da proporcionalidade?
   2.4.1. O propósito da lei é constitucionalmente admitido (lícito)?
   2.4.2. O meio utilizado pela lei é constitucionalmente admitido (lícito)?
   2.4.3. O meio utilizado pela lei é adequado ao alcance do propósito almejado?
   2.4.4. O meio utilizado pela lei é necessário para o alcance do propósito almejado?

Observação: haverá inconstitucionalidade se respondermos "sim" à primeira pergunta e "não" a pelos um dos itens da segunda.

Roteiro alternativo[8]

Justificativa constitucional de lei que estabelece tratamento desigual
Examina-se se a lei questionada satisfaz as exigências da proporcionalidade a depender da intensidade da discriminação.

I. A lei persegue uma finalidade constitucionalmente admitida?
Será inconstitucional lei que utiliza critérios de diferenciação que a Constituição veda explicitamente.
Será inconstitucional lei que utiliza critérios de diferenciação que a Constituição não permite explicitamente.

II. Exame de proporcionalidade. Se a lei utiliza critérios de discriminação que a Constituição nem proíbe nem permite examina-se a adequação e necessidade do tratamento desigual. As exigências de justificação aumentam na medida em que:
II.1. a lei utiliza critério que se aproxima de critério proibido pela Constituição ou gera efeitos fáticos semelhantes aos que geraria o emprego de critério proibido (exemplo: a exigência de certa altura discrimina muito mais mulheres do que homens, mesmo tendo aparência neutra);
II.2. a lei utiliza critério que independe da conduta do interessado (exemplo: deficiência);
II.3. o tratamento desigual dificulta o exercício de direitos de liberdade.

---

8. Adaptação feita pelos autores ao roteiro apresentado em Kingreen e Poscher (2019, p. 168 s.).

Exame de constitucionalidade de omissões relativas a direitos prestacionais e sociais

1. A Constituição reconhece ao reclamante o direito de exigir do Estado que *determinada* medida seja tomada?
2. O Estado omitiu-se em tomar a *determinada* medida?

Observação: haverá inconstitucionalidade se respondermos "sim" a ambas as perguntas. Nesse caso, excepcionalmente, não importa a ordem de formulação das perguntas. Elas se interdependem.

Acesse o QR Code para Visual Law:

13

EXEMPLO DE UMA MINUTA DE PARECER TÉCNICO-JURÍDICO CONSTITUCIONAL

13.1. Caso: "A polêmica camiseta"

J., estudante de medicina de universidade pública, bastante engajado em questões políticas em geral, especialmente na área da saúde pública, foi assistir, no primeiro dia letivo do ano, a uma aula de bioquímica celular trajando uma camiseta branca com os seguintes dizeres impressos na parte frontal:
"Meu patrão, que bebe uísque, é considerado um cidadão exemplar.
Por que eu, que fumo maconha, sou chamado de marginal?
Legalize
Já!"
Além dos dizeres impressos com tinta preta, fora impressa com tinta verde-clara como "marca-d'água" (no fundo) uma folha da planta de cânhamo (*Cannabis sativa* L), popularmente conhecida como "maconha" atrás da frase escrita em caixa-alta "LEGALIZE JÁ!".
Na parte das costas, lia-se também a frase: "Não fumo, não bebo, não cheiro. Morri!"
Como J. sentou-se na primeira fileira, a camiseta chamou a atenção do professor P., que perdera, há aproximadamente dois anos, seu filho mais novo, vítima de uma sobredose de cocaína. Indignado, o professor exigiu a retirada do aluno da sala de aula. J. dirigiu-se, então, à diretoria de sua faculdade para reclamar. Chegando lá, levou uma suspensão de 5 (cinco) dias. A suspensão foi fundamentada no art. 147 do Regulamento Interno da Universidade (RIUn). O referido art. 147 do RIUn prescrevia pena de suspensão de 5 a 15 dias para alunos que estimulassem o desrespeito às leis e ao Estado democrático de direito. J. procurou seu amigo O., à época recém-formado em direito, pedindo-lhe ajuda. Antes de entrar em juízo, O. quer analisar a situação jurídico-constitucional do seu caso para saber se tem chances de êxito. Para tanto, O. precisa de um parecer técnico-jurídico-constitucional no

qual reste claro se houve violação da Constituição Federal, mais especificamente de um direito fundamental de J.

Redija o parecer para O. Não é necessário tratar dos aspectos processuais (pressupostos processuais), mas somente dos aspectos materiais-constitucionais.

Observações: (a) a opinião pessoal (posicionamento político, juízo de valor) do parecerista sobre a matéria é absolutamente irrelevante para a solução do caso. Trata-se de um parecer técnico-jurídico. (b) ponto de partida: devem ser identificados os objetos do exame e seus parâmetros, desenvolvendo o parecer segundo a dogmática trifásica amplamente apresentada.[1]

13.2. Esboço de uma solução-modelo do caso "A polêmica camiseta"

Eventual[2] medida judicial[3] de J. teria[4] chances de êxito se fosse admitida e fundamentada. Ela seria fundamentada[5] se a medida objeto do presente exame de constitucionalidade, qual seja, a aplicação da pena de suspensão de J., tivesse

---

1. Cfr. Capítulo 9.2.2; 9.2.4; 9.3; 12.1 e 12.2.
2. As notas de rodapé a seguir são, em sua grande maioria, explicativas de escolhas metodológicas por determinados exames específicos, mas não são, como tais, partes integrantes de uma solução propriamente dita. Por ter sido concebido como exercício acadêmico presencial, ficam dispensadas as referências a fontes de pesquisa doutrinárias e jurisprudenciais que teriam de ser apresentadas em um trabalho doméstico com prazo razoável de realização ou de um parecer contratado. Em todo caso, boa parte da dogmática da liberdade de manifestação do pensamento aqui trabalhada deve-se ao desenvolvimento jurisprudencial constitucional alemão que teve um de seus ápices na decisão alcunhada "*Soldaten Sind Mörder*" ("soldados são assassinos") cujos principais excertos no vernáculo, acompanhados de introdução e anotações, podem ser encontrados em: Martins (2018, p. 111–119). Em face principalmente do desenvolvimento e da verificação a seguir do alcance da área de proteção da liberdade de manifestação do pensamento, cfr. o mesmo texto. Adotamos aqui a orientação alemã que consideramos adequada ao sistema constitucional brasileiro de direitos fundamentais sem desconhecer que o raciocínio jurídico seria diverso, em suas etapas e argumentos, se fosse seguida a doutrina estadunidense sobre liberdade de expressão que considera o direito praticamente ilimitado ou a doutrina canadense que aplica a proporcionalidade de maneira casuística e intuitiva.
3. No caso, trata-se de um mandado de segurança com fulcro no art. 5°, LXIX CF, mas essa informação não precisava, segundo a proposição de questão formulada ao final do caso, sequer ser mencionada. Por isso, optou-se aqui pela formulação genérica "uma eventual medida judicial".
4. As formas verbais no modo subjuntivo (teria, tivesse violado) dessa introdução e de alguns tópicos do desenvolvimento da solução denotam que se trata de hipóteses de trabalho que deverão ser, ao cabo (e somente ao cabo!), confirmadas ou não em sede de conclusão!
5. Pressupõe-se que seja admitida.

violado um dispositivo constitucional, mais especificamente, no caso, um direito fundamental de J.

À pauta vem[6] o direito fundamental de J. à liberdade de expressão do pensamento com fulcro no art. 5º, IV CF.

Uma violação do direito fundamental de J. previsto no art. 5º, IV CF pressupõe uma intervenção (II) não justificada (III) na área de proteção desse direito fundamental (I).[7]

I. Área de proteção do art. 5º, IV CF

O direito fundamental à liberdade de expressão do pensamento outorgado, pelo menos,[8] a qualquer brasileiro ou estrangeiro residente no Brasil, refere-se, em primeira linha, à expressão da opinião pessoal, entendida como uma manifestação de juízos de valor sobre um dado objeto. Como todo juízo de valor contém um indissolúvel substrato fático (juízo de valor "sobre" um fato, ainda que ideal), também as afirmações sobre fatos são, indiretamente, protegidas.

1. Da proteção garantida pelo art. 5º, IV CF faz parte não somente a expressão de juízos de valor positivos como, sobretudo, a opinião crítica, pouco importando se bem ou mal fundamentada. Destarte, também o conteúdo do juízo de valor e o caráter de seu objeto pouco importam. Esse é o princípio que norteia o alcance específico da tutela.

A tutela não somente abrange a escolha dos objetos sobre os quais recaem os juízos de valor como também alcança a forma dentro da qual ele se reveste. Cabe somente ao titular do direito escolher a forma da expressão, entendida como tal não somente o *medium* de expressão (escrita, oral, simbólica etc.), como também os elementos retóricos, tais como a escolha de uma forma mais ou menos contundente ou veemente, mais ou menos racional, mais ou menos satírica etc.

No mais, no que tange à racionalidade, há de se notar que um juízo de valor não pode ser sujeito à classificação como procedente ou não, verdadeiro ou falso.

---

6. Como parâmetro do exame ou controle de constitucionalidade. O objeto já foi definido no parágrafo anterior. Esses dois elementos do exame têm de restar claros já na introdução do parecer.
7. Outra formulação possível: "Estaria presente se houvesse uma intervenção não justificada na área de proteção deste direito".
8. Excluídas da apreciação serão as possibilidades ou não da titularidade de estrangeiros não residentes e de pessoas jurídicas por não haver quaisquer indícios de tais hipóteses no caso em pauta. Somente devem ser trabalhados na apresentação *in abstracto* da dogmática aqueles conceitos e problemas que serão aplicados ao caso. Daí ter de ser avaliado nesse momento se o/a avaliando/a reconheceu quais são as questões dogmáticas que resolvem o caso proposto. Trazer figuras dogmáticas direta ou indiretamente não aplicáveis configura erro grave.

Outra categorização absolutamente impertinente em relação à tutela do art. 5º, IV CF é a que diz respeito à conveniência ou não da opinião expressa. O constituinte não pretendeu excluir da tutela nenhum tipo de expressão, sobretudo não as "inconvenientes", que podem funcionar como motor do processo democrático (interpretação democrático-funcional) e suscitar transformações convenientes para toda a coletividade ou, pelo menos, em face do respeito do interesse de minorias.[9]

Faz parte da área de proteção também a escolha do veículo (panfleto, estampa em camiseta, jornal, rádio, televisão, internet etc.). Também a escolha do momento e lugar é *a priori* igual e amplamente protegida.

Finalmente, a tutela do art. 5º, IV CF também protege um aspecto do livre desenvolvimento da personalidade,[10] qual seja, o da comunicação interindividual, alcançando, por isso, a *divulgação* da expressão, sendo que a possibilidade de chegada da expressão ao seu interlocutor e, sobretudo, o efeito sobre ele também é protegido.

2. J. expressou sua opinião sobre a criminalização da maconha, julgando-a impertinente e injusta à medida que faz a comparação entre a sua criminalização e a não criminalização de outra substância comprovadamente muito prejudicial à saúde que é o álcool. J. expressa sua "denúncia" pessoal de um fato que para ele constitui-se em uma injusta e até irracional discriminação dos consumidores de determinadas substâncias.

A expressão se deu pela forma escrita e simbólica, visto que traz frases acompanhadas da ilustração da folha de cânhamo; o veículo utilizado foi uma camiseta por ele trajada na universidade. Buscava, portanto, divulgar sua clara posição político-ideológica em favor da descriminalização da maconha, principalmente junto de seus colegas, professores, funcionários e, provavelmente, também em um contexto social maior, pois não trocava de camiseta ao sair às ruas.[11]

O texto que foi escrito ou reproduzido[12] por J. parte da afirmação de que a sociedade considera como cidadão exemplar alguém que bebe uísque e que, a despeito

---

9. A estranha fórmula sem sentido dogmático da exclusão do anonimato não tem o condão de excluir *a priori* nenhuma manifestação de pensamento. As expressões anônimas não representam o exercício de direito fundamental que seja suscetível de violação, sendo irrelevantes no presente contexto.
10. Trata-se, porém, nesse mister, de *lex specialis* em relação ao art. 5º, *caput* CF. Essa seria uma discussão a ser feita no exame de admissibilidade que não fez parte da proposta do presente exame.
11. Pode-se partir desse pressuposto, caso contrário, a descrição dos fatos do caso teria de ter trazido tal informação relevante (em relação aos destinatários ou interlocutores da expressão de J.).
12. Isso não importa. No segundo caso, J. assume igualmente a autoria do texto por não indicar seu autor nem se distanciar dele. Mas esse problema não se coloca no caso em pauta.

de um possível consumo constante, quiçá diário, tem posição socioeconômica de destaque ("patrão"). No mais, J. vale-se do recurso retórico do questionamento para aludir a uma suposta[13] injustiça e irracionalidade de considerar marginal quem fuma maconha. Em seu texto, fica subentendido que J. considera o álcool tão ou mais nocivo à saúde do que a maconha; daí sua conclusão ser no sentido da conveniência e urgência (clara no *slogan* "Legalize já!") em acabar com a ilegalidade do comércio e porte da maconha.

O símbolo impresso em marca-d'água ilustra qual é o produto que deve, no seu entender, ser imediatamente legalizado, ou seja, ter seu comércio e porte descriminalizado e regulamentado pelo Estado, a exemplo do que ocorre com outras substâncias comprovadamente nocivas à saúde.

A frase gravada nas costas, de cunho menos político, não desautoriza a presente interpretação, pois apenas apresenta uma espécie de autossátira de alguém que não se preocupa com os males e riscos sofridos por quem consome substâncias estupefacientes, legalizadas ou não. Faz referência ao livre-arbítrio de quem deixará de consumi-las apenas quando morrer, o que também é um juízo de valor e, como tal, independentemente de seu conteúdo, protegido pelo art. 5°, IV CF.

Bastante representativo no que tange à motivação de J., estudante de medicina, de suscitar o debate, inclusive medicinal-científico, e não somente sociopolítico, revelando claramente sua posição, foi o fato de ter se apresentado, no primeiro dia do ano, em uma aula de bioquímica celular (na qual os efeitos de substâncias químicas no organismo humano são ampla e minuciosamente estudados), com a camiseta sobre a qual estavam impressas as expressões ora analisadas.

3. Portanto, o comportamento de J. de se apresentar em aula trajando a camiseta com as analisadas expressões faz parte da área de proteção do direito fundamental do art. 5°, IV CF, sendo por ele protegido.

II.   Da intervenção estatal no direito fundamental de J.

Uma intervenção estatal no direito fundamental à liberdade de expressão de J. poderia ser vista no fato de a administração da universidade (diretoria) ter-lhe aplicado uma pena de suspensão prevista em seu regulamento interno.

Uma intervenção estatal no direito fundamental à liberdade de expressão estará presente toda vez[14] que uma autoridade estatal pertencente aos poderes

---

13. Porque se trata do juízo de valor ou opinião de J. Em nenhum momento do exame da área de proteção, o redator do parecer deveria entrar no mérito propriamente dito do juízo de valor expresso. Dadas determinadas circunstâncias, o mérito poderá, com ressalvas (apenas a fim de se verificar se se trata de uma contribuição para a formação da opinião pública), ser analisado sob a epígrafe da justificação constitucional da intervenção.
14. Outra formulação possível: "Estaria presente se...".

Legislativo, Executivo ou Judiciário impedir a expressão do pensamento (juízos de valor ou opiniões e fatos como visto anteriormente) ou reprimi-la *a posteriori* por meio da previsão e/ou aplicação de uma sanção jurídica qualquer. Para que se configure intervenção estatal em termos clássicos, ela deveria ser efetivada por ato jurídico, tendo eficácia jurídica e não meramente fática, ser final ou intencional, e não mera consequência indesejada de uma ação estatal que tenha outro escopo, direta, e não uma intervenção até desejada, mas que se constituiu como consequência indireta da ação estatal e imperativa, ou seja, imposta coercitivamente pelo Estado. O órgão interveniente do Executivo pode ser também da Administração Pública indireta (fundações ou empresas públicas, empresas de economia mista da qual o Estado participe e autarquias).

No caso em tela, questionável é saber se a medida de intervenção notoriamente final, direta, coercitiva e imposta por ato jurídico (aparentemente ato administrativo) foi aplicada por órgão do poder público, mais precisamente, por um órgão da Administração Pública indireta. Essa questão pode ser respondida afirmativamente porque se trata de uma universidade pública, pouco importando sob que tipo de pessoa jurídica (fundação ou autarquia) ela se organize. Trata-se, portanto, de membro da Administração Pública indireta.

Problemático seria, ainda, definir se o ato de P., que ordenou a retirada de J. da sala de aula, já representou ou não uma intervenção estatal. P., professor de uma universidade pública, tem poderes disciplinares que lhe são conferidos pela legislação administrativa e, provavelmente, pelo regulamento da universidade. Questionável é se não agiu com abuso de poder, o que poderia, em tese, afastar o caráter de intervenção estatal em direito fundamental,[15] pelo menos no sentido clássico anteriormente definido. Essa questão pode restar em aberto, pois o ato administrativo consubstanciado na aplicação de pena de suspensão prevista pelo RIUn corroborou o ato de P. que era, até então, precário do ponto de vista da caracterização como ato administrativo.

Portanto, a aplicação da pena de suspensão representou uma intervenção na área de proteção do direito fundamental de J. derivado do art. 5°, IV CF.[16]

---

15. O mandado de segurança tem por objeto ato de autoridade pública ilegal ou cometido com abuso de poder, mas protege qualquer direito líquido e certo. Por isso, ele é muito mais abrangente, não sendo necessário comprovar uma intervenção na área de proteção de um direito fundamental.
16. Outra formulação possível: "Portanto, o Estado interveio no livre exercício do direito fundamental de J. decorrente do art. 5°, IV CF por intermédio do ato administrativo consubstanciado na aplicação da pena de suspensão".

III. Justificação constitucional da intervenção estatal no direito fundamental de J.

A verificada intervenção estatal poderia, no entanto, ser justificada constitucionalmente se ela correspondesse a um limite fixado pela própria Constituição Federal à liberdade de expressão do pensamento e se tanto a concretização legislativa infraconstitucional desse limite quanto sua aplicação tivessem observado, por sua vez, seus limites explícitos ou implícito, qual seja, nesse último caso, se tivessem observado o critério da proporcionalidade.

1. *Limite constitucional ao direito fundamental da liberdade de expressão do art. 5º, IV CF.* Direitos fundamentais podem ser limitados constitucionalmente por reservas legais previstas pelo constituinte e a serem concretizadas pelo legislador ou pelo chamado direito constitucional de colisão (ou colidente), ou seja, um limite derivado da colisão entre o exercício do direito fundamental e outro bem jurídico assegurado pela própria Constituição e conformado ou não pelo legislador infraconstitucional.

a) Aplicação do limite previsto no art. 5º, V CF? No caso em tela, o direito fundamental do art. 5º, IV CF não foi outorgado com uma reserva legal explícita. Porém, o dispositivo do art. 5º, V CF, que assegura um direito de resposta "proporcional ao agravo", pode ser entendido como uma reserva legal implícita ou, pelo menos, como um direito constitucional[17] colidente, qual seja, o complexo de direitos fundamentais gerais da personalidade tutelados tanto pelo art. 5º, *caput* CF ("liberdade") quanto especificamente pelo art. 5º, X CF (intimidade, vida privada, imagem e honra pessoal).

Questionável é, todavia, se esse foi o limite constitucional aplicado pela administração ("diretoria") da universidade. A universidade aplicou um dispositivo de seu Regulamento Interno, o art. 147, que prescrevia pena de suspensão prevista para, segundo os fatos descritos no caso, ações de alunos que estimulassem o "desrespeito às leis e ao Estado de direito". Logo, não há sequer a necessidade de avaliar se a expressão teve o condão de afetar os referidos direitos gerais de personalidade de P., também tutelados ao nível constitucional (art. 5º, *caput*, c.c. art. 5º, X CF), uma vez que o fundamento da intervenção foi totalmente diverso daquele e a "exigência" de P. para que J. se retirasse não chegou a configurar, como visto, uma intervenção estatal.

Não obstante, mesmo que aquele fosse o fundamento, não há sequer indícios no caso de que as expressões tivessem o condão de ofender os aludidos direitos

---

17. Que pode ser outro direito fundamental (caso de uma colisão de direitos fundamentais) ou qualquer outro bem jurídico constitucional (um bem coletivo tutelado pela Constituição Federal como o meio ambiente ecologicamente equilibrado do art. 225, *caput* CF, por exemplo).

gerais da personalidade de P. A hipótese de que J. tivesse querido, tendo em vista a experiência traumática de P. que perdera seu filho vítima de dose excessiva de cocaína, provocar uma forte comoção em P., atingindo um de seus direitos gerais de personalidade, é pouco plausível, já que, segundo a descrição do caso, não o conhecia antes do dia do evento, vale dizer, o primeiro dia de aula.

Portanto, não foi aplicado no caso em pauta o limite previsto no art. 5º, V CF.[18]

b) *Proteção do respeito às leis e ao Estado democrático de direito como direito constitucional colidente.* O princípio do Estado democrático de direito foi positivado no art. 1º, *caput* CF. Toda vez que o exercício de um direito fundamental colidir com esse princípio, estar-se-á diante de um problema do chamado *direito constitucional de colisão* que deverá ser resolvido não com base em uma ponderação abstrata e sem critério de racionalidade estritamente jurídica, mas mediante aplicação do critério da proporcionalidade tal qual ocorre com a concretização de reservas legais.

No caso em tela, o ato administrativo fundou-se no art. 147 do RIUn que, segundo os elementos que cunham seu tipo normativo, sanciona ações de alunos que estimulem o desrespeito às leis e ao Estado democrático de direito. Trata-se de um único bem jurídico constitucional, uma vez que o princípio do Estado democrático de direito engloba plenamente o respeito às leis, visto que tal respeito é o que o caracteriza.

c) *Conclusão intermediária.* A medida administrativa aplicada (intervenção estatal) fundada no art. 147 do Regulamento Interno da Universidade está coberta (e, assim, autorizada) pelo limite constitucional do direito constitucional colidente que é a proteção do Estado democrático de direito (art. 1º, *caput CF*).

2. *Da proporcionalidade da conformação infraconstitucional e aplicação do limite ao direito fundamental da liberdade de expressão do pensamento (limite do limite).* Tanto a conformação infraconstitucional do limite (a seguir, sob *a*) quanto a sua aplicação pela Administração (a seguir, sob *b*) têm de atender ao critério da proporcionalidade para que restem, ao final do exame, justificados constitucionalmente. Como o caso em pauta não apresentou nenhum indício de problemas formais (por exemplo, falta de competência do órgão administrativo que editou o Regulamento Interno), consideram-se satisfeitos os pressupostos formais de sua validade.

a) *Proporcionalidade do art. 147 do Regulamento Interno da Universidade.* O art. 147 do RIUn em si somente restaria justificado se ele pudesse ser considerado uma intervenção proporcional no art. 5º, IV CF. Ele seria proporcional se, ao perseguir um propósito lícito, fosse, além de também lícito em si, adequado e necessário ao seu alcance.

---

18. Nesse caso, pouco importa se se trata de uma reserva legal implícita ou da incidência do direito constitucional de colisão.

aa) Propósito do art. 147 do Regulamento Interno. Propósito declarado do art. 147 do RIUn é a proteção do Estado democrático de direito na acepção do desestímulo do desrespeito às leis. Esse propósito, que é, obviamente, legítimo, correspondendo como visto à proteção de um bem jurídico constitucional, deve ser mais precisamente concretizado no momento da aplicação do art. 147 do RIUn (v. a seguir, sob *b*).

bb) Legitimidade, adequação e necessidade do meio de intervenção. Não há dúvidas quanto à legitimidade do meio de intervenção em si, pois o regulamento formalmente em ordem não se choca contra nenhum dispositivo do ordenamento jurídico vigente em face da Constituição Federal.

Adequado é um meio de intervenção legislativa quando fomenta o alcance de seu propósito. Quanto à adequação em face do propósito perseguido anteriormente identificado, não pairam, igualmente, dúvidas, pois cominar a conduta de incentivo ao desrespeito às leis e ao Estado democrático de direito com pena de suspensão fomenta, pelo menos do ponto de vista abstrato, que se avalia nesse momento, a realização do propósito da intervenção.

Necessário será o meio de intervenção se não houver nenhum outro meio igualmente adequado, mas que cerceie a liberdade atingida com menor intensidade ou gravidade. Quanto à necessidade, há de se observar que o meio de intervenção previsto abstratamente não cerceia direta e expressamente a liberdade de expressão do pensamento em geral (não apenas de J.). Como o art. 147 do RIUn fundamenta a medida administrativa coercitiva que concretamente intervém na área de proteção do direito fundamental em pauta, apenas se poderá buscar a alternativa menos gravosa no momento de se avaliar a *proporcionalidade da aplicação* do dispositivo.

cc) Conclusão intermediária. O art. 147 do Regulamento Interno da Universidade, que fundamenta a medida coercitiva concreta, atende, em si considerado, ao critério da proporcionalidade.

b) Proporcionalidade da medida de suspensão (aplicação do art. 147 do Regulamento Interno da Universidade). A proporcionalidade da medida de suspensão poderá ser, por sua vez, tão somente aferida se também ela puder representar um meio em si lícito, adequado e necessário a um propósito lícito. Nesse momento há de se aplicar o critério da proporcionalidade a partir de seus elementos constitutivos da fixação de propósito, meio, adequação e necessidade deste em relação àquele à luz da *interpretação da expressão* do pensamento de J.

aa) Propósito da aplicação da medida administrativa prevista no art. 147 do Regulamento interno da Universidade. Pelo menos aparentemente, o propósito da diretoria da Universidade ao aplicar o art. 147 do RIUn foi sancionar administrativamente a prática do crime de apologia de crimes (condutas típicas) relacionados ao porte de entorpecentes para consumo próprio, mais especificamente de *Cannabis sativa* L. Trata-se de crimes definidos genericamente pelo art. 287 do CP (apologia de crime) e art. 28 da Lei 11.343/2006 (porte de drogas).

À primeira vista, trata-se de um propósito lícito (constitucionalmente aceito). Todavia, há um segundo requisito material relacionado à fixação do propósito de intervenção estatal no direito fundamental à liberdade de expressão do pensamento, qual seja, a vedação da defesa de opinião específica por parte do Estado ou, o seu oposto, de discriminação de dada opinião. Por isso, decisivo na interpretação dos elementos constitutivos do tipo penal da apologia genérica ou específica será a interpretação da expressão para saber se se trata de apologia a práticas delituosas ou de uma contribuição ideológica para a reforma da legislação penal, de tal sorte que, havendo dúvidas, deve-se, consoante o princípio processual penal *in dubio pro reo* e o princípio constitucional *in dubio pro libertate*, decidir-se pela segunda, uma vez que existe na espécie uma *presunção em prol da admissibilidade do discurso livre*. A interpretação da expressão tem de ocorrer em razão de todas as circunstâncias envolvidas no caso.

A interpretação das expressões de J. deve levar em consideração tanto a perspectiva objetiva do "como" o interlocutor mediano pode entendê-la quanto a perspectiva subjetiva, ou seja, a motivação (*animus agendi*) daquele que se expressa. Ambas as perspectivas denotam que o que J. fez foi um *plaidoyer*, uma defesa da mudança da lei penal, mas não uma defesa de seu desrespeito (apologia ao crime). Também, como antes salientado, não houve tentativa de atingir qualquer direito geral de personalidade de P. Sua expressão revela-se, nesse sentido, uma autêntica contribuição para a formação da opinião pública, sendo vedada aqui qualquer análise de seu mérito.

Assim, o propósito concretamente perseguido pela Administração é ilícito, porque:

– é definido a partir de uma interpretação equivocada da expressão de J. que não foi feita à luz do seu direito fundamental à liberdade de expressão do pensamento, tal qual previsto no art. 5º, IV CF. Pelo contrário, a interpretação em pauta reprime o conteúdo específico de uma opinião, qual seja, a opinião favorável à legalização da maconha; e

– sob o pretexto de querer fazer respeitar a legalidade, a Administração universitária toma indevidamente partido em debate público, pois lhe é vedado fazer uma campanha "missionária" em prol de uma opinião (correspondendo também ao dever de neutralidade ideológica de órgãos da Administração Pública).

bb) Conclusão intermediária. Como o propósito da intervenção concreta por parte da Administração é, conforme verificado, ilícito, não há de se prosseguir no exame da proporcionalidade, uma vez que seu primeiro pressuposto (propósito lícito) não está presente.[19]

Logo, a *aplicação da medida de suspensão* com base no art. 147 do RIUn representou uma intervenção não justificada no direito fundamental à liberdade de manifestação do pensamento de J., uma vez que foi desproporcional tendo em vista que se buscou promover, com a intervenção, um propósito ilícito ("missão" ideológica).

IV. Conclusão Geral

Portanto, deve ser julgada procedente eventual medida judicial de J. que requeira a efetiva tutela de seu direito fundamental à liberdade de manifestação do pensamento previsto no art. 5º, IV CF: suspensão da medida lesiva e restabelecimento do status quo ante. Com efeito, a medida de suspensão aplicada com fulcro no art. 147 do Regulamento Interno da universidade violou o referido direito fundamental de J.

---

19. Se o propósito verificado fosse considerado, a despeito das razões aqui expostas, como lícito ou se se ignorasse esse segundo aspecto do propósito, tomando-o em seu sentido estrito (e abstrato) de defesa do Estado democrático de direito, a medida aplicada poderia, então, restar desnecessária em face do meio notoriamente menos gravoso da contraexposição por parte do órgão da Administração Pública. (Por outro lado, questiona-se tal possibilidade em face do referido dever de imparcialidade ideológica dos órgãos públicos. Lembre-se, todavia, do dever estatal de informar e alertar sobre riscos, como tarefa deduzida da dogmática dos direitos fundamentais). Mas essa solução é inviável, principalmente porque o art. 147 do RIUn não a prevê, sendo que a alternativa menos gravosa aqui é, na verdade, somente a não aplicação da sanção prevista abstratamente. Por sua vez, isso não representaria um meio igualmente adequado, não podendo ser utilizado. Para sermos coerentes e consequentes no presente exame, devemos realizar a minuciosa interpretação do propósito da Administração, visto que a norma *in abstracto* não pode ser revista aqui nessa fase do exame. A interpretação conforme a Constituição, que prescreve a interpretação de dispositivo infraconstitucional mais condizente com a Constituição, é instrumento típico do controle abstrato. Aqui se aplica seu subcaso relativo ao controle concreto, que é a interpretação orientada por direito fundamental, sendo objeto da interpretação nesse caso a revisão da interpretação da expressão em pauta perpetrada pela Administração, mas não o dispositivo normativo em si.

BIBLIOGRAFIA

ADAMY, Pedro Augustín. *Renúncia a direito fundamental*. São Paulo: Malheiros, 2011.

AGRA, Walber de Moura. *Curso de direito constitucional*. Rio de Janeiro: Forense, 2007.

AGUIAR, Roberto. *Direito, poder e opressão*. São Paulo: Alfa-Omega, 1990.

ALEXY, Robert. Grundrechte als subjektive Rechte und objektive Normen. *Der Staat*, v. 29, p. 49–68, 1990.

ALEXY, Robert. *Theorie der Grundrechte*. Frankfurt/M.: Suhrkamp, 1996.

AMARAL, Gustavo. *Direito, escassez e escolha*. Rio de Janeiro: Renovar, 2001.

APPEL, Ivo. *Verfassung und Strafe. Zu den verfassungsrechtlichen Grenzen staatlichen Strafens*. Berlin: Duncker & Humblot, 1998.

ARANGO, Rodolfo. *Der Begriff der sozialen Grundrechte*. Baden-Baden: Nomos, 2001.

ARANHA, Márcio Iorio. *Interpretação constitucional e as garantias institucionais dos direitos fundamentais*. São Paulo: Atlas, 1999.

ARAÚJO, Luiz Alberto David; NUNES JR., Vidal Serrano. *Curso de direito constitucional*. São Paulo: Saraiva, 2003.

ÁVILA, Humberto Bergmann. A distinção entre princípios e regras e a redefinição do dever de proporcionalidade. *Revista do Direito Administrativo*, n. 215, p. 151–179, 1999.

ÁVILA, Humberto Bergmann. *Teoria dos princípios*. São Paulo: Malheiros, 2003.

BALDEGGER, Mirjam. *Menschenrechtsschutz für juristische Personen in Deutschland, der Schweiz und den Vereinigten Staaten*. Berlin: Duncker & Humblot, 2017.

BARAK, Aharon. *Proportionality*. Constitutional Rights and their limitations. Cambridge: Cambridge University Press, 2012.

BARCELLOS, Ana Paula de. *Ponderação, racionalidade e atividade jurisdicional*. Rio de Janeiro: Renovar, 2005.

BARROS, Suzana de Toledo. *O princípio da proporcionalidade e o controle de constitucionalidade das leis restritivas de direitos fundamentais*. Brasília: Brasília Jurídica, 2003.

BARROSO, Luís Roberto. Os princípios da razoabilidade e da proporcionalidade no direito constitucional. *Cadernos de Direito Constitucional e Ciência Política*, n. 23, p. 65–78, 1998.

BARROSO, Luís Roberto. *O direito constitucional e a efetividade de suas normas*. Limites e possibilidades da Constituição brasileira. Rio de Janeiro: Renovar, 2000.

BARROSO, Luís Roberto. *O controle de constitucionalidade no direito brasileiro*. São Paulo: Saraiva, 2009.

BASTOS, Celso Ribeiro; MARTINS, Ives Gandra da Silva. *Comentários à Constituição de 1988*. São Paulo: Saraiva, 1989. v. 1.

BASTOS, Celso Ribeiro. *Curso de direito constitucional*. São Paulo: Saraiva, 2000.

BAXI, Upendra. *The future of human rights*. New Delhi: Oxford University Press, 2012.

BEILFUSS, Markus González. *El principio de proporcionalidad en la jurisprudencia del tribunal constitucional*. Navarra: Aranzadi, 2003.

BENJAMIN, Antônio Herman. O conceito jurídico de consumidor. *Revista dos Tribunais*, São Paulo, n. 628, p. 69–79, 1988.

BETHGE, Herbert. Der Grundrechtseingriff. *Veröffentlichungen der Vereinigung der deutschen Staatsrechtslehrer*, 57, p. 5–56, 1998.

BIALAS, Wolfgang. *Die verspätete Nation*. Göttingen: Vandenhoeck & Ruprecht, 2010.

BINOCHE, Bertrand. *Critiques des droits de l'homme*. Paris: PUF, 1988.

BIRTSCH, Günter (org.). *Grund– und Freiheitsrechte von der ständischen zur spätbürgerlichen Gesellschaft*. Göttingen: Vandenhoeck & Ruprecht, 1987.

BITENCOURT, Cezar Roberto. *Tratado de direito penal*. São Paulo: Saraiva, 2004. v. 2.

BLANKE, Thomas. Antidemokratische Effekte der verfassungsgerichtlichen Demokratietheorie. *Kritische Justiz*, v. 31, n. 4, p. 452–471, 1998.

BÖCKENFÖRDE, Ernst-Wolfgang. Grundrechtstheorie und Grundrechtsinterpretation. In: *Staat, Gesellschaft, Freiheit*. Frankfurt am Main: Suhrkamp, 1976.

BÖCKENFÖRDE, Ernst-Wolfgang. Grundrechte als Grundsatznormen. *Der Staat*, v. 29, p. 1–34, 1990.

BÖCKENFÖRDE, Ernst-Wolfgang. *Recht-Staat-Freiheit*. Frankfurt/M.: Suhrkamp, 1992.

BOMHOFF, Jacco. *Balancing Constitutional Rights*. The origins and meaning of postwar legal discourse. Cambridge: Cambridge University Press, 2013.

BONAVIDES, Paulo. *Curso de direito constitucional*. São Paulo: Malheiros, 2002.

BONGIOVANNI, Giorgio; SARTOR, Giovanni; VALENTINI, Chiara (org.). *Reasonableness and law*. Dordrecht: Springer, 2009.

BORNHOLDT, Rodrigo Meyer. *Métodos para resolução do conflito entre direitos fundamentais*. São Paulo: Revista dos Tribunais, 2005.

BOROWSKI, Martin. *Grundrechte als Prinzipien*: Die Unterscheindung von prima facie-Position und definitiver Position als fundamentaler Konstruktionsgrundsatz der Grundrechte. Baden-Baden: Nomos, 1998.

BRANCO, Paulo Gustavo Gonet. Aspectos de teoria geral dos direitos fundamentais. In: MENDES, Gilmar Ferreira et al. *Hermenêutica constitucional e direitos fundamentais*. Brasília: Brasília Jurídica, 2000.

BRANCO, Paulo Gustavo Gonet. *Juízo de ponderação na jurisdição constitucional*. São Paulo: Saraiva, 2009.

BRUGGER, Winfried. Darf der Staat ausnahmsweise foltern? *Der Staat*, v. 35, p. 67–97, 1996.

BUMKE, Christian. *Der Grundrechtsvorbehalt*. Untersuchungen über die Begrenzung und Ausgestaltung der Grundrechte. Baden-Baden: Nomos Verlag, 1998.

BUMKE, Christian. *Relative Rechtswidrigkeit*: Systembildung und Binnendifferenzierungen im Öffentlichen Recht. Tübingen: Mohr Siebeck, 2004.

BUMKE, Christian. *Ausgestaltung von Grundrechten*: Grundlagen und Grundzüge einer Dogmatik der Grundrechtsausgestaltung unter besonderer Berücksichtigung der Vertragsfreiheit. Tübingen: Mohr Siebeck, 2009.

CAMPBELL, Tom; EWING, Keith; TOMKINS, Adam (org.). *sceptical essays on human rights*. Oxford: Oxford University Press, 2001.

CAMPOS, Ricardo (org.). *Crítica da ponderação*. Método constitucional entre a dogmática jurídica e a teoria social. São Paulo: Saraiva, 2016.

CANARIS, Claus-Wilhelm. Grundrechte und Privatrecht. *Archiv für die civilistische Praxis*, n. 184, p. 201–246, 1984.

CANARIS, Claus-Wilhelm. *Grundrechte und Privatrecht*. Berlin: De Gruyter, 1999.

CLAYTON, Richard; PONTUSSON, Jonas. Welfare-State Retrenchment Revisited. *World Politics*, v. 51(1), p. 67–98, 1998.

CANOTILHO, José Joaquim Gomes. *Direito constitucional e teoria da Constituição*. Coimbra: Almedina, 2002.

CASTRO, Pedro Grández. *El principio de proporcionalidad en la jurisprudencia del TC peruano*. 2009. portaldeperiodicos.idp.edu.br/observatorio/article/download/394/268.

CHAN, Cora. Proportionality and Invariable Baseline Intensity of Review. *Legal Studies*, v. 33(1), 2013, p. 1–21.

CHRISTOPOULOS, Dimitris; DIMOULIS, Dimitri. O direito de ofender: sobre os limites da liberdade de expressão artística. *Revista Brasileira de estudos Constitucionais*, n. 10, 2009.

CLASSEN, Claus Dieter. Die Drittwirkung in der Rechtsprechung des Bundesverfassungsgerichts. *Archiv des öffentlichen Rechts*, v. 122, p. 65–105, 1997.

CLASSEN, Claus Dieter. *Staatsrecht II*. Grundrechte. München: Beck, 2018.

CLÉRICO, Laura. *Die Struktur der Verhältnismäßigkeit*. Baden-Baden: Nomos, 2001.

CIANCIARDO, Juan. *El principio de razonabilidad*. Buenos Aires: Ábaco, 2004.

COGNETTI, Stefano. *Principio di proporzionalità*. Profili di teoria generale e di analisi sistematica. Torino: Giappichelli, 2011.

COHEN-ELIYA, Moshe; PORAT, Ildo. *Proportionality and constitutional culture*. Cambridge: Cambridge University Press, 2013.

COLNAGO, Cláudio de Oliveira Santos. *Interpretação conforme a Constituição*. Decisões interpretativas do STF em sede de controle de constitucionalidade. São Paulo: Método, 2007.

COMPARATO, Fábio Konder. *A afirmação histórica dos direitos humanos*. São Paulo: Saraiva, 2001.

CORNILS, Matthias. *Die Ausgestaltung der Grundrechte*: Untersuchungen zur Grundrechtsbindung des Ausgestaltungsgesetzgebers. Tübingen: Mohr Siebeck, 2005.

COSTA-NETO, João. Rights as trumps and balancing. Reconciling the Irreconcilable? *Direito GV*, n. 21, p. 159–188, 2015.

COUTINHO, Jacinto Nelson Miranda (org.). *Canotilho e a Constituição dirigente*. Rio de Janeiro: Renovar, 2003.

CRETELLA JR., José. *Liberdades públicas*. São Paulo: Bushatsky, 1974.

DALLARI, Pedro Bohomoletz de Abreu. Tratados internacionais na Emenda Constitucional 45. In: TAVARES, André Ramos et al (org.). *Reforma do judiciário analisada e comentada*. São Paulo: Método, 2005.

DIETLEIN, Johannes. *Die Lehre von den grundrechtlichen Schutzpflichten*. Berlin: Dunker & Humblot, 1992.

DIETLEIN, Johannes. Das Untermaßverbot. Bestandsaufnahme und Entwicklungschancen einer neuen Rechtsfigur. *Zeitschrift für Gesetzgebung*, 10, p. 131–141, 1995.

DI FABIO, Udo. Die Weimarer Verfassung. Aufbruch und Scheitern. München: Beck, 2018.

DIMOULIS, Dimitri. *Die Begnadigung in vergleichender Perspektive*: rechtsphilosophische, verfassungs- und strafrechtliche Probleme. Berlin: Duncker & Humblot, 1996.

DIMOULIS, Dimitri. Risikogesellschaft, Grundrechte und Politik. In: DE GIORGI, Raffaele (org.). *Il diritto e la differenza*. Lecce: Pensa, 2002. v. I.

DIMOULIS, Dimitri. Arguição de descumprimento de preceito fundamental. Problemas de concretização e limitação. *Revista dos Tribunais*, n. 832, p. 11–36, 2005.

DIMOULIS, Dimitri. *Positivismo jurídico*. São Paulo: Método, 2006.

DIMOULIS, Dimitri. *Manual de introdução ao estudo do direito*. São Paulo: Revista dos Tribunais, 2007.

DIMOULIS, Dimitri. Problemas de constitucionalidade da criminalização do tráfico de entorpecentes na perspectiva da tutela dos direitos fundamentais. *Ratio juris*, n. 4, p. 1–27, 2009.

DIMOULIS, Dimitri. Ativismo judicial e segurança jurídica. *Revista Acadêmica da ESMAG*, v. 3, p. 43–56, 2011.

DIMOULIS, Dimitri. *Manual de introdução ao estudo do direito*. São Paulo: Revista dos Tribunais, 2011a.

DIMOULIS, Dimitri. Problemas de constitucionalidade da criminalização do tráfico de entorpecentes. In: ANJOS FILHO, Robério Nunes (org.). *Direitos humanos e direitos fundamentais*. Salvador: JusPodivm, 2013.

DIMOULIS, Dimitri. *Manual de introdução ao estudo do direito*. São Paulo: Revista dos Tribunais, 2016.

DIMOULIS, Dimitri. Igualiberdade. Notas sobre a crítica dos direitos humanos. *Jus Gentium*, v. 7–1, p. 28–39, 2016a.

DIMOULIS, Dimitri. *Direito penal constitucional*. Belo Horizonte: Arraes, 2016b.

DIMOULIS, Dimitri; LUNARDI, Soraya. *Curso de processo constitucional*. São Paulo: Atlas, 2011.

DIMOULIS, Dimitri; LUNARDI, Soraya. Ativismo e autocontenção judicial no controle de constitucionalidade. In: FELLET, André; PAULA, Daniel; NOVELINO, Marcelo (org.). *As novas faces do ativismo judicial*. Salvador: JusPodivm, 2011a.

DIMOULIS, Dimitri; LUNARDI, Soraya. A decisão do Supremo Tribunal Federal sobre a união de pessoas do mesmo sexo. In: ANJOS FILHO, Robério Nunes (org.). *STF e direitos fundamentais*. Salvador: JusPodivm, 2013.

DIMOULIS, Dimitri; LUNARDI, Soraya. *Curso de processo constitucional*. 2. ed. São Paulo: Atlas, 2013a.

DIMOULIS, Dimitri; LUNARDI, Soraya. Dimensões da constitucionalização das políticas públicas. Revista de Direito Administrativo, v. 276, 2016, p. 237–267.

DIMOULIS, Dimitri; MARTINS, Leonardo. Deveres fundamentais. In: LEITE, George Salomão (org.). *Direitos, deveres e garantias fundamentais*. Salvador: JusPodivm, 2011.

DINAMARCO, Cândido Rangel. *Instituições de direito processual civil.* São Paulo: Malheiros, 2003. v. 3.

DI PIETRO, Maria Sylvia Zanella. *Direito administrativo.* São Paulo: Atlas, 2002.

DREIER, Horst. *Dimensionen der Grundrechte. Von der Wertordnungsjudikatur zu den objektiv-rechtlichen Grundrechtsgehalten.* Hannover: Hennies & Zinkeisen, 1993.

DREIER, Horst. Vorbemerkungen vor Artikel 1 GG. In: DREIER, Horst (org.). *Grundgesetz-Kommentar.* Tübingen: Mohr Siebeck, 2004. v. I.

DREIER, Horst; Waldhoff, Christian (org.). *Das Wagnis der Demokratie. Eine Anatomie der Weimarer Reichsverfassung.* München: Beck, 2018.

DUARTE, David; SARLET, Ingo Wolfgang; BRANDÃO, Paulo de Tarso (org.). *Ponderação e proporcionalidade no Estado constitucional.* Rio de Janeiro: Lumen Juris, 2013.

DUMONT, Louis. *Essais sur l'individualisme. Une perspective anthropologique sur l'idéologie moderne.* Paris: Seuil, 1991.

DWORKIN, Ronald. *Justice for hedgehogs.* Harvard: Harvard University Press, 2011.

ECKHOFF, Rolf. *Der Grundrechtseingriff.* Berlin: Heymanns, 1992.

EDMUNDSON, William. *An introduction to rights.* Cambridge: Cambridge University Press, 2004.

ELLIS, Evelyn (org.). *The principle of proportionality in the laws of Europe.* Oxford: Hart, 1999.

EPPING, Volker. *Grundrechte.* 8. ed. Berlin: Springer, 2019.

ESPING-ANDERSEN, Gøsta. *The three worlds of welfare capitalism.* Cambridge: Polity Press, 1990.

EWALD, François. *Histoire de l'État-Providence.* Paris: LGF, 1996.

FARIAS, Edilsom Pereira de. *Colisão de direitos. A honra, a intimidade, a vida privada e a imagem versus a liberdade de expressão e informação.* Porto Alegre: Fabris, 2000.

FARIAS, Edilsom Pereira de. *Liberdade de expressão e comunicação.* São Paulo: Revista dos Tribunais, 2004.

FERNANDES, Antonio Scarance. *Processo penal constitucional.* São Paulo: Revista dos Tribunais, 2003.

FERREIRA Filho, Manoel Gonçalves. *Direitos humanos fundamentais.* São Paulo: Saraiva, 2012.

FIORAVANTI, Maurizio. *Appunti di storia delle Costituzioni moderne. Le libertà fondamentali.* Torino: Giappichelli, 1995.

FIORILLO, Celso Antonio Pacheco. *Curso de direito ambiental brasileiro.* São Paulo: Saraiva, 2000.

FRANCISCO, José Carlos. Bloco de constitucionalidade e recepção dos tratados internacionais. In: TAVARES, André Ramos et al. (org.). *Reforma do judiciário analisada e comentada.* São Paulo: Método, 2005.

FREITAS, Luiz Fernando Calil de. *Direitos fundamentais. Limites e restrições.* Porto Alegre: Livraria do Advogado, 2007.

GEBRAN NETO, João Pedro. *A aplicação imediata dos direitos e garantias fundamentais.* São Paulo: Revista dos Tribunais, 2002.

GIL, Rubén Sánchez. Recepción jurisprudencial del principio de proporcionalidad en México. *Cuestiones constitucionales,* n. 21, 2009.

GOMES, Mariângela Gama de Magalhães. *O princípio da proporcionalidade no direito penal.* São Paulo: Revista dos Tribunais, 2003.

GONÇALVES, Joanisval Brito. *Tribunal de Nuremberg. 1945-1946*. Rio de Janeiro: Renovar, 2001.

GONÇALVES, Luiz Carlos dos Santos. *Mandados expressos de criminalização e proteção de direitos fundamentais na constituição brasileira de 1988*. Belo Horizonte: Fórum, 2007.

GORZONI, Paula. A vinculação dos particulares a direitos fundamentais no STF. In: COUTINHO, Diogo; VOJVODIC, Adriana (org.). *Jurisprudência constitucional*. Como decide o STF? São Paulo: Malheiros, 2009.

GOSEPATH, Stefan; LOHMANN, Georg (org.). *Philosophie der Menschenrechte*. Frankfurt/M.: Suhrkamp, 1999.

GÖTZ, Volkmar. Grundpflichten als verfassungsrechtliche Dimension. *Veröffentlichungen der Vereinigung der Deutschen Staatsrechtslehrer*, Berlin: De Gruyter, v. 41, p. 8–41, 1983.

GRABITZ, Eberhard. Der Grundsatz der Verhältnismäßigkeit in der Rechtsprechung des Bundesverfassungsgerichts. *Archiv des öffentlichen Rechts*, v. 98, p. 568–616, 1973.

GRECO FILHO, Vicente. *Direito processual civil brasileiro*. São Paulo: Saraiva, 2003. v. 2.

GRIMM, Dieter. *Die Zukunft der Verfassung*. Frankfurt/M.: Suhrkamp, 1994.

GRIMM, Dieter. Die Meinungsfreiheit in der Rechtsprechung des Bundesverfassungsgerichts. *Neue Juristische Wochenschrift*, 1995, p. 1697–1705.

GRIMM, Dieter (org.). *Staatsaufgaben*. Frankfurt/M.: Suhrkamp, 1996.

GUERRA FILHO, Willis Santiago. *Teoria processual da Constituição*. São Paulo: Celso Bastos, 2000.

GUERRA FILHO, Willis Santiago. *Processo constitucional e direitos fundamentais*. São Paulo: Celso Bastos, 2001.

GUSY, Christoph. *100 Jahre Weimarer Verfassung*. Eine gute Verfassung in schlechter Zeit. Tübingen: Mohr Siebeck 2018.

HÄBERLE, Peter. *Wesensgehaltsgarantie des Art. 19 Abs. 2 Grundgesetz* – Zugleich ein Beitrag zum institutionellen Verständnis der Grundrechte und zur Lehre vom Gesetzesvorbehalt. Heidelberg: Müller, 1983.

HAIN, Karl-Eberhard. Der Gesetzgeber in der Klemme zwischen Übermaß und Untermaßverbot? *Deutsches Verwaltungsblatt*, 1993, p. 982–984.

HAIN, Karl-Eberhard. Das Untermaßverbot in der Kontroverse – Eine Antwort auf Dietlein. *Zeitschrift für Gesetzgebung*, 11, p. 75–84, 1996.

HEIMANN, Hans Markus; KIRCHHOF, Gregor; WALDHOFF, Christian. *Verfassungsrecht und Verfassungsprozessrecht*. 2. ed. München: Beck, 2010.

HEIMANN, Hans Markus. *Staatsrecht II*. Grundrechte. München: Beck, 2016.

HERMES, Georg. *Das Grundrecht auf Schutz von Leben und Gesundheit*. Schutzpflicht und Schutzanspruch aus Art. 2 Abs. 2 Satz 1 GG. Heidelberg: Müller, 1987.

HESPANHA, António Manuel. *Panorama histórico da cultura jurídica europeia*. Mem Martins: Publicações Europa-América, 1998.

HESSE, Konrad. *Grundzüge des Verfassungsrechts der Bundesrepublik Deutschland*. Heidelberg: Müller, 1995.

HIRSCHBERG, Lothar. *Der Grundsatz der Verhältnismäßigkeit*. Göttingen: Schwartz, 1981.

HOBBES, Thomas. *Leviatã*. São Paulo: Ícone, 2000.

HÖFFE, Otfried. *Gerechtigkeit*: Eine philosophische Einführung. München: Beck, 2001.

HOFFMANN-RIEM, Wolfgang. Grundrechtsanwendung unter Rationalitätsanspruch. *Der Staat*, v. 43, p. 203–233, 2004.

Höfling, Wolfram. *Fälle zu den Grundrechten*. München: Beck, 2013.

HOFMANN, Hasso. Grundpflichten als verfassungsrechtliche Dimension. *Veröffentlichungen der Vereinigung der Deutschen Staatsrechtslehrer*, Berlin: De Gruyter, 41, p. 42–87, 1983.

HOFMANN, Hasso. *Das Recht des Rechts, das Recht der Herrschaft und die Einheit der Verfassung*. Berlin, 1998.

HOFMANN, Hasso. *Die Entdeckung der Menschenrechte*. Berlin: De Gruyter, 1999.

HUBER, Evelyne; STEPHENS, John. *Development and crisis of the Welfare State*. Parties and Policies in Global Markets. Chicago: Chicago University Press, 2010.

HUFEN, Friedhelm. *Verfassungsrecht II*. Grundrechte. München: Beck, 2011.

HUFEN, Friedehelm. *Staatsrecht II. Grundrechte*. 7. ed. München: C.H. Beck, 2018.

HUSTER, Stefan. *Rechte und Ziele*: Zur Dogmatik des allgemeinen Gleichheitssatzes. Berlin: Duncker & Humblot, 1993.

HUSTER, Stefan. *Die ethische Neutralität des Staates: eine liberale Interpretation der Verfassung*. Tübingen: Mohr Siebeck, 2002.

IPSEN, Jörn. *Staatsrecht II. Grundrechte*. 22. ed. München: Beck, 2019.

IVISON, Duncan. *Rights*. Montreal: McGill, 2004.

JACKSON, Vicki; TUSHNET, Mark (org.). *Proportionality. New Frontiers, new challenges*. Cambridge: Cambridge University Press, 2017.

JAPIASSÚ, Carlos Eduardo Adriano. *O Tribunal Penal Internacional. A internacionalização do direito penal*. Rio de Janeiro: Lumen Juris, 2004.

JARASS, Hans D. Vorbemerkung vor Art. 1 und Kommentar zu Art. 19 GG. In: JARASS, Hans D.; PIEROTH, Bodo. *Grundgesetz für die Bundesrepublik Deutschland*: Kommentar. 12. ed. München: Beck, 2011.

JELLINEK, Georg. *System der subjektiven öffentlichen Rechte*. Freiburg: Mohr, 1892.

JELLINEK, Georg. *La Declaración de los Derechos del Hombre y del Ciudadano*. México: UNAM, 2000.

JESTAEDT, Matthias. The doctrine of balancing. Its Strengths and Weaknesses. In: KLATT, Matthias (org.). *Institutionalized reason*. The Jurisprudence of Robert Alexy. Oxford: Oxford University Press, 2012.

JESTAEDT, Matthias; LEPSIUS, Oliver (org.). *Verhältnismäßigkeit. Zur Tragfähigkeit eines verfassungsrechtlichen Schlüsselkonzepts*. Tübingen: Mohr, 2015.

KINGREEN, Thorsten; POSCHER, Ralf. *Grundrechte*. Staatsrecht II. 35. ed. Heidelberg: C.F. Müller, 2019.

KINGREEN, Thorsten; POSCHER, Ralf. *Grundrechte*. Staatsrecht II. 34. ed. Heidelberg: C.F. Müller, 2018.

KAHL, Wolfgang. Vom weiten Schutzbereich zum engen Gewährleistungsgehalt. Kritik einer neuen Richtung der deutschen Grundrechtsdogmatik. *Der Staat*, v. 43, p. 167–202, 2004.

KLATT, Matthias; MEISTER Moritz. *The Constitutional Structure of Proportionality*. Oxford: Oxford University Press, 2012.

KLATT, Matthias; MEISTER, Moritz. A máxima da proporcionalidade: um elemento estrutural do constitucionalismo global. *Observatório da Jurisdição Constitucional*, v. 7–1, 2014.

KLATT, Matthias; MEISTER Moritz. A proporcionalidade como princípio constitucional universal. *Revista Publicum*. Rio de Janeiro, v. 1, n.1, 2015.

KLOEPFER, Michael. *Verfassungsrecht II*. Grundrechte. München: Beck, 2010.

KUMM, Mattias. The Idea of Socratic Contestation and the Right to Justification. The Point of Rights-Based Proportionality Review. *Law and Ethics of Human Rights*, v. 4–2, p. 142–175, 2010.

KYRITSIS, Dimitrios. Whatever works: proportionality as a constitutional doctrine. *Oxford Journal of Legal Studies*, v. 34-2, p. 395–415, 2014.

LACROIX, Justine; PRANCHÈRE, Jaen-Yves. *Le procès des droits de l'homme*. Paris: Seuil, 2016.

LADEUR, Karl-Heinz. *Kritik der Abwägung in der Grundrechtsdogmatik*. Tübingen: Mohr, 2004.

LANGE, Klaus. Soziale Grundrechte in der deutschen Verfassungsentwicklung und in der derzeitigen Länderverfassungen. In: BÖCKENFÖRDE, Ernst-Wolfgang et al (org.). *Soziale Grundrechte*. Heidelberg: Müller, 1991.

LAURENTIIS, Lucas Catib de. *Interpretação conforme a Constituição*: conceitos, técnicas e efeitos. São Paulo: Malheiros, 2012.

LAURENTIIS, Lucas Catib de. *A proporcionalidade no direito constitucional*. Origem, modelos e reconstrução dogmática. São Paulo: Malheiros, 2017.

LAURENTIIS, Lucas Catib de. Muito barulho pra nada: problemas do procedimento de recepção dos tratados de direitos humanos com hierarquia constitucional. In: LISBOA, Marcos José Alves; GASPAR, Renata Alvares. (org.). *Direito globalizado, ética e cidadania*. Belo Horizonte: Arraes, v. II, 2017a.

LAZARI, Rafael José Nadim de. *Reserva do possível e mínimo existencial*. Curitiba: Juruá, 2012.

LEAL, Fernando. Irracional ou hiper-racional? A ponderação de princípios entre o ceticismo e o otimismo ingênuo. *Revista de Direito Administrativo e Constitucional*, n. 58, p. 177–209, 2014.

LEISNER, Walter. *Der Abwägungsstaat*. Verhältnismäßigkeit als Gerechtigkeit? Berlin: Duncker & Humblot, 1997.

LERCHE, Peter. *Übermaß und Verfassungsrecht*: Zur Bindung des Gesetzgebers an die Grundsätze der Verhältnismäßigkeit und Erforderlichkeit. München: Beck, 1961.

LIZANA, Eduardo Aldunate. *Derechos fundamentales*. Santiago: Legal Publishing, 2008.

LOPES, José Reinaldo de Lima. Juízo jurídico e a falsa solução dos princípios e regras. *Revista de Informação Legislativa*, n. 160, p. 49–64, 2003.

LOPES, José Reinaldo de Lima. Em torno da "reserva do possível". In: SARLET, Wolfgang Ingo; TIMM, Luciano Benetti (org.). *Direitos fundamentais, orçamento e "reserva do possível"*. Porto Alegre: Livraria do Advogado, 2008.

LÜBBE-WOLFF, Gertrude. *Die Grundrechte als Eingriffsabwehrrechte*: Struktur und Reichweite der Eingriffsdogmatik im Bereich staatlicher Leistungen. Baden-Baden: Nomos, 1988.

LUCHTERHANDT, Otto. *Grundpflichten als Verfassungsproblem in Deutschland. Geschichtliche Entwicklung und Grundpflichten unter dem Grundgesetz*. Berlin: Duncker & Humblot, 1988.

LUNARDI, Soraya. Direito processual constitucional. Problematização de sua autonomia, sua natureza e suas consequências. Tese (Doutorado) – PUC-SP, São Paulo, 2006.

LUNARDI, Soraya. Direito à segurança na Constituição Brasileira. In: CARVALHO, Leonardo Arquimimo de et al. (org.). *Segurança e defesa na América Latina*. Curitiba: Juruá, 2009.

LUNARDI, Soraya. *Teoria do processo constitucional*. São Paulo: Atlas, 2013.

LUNARDI, Soraya; DIMOULIS, Dimitri. A verdade e a justiça constituem finalidades do processo judicial? *Sequência*, n. 55, p. 175–194, 2007.

LUNARDI, Soraya; DIMOULIS, Dimitri. Democraticidade ou juridicidade? Reflexões sobre o passivismo do STF e o futuro do controle judicial de constitucionalidade. Revista Brasileira de Estudos Constitucionais, n. 35, 2016.

LUÑO, Antonio Enrique Pérez. *Derechos humanos, Estado de derecho y Constitución*. Madrid: Tecnos, 1999.

MACHADO, Paulo Affonso Leme. *Direito ambiental brasileiro*. São Paulo: Malheiros, 2003.

MANCUSO, Rodolfo de Camargo. *Interesses difusos*. São Paulo: Revista dos Tribunais, 2004.

MANSSEN, Gerrit. *Staatsrecht II. Grundrechte*. 16. ed. München: Beck, 2019.

MARMELSTEIN, George. *Curso de direitos fundamentais*. São Paulo: Atlas, 2008.

MARTEL, Letícia de Campos Velho. Indisponibilidade de direitos fundamentais; conceito lacônico, consequências duvidosas. In: SARMENTO, Daniel; SARLET, Ingo Wolfgang (org.). *Direitos fundamentais no Supremo Tribunal Federal*. Balanço e crítica. Rio de Janeiro: Lumen Juris, 2011.

MARTINS, Leonardo. *Die Grundrechtskollision*. Grundrechtskonkretisierung am Beispiel des § 41 1 BDSG. Dissertation. Berlin: Humboldt-Universität zu Berlin, 2001.

MARTINS, Leonardo. Proporcionalidade como critério do controle de constitucionalidade: problemas de sua recepção pelo direito e jurisdição constitucional brasileiros. *Cadernos de Direito*, v. 3, n. 5, p. 15–45, 2003.

MARTINS, Leonardo. Do vínculo do poder judiciário aos direitos fundamentais e suas implicações práticas. *Revista da Escola Paulista de Magistratura*, ano 5, n. 2, p. 89–127, 2004.

MARTINS, Leonardo (organização e introdução, coletânea original de J. Schwabe). *Cinquenta anos de jurisprudência do Tribunal Constitucional Federal alemão*. Montevideo: Konrad-Adenauer-Stiftung, 2005.

MARTINS, Leonardo. Direito fundamental à propriedade e tratamento constitucional do instituto da propriedade privada. *Revista Brasileira de Estudos Constitucionais*, ano 1, n. 1, p. 215–246, 2007.

MARTINS, Leonardo. Da distinção entre regras e princípios e seus problemas epistemológicos, metodológicos e teórico-jurídicos. In: LEITE, George Salomão (org.). *Dos princípios constitucionais*. Considerações em torno das normas principiológicas da Constituição. São Paulo: Método, 2008.

MARTINS, Leonardo. Significado macroeconômico dos direitos fundamentais à luz da liberdade profissional-empresarial. In *Leituras complementares de direito constitucional*: direitos humanos e direitos fundamentais. 3. ed. Salvador: JusPodivm, 2008a.

MARTINS, Leonardo. Notas sobre o julgamento da ADPF 130 ("Lei de Imprensa") e princípios de uma ordem da comunicação social compatível com a Constituição Federal. *Revista Brasileira de Estudos Constitucionais*, ano 3, n. 10, p. 183–228, 2009.

MARTINS, Leonardo. Diploma de jornalista entre as liberdades profissional e de comunicação social. *Revista Brasileira de Estudos Constitucionais*, ano 3, n. 11, p. 207–240, 2009a.

MARTINS, Leonardo. *Direito processual constitucional alemão*. São Paulo: Atlas, 2011.

MARTINS, Leonardo. Justiça constitucional dos direitos fundamentais no Brasil: Report 2009/2010. In: BAZÁN, Víctor; NASH, Claudio (org.). *Justicia constitucional y derechos fundamentales*. Montevidéu: Fundação Konrad Adenauer, 2011a. v. II.

MARTINS, Leonardo. *Liberdade e Estado constitucional*. Leitura jurídico-dogmática de uma complexa relação a partir da teoria liberal dos direitos fundamentais. São Paulo: Atlas, 2012.

MARTINS, Leonardo. ADPF 187/DF: Marcha da Maconha. In: ANJOS FILHO, Robério dos (org.). *STF e direitos fundamentais*. Diálogos contemporâneos. Salvador: JusPodivm, 2013.

MARTINS, Leonardo. *Reconhecimento da união estável homoafetiva como direito fundamental pela Justiça constitucional. DIREITO.UnB – Revista da Faculdade de Direito da* Universidade de Brasília. v. 01, p. 245–279, 2014.

MARTINS, Leonardo. *Bioética à luz da liberdade científica*. Estudo de caso baseado na decisão do STF sobre a constitucionalidade da Lei de Biossegurança e no direito comparado alemão. São Paulo: Atlas, 2014a.

MARTINS, Leonardo. Direito constitucional à expressão artística. In: MAMEDE, G.; FRANCA FILHO, M. T.; RODRIGUES JR., Otavio Luiz (org.). *Direito da arte*. São Paulo: Atlas, 2015.

MARTINS, Leonardo. Descriminalização das drogas. Possibilidade. *Carta Forense*. Julho de 2015, 2015a.

MARTINS, Leonardo. *Tribunal Constitucional Federal alemão*. Decisões anotadas sobre direitos fundamentais. Dignidade humana, livre desenvolvimento da personalidade, direito fundamental à vida e à integridade física, igualdade. São Paulo: Konrad-Adenauer-Stiftung – KAS, v. I, 2016.

MARTINS, Leonardo. "Eigentum verpflichtet" auf Portugiesisch. Was kann die brasilianische Verfassungsrechtswissenschaft vom angewandten Art. 14 Absatz 2 Grundgesetz lernen? In: PLÖSE, M.; FRITSCHE, T.; KUHN, M.; LÜDERS, S. *"Worüber reden wir eigentlich?"* Festgabe für Rosemarie Will. Berlin: Humanistische Union, 2016a.

MARTINS, Leonardo. Direito fundamental à liberdade de reunião e controle de constitucionalidade de leis penais e de sua interpretação e aplicação: contribuição para o direito de reunião como sub-ramo autônomo do direito administrativo. *Revista Espaço Jurídico Journal of Law*, v. 18, n. 2, p. 433–490, 2017.

MARTINS, Leonardo. *Tribunal Constitucional Federal alemão*. Decisões anotadas sobre direitos fundamentais. Liberdade de consciência e crença; liberdades de expressão e de comunicação social; liberdades artística e científica. São Paulo: Konrad-Adenauer-Stiftung – KAS, v. II, 2018.

MARTINS, Leonardo. *Direito processual constitucional alemão*. 2. ed. Indaiatuba: Foco, 2018a.

MARTINS, Leonardo. Direito fundamental à igualdade. In: CANOTILHO, José J. G. et al. (org.). *Comentário à Constituição do Brasil*. 2. ed. São Paulo: Saraiva, p. 223–236, 2018b.

MARTINS, Leonardo. Aplicação imediata dos direitos fundamentais: comentário ao art. 5º, §1º CF. In: FORENSE (org.). *Constituição Federal comentada*. São Paulo: Forense, p. 337–342, 2018c.

MARTINS, Leonardo. Direitos decorrentes do regime e dos princípios adotados pela Constituição da República Federativa do Brasil ou dos tratados internacionais: comentário ao art. 5º, §2º CF. In: FORENSE (org.). *Constituição Federal comentada*. São Paulo: Forense, p. 342–346, 2018d.

MARTINS, Leonardo. *Tribunal Constitucional Federal alemão*. Decisões anotadas sobre direitos fundamentais. Direitos fundamentais ao casamento e à família; liberdades de associação; garantias constitucionais processuais. São Paulo: Marcial Pons & Konrad-Adenauer-Stiftung – KAS, v. III, 2019.

MARTINS, Leonardo. Questões Constitucionais na Ordem Processual: entre a Repercussão Geral e a Tutela de Direitos Fundamentais Individuais. *Espaço Jurídico Journal of Law – EJJL*, v. 20, n. 1, p. 21–72, 2019a.

MARTINS, Leonardo. Interpretação e controle judicial de violações da Lei de Proteção de Dados e de sua constitucionalidade: possibilidades normativas e limites de um novo ramo jurídico-objetivo. Revista de direito civil contemporâneo – RDCC, v. 21, n. 6, p. 57–156, 2019b.

MARTINS, Leonardo. *Tribunal Constitucional Federal alemão*. Decisões anotadas sobre direitos fundamentais. Liberdade de reunião, sigilos postal e telefônico, liberdade de locomoção, direito fundamental à inviolabilidade do domicílio. São Paulo: Marcial Pons & Konrad-Adenauer-Stiftung – KAS, v. IV, 2020.

MARTINS, Leonardo. *Tribunal Constitucional Federal alemão*. Decisões anotadas sobre direitos fundamentais. Liberdade profissional, direito fundamental de propriedade, garantia de não expatriação e não extradição. São Paulo: Marcial Pons & Konrad-Adenauer-Stiftung – KAS, v. V, 2021 [no prelo].

MARTINS, Leonardo; DANTAS, Diogo C. L. Crucifixos em repartições públicas: do exame de constitucionalidade de uma prática administrativa baseada na tradição. *Revista Espaço Jurídico Journal of Law*, v. 17, p. 885–912, 2016.

MARTINS, Leonardo; MOREIRA, Thiago Oliveira. Controle de convencionalidade de atos do poder público. In: PAGLIARINI, Alexandre Coutinho; DIMOULIS, Dimitri (org.). *Direito constitucional internacional dos direitos humanos*. Belo Horizonte: Forum, 2012.

MARTINS NETO, João dos Passos. *Direitos fundamentais*. Conceito, função e tipos. São Paulo: Revista dos Tribunais, 2003.

MAUNZ, Theodor. Art. 19 II GG. In: MAUNZ, Theodor; DÜRIG, Günther (org.). *Grundgesetz* – Kommentar. München: Beck, 1999.

MAZZILLI, Hugo Nigro. *A defesa dos interesses difusos em juízo*. São Paulo: Saraiva, 2005.

MELLO, Celso Antonio Bandeira de. *Curso de direito administrativo*. São Paulo: Malheiros, 2000.

MELO, Gustavo Procópio Bandeira de. O juiz e o legislador. Aspectos estruturais da justificação de seus atos. In: TAVARES, André Ramos et al. (org.). *Estado constitucional e organização do poder*. São Paulo: Saraiva, 2010.

MENDES, Gilmar Ferreira. *Controle de constitucionalidade*: aspectos jurídicos e políticos. São Paulo: Saraiva, 1990.

MENDES, Gilmar Ferreira. *Direitos fundamentais e controle de constitucionalidade*: estudos de direito constitucional. São Paulo: Celso Bastos, 1999.

MENDES, Gilmar Ferreira. Os direitos individuais e suas limitações. Breves reflexões. In: MENDES, Gilmar Ferreira et al. *Hermenêutica constitucional e direitos fundamentais*. Brasília: Brasília Jurídica, 2000.

MENDES, Gilmar Ferreira. O princípio da proporcionalidade na jurisprudência do Supremo Tribunal Federal: novas leituras. *Repertório IOB de Jurisprudência – Tributário Constitucional e Administrativo*, n. 14, p. 361–372, 2000a.

MENDES, Gilmar Ferreira; COELHO, Inocêncio Mártires; BRANCO, Paulo Gustavo Gonet. *Curso de direito constitucional*. São Paulo: Saraiva, 2008.

MENDONÇA, Andrey Borges de; FERREIRA, Olavo Augusto Vianna Alves. Eficácia dos direitos fundamentais nas relações privadas. In: CAMARGO, Marcelo Novelino (org.). *Leituras complementares de direito constitucional*. Direitos fundamentais. Salvador: JusPodivm, 2007.

MESSA, Ana Flávia; FRANCISCO, José Carlos. Tratados internacionais sobre direitos humanos e poder constituinte. In: PAGLIARINI, Alexandre Coutinho; DIMOULIS, Dimitri (org.). *Direito constitucional internacional dos direitos humanos*. Belo Horizonte: Forum, 2012.

MEYER, Emílio Peluso Neder. *A decisão no controle de constitucionalidade*. São Paulo: Método, 2008.

MICHAEL, Lothar; MORLOK, Martin. *Grundrechte*. 5. ed. Baden-Baden: Nomos, 2016.

MISERA-LANG, Kathrin. *Dogmatische Grundlagen der Einschränkbarkeit vorbehaltloser Freiheitsrechte*. Frankfurt/M.: Lang, 1999.

MORAES, José Luis Bolzan de. Direitos humanos, Constituição e direito internacional. In: AGRA, Walber de Moura (org.). *Comentários à reforma do judiciário*. Rio de Janeiro: Forense, 2005.

MORAES, Maria Celina Bodin de. O princípio da solidariedade. In: PEIXINHO, Manoel Messias et al. *Os princípios da Constituição de 1988*. Rio de Janeiro: Lumen Juris, 2001.

MOREIRA, Eduardo Ribeiro. *Obtenção dos direitos fundamentais nas relações entre particulares*. Rio de Janeiro: Lumen Juris, 2008.

MÜLLER, Friedrich. *Die Positivität der Grundrechte. Fragen einer praktischen Grundrechtsdogmatik*. Berlin: Duncker & Humblot, 1990.

MÜLLER, Friedrich. *Concepções modernas e a interpretação dos direitos fundamentais*. Teses da 15a Conferência da OAB. Foz do Iguaçu: OAB, 1994.

MÜLLER, Markus. *Verhältnismässigkeit. Gedanken zu einem Zauberwürfel*. Bern: Stämpfli, 2013.

MÜNCH, Ingo von; MAGER, Ute. *Staatsrecht II*. Grundrechte. 7. ed. Stuttgart: Kohlhammer, 2018.

MURATA, Daniel. Proporcionalidade. Insuficiências morais e teóricas. *Teoria jurídica contemporânea*, v. 1/2, 2016, p. 36–62. MURSWIEK, Dietrich. *Verantwortung für die Risiken der Technik*: verfassungsrechtliche Grundlagen und immissionsrechtliche Ausformungen. Berlin: Duncker & Humblot, 1985.

NAVES, Márcio Bilharinho. *Marxismo e direito*. Um estudo sobre Pachukanis. São Paulo: Boitempo, 2000.

NEGREIROS, Teresa. Dicotomia público-privado frente ao problema da colisão de princípios. In: TORRES, Ricardo Lobo (org.). *Teoria dos direitos fundamentais*. Rio de Janeiro: Renovar, 1999.

NUNES, Anelise Coelho. *A titularidade dos direitos fundamentais na Constituição Federal de 1988*. Porto Alegre: Livraria do Advogado, 2007.

OLIVEIRA, Renata Camilo de. *Zur Kritik der Abwägung in der Grundrechtsdogmatik*: Beitrag zu einem liberalen Grundrechtsverständnis im demokratischen Rechtsstaat. Berlin: Duncker & Humblot, 2013.

OMMATI, José Emílio Medauar. *Uma teoria dos direitos fundamentais*. Rio de Janeiro: Lumen Juris, 2015.

PACELLO, Paulo Ribeiro. *Sigilo bancário, direito de privacidade e dever de tributação*. Dissertação (Mestrado em Direito) – Universidade Metodista de Piracicaba, 2004.

PEREIRA, Jane Reis Gonçalves. *Interpretação constitucional e direitos fundamentais*. Rio de Janeiro: Renovar, 2006.

PEREIRA, Jane Reis Gonçalves. Os imperativos da proporcionalidade e da razoabilidade. Um panorama da discussão atual e da jurisprudência do STF. In: SARMENTO, Daniel; SARLET, Ingo Wolfgang (org.). *Direitos fundamentais no Supremo Tribunal federal*. Balanço e crítica. Rio de Janeiro: Lumen Juris, 2011.

PETERSEN, Niels. *Verhältnismäßigkeit als Rationalitätskontrolle*. Eine rechtsempirische Studie. Tübingen: Mohr, 2015.

PETERSEN, Niels. *Deutsches und Europäisches Verfassungsrecht II*. Grundrechte und Grundfreiheiten – Ein Studienbuch. München: Beck, 2019.

PIEPER, Hans-Gerd. *Grundrechte*. 15. ed. Münster: Alpmann Schmidt Verl., 2012.

PIEROTH, Bodo; SCHLINK, Bernhard. *Grundrechte*. Staatsrecht II. 12. ed. Heidelberg: C.F. Müller, 1996.

PIEROTH, Bodo; SCHLINK, Bernhard; KINGREEN, Thorsten; POSCHER, Ralf. *Grundrechte*. Staatsrecht II. 31. ed. Heidelberg: C.F. Müller, 2015.

PIETZCKER, Jost. Drittwirkung, Schutzpflicht, Eingriff. In: MAURER, Hartmut (org.). *Das akzeptierte Grundgesetz. Festschrift für Günter Dürig zum 70. Geburtstag*. München: Beck, 1990.

PINHEIRO, Gabriel Calil. *Proporcionalidade*: reflexos e possibilidades na dinâmica da separação de poderes. Dissertação de Mestrado em Direito. São Paulo: USP, 2019.

PIOVESAN, Flávia. *Direitos humanos e o direito constitucional internacional*. São Paulo: Max Limonad, 2000.

PIOVESAN, Flávia. Reforma do judiciário e direitos humanos. In: TAVARES, André Ramos et al (org.). *Reforma do judiciário analisada e comentada*. São Paulo: Método, 2005.

PODLECH, Adalbert. Wertungen und Werte im Recht. *Archiv des öffentlichen Rechts*, v. 95, p. 185–223, 1970.

POPPER, Karl. *Logik der Forschung*. Tübingen: Mohr Siebeck, 2005.

POSCHER, Ralf. *Grundrechte als Abwehrrechte. Reflexive Regelung rechtlich geordneter Freiheit*. Tübingen: Mohr Siebeck, 2003.

POSCHER, Ralf. Wahrheit und Recht. Die Wahrheitsfragen des Rechts im Lichte der deflationären Wahrheitstheorie. *Archiv für Rechts- und Sozialphilosophie*, v. 89, n. 2, p. 200–215, 2003.

POSCHER, Ralf. Einsichten, Irrtürmer und Selbstmissverständnis der Prinzipientheorie. In: SIECKMANN, Jan-R. (org.). *Die Prinzipientheorie der Grundrechte*. Baden-Baden: Nomos, 2007.

POSCHER, Ralf. *The principle theory*: how many theories and what is their merit? 2009. [http://ssrn.com/abstract=1411181].

POSCHER, Ralf. Theorie eines Phantoms. Die erfolglose Suche der Prinzipientheorie nach ihrem Gegenstand, *Rechtswissenschaft*, 1, p. 349–372, 2010.

POSCHER, Ralf. Proportionality and the Bindingness of Fundamental Rights. In: Billis/Knust/Rui (org.). Proportionality in Crime Control and Criminal Justice. Hart Publishing, 2021 [no prelo].

PULIDO, Carlos Bernal. Estructura y límites de la ponderación. *Doxa*, v. 26, p. 225–238, 2003.

QUEIROZ, Cristina. *Direitos fundamentais (teoria geral)*. Coimbra: Coimbra Editora, 2002.

QUISPE, Jorge Alexandre Portocarrero. *La ponderación y la autoridad en el derecho*. El rol de los principios formales en la interpretación constitucional. Madrid: Marcial Pons, 2016.

RAABE, Marius. *Grundrechte und Erkenntnis*. Baden-Baden: Nomos, 1998.

RAMOS, André de Carvalho. O Estatuto penal internacional e a Constituição brasileira. In: CHOUKR, Fauzi Hassan; AMBOS, Kai (org.). *Tribunal penal internacional*. São Paulo: Revista dos Tribunais, 2000.

RAMOS, André de Carvalho. *Teoria geral dos direitos humanos na ordem internacional*. Rio de Janeiro: Renovar, 2005.

REDAKTION KRITISCHE JUSTIZ (org.). *Die juristische Aufarbeitung des Unrechts-Staats*. Baden-Baden: Nomos, 1998.

REICH, Norbert. How Proportionate is the Proportionality Principle? in WITTE, Bruno de Witte; MICKLITZ, Hans-Wolfgang (org.). *The European Court of Justice and the Autonomy of Member States*. Antwerp: Intersentia, 2012.

RENTERÍA, Jaime Araújo. Los métodos judiciales de ponderación y coexistencia de derechos fundamentales. Crítica. *Anuario de Derecho Constitucional Latinoamericano*, p. 853-877, 2006-II.

RILL, Bernd (org.). *Grundrechte – Grundpflichten*. Eine untrennbare Verbindung. München: Akademie für Politik und Zeitgeschehen, 2001.

RIVERS, Julian. The Presumption of Proportionality. *The Modern Law Review*, v. 77(3), 2014, p. 409-433.

ROCHA, Luiz Alberto. Princípio da razoabilidade. *Revista Forense*, n. 360, p. 357-362, 2002.

RODRIGUES, Luis Fernando Matricardi. *A proibição de insuficiência e o STF*: há controle de proporcionalidade da omissão estatal? Monografia de iniciação científica, SBDP, 2009. Disponível em: [sbdp.org.br/arquivos/monografia/158_MLF.pdf].

ROTH, Wolfgang. *Faktische Eingriffe in Freiheit und Eigentum*: Struktur und Dogmatik des Grundrechtstatbestandes und der Eingriffsrechtfertigung. Berlin: Duncker & Humblot, 1994.

ROTHENBURG, Walter Claudius. *Princípios constitucionais*. Porto Alegre: Fabris, 1999.

ROTHENBURG, Walter Claudius. Direitos fundamentais e suas características. *Cadernos de Direito Constitucional e Ciência Política*, n. 29, p. 55-65, 1999a.

ROTHENBURG, Walter Claudius. O tempero da proporcionalidade no caldo dos direitos fundamentais. In: OLIVEIRA NETO, Olavo de; LOPES, Maria Elisabeth de Castro (org.). *Princípios processuais civis na Constituição*. Rio de Janeiro: Elsevier, 2008.

ROTHENBURG, Walter Claudius. *Direitos fundamentais*. São Paulo: Método, 2014.

RÜCKERT, Joachim. Abwägung. Die juristische Karriere eines unjuristischen Begriffs oder: Normenstrenge und Abwägung im Funktionswandel. *Juristen Zeitung*, v. 66, n. 19, p. 913-923, 2011.

RUSTEBERG, Benjamin. Subjektives Abwehrrecht und objektive Ordnung. In: VESTING, Thomas; KORIOTH, Stefan; AUGSBERG, Ino (org.). *Grundrechte als Phänomene kollektiver Ordnung*. Tübingen: Mohr, 2014.

SABADELL, Ana Lucia. Reflexões sobre a metodologia na história do direito. *Cadernos de Direito*, v. 2, n. 4, p. 25-39, 2003.

SABADELL, Ana Lucia. *Manual de sociologia jurídica*: introdução a uma leitura externa do direito. São Paulo: Revista dos Tribunais, 2005.

SABADELL, Ana Lucia; DIMOULIS, Dimitri. Tribunal penal internacional e direitos fundamentais. Problemas de constitucionalidade. *Cadernos de Direito*, v. 3, n. 5, p. 241-259, 2003.

SABADELL, Ana Lucia; DIMOULIS, Dimitri. O Tribunal penal internacional em face da Constituição brasileira e a questão da ineficácia social dos direitos fundamentais. *Revista Brasileira de Estudos Constitucionais*, n. 9, p. 41–70, 2009.

SACHS, Michael. *Verfassungsrecht II – Grundrechte*. 3. ed. Berlin: Springer, 2017.

SALA-MOLINS, Louis. *Les misères des Lumières. Sous la Raison l'outrage*. Paris: Homnisphères, 2008.

SAMPAIO, José Adércio Leite. *Direito à intimidade e à vida privada*. Belo Horizonte: Del Rey, 1998.

SAMPAIO, José Adércio Leite. *Direitos fundamentais. Retórica e historicidade*. Belo Horizonte: Del Rey, 2004.

SANTIAGO, Denny Mendes. *As limitações aos direitos fundamentais*. Os limites dos limites como instrumento de proteção ao núcleo essencial desses direitos. Belo Horizonte: Arraes, 2014.

SANTOS, Juarez Cirino dos. *Teoria da pena*. Rio de Janeiro: Lumen Juris, 2005.

SARLET, Ingo Wolfgang. *Dignidade da pessoa humana e direitos fundamentais na Constituição Federal de 1988*. Porto Alegre: Livraria do Advogado, 2002.

SARLET, Ingo Wolfgang. A problemática dos direitos fundamentais sociais como limites materiais ao poder de reforma da Constituição. In: SARLET, Ingo Wolfgang (org.). *Direitos fundamentais sociais*. Rio de Janeiro: Renovar, 2003.

SARLET, Ingo Wolfgang (org.). *Direitos fundamentais sociais*. Rio de Janeiro: Renovar, 2003.

SARLET, Ingo Wolfgang. Algumas anotações a respeito do conteúdo e possível eficácia do direito à moradia na Constituição de 1988. *Cadernos de Direito*, v. 3, n. 5, p. 107–141, 2003a.

SARLET, Ingo Wolfgang. *A eficácia dos direitos fundamentais*. 6. ed. Porto Alegre: Livraria do Advogado, 2005.

SARLET, Ingo Wolfgang; FIGUEIREDO, Mariana Filchtiner. Reserva do possível, mínimo existencial e direito à saúde. Algumas aproximações. In: SARLET, Wolfgang Ingo; TIMM, Luciano Benetti (org.). *Direitos fundamentais, orçamento e "reserva do possível"*. Porto Alegre: Livraria do Advogado, 2008.

SARLET, Ingo Wolfgang. *A eficácia dos direitos fundamentais*. 10. ed. Porto Alegre: Livraria do Advogado, 2009.

SARLET, Ingo Wolfgang; MARINONI, Luiz Guilherme; MITIDIERO, Daniel. *Curso de direito constitucional*. Saraiva: São Paulo, 2016.

SARMENTO, Daniel. Os princípios constitucionais e a ponderação de bens. In: TORRES, Ricardo Lobo (org.). *Teoria dos direitos fundamentais*. Rio de Janeiro: Renovar, 1999.

SARMENTO, Daniel. *A ponderação de interesses na Constituição Federal*. Rio de Janeiro: Lumen Juris, 2003.

SARMENTO, Daniel. *Direitos fundamentais e relações privadas*. Rio de Janeiro: Lumen Juris, 2004.

SARMENTO, Daniel. Revisitando os princípios da proporcionalidade e da razoabilidade. In: ANJOS FILHO, Robério Nunes (org.). *Direitos humanos e direitos fundamentais*. Salvador: JusPodivm, p. 149–184, 2013.

SARMENTO, Daniel. *Dignidade da pessoa humana*. Belo Horizonte: Fórum, 2016.

SCHÄFER, Jairo. *Classificação dos direitos fundamentais*: do sistema generacional ao sistema unitário: uma proposta de compreensão. Porto Alegre: Livraria do Advogado, 2005.

SCHAUER, Frederik. Balancing, Subsumption and the Constraining Role of Legal Text. In: KLATT Matthias (org.). *Institutionalized reason*. The Jurisprudence of Robert Alexy. Oxford: Oxford University Press, 2012.

SCHILDHEUER, Frank. *Grundrechte*. 4. ed. Frankfurt: Jura Intensiv Verlag, 2015.

SCHLAICH, Klaus; KORIOTH, Stefan. *Das Bundesverfassungsgericht. Stellung, Verfahren, Entscheidungen*. 10. ed. München: Beck, 2015.

SCHLINK, Bernhard. *Abwägung im Verfassungsrecht*. Berlin: Duncker & Humblot, 1976.

SCHLINK, Bernhard. Bemerkungen zum Stand der Methodendiskussion in der Verfassungswissenschaft. *Der Staat*, v. 19, p. 73–107, 1980.

SCHLINK, Bernhard. Freiheit durch Eingriffsabwehr. Zur Rekonstruktion der klassischen Grundrechtsfunktion. *Europäische Grundrechtszeitschrift*, 1984.

SCHLINK, Bernhard. Peter Häberle: Verfassungslehre als Kulturwissenschaft. *Archiv des öffentlichen Rechts*, v. 109, p. 143–148, 1984a.

SCHLINK, Bernhard. Die Entthronung der Staatsrechtswissenschaft durch die Verfassungsgerichtsbarkeit. *Der Staat*, v. 28, p. 161–172, 1989.

SCHLINK, Bernhard. Der Grundsatz der Verhältnismäßigkeit. In: BADURA, Peter; DREIER, Horst (org.). *Festschrift 50 Jahre Bundesverfassungsgericht*. Tübingen: Mohr Siebeck, 2001. v. 2.

SCHLINK, Bernhard. *Aktuelle Fragen des pränatalen Lebensschutzes*. Berlin: De Gruyter, 2002.

SCHLINK, Bernhard. Liberdade mediante resistência à intervenção estatal. Reconstrução da função clássica dos direitos fundamentais (tradução e resumo de Leonardo Martins do original alemão em Schlink, 1984). *Revista de Direito Civil Contemporâneo*, v. 4, n. 11, p. 261–297, 2017.

SCHMIDT, Rolf. *Grundrechte* (sowie Grundzüge der Verfassungsbeschwerde). 24. ed. Grasberg bei Bremen: R. Schmidt, 2019.

SCHMIDT, Thorsten Ingo. *Grundpflichten*. Nomos: Baden-Baden 1999.

SCHMITT, Carl. Die Tyrannei der Werte. In: SCHMITT, Carl et al. *Die Tyrannei der Werte*. Hamburg: Lutherisches Verlagshaus, 1979.

SCHMITT, Carl. *Verfassungslehre*. Berlin: Duncker & Humblot, 1993.

SCHMITT, Carl. Grundrechte und Grundpflichten. In: SCHMITT, Carl. *Verfassungsrechtliche Aufsätze aus den Jahren 1924-1954*. Berlin: Duncker & Humblot, 2003.

SCHUARTZ, Luiz Fernando. *Norma, contingência e racionalidade*. Rio de Janeiro: Renovar, 2005.

SCHULZ, Wolfgang. *Gewährleistung kommunikativer Chancengleichheit als Freiheits-verwirklichung*. Baden-Baden: Nomos Verlag, 1998.

SCHULZE-FIELITZ, Helmuth. Art. 8 GG. In: DREIER, Horst (org.). *Grundgesetz-kommentar*. Tübingen: Moliz Siebeck, 2004, v. 1.

SCHUPPERT, Gunnar Folke; BUMKE, Christian. *Die Konstitutionalisierung der Rechtsordnung*: Überlegungen zum Verhältnis von verfassungsrechtlicher Ausstrahlungswirkung und Eigenständigkeit des "einfachen" Rechts. Baden-Baden: Nomos, 2000.

SCHUTE, Stephen; HURLEY, Susan (org.). *Die Idee der Menschenrechte*. Frankfurt/M.: Fischer, 1993.

SCHWABE, Jürgen. *Die sogenannte Drittwirkung der Grundrechte*. München: Goldmann, 1971.

SCHWABE, Jürgen. *Probleme der Grundrechtsdogmatik*. Darmstadt: Schadel, 1977.

SCHWABE, Winfried. *Staatsrecht II*. Grundrechte. Materielles Recht & Klausurlehre. 3. ed. Stuttgart: Boorberg, 2016.

SCHWINTOWKSI, Hans-Peter. Theorie der juristischen Argumentation. *Juristische Arbeitsblätter*, p. 102-109, 1992.

SIECKMANN, Jan-Reinhard. *Regelmodelle und Prinzipienmodelle des Rechtssystems*. Baden-Baden: Nomos, 1990.

SILVA, Guilherme Amorim Campos da. *Direito ao desenvolvimento*. São Paulo: Método, 2004.

SILVA, José Afonso da. *Curso de direito constitucional positivo*. 15. ed. São Paulo: Malheiros, 1998.

SILVA, José Afonso da. *Aplicabilidade das normas constitucionais*. 6. ed. São Paulo: Malheiros, 2003.

SILVA, José Afonso da. *Curso de direito constitucional positivo*. 29. ed. São Paulo: Malheiros, 2007.

SILVA, Virgílio Afonso da. O proporcional e o razoável. *Revista dos Tribunais*, n. 798, p. 23-50, 2002.

SILVA, Virgílio Afonso da. *A constitucionalização do direito*: os direitos fundamentais nas relações entre particulares. São Paulo: Malheiros, 2005.

SILVA, Virgílio Afonso da. *Direitos fundamentais*: conteúdo essencial, restrições e eficácia. São Paulo: Malheiros, 2009.

SILVA, Virgílio Afonso da. Ponderação e objetividade na interpretação constitucional. In: MACEDO JR., Ronaldo Porto; BARBIERI, Catarina Helena Cortada (org.). *Direito e interpretação*. São Paulo: Saraiva, 2011.

SILVA, Virgílio Afonso da. Comparing the incommensurable: constitutional principles, balancing and rational decision. *Oxford Journal of Legal Studies*. v. 31-2, p. 273-301, 2011a.

SILVA, Virgílio Afonso da. O STF precisa de Iolau: resposta às objeções de Marcelo Neves ao sopesamento e à otimização. *Direito.UnB*, v. 2-1, p. 98-118, 2016.

SMEND, Rudolf. Das Recht der freien Meinungsäußerung. *Veröffentlichungen der Vereinigung der deutschen Staatsrechtslehrer*, n. 4, p. 44-73, 1928.

SOARES, Guido Fernando Silva. Aspectos jurídicos relativos à liberação de OGMs no ambiente. Biossegurança: uma visão interdisciplinar. *Anais do Seminário*. São Paulo: Secretaria de Estado do Meio Ambiente, p. 22-39, 2001.

STARCK, Christian. Der verfassungsrechtliche Schutz des ungeborenen menschlichen Lebens. *Juristen Zeitung*, p. 816-822, 1993.

STEINMETZ, Wilson. *Colisão de direitos fundamentais e princípio da proporcionalidade*. Porto Alegre: Livraria do Advogado, 2001.

STEINMETZ, Wilson. *A vinculação dos particulares a direitos fundamentais*. São Paulo: Malheiros, 2004.

STEINMETZ, Wilson. O dever de aplicação imediata de direitos e garantias fundamentais na jurisprudência do Supremo Tribunal Federal e nas interpretações da literatura especializada. In: SARMENTO, Daniel; SARLET, Ingo Wolfgang (org.). *Direitos fundamentais no Supremo Tribunal Federal*. Balanço e crítica. Rio de Janeiro: Lumen Juris, 2011.

STELZER, Manfred. *Das Wesensgehaltsargument und der Grundsatz der Verhältnismäßigkeit*. Wien: Springer, 1991.

STERN, Klaus. *Das Staatsrecht der Bundesrepublik Deutschland*. München: Beck, 1994. v. III/2.

STOBER, Rolf. *Grundpflichten und Grundgesetz*. Berlin: Duncker & Humblot, 1979.

SUCASAS, Willey Lopes. *Problemas de constitucionalidade da intervenção jurídico-penal em relação aos entorpecentes*. Dissertação (Mestrado em Direito) – Universidade Metodista de Piracicaba, 2004.

SUHR, Dieter. *Entfaltung der Menschen durch die Menschen: zur Grundrechtsdogmatik der Persönlichkeitsentfaltung, der Ausübungsgemeinschaften und des Eigentums*. Berlin: Duncker & Humblot, 1976.

TAVARES, André Ramos. Liberdade de informação e comunicação. *Cadernos de Direito*, n. 5, p. 46–66, 2003.

TAVARES, André Ramos. Perfil constitucional do recurso extraordinário. In: TAVARES, André Ramos; ROTHENBURG, Walter Claudius (org.). *Aspectos atuais do controle de constitucionalidade no Brasil*. Rio de Janeiro: Forense, 2003a.

TAVARES, André Ramos. *Constituição do Brasil integrada*. São Paulo: Saraiva, 2005.

TAVARES, André Ramos. *Teoria da justiça constitucional*. São Paulo: Saraiva, 2005a.

TAVARES, André Ramos. *Reforma do judiciário no Brasil pós-88*. (Des)estruturando a justiça. São Paulo: Saraiva, 2005b.

TAVARES, André Ramos. *Curso de direito constitucional*. 18. ed. São Paulo: Saraiva, 2020.

TESAURO, Giuseppe. *La ragionevolezza nella giurisprudenza comunitaria*. Napoli: Editoriale Scientifica, 2012.

TORPEY, John. *The invention of the passport*. Surveillance, citizenship and the State. Cambridge: Cambridge University Press, 2000.

TORRES, Ricardo Lobo. A cidadania multidimensional na era dos direitos. In: TORRES, Ricardo Lobo (org.). *Teoria dos direitos fundamentais*. Rio de Janeiro: Renovar, 1999.

TORRES, Ricardo Lobo. Direitos fundamentais. In: BARRETTO, Vicente de Paulo (org.). *Dicionário de filosofia do direito*. Rio de Janeiro: Renovar, 2006.

TRINDADE, Antônio Augusto Cançado. *Tratado de direito internacional dos direitos humanos*. Porto Alegre: Fabris, 1997. v. 1.

TSAKYRAKIS, Stavros. Proportionality: an assault on human rights? *I-CON*, n. 3, v. 7, p. 468–493, 2009.

URBINA, Franciso Javier. *A critique of proportionality and balancing*. Cambridge: Cambridge University Press, 2017.

VALE, André Rufino do. *Estrutura das normas de direitos fundamentais*. São Paulo: Saraiva, 2009.

VALERIUS, Brian. *Einführung in den Gutachtenstil*. 15 Klausuren zum Bürgerlichen Recht, Strafrecht und Öffentlichen Recht. Berlin, Heidelberg: Springer, 2005.

VIEIRA, Oscar Vilhena. *Supremo Tribunal Federal*: jurisprudência política. São Paulo: Revista dos Tribunais, 1994.

VIEIRA, Oscar Vilhena. *Direitos fundamentais*: uma leitura da jurisprudência do STF. São Paulo: Malheiros, 2006.

VIEIRA, Oscar Vilhena. *Direitos fundamentais*: uma leitura da jurisprudência do STF. 2. ed. São Paulo: Malheiros, 2017.

VIEIRA, Oscar Vilhena; DIMOULIS, Dimitri. Transformative Constitutions as a Tool for Social Development. In LIMA, Maria Lucia; GHIRARDI, José Garcez (orgs.). *Global Law*. Curitiba: Juruá, 2018, p. 15–31.

WACHSMANN, Patrick. *Libertés publiques*. Paris: Dalloz, 2009.

WANG, Daniel Wei Liang. Escassez de recursos, custos dos direitos e reserva do possível na jurisprudência do STF. In: COUTINHO, Diogo; VOJVODIC, Adriana (org.). *Jurisprudência constitucional*. Como decide o STF? São Paulo: Malheiros, 2009.

WESEL, Uwe. *Der Gang nach Karlsruhe*. Das Bundesverfassungsgericht in der Geschichte der Bundesrepublik. München: Karl Blessing Verlag, 2004.

WHELAN, Daniel. *Indivisible Human Rights*. A History. Pennsylvania: Pennsylvania University Press, 2010.

WINDTHORST, Kay. Art. 2, 19 und 20 GG. In: GRÖPL, Christoph; WINDTHORST, Kay; COELLN, Christian von. *Grundgesetz*. Studienkommentar. München: Beck, 2013.

WINKLER, Daniela. *Grundrechte in der Fallprüfung*: Schutzbereich – Eingriff – Verfassungsrechtliche Rechtfertigung. Heidelberg: Müller, 2010.

YI, Zoonil. *Das Gebot der Verhältnismäßigkeit in der grundrechtlichen Argumentation*. Frankfurt/M.: Lang, 1998.

ZANITELLI, Leandro Martins. Custos ou competência? Uma ressalva à doutrina da reserva do possível. In: SARLET, Wolfgang Ingo; TIMM, Luciano Benetti (org.). *Direitos fundamentais, orçamento e "reserva do possível"*. Porto Alegre: Livraria do Advogado, 2008.

ZUCCA, Lorenzo. *Constitutional Dilemmas*. Conflicts of Fundamental Legal Rights in Europe and the USA. Oxford: Oxford University Press, 2007.

ZYLBERMAN, Ariel. The indivisibility of human rights. *Law and Philosophy*, v. 36-4, p. 389–418, 2017.

Diagramação eletrônica:
Thomson Reuters
Impressão e encadernação:
DEK Comércio e Serviços Ltda., CNPJ 01.036.332/0001-99

A.S.L. 10175